지은이 정시몬은 딱히 장르를 가리지 않고 새로운 책을 기획, 집필하거나 좋은 책을 소개하고 번역하는 것을 좋아한다. 저서로는 인문학 브런치 시리즈인 『철학 브런치』, 『세계사 브런치』, 『세계문학 브런치』 외에 변호사 친구와 함께 써 호평을 받은 『미국을 발칵 뒤집은 판결』 등이 있다.
이전 브런치 시리즈의 저자 프로필에서 "어렸을 때부터 하라는 공부는 안 하고 책만 읽었다."고 한 것은 고백하자면 조금 과장이었다. 책만 읽고 산 건 아니고, 음악도 꽤 들었다. 음악이라면 장르를 가르지 않고 좋아했지만, 그중에서도 클래식 음악(고전 음악)의 자리는 특별했다. 마치 온종일 바깥을 쏘다니다가도 결국 돌아가게 마련인 엄마의 품처럼, 클래식 음악은 한동안 팝, 재즈, 가요 등에 푹 빠져 있다가도 문득 다시 돌아가고 싶어지는 '모함(mothership)' 같은 존재였다. 들으면 들을수록, 알면 알수록 재미있는 클래식 음악을 더 많은 사람과 즐길 수 있는 계기를 만들기 위해 『클래식 브런치』를 썼다. 독서나 집필, 음악 감상 등을 하지 않을 때는 미국 캘리포니아주에서 공인 회계사 겸 비즈니스 컨설턴트로 일한다. Southern Illinois University at Carbondale 졸업.

클래식 브런치

2019년 2월 26일 초판 1쇄 발행
2019년 4월 19일 초판 3쇄 발행

지은이 정시몬
펴낸곳 부키(주)
펴낸이 박윤우
등록일 2012년 9월 27일 | 등록번호 제312-2012-000045호
주소 03785 서울 서대문구 신촌로3길 15 산성빌딩 6층
전화 02) 325-0846 | 팩스 02) 3141-4066
홈페이지 www.bookie.co.kr | 이메일 webmaster@bookie.co.kr
제작대행 올인피앤비 bobys1@nate.com
ISBN 978-89-6051-698-4 03670

책값은 뒤표지에 있습니다. 잘못된 책은 구입하신 서점에서 바꿔 드립니다.

이 도서의 국립중앙도서관 출판예정도서목록(CIP)은 서지정보유통지원시스템 홈페이지(http://seoji.nl.go.kr)와 국가자료공동목록시스템(http://www.nl.go.kr/kolisnet)에서 이용하실 수 있습니다.(CIP제어번호: CIP2019003296)

원전을 곁들인
맛있는 인문학

클래식 브런치

정시몬 지음

부·키

Preface
클래식 음악,
그 소리의 향연으로 초대하며

출판사로부터 처음 『클래식 브런치』를 제안받았을 때 별다른 생각은 없었다. 그냥 주제(클래식 음악)에 대해 내가 알고 생각하는 내용을 정리해서 쓰면 되겠지 싶었다. 그런데 웬걸, 막상 원고를 쓰기 시작하자 새삼 놀라고 말았다. 내가 클래식 음악에 관해서 하고 싶었던 이야기가 그토록 많았다는 것을 이전엔 미처 깨닫지 못했기 때문이었다. 어느 정도냐 하면, 처음 탈고한 내용이 책 두 권으로도 모자랄 분량에 이르는 바람에 다시 줄이고 줄여 겨우 한 권으로 맞추느라 또 상당한 노력과 시간을 들여야 했다. 그렇다면 내가 그토록 독자들과 나누고 싶었던 이야기란 도대체 어떤 것이었을까?

일반적으로 클래식 음악, 즉 고전 음악이란 대략 17세기부터 약 300년간에 걸쳐 유럽을 중심으로 활동했던 작곡가들이 창조한 음악을 가리킨다. 사조로 보면 다양한 악기들이 발명되고, 음악가들의 조성에 대한 인식의 지평이 크게 확장된 바로크 시대를 시작으로 고전주의, 낭만주의, 후기 낭만주의, 현대 음악으로까지 이어진다. 사실 300년은 넓게 잡은 것이고, 가장 폭발적으로 클래식 음악의 걸작들이 쏟아져 나온 시기는 1700년부터 1900년 사이의 200년이라고 볼 수 있다. 클래식 음악은 인류의 역사에서 이 두 세기 동안 있었던 특정한 문화 현상이다(왜 하필 그 시기에 클래식 음악이 번창했는지에 관해서는 책 속에서 논의할 기회가 있을 것이다).

오랜 세월 동안 왕족과 귀족, 부호 등 선택받은 소수의 인류만이 제대로 누릴 수 있었던 클래식 음악은 오늘날 콘서트홀, 음악회에서뿐 아니라 라디오, TV, 핸드폰 등 다양한 미디어를 타고 사람들에게 다가가고 있으며, 누구나 마음만 먹으면 별다른 경제적 부담 없이 즐길 수 있는 수준까지 대중화되었다. 아니, 대중화를 넘어 민주화가 이루어졌다고 해도 과언이 아니지 싶다. 하지만 민주주의 자체가 절대 선이 아니듯이, 예술이 누구나 누릴 수 있도록 열려 있다고 해서 너도나도 그 진정한 미학과 가치를 깨달을 수 있다는 의미는 아니다.

우리는 왜 클래식 음악에 주목해야 할까? 엄밀히 말해 클래식 음악 감상은 우리네 삶에서 선택 사항일 뿐이다. 즉 클래식 음악을 몰라도 사는 데 아무 지장이 없다는 얘기다. 모차르트의 《피가로의 결혼》이나 베토벤의 《교향곡 9번 '합창'》을 듣지 않고도 평생을 행복하고 생산적으로 사는 사람들은 얼마든지 있다. 게다가 나는 일부에서 주장하는 이른바 클래식 음악의 실용적인 기능, 예를 들어 태교라든가 학습 능력 향상의 가능성에 대해서도 회의적인 편이다. 그렇다면 진정한 클래식 음악 감상의 의의, 그 가치란 과연 어떤 것일까? 클래식 음악을 들으면 무슨 좋은 일이라도 생기는 것일까?

내가 종종 듣는 샌프란시스코 FM 라디오 클래식 음악 채널의 한 프로그램은 'The Island of Sanity'라는 제목을 달고 있다. 우리말로 하면 '온전한 정신의 섬'이라고 할까? 다시 말해 클래식 음악은 정신없는, 혹은 정신 나간 듯 바쁘게 돌아가는 세상으로부터 떨어져 있는 휴식처, 안식처라는 메시지다. 물론 음악 몇 곡 듣는다고 당면한 고민이나 문제가 저절로 해결될 리는 없지만, 분명 클래식 음악 감상은 우리에게 아름다움, 균형, 섬세함, 정교함 등에 대한 감각과 인식을 새삼 일깨워 혼란과 혼돈의 현실 너머에 있는 가치와 이상, 그리고 그 가능성을 감지하고 명상해 볼 기회를 제공한다. 미국이나 한국이나 갈수록 사는 게 쉽지 않은 세상이지만, 그럴수록 생활의 격랑 속에서 한 발 벗어나 잠시 숨을 고를 기회를 가지는 것도 중요할 듯하다.

나아가 클래식 음악을 듣다 보면 음악이 제공하는 가장 기본적인 서비스, 즉 선율과 화음과 리듬으로부터 오는 감각적 쾌감뿐 아니라 간혹 마치 누군가가 세계의 비밀을 속삭이는 듯한 느낌, 내 존재의 가장 근원적인 내면 속으로 의식이 편안하게 빨려 들어가는 듯한 체험을 하기도 한다. 물론 세계의 비밀에 관한 답안지가 클래식 음악 속에 있을 리 없고, 음악이 무슨 영혼의 내시경도 아니다. 하지만 비록 신기루같이 덧없는 것이라 할지라도 그러한 미지의 가능성 쪽으로 잠시나마 나의 주의를 환기하는 역할이야말로 예술의 기능이 아닐까.

미국의 바이올리니스트 아이작 스턴(Isaac Stern)은 "음악은 음표들 사이에서 일어난다(The music happens between the notes)."고 말한 바 있다. 그 진의에 대해서는 여러 견해가 있을 수 있겠지만, 내 해석은 이렇다. 음악은 음표를 따라 연주자가 일구어 낸 소리 자체일 뿐 아니라 그 소리를 접한 '감상자/청중'의 반응을 포함한다는 것. 좀 더 기술적으로 말하자면 음악이란 연주자가 악기를 두드리거나 문질러 발생한 공기의 파동 자체를 지칭할 뿐 아니라 그 파동이 고막에서 시작해서 추골, 침골, 등골로 이루어진 우리의 청각 신경 회로를 자극한 결과 두뇌에서 발생하는 현상(그것은 한마디로 일상 속의 기적이다)을 가리키기도 한다는 것이다. 감상자 없이 음악은 존재할 수 없다. 내가 감히 클래식 음악에 관한 책을 이렇게 쓰고 세상에 소개할 수 있는 것도 한 명의 감상자로서 가진 '자격' 덕분이다. 돌이켜보면 내가 그동안 살면서 독서만큼이나 많은 시간을 쏟아부은 것이 음악 감상이었다. 음악이라면 팝 뮤직과 대중가요부터 시작해서 장르를 가리지 않고 즐기기는 했지만, 그 가운데서도 클래식 음악의 위상은 각별했다. 이 책에서 내가 독자들과 나누고 싶은 이야기 역시 그런 나의 경험에 뿌리박고 있음은 물론이다.

음악의 음표들 사이에는 바로 그 음악을 만든 작곡가들의 삶과 고뇌, 분투의 기억 역시 깃들어 있다. 따라서 위대한 클래식 작곡가들의 발자취를 더듬어 보는 것은 그들이 한 음표, 한 음표씩 심혈을 기울여 이룩해 낸 걸작들을 감상하고 이해하는 데 도움이 될 정보와 단서를 발견하는 과정이기도 하다.

약간 담론이 거창해진 느낌이지만, 사실 클래식 음악 감상에 무슨 대단한 사전 준비 작업이 필요한 것은 아니다. 음악가들의 프로필, 창작 과정은 고사하고 교향곡과 협주곡의 정의는 무엇인지, 현악 사중주의 악기 구성이 어떤 것인지를 꼬치꼬치 알지 못하더라도 바흐나 모차르트의 음악에 매혹되는 것은 인간으로서의 즉자적인 반응에 가깝다. 다만 클래식 음악이라는 진수성찬을 즐기고는 싶지만, 그와 관련된 매너나 절차, 약간의 사전 지식 따위에 익숙하지 않아 짐짓 망설이는 독자들에게 이 책이 나름의 자극이 될 수는 있을 것이다. 아직 클래식 음악 감상의 묘미를 경험하지 못한 독자들에게는 새로운 소중한 경험을 시작하는 계기를, 이미 클래식 음악의 맛을 어느 정도나마 경험해 본 독자라면 더욱 깊이 있는 음의 향연 속으로 몰두하는 기회를 제공할 수 있다면 저자로는 그보다 큰 보람이 없겠다.

언제나처럼 책을 낼 기회를 주신 부키의 박윤우 대표님, 이 책의 집필을 제안하신 김용범 이사님, 저자의 억지스러운 요구까지 너그럽게 받아 준 편집진에 감사의 말씀을 전한다.

캘리포니아 북부 이스트베이에서
정시몬

차례

Preface 클래식 음악, 그 소리의 향연으로 초대하며 4

Chapter 1 바로크 음악으로의 초대
• 메인 브런치: 이탈리아 바로크와 비발디 | 바흐, 클래식 음악의 장인 | 헨델, 벤처 바로크 음악가

1st Brunch Time **이탈리아 바로크와 비발디** 15
바로크와 이탈리아 15 | '화성'에서 온 '사계'의 사나이 23 | 화려한 컴백 31

2nd Brunch Time **바흐, 클래식 음악의 장인** 35
두 얼굴의 모범생 35 | 독주 악기의 곡예사 Ⅰ 43 | 독주 악기의 곡예사 Ⅱ 49 | 협주곡의 세계 53 | 왕의 주제 60 | 바흐 코드, 거장의 마지막 예술혼 67 | 음악의 종착점 바흐 72

3rd Brunch Time **헨델, 벤처 바로크 음악가** 77
영국이 입양한 독일 작곡가, 헨델 77 | 오페라의 성공 82 | 오라토리오 88 | 기악곡의 걸작들 92 | 찬란한 어용 음악 98 | 바흐 vs. 헨델 104

Chapter 2 고전주의 - 조화, 균형, 품격의 음악
• 메인 브런치: 아, 모차르트 | 오, 하이든 | 아흐, 베토벤

4th Brunch Time **아, 모차르트** 113

모차르트의 자장가 113 | 신동의 수업 시대 117 | 부자유친 124 | 빈으로의 '도주' 128 | 빈 시대의 기악곡 134 | 오페라 부파의 결작들 143 | 마술 피리, 모차르트 음악의 완결편 151 | 모차르트 레전드 159

5th Brunch Time **오, 하이든** 165

행복한 음악가 165 | 교향곡의 아버지 170 | 협주곡의 모범생 175 | 실내악 178 | 24살 차이의 우정 183 | 행복한 말년 188

6th Brunch Time **아흐, 베토벤** 191

수업 시대 191 | 제1기 고전 시대 194 | 제2기 영웅 시대 198 | 제3기 환희, 신들의 아름다운 불꽃 204 | '악웅' 베토벤 213 | 반전남 베토벤 219

Chapter 3 낭만주의 음악

• 메인 브런치: 낭만주의 음악의 전개 | 낭만주의 음악의 풍운아들 | 낭만주의 오페라의 두 거인

7th Brunch Time **낭만주의 음악의 전개** 227

베토벤의 (못다 핀) 후계자, 슈베르트 227 | 분별과 다감, 멘델스존 239 | 피아노 시인, 쇼팽 247 | 요한 슈트라우스와 이지 리스닝 258 | 브람스와 딥 리스닝 269

8th Brunch Time **낭만주의 음악의 풍운아들** 277

파가니니, 바이올린의 악마 277 | 건반의 마법사, 리스트 287 | 프랑스 낭만주의의 본좌 베를리오즈 298

9th Brunch Time 낭만주의 오페라의 두 거인 307

이탈리아와 독일 오페라의 전통 307 | 이탈리아 오페라의 완성자, 베르디 313 | 독일 오페라의 차원 이동, 바그너 325 | 베르디 vs. 바그너 345

Chapter 4 전환기의 클래식, 또 그 너머

• 메인 브런치: 세기말 유럽 음악의 풍경 | 러시아 음악의 뒷심 | 미국의 클래식

10th Brunch Time 세기말 유럽 음악의 풍경 355

민족주의 음악의 스타들 355 | 인상주의 음악의 거장들 365 | 모더니즘의 기수 372 | 이탈리아 오페라 최후의 영광 379

11th Brunch Time 러시아 음악의 뒷심 388

러시아 음악계의 5인조 388 | 차이콥스키와 라흐마니노프, 서정성의 승리 398 | 스트라빈스키와 러시아 음악의 혁명 411 | 소비에트 삼총사 424

12th Brunch Time 미국의 클래식 437

미국 클래식 음악 소사 437 | 진정한 미국의 사운드 448 | 최선의 음악가, 번스타인 457

Epilogue 마지막 단상: 그들은 다 어디로 갔을까 466

원전 텍스트에 부쳐 476 | 원전 인용 출처 및 참고 문헌 478 | 도판 출처 479

Chapter
1
바로크 음악으로의 초대

메인 브런치
- 이탈리아 바로크와 비발디
- 바흐, 클래식 음악의 장인
- 헨델, 벤처 바로크 음악가

1st Brunch Time

이탈리아 바로크와 비발디

바로크와 이탈리아

'바로크(Baroque)' 하면 사람들은 어떤 이미지를 떠올릴까? 나에게 바로크라는 말은 오래전부터 품위, 우아함, 조화 따위와 거의 동의어로 각인되었던 것 같다. 당당하게 솟아오른 건물, 조각들이 늘어선 정원, 정말 사람이 살았을까 싶을 정도로 널찍하고 화려한 실내 등 어렸을 때 TV에서 바로크 음악(물론 당시에는 바로크 음악인 줄도 몰랐다)과 함께 보여 주는 화면 속에는 언제나 유럽의 궁전이라든가 저택, 교회 등이 등장했기 때문이다. 하기야 바로크 음악 자체를 소개하는 교양 영상물이었다 해도 그리 다르지는 않았을 것이다. 어느 쪽이건 바로크 음악과 함께 새마을 운동 현장이나 증권 시장 추세, 천하장사 씨름대회 같은 것을 봤던 기억은 없다.

그래서였을까? 처음 바로크의 어원에 대해 알게 되었을 때는 조금 의외였다. 바로크는 포르투갈어 '바로코(barroco)'에서 유래했는데, 이 말은 진주, 그중에서도 모양이 일그러진 진주를 지칭한다. 즉 보통의 진주가 비교적 둥글고 고른 형태였다면 '바로코'라고 불리는 진주는 표면이 울퉁불퉁하거나 들쑥날쑥한 게 많았다. 문자 그대로 미운 오리, 아니 미운 진주 새끼다. 하지만 미운 진주도 어디까지나 진주는 진주니까 그냥 버릴 수는 없다. 다만 이런 기형의 진주를 장신구로 활용하기 위해서는 상당히 요란한 장식을 달거나 덮어씌워야 했다. 영국의 저술가 리튼 스트레치가 바로크 예술의 특징을 "구조와 장식 사이의 부조화(the incongruity between their structure and their ornament)"라고 정의한 것은 그런 이유에서였다. 세공 기법뿐 아니라 보는 이의 눈에 거슬릴 만큼 요란한 장식으로 치장한 건물을 지칭할 때 '바로크하다'고 표현한 유럽의 저술가들도 있었다.

종종 바로크와 한 쌍으로 언급되는 말로 '로코코(Rococo)'가 있다. 이 말은 화려한 곡선미를 극대화한 실내 장식이나 가구 양식 등을 일컫는 프랑스어 '로카이유(rocaille)'에서 변형되었다. 로카이유는 원래 손으로 다듬은 조개껍질 혹은 조약돌 등을 의미했다고 하니, 그 어원부터 바로크와 상통하는 면이 있다. 기교나 장식적 측면에서 바로크 양식보다 한술 더 뜨는 화려함이나 시각적 호들갑을 가리킬 때 로코코라고 표현하긴 했지만, 로코코는 크게 보아 바로크 양식이라는 우산 속의 한 우산살로 보아도 무방하다. 이 바로크와 로코코 양식이 결합한 대표적인 건축물이 바로 프랑스의 루이 14세가 세운 베르사유 궁전이다.

이렇듯 바로크는 미술·건축 분야에서 쓴 표현이었고, 품평의 대상을 '바로크답다'고 하는 것도 칭찬은 아니었다. 칭찬은커녕 '기괴한' '난해한' 등의 동의어에 가까웠다. 보석 세공이나 건축을 넘어 18세기 초 독일에서는 시작(詩作)에서 전통적인 형식과 기교의 패턴을 탈피하려는 시도를 '바로크 취향(baroque taste)'이라고 불렀는데, 이 역시 새로

초기 바로크 양식을 뽐내는 이탈리아 토스카나의 오르세티 궁 내부(왼쪽)와 후기 바로크-로코코 양식을 집대성한 프랑스 베르사유 궁전 전경도(오른쪽). 원래 바로크라는 용어는 장신구에서 시작해서 건축 및 인테리어, 다시 음악 양식에까지 사용되기에 이르렀다.

운 문학적 실험을 시도하는 문인들을 칭찬하기보다는 대놓고 비꼬는 맥락이었다. 굳이 우리식 표현으로 하자면 '튄다' 내지 '유난 떤다' 정도의 의미였을 것이다. 이렇게 바로크라는 표현을 처음 사용했던 논객들의 의도에 충실해서 보자면, 어쩌면 미국 대통령 도널드 트럼프의 유별난 머리 모양도 '바로크답다'고 부를 수 있지 않을까? 여담이지만, 트럼프의 머리를 어떤 헤어디자이너가 관리하는지는 미국에서 일종의 국가 기밀 사항으로 되어 있다. 말을 하고 보니 '바로크'다운 머리 모양의 트럼프는 동시에 '로코코'다운 인물이기도 하다. 왜냐하면 백악관에 들어가기 전까지 그의 거주지였던 뉴욕 트럼프 타워의 펜트하우스가 베르사유 궁전의 인테리어를 모델로 한 것으로 알려져 있으니 말이다.

오늘날의 음악사가들은 본격적인 유럽 바로크 음악의 시기를 1600년부터 1750년까지 약 150년간으로 잡지만, 실제로 당대의 음악적 경향을 지칭하려는 목적으로 '바로크'라는 표현이 처음 등장한 것

프랑스의 대표 바로크 작곡가 라무의 초상. '바로크'라는 용어가 처음으로 음악에서 쓰인 것은 라무의 작품에 대한 익명의 비평문에서 비롯됐다.

은 1734년에 이르러서다. 즉 시기상 늦어도 한참 늦었다. 바로크라는 용어가 음악 작품에 최초로 사용된 사례는 프랑스 작곡가 라무(Jean-Phillippe Rameau, 1683~1764)의 오페라 《이폴리트와 아리시*Hippolyte et Aricie*》와 관련해 1734년 파리의 어느 잡지에 익명으로 기고된 공연 비평문에서였다. 평론은 라무의 오페라가 선율은 빈약한 데다 불협화음, 변조 등만 난무하는 기괴한 작품이라고 꼬집었는데, 바로 이때 '기괴한' 등의 맥락에서 '바로크'가 등장했다(어쩌면 그 익명의 평론가는 본업이 보석상이었는지도 모르겠다).

이는 우리가 바로크 시대라고 부르는 17~18세기 중반에 활약했던 음악가들에게 바로크 '파'라는 의식이 전혀 없었다는 것을 의미한다. 다시 말해 그 시대를 열고 개척한 음악가들은 그들이 만드는 음악이 후대에 바로크라고 불리리라고는 전혀 생각하지 못했다. 예술가들이 열심히 땀 흘려 만들어 놓은 성과물에 대해 이런저런 이름을 붙이고 재잘거리는 '뒷북'다운 짓을 하는 것은 호사가들의 몫이었다(이 대목에서는 나부터도 좀 뜨끔하다). 오죽하면 러시아의 소설가 체호프는 비평가들을 소 등짝에서 귀찮게 맴도는 파리 떼에 비유했을까.

유럽 역사에서 바로크 음악의 요람 역할을 한 곳은 이탈리아였다. 비단 바로크 음악뿐 아니라 클래식 음악의 역사에 드리운 이탈리아 문화의 그림자는 깊고 넓다. 이는 지금까지 사용되는 음악 용어들이 이

바로크 시대 상류층의 여가 활동을 묘사한 피에르 앵길리스의 〈음악회 풍경〉.

탈리아어 일색이라는 것만 봐도 분명하다. 음악 속의 이탈리아어는 음악의 박자를 나타내는 알레그로(allegro, 빠르게), 모데라토(moderato, 중간 속도로), 안단테(andante, 느리게), 스케르초(scherzo, 아주 빠르게) 따위만이 아니다. 오페라(opera), 콘체르토(concerto), 소프라노(soprano), 테너(tenor) 등 이탈리아어를 쓰지 않고는 아예 음악을 논할 수 없을 정도다. 언어뿐만이 아니다. 피아노, 바이올린(물론 이 이름들도 이탈리아어다)을 필두로 지금까지 사용되는 다양한 악기의 원형이 완성된 곳도 바로 초기 바로크 시대의 이탈리아였다. 예를 들어 피아노는 이탈리아인 바르톨로메오 크리스토포리가 발명했으며(정확히 말하면 바르톨로메오는 피아노의 전신인 하프시코드를 발명했다), 17세기 이탈리아 북부 크레모나에서는 안토니오 스트라디바리와 안드레아 과르네리가 최고의 명품 바이올린 제작에 몰두했다. 이들이 만든 바이올린으로 한번 연주해 보는 것은 오늘날에도 모든 바이올리니스트의 로망이다.

바로크 시대의 이탈리아는 통일 국가가 아니었다. 당시 이탈리아는 교황청이 자리 잡은 로마와 그 인근 지역, 합스부르크 왕가의 실질적 지배하에 있던 남부는 물론 비록 르네상스 시대에 비하면 힘이 좀 빠지기는 했지만 당당히 독립을 유지하던 북부의 여러 도시 국가가 공존하던 복잡한 상황이었다. 이런 조건에서 음악 또한 각 지역의 특색과 상황에 따라 독특한 색깔을 띠고 발전했다.

그 가운데서도 바로크 음악의 발전에 중대한 역할을 한 곳으로 베네치아 공국, 즉 베네치아를 주목할 만하다. 베네치아는 르네상스 시대에 크게 번영했다가 17세기의 시작과 함께 서서히 쇠락의 길로 접어들었다. 그렇게 된 가장 큰 이유는 신대륙 발견 이후 세계 교역의 주 무대가 점차 지중해에서 대서양으로 바뀌면서 중개 무역지로서의 위상이 예전 같지 못하게 되어서였다. 하지만 국력이 기울었다고 해서 베네치아가 하루아침에 망한 것은 물론 아니다. 국제 무역 허브로서의 위상이 추락하는 사이 오히려 사교 및 엔터테인먼트 중심지로서의 명

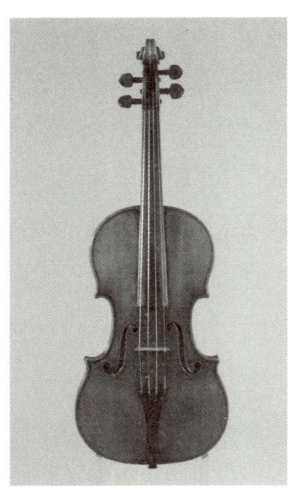 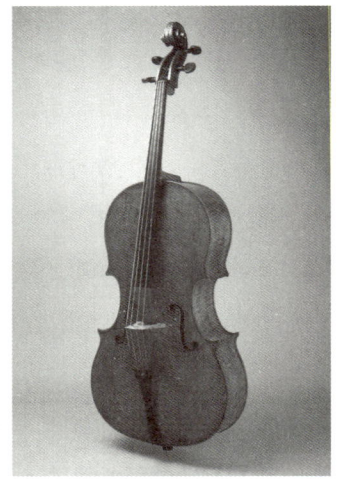

18세기 초에 제작된 스트라디바리우스(왼쪽)와 과르네리 바이올린(오른쪽). 오늘날까지도 최고의 음색을 자랑하는 명기로 평가받는다.

성은 높아져 갔다. 유럽과 오리엔트의 전통이 묘하게 혼합된 독특한 문화와 풍속을 자랑하던 베네치아는 1년의 거의 절반 동안 다양한 축제가 열리는 도시였고, 18세기에는 전 유럽의 귀족들이 향락과 휴식을 위해 찾는 인기 방문지이자 휴양 도시였다. 이들이 즐긴 여흥 가운데 음악이 포함되어 있었음은 두말할 필요도 없다. 이탈리아 바로크 음악의 황금기가 베네치아에서 꽃핀 데는 이런 배경이 있었다.

당시 전 유럽에서 재능 있는 음악가들을 끌어들이던 베네치아는 뛰어난 토종 음악가들도 여럿 배출했다. 대표적인 베네치아 출신의 바로크 작곡가로 먼저 토마소 알비노니(Tomaso Giovani Albinoni, 1671~1751)를 꼽을 수 있다. 알비노니 하면 클래식 음악 애호가들 사이에서 조건 반사적으로 떠올리는 대표작이 《아다지오 Adagio》다(유감스럽게도 오늘날 이 곡은 알비노니의 창작이 맞는지 그 진위가 논란거리이기도 하다). 그뿐만 아니라 알비노니는 생전 80여 편이 넘는 오페라를 썼고, 그의 작품들은 한때 베네

이탈리아 화가 카날레토가 그린 18세기 초 베네치아의 해상 축제 풍경. 오랫동안 축제와 향락의 도시로 이름 높았던 베네치아는 바로크 음악의 중심지이기도 했다.

치아에서 상당한 인기를 끌었다. 그는 오보에 협주곡도 여러 편 남겼는데, 이 곡들은 화사함과 정교함이 동시에 담겨 있어 듣는 사람을 즐겁게 한다. 예를 들어 그의 《오보에 협주곡 d단조*Oboe Concerto in D Minor Op. 9-2*》의 2악장은 아름답기 짝이 없다. 오보에가 음표 하나로 길게 질주하는 악절은 마치 오페라 아리아를 절창하는 여성 보컬리스트의 음색을 방불케 한다. 실제로 알비노니는 오보에 음색이 사람의 목소리, 그것도 오페라 가수 출신이었던 자기 아내의 목소리와 닮았다고 생각해 더욱 애착을 보였다고 한다. 오보에 하면 알비노니와 동시대의 베네치아 작곡가 알레산드로 마르첼로(Alessandro Marcello, 1669~1747)의 《오보에 협주곡 d단조*Oboe Concerto in D Minor Op. 1*》도 말하지 않을 수 없다. 실제로 바로크 시대의 대표적 오보에 음악으로 사람들은 알비노니보다 마르첼로의 《오보에 협주곡 d단조》를 먼저 떠올린다. 참고로 이 작품은 스위스 출신 오보에스트 하인츠 홀리거(Heinz Holliger)의 연주가 오랫동안 검정 표준처럼 되어 있다. 마르첼로는 대대로 베네치아 원로

베네치아의 산 마르코 성당. 교회 내부에서 음악을 연주할 때 발생하는 독특한 음향 효과로도 유명한 곳이다.

원 의원을 배출한 명문가 출신으로, 돈 걱정 없이 자기가 하고 싶은 음악을 마음껏 하며 여생을 보낸 금수저였다. 그는 트레이드마크인 《오보에 협주곡 d단조》 외에도 다양한 기악곡과 성악곡을 썼다.

'화성'에서 온 '사계'의 사나이

알비노니와 마르첼로도 훌륭하지만, 역시 베네치아가 배출한 가장 위대한 바로크 음악가로는 안토니오 비발디(Antonio Vivaldi, 1678~1741)를 첫손에 꼽아야 할 것이다.

  비발디는 이발사 겸 바이올리니스트였던 부친에게서 처음 바이올린을 배웠고, 15세 때부터 가톨릭 사제 수업을 받으며 음악 공부를 이어갔다. 비발디는 평생 간헐적인 가슴 통증과 호흡 곤란으로 고생했는데, 결국 이 때문에 미사를 진행해야 하는 사제 의무에서 면제되었다. 비발디가 앓았던 증상이 정확히 무엇이었는지는 학자들 사이에서 논란이 분분한데, 그중 가장 설득력 있는 주장이 천식이라는 설과 꾀병설이다. 그런데 왜 꾀병설이 나왔을까? 그 이유를 살펴보면 이렇다. 비발디가 넉넉지 못한 가정형편 속에서 공짜로 엘리트 교육을 받기 위해서는 사제 수업밖에 방법이 없었다는 것이다. 비발디는 실제로 "가슴이 아프다."라는 말을 평생 입에 달고 살았음에도 당대의 기준으로는 상당히 오래 살았다(63세).

  현역 사제로 활동하던 시기에도 비발디는 종교보다 음악에 더 관심을 보였다. 그는 미사를 집전하다 말고 갑자기 자리를 비우는 일이 잦았는데, 악상이 떠오를 때마다 잊어버리기 전에 악보를 남기기 위해서였다. 그리스도와 성모 마리아보다 음악의 신 뮤즈를 생각하는 데 시간을 더 많이 보내는 인물이라면 아무래도 가톨릭 사제로는 함량 미달이다. 다만 비발디는 미사 사제직은 포기했으나 평생 사제직에서 환속하지는 않았다. 집안 내력인 빨간 머리칼 때문에 별명도 '붉은 머리 신부님'이었다.

건강상의 이유로 교회를 떠난 비발디는 1703년부터 교회에서 운영하는 '오스페달레 델라 피에타(Ospedale della Pietà, 이하 피에타)'에서 음악 신부님으로 일했다. 엄밀히 말하면

이탈리아 바로크 음악의 거장 비발디. 그는 음악가이기 이전에 가톨릭 사제였다.

이곳은 음악 학교가 아니라 여자아이들을 양육하는 보육원으로, 여기 위탁된 아이들의 상당수는 베네치아 귀족들의 내연 관계에서 생겨난 사생아들이었다고 하니, 당시 베네치아 풍속의 한 단면을 엿볼 수 있다. 피에타는 원생들에게 음악 교육을 장려했고, 그들 중에는 전문 음악가로 성장한 이도 적지 않았다. 비발디는 이곳 피에타에서 30년 가까이 음악을 가르쳤고, 그가 평생 작곡한 500여 곡의 협주곡 가운데 상당수가 이곳 원생들의 연주 교재로 작곡된 것들이다. 실제로 비발디의 협주곡을 연달아 듣다 보면 어느 곡이 어느 곡인지 헷갈릴 때가 종종 있다. 왠지 이미 한 번 사용했던 주제나 가락을 다른 곳에 재활용한 듯한 느낌이다. 아닌 게 아니라 음악가들 사이에서는 "비발디는 500곡의 협주곡을 쓴 것이 아니라 같은 협주곡을 500번 다시 썼을 뿐"이라는 우스갯소리도 있다.

하지만 그의 협주곡 가운데 《화성의 영감 L'estro armonico》과 《화성과

인벤션의 시도Il cimento dell'armonia e dell'inventione》는 의심의 여지 없이 기념비적 걸작들이다. 먼저《화성의 영감》은 비발디가 1711년에 출판한 12편의 협주곡을 지칭한다. 오래전 FM 라디오 고전 음악 채널에서 이 제목을 처음 듣고 무슨 뜻인지 몰라 어리둥절했던 기억이 있어서 하는 말인데,《화성의 영감》은 비발디가 천체 망원경으로 '화성(火星)'을 관찰하던 중에 영감을 받아 쓴 작품이 아니다. 여기서 '화성(和聲)'은 듣는 이에게 균형과 조화의 느낌을 전달하는 음의 조합, 즉 '화음(chord)'을 가리킨다.

바로크 음악 이전까지 유럽 음악의 주축이었던 교회 음악은 여러 개의 선율이 한꺼번에, 혹은 시차를 두고 연주되면서 발생하는 교차 음향 효과를 중시한 이른바 '다성(polyphony)'을 기본으로 했다. 다성 음악의 가장 간단한 예로는 우리가 어린 시절 한 번쯤은 친구들과 불러 봤을 돌림 노래가 있고, 그 미학과 기교가 가장 뛰어나게 표현된 예로는 그레고리 성가부터 시작된 중·근세 가톨릭교회 음악을 들 수 있다.

비발디가 유럽 진출의 야심을 품고 작곡한《화성의 영감》제6곡의 악보.

가비니 안톤 도미니코가 그린 〈메디치 궁정의 음악가들〉. 수세기 동안 이탈리아 피렌체의 지배자였던 메디치 가문은 전 유럽의 예술가들을 지원하는 큰손이었다.

한편 바로크 시대에 들어서 인간의 귀에 즐겁고 균형 잡힌 인상을 주는 특정 소리의 조합인 화음, 그리고 그 화음들이 짜내는 그물(혹은 궤도)을 충실하게 따르는 선율의 진행을 기본으로 하는 이른바 화성 음악이 본격적으로 시도되었다. 비발디를 비롯한 바로크 시대의 음악가들은 화성 구조를 정교화하는 노력을 통해 음향적으로 더욱 풍성한 음악을 만들었다. 물론 화성과 다성은 하나가 다른 하나를 대체하는 제로섬 게임을 벌여야 하는 사이가 아니다. 전문가들은 화성을 음들의 수직적 관계, 다성을 음들의 수평적 관계로 정의하기도 한다.

《화성의 영감》은 비발디가 협주곡이라는 양식 속에서 다채로운 화음 조합과 전개 방식을 시도한 작품이다. 그렇다고 선율이 뒷전으로 밀려났다는 것은 아니다. 오히려 탄탄한 화음의 지원 사격에 힘입어 선율의 진행은 더욱 안정적이고 명료해졌다. 《화성의 영감》에서 가장 유명한 곡은 5번과 6번이지만, 12곡 전곡 가운데 수준이 떨어지는 곡을 찾기는 어렵다. 그중에서도 나는 특히 7번을 좋아한다. 바이올린 곡의 음계로는 비교적 드문 f장조를 들고나온 7번은 5개의 악장으로 이루어져 있다. 안단테의 1악장은 서정성과 우아함이 넘치고, 짧은 2악장의 숨 고르기를 지나면 3악장에서 알레그로로 4대의 바이올린이 힘찬 선율을 자신감 있게 펼쳐 보인다. 다시 짧디짧은 4악장이 지나고 경쾌하고 산뜻한 미뉴에트의 5악장으로 마무리된다.

《화성의 영감》은 당시 비발디가 베네치아를 넘어 유럽 무대에 진출하기 위해 마련한 '북방 전략'의 일환이기도 했다. 비발디는 이 곡을 토스카나 대공 페르디난도 데 메디치에게 헌정했다. 비록 미켈란젤로와 라파엘로의 후견인을 자처했던 르네상스 시대 황금기만큼은 못했지만, 바로크 시대에 들어서도 메디치 가문의 예술 애호는 여전했다. 음악에 조예가 깊었던 메디치에게 작품을 헌정한 것은 비발디의 고도로 계산된 정치적 행보였다. 또한 비발디는 악보 출판을 유럽 각지에 탄탄한 유통망을 둔 네덜란드 출판업자 에스티엥 로제에게 의뢰했는데, 《화성의 영감》은 비발디가 생전에 출판한 악보집 가운데 가장 높은 판매량을 올렸다.

《화성의 영감》을 쓰고 10여 년 뒤인 1725년 비발디는 《화성과 인벤션의 시도》라는 제목 아래 12개 협주곡 모음을 출판했다. '인벤션(이탈리아어 inventione, 영어 invention)'은 교묘한 장치나 수법 따위를 뜻하는 라틴어 '인벤툼(inventum)'에서 유래한 것으로, 서로 다른 두 선율이 동시에 연주되면서 발생하는 대비 및 상응 효과를 꾀하던 바로크 음악의 기법을 일컫는다. 《화성의 영감》에서 화음의 역할에 공을 들였던 비발디가 《화성과 인벤션의 시도》에서는 화음뿐 아니라 인벤션의 기법까지 화려하게 펼쳐 보인 것이다.

오늘날 비발디의 트레이드마크이기도 한 《사계 Le Quattro Stagioni》는 《화성과 인벤션의 시도》의 12개 협주곡 가운데 첫 4편을 가르킨다. 흥미롭게도 비발디는 〈봄〉〈여름〉〈가을〉〈겨울〉에 해당하는 4편의 협주곡에 각각 시를 한 편씩 써서 악보에 첨부했다. 예를 들면 《사계》의 첫 번째 작품 〈봄〉의 1악장 알레그로에 비발디는 다음과 같은 글로 시작되는 운문을 덧붙였다.

> 흥겹게 봄이 왔네
> 새들도 행복하게 노래하며 봄을 맞이하네
> 부드러운 실바람 속에 시냇물은
> 잔잔히 흐른다네
> Giunt' è la Primavera e festosetti
> La Salutan gl' Augei con lieto canto,
> E i fonti allo Spirar de' Zeffiretti
> Con dolce mormorio Scorrono intanto

딱 봐도 시 자체가 문학적으로 뛰어나지는 않다. 하지만 음악의 내용을 글로 표현하고 규정한 비발디의 운문은 당시로서는 매우 참신한 시도로, 훗날 평론가들이 '표제 음악(program music)'이라고 부르는 형식의 선구로 평가받는다. 클래식 음악의 역사를 살펴보면, 가사가 없는 기악곡은 작곡가 본인이 협주곡 0번, 소나타 0번, 연습곡 0번 등 그저 관습적으로 제목을 붙였다. 그러다가 나중에 청중이나 평론가들이 받은 인상에 따라 새로운 제목을 붙여 주는 경우도 많다. 그런데 비발디는 스스로 제목과 주제를 정한 데다 그것도 모자라 시를 써서 각 악장의 음악이 의도하는 효과 내지 메시지를 시시콜콜 표현하는 수고까지 아끼지 않았다.

비발디가 《사계》를 작곡하게 된 것은 당시 베네치아에서 활약하던 화가 마르코 리치의 풍경화를 보고 깊은 감명을 받아서였다고 한다. 그런 점에서 생각해 보면 《사계》는 시각 예술(풍경화)에 자극받은 음악 예술에 작곡가가 직접 지은 문자 예술(시)까지 더해진 그야말로 멀티미디어 콘텐츠다. 요즘은 아예 오케스트라 공연 내내 무대 스크린에 아름다운 사계의 경관과 함께 비발디의 운문을 띄운 채로 연주하기도 한다. 그렇다고 작곡가의 의도에 충실한답시고 《사계》의 〈봄〉은 입춘 무렵에 듣고, 〈여름〉은 복날에 듣는 식으로 유난을 떨 필요는 없다. 비발디의 《사계》는 언제 어느 곡을 골라 들어도 즐겁다. 오히려 나라면 차라리 여름에 〈겨울〉을 들으며 그 소리의 그늘에서 더위를 식히는 쪽을 택하겠다.

《사계》의 곡들은 모두 예외 없이 훌륭하지만, 그중에서도 〈봄〉의 1악장은 아름답기 짝이 없는 소리의 향연이다. 그 도입부는 적어도 지구촌 수억 명의 사람들이 어디선가 한 번은 들어본 적이 있을 만큼 친숙한 선율이다. 초반부의 경쾌하고 목가적인 장조의 선율도 좋지만, 중반부의 예상치 못한 대목에서 빠르고 폭발적인 스케일로 변신하는 연주를 듣는 재미는 각별하다. 힘차고 날렵한 스케일로 말하면 〈겨울〉의

비발디의 대표작 《사계》 중 〈봄〉의 악보 초판본. 바로크 음악 가운데 현대 대중에게 가장 익숙한 선율의 하나다.

1악장도 뒤지지 않는다. 도입부를 장식하는 짧은 호흡의 화음 진행은 조만간 뭔가 흥미진진한 일이 벌어질 듯한 분위기를 조성한다. 곧이어 기대를 저버리지 않고 독주 바이올린의 화려한 연주와 음 사이를 빠르게 전환하는 트릴이 펼쳐진 뒤 오케스트라가 합류하면서 본격적으로 풍성하고 힘찬 화음이 이루어진다. 〈겨울〉은 2악장 라르고의 잔잔한 서정성도 일품이다. 비발디는 〈겨울〉의 2악장에 관해 "바깥에서 빗줄기가 모두를 적시는 사이/화롯불 곁에서 보내는 조용하고 행복한 시간"이라고 말했다. 실제로 2악장에서 독주자가 선율을 전개할 때 오케스트라가 활 대신 손가락으로 가볍게 탄현하는 피치카토 반주는 마치 화롯불의 장작이 부드럽게 이글거리는 소리를 연상시킨다.

비발디는 협주곡 외에도 오페라, 칸타타에 더해 소나타, 합주곡, 종교 음악까지 엄청난 분량의 작품을 썼다. 또한 전성기에는 유럽의 주요 도시를 방문해 성황리에 공연하는가 하면 신성 로마 제국의 황제 카를 6세와 프랑스 국왕 루이 15세의 위촉으로 작곡하는 영광을 누리기도 했다. 특히 카를 6세는 비발디가 1727년에 헌정한 협주곡을 들은 뒤부터 팬이 되어 그에게 직접 음악을 주문하곤 했다. 하지만 그런 비발디조차 말년에는 몰락을 겪었다. 난다 긴다 하는 음악가들이 명멸하던 베네치아에서 그의 음악 역시 한물간 것으로 취급받게 된 것이다. 슬럼프를 겪던 비발디는 1740년 오스트리아 빈으로 터전을 옮겨 음악 인생을 재점화하리라 결심했다. 카를 6세의 총애를 발판 삼아 빈 음악계를 주름잡겠다는 계획이었다. 또 빈에서라면 자신의 신작 오페라들을 공연할 기회가 있으리라는 계산도 있었다.

1740년 빈에 도착해서 자리도 잡기 전에 비발디는 청천벽력 같은 소식을 접했다. 그를 아끼던 카를 6세가 식중독으로 급서했다는 소식이었다. 그뿐만이 아니었다. 황제의 죽음을 기리기 위해 빈에서는 1년간 오페라 공연을 일체 금지한다는 칙령이 선포되면서 비발디의 야심 찬 컴백 프로젝트는 개시도 못한 채 끝나고 말았다. 일이 안 되려면 이렇게도 꼬인다. 순식간에 낙동강, 아니 '도나우 강 물새알' 신세가 된 비발디는 결국 충격을 극복하지 못하고, 1741년 빈에서 빈털터리로 객사했다. 비발디를 죽음에 이르게 한 것은 평생 그를 괴롭혔던 가슴앓이가 아니라 객지에서 믿

말년의 비발디를 묘사한 캐리커처. 오랫동안 베네치아 음악계를 주름잡았던 스타 음악가였음에도 그의 노년은 상당히 불우했다.

었던 후견인을 잃으며 겪은 멘붕이었던 셈이다. 한때 베네치아뿐 아니라 전 유럽을 풍미한 대 음악가치고는 허무한 최후가 아닐 수 없다.

화려한 컴백

놀랍게도 비발디가 타계한 뒤 서구 문명은 2세기 가까이 그의 음악을 거의, 아니 전혀 알지 못했다. 생전에 이미 퇴물 취급을 받기 시작하던 비발디의 음악은 그의 죽음과 동시에 베네치아 대중의 기억에서 빠르게 사라졌고, 비발디는 "그런 바이올리니스트도 있었다는데…"라며 유럽의 몇몇 음악가와 평론가가 지나가다 언급하는 정도를 제외하면 사실상 잊힌 인물이었다. 심지어 오늘날 바로크 음악의 ABC처럼 되어 있는 《사계》나 《화성의 영감》조차도 20세기 초까지 거의 연주된 적이 없었다. 평론가들이 흔히 '비발디 르네상스'라고 부르는 현상은 20세

기 중엽인 1950년대 이후에야 본격적으로 시작되었다.

비발디의 《사계》 전곡이 일반 청취자용 음반으로 제작된 것은 1948년 미국에서였다. 음반 제작을 주도한 사람은 바이올리니스트이자 할리우드 영화 음악 전문 지휘자였던 루이스 카우프만(Louis Kaufman)이었는데, 이 음반이 1950년 프랑스에서 최우수 클래식 음반상을 받으면서 유럽과 미국에서 비발디 붐의 견인차 역할을 했다. 곧이어 엘피판이 보급되고 세계 유명 바이올리니스트, 오케스트라들이 경쟁적으로 연주와 녹음 활동에 뛰어들면서 《사계》는 명실공히 이탈리아 바로크 음악을 대표하는 작품이 되었다.

《화성의 영감》과 《사계》를 통해 그 진가를 알 수 있지만, 비발디의 협주곡은 독주자와 오케스트라 사이의 긴장감 조성에 탁월한 솜씨를 발휘한다. 협주곡을 뜻하는 이탈리아어 '콘체르토(concerto)'는 합의, 조화 등을 의미하지만, 라틴어 어원인 '콘체르타레(concertare)'는 주장하

19세기 토리노 전경. 이곳에서 20세기 초 비발디의 악보들이 대거 발견되면서 비발디에 대한 재평가가 본격적으로 시작되었다.

다, 다투다라는 의미다. 즉 여기에는 합의, 조화라는 것도 치열한 갈등과 논쟁 끝에 도달하는 결론이라는 메시지가 담겨 있다. 뛰어난 협주곡일수록 독주자와 오케스트라가 어깨동무를 하고 단결하는 것이 아니라 선율과 화음, 박자와 리듬 등 다양한 음악적 언어를 변화무쌍한 방식으로 주고받으며 치열한 의견 교환과 대화를 나눈다. 이때 독주자의 역할이 너무 튀면 오케스트라가 들러리인 원맨쇼가 되고, 반대로 오케스트라의 연주가 너무 튀면 협주곡이 아니라 합주곡이 되고 만다. 그런 점에서 비발디의 바이올린 협주곡은 독주자와 오케스트라 사이의 극적인 긴장의 미학, 그 균형을 성취한 걸작이다.

《사계》와 《화성의 영감》 외에 내가 즐겨 듣는 비발디의 음악에는 기타와 만돌린 협주곡들이 있다. 바이올린 협주곡의 숫자에 비하면 턱없이 모자라지만, 이 작품들은 기타와 만돌린의 특징을 아주 잘 살리고 있다. 그중에서도 《류트 협주곡 Concerto for Lute in D Major RV. 93》은 현대 기타의 조상 격인 초기 현악기 류트(lute)를 위해 만들어진 곡이지만, 기타 연주로 들어도 감상하는 데 전혀 문제가 없다. 내가 처음 접했던 버전 역시 스페인 출신 기타 명가 로메로 부자(Los Romeros)의 연주였다. 나는 《류트 협주곡》의 1악장은 조금 빠른 박자의 연주를 선호한다. 연주가 조금만 느려져도 상당히 맥이 빠지고 늘어지는 기분이 들기 때문이다. 내 의견으로는 일반적인 알레그로보다도 더 빠르게 진행되어야 1악장의 전체 구성이 무너지지 않는 것 같다. 잔잔하고 평화로운 2악장은 《사계》의 〈겨울〉 2악장과 마찬가지로 풍부한 서정성을 과시하며 다른 악장들과 어깨를 나란히 한다. 이어지는 3악장은 마치 이탈리아 농민들의 춤사위를 연상시키듯 경쾌하고 흥겹다.

《만돌린 협주곡 Concerto for Mandolin in C Major RV. 425》은 1악장이 일품이다. 현악주자들이 피치카토 기법으로 가볍게 화음을 뜯는 가운데 펼

르네상스 시대 화가 카라바조가 그린 '류트 연주자'. 비발디는 바이올린뿐 아니라 클래식 기타의 전신인 류트를 위한 협주곡 역시 여럿 남겼다.

처지는 만돌린 특유의 경쾌하고 분명한 음색은 마치 어린아이가 노래하는 듯 천진난만하다. 반면 《2대의 만돌린을 위한 협주곡Concerto for 2 Mandolins in G Major RV. 532》은 《만돌린 협주곡》보다 정교한 오케스트레이션을 선보이며 독주자와 반주 사이의 균형 있는 역할 분배를 이룬다. 비발디의 만돌린 협주곡을 듣고 있으면 그가 피에타에서 원생들과 함께 이 음악을 연주하던 광경이 눈앞에 떠오르는 것 같다. 만돌린 연주에 몰두하는 제자의 모습을 바라보며 바이올린을 쥔 비발디는 흐뭇한 미소를 짓지 않았을까.

바흐, 클래식 음악의 장인

두 얼굴의 모범생

불멸의 바로크 음악가 요한 세바스티안 바흐(Johann Sebastian Bach, 1685~1750)는 독일 튜링겐의 도시 아이제나흐에서 태어났다. 당시 독일은 이탈리아와 마찬가지로 여러 작은 독립 소국가와 도시 국가들로 분열된 상태였지만, 사정은 더 열악했다. 샤를마뉴가 세운 카롤링거 왕국의 한 갈래인 동프랑크 왕국을 모태로 하던 독일은 중세 내내 상당히 잘 나갔다. 하지만 15세기 중반 오스트리아의 합스부르크 가문에 신성 로마 제국의 황제 자리를 넘겨주면서 휘청하더니 다시 16세기 초 마르틴 루터가 이끈 종교 개혁의 불길에 휩싸이면서 본격적으로 위기의 땅이 되었다. 독일의 여러 제후가 루터의 개혁 운동을 교황청의 속박에서 벗어날 수 있는 정치적 기회로 간주했기 때문이었다. 바흐의 출생지 아이제나흐는 루터가 1512년경부터 작센 선제후 프리드리히의 보호를 받아 은둔하면서 라틴어 성서를 독일어로 번역했던 곳이다.

루터의 성서 번역은 그때까지 가톨릭 사제들이 독점하던 종교적 지식을 민중에게 돌려준 혁명적인 사건이었다.

결국 독일은 종교 개혁이 시작되고 약 1세기 뒤 전 유럽의 가톨릭 세력과 신교 세력이 정면충돌한 '30년 전쟁(1618~1648)'의 주무대가 되었다. 전쟁 결과 독일은 종교의 자유를 얻었지만, 그 대가는 참혹했다. 오랜 전란으로 국토는 황폐해지고 인명 피해는 상상을 초월했다. 역사가들에 따르면 전쟁 동안 독일 인구의 약 40퍼센트 이상이 감소했다고 한다. 게다가 원래도 제후들의 목소리가 컸던 독일은 전쟁 후 자그마치 200여 개에 달하는 군소 왕국, 제후국, 자치 도시, 주교령, 황제 직할령 등으로 갈가리 쪼개져 유럽의 후진 지역으로 전락했다. 이렇게 바흐가 태어난 당시 독일의 상황은 결코 음악가가 먹고살기에 녹록한 환경이 아니었다.

바흐는 튜링겐 지역의 유서 깊은 음악가 가문에서 8남매 가운데 막

바흐의 출생지 튜링겐주 아이제나흐의 19세기 풍경. 마르틴 루터가 한동안 은신했던 아이제나흐는 종교 개혁의 성지이기도 하다.

내로 태어났다. 궁정 바이올리니스트였던 부친에게 바이올린을 배웠고, 14살 연상인 큰형 크리스토프 바흐에게 건반의 기초를 배웠다. 9세 때 모친을, 다시 10세 때 부친을 여읜 이후 바흐에게 큰형 크리스토프는 거의 부모에 가까운 존재였던 것으로 보인다.

독일 화가 엘리아스 하우스만이 그린 바흐 초상화. 바흐는 위대한 음악가로서뿐 아니라 삶 자체도 매우 흥미로운 인물이다.

내가 바흐를 처음 알게 된 것은 초등학교 때 어느 어린이 잡지를 통해서였다. 잡지에 실린 이야기에 따르면, 소년 바흐는 교회 오르간 연주자였던 큰형이 가지고 있는 당대 유명 작곡가들의 악보를 보여 달라고 졸랐다. 그런데 형은 무슨 이유에서인지(짓궂은 건지 아니면 아직 바흐가 그런 걸 볼 수준이 안된다고 생각했던 건지) 바흐의 청을 무시한 채 장롱 속에 악보를 넣고 잠갔다. 그러자 바흐는 밤중에 몰래 장롱 문을 열고 악보를 꺼내 달빛 아래서 베껴 썼는데, 모든 악보를 베끼는 데 장장 6개월이 걸렸다고 한다. 나는 그 이야기를 읽으면서 소년 바흐의 음악을 향한 열정과 부지런함에 감동하기보다는 정말 달빛에 악보가 보였을까 하는 의문을 먼저 품었던 게 기억난다.

10대 후반부터 수년간 튜링겐의 몇몇 도시에서 오르간 연주자로 일하던 바흐는 1708년 바이마르 공국의 궁정 음악가로 채용되면서 도약의 기회를 얻었다. 바이마르에서 그는 오르간과 함께 바이올린과 하프시코드를 정기적으로 연주했고, 선제후의 궁정 오케스트라를 지휘하면서 관현악 기법에도 정통하게 되었다. 바흐는 1717년에는 쾨텐으로 옮겨 대공 레오폴트의 전속 궁정 음악 감독으로 봉직했다. 당시 쾨텐은 독일의 여러 제후국 가운데서도 마이너 리그에 속하는 소국이었지만, 레오폴트 대공은 음악에 상당한 조예가 있었고 바흐의 재능을 높이 평가하고 아꼈다. 그런 레오폴트 대공 덕분에 바흐는 쾨텐에서 비교적 안정적인 수입과 함께 작곡 활동을 위한 충분한 여가를 누릴 수 있었다. 1723년 바흐는 쾨텐을 떠나 작센 선제후 영토 내의 도시 라이프치히에 정착했다. 라이프치히 교회 합창단 및 오케스트라 지휘자로 부임한 바흐는 생애 최초로 자신만이 연주할 수 있는 전용 파이프오르간을 가지게 되는 특권을 누렸다. 그 뒤 바흐는 사망할 때까지 27년간 라이프치히 성 토마스 교회 성가대 지휘 및 음악 감독으로 근무했다.

바흐의 전기를 썼던 네덜란드 출신 역사가 반 룬은 바흐의 인간됨을 다음과 같이 묘사한 바 있다.

> 세바스티안 바흐는 시기심 따위를 품기에는 도량이 큰 인물이었고, 문자 그대로의 신실한 기독교 신자였다. 바흐의 경우 그의 인간됨과 예술은 완전히 일치했다.
>
> Sebastian Bach was much too great a man, and too sincere. And he was honest a Christian in the most sublime sense of the word, to indulge in envy. In case of Bach, the man and his art were absolutely one.

"그의 인간됨과 예술은 완전히 일치했다."라는 반 룬의 묘사는 바흐의 이미지를 가장 깔끔하게 요약하고 있다. 천부적 재능에 더해 체계적인 음악 교육을 받았고, 성장해서는 충실한 가장이자 유능한 교육자, 신실한 기독교 신자였으며, 평생을 오로지 신앙생활과 음악에 헌신한 인물. 비단 반 룬뿐 아니라 역사가와 평론가들이 평한 바흐의 프로필은 대략 그런 식이었다.

물론 이런 시각을 굳이 부정할 필요는 없겠지만, 바흐의 행적을 자세히 들여다보면 그가 '음악과 루터교의 제단에 몸 바친 성자'라는 식으로만 이해되기에는 아까우리만치 입체적인 인간임을 알 수 있다. 예를 들어 젊은 시절 아른슈타트에서 교회 오르가니스트 겸 음악 교사로 근무할 당시 바흐는 학생들에게 깐깐하기로 소문난 나머지 그에게 쪼이다 못한 학생들이 집단으로 교회에 항의하는 사태까지 발생했다. 또 교회 악단에서 바순을 연주하던 학생의 연주 실력을 공개적으로 비꼰 것이 화근이 되어 학생과 길에서 주먹다짐을 벌이기도 했다. 물론 바흐 역시 당시 갓 20세를 넘긴 혈기 넘치는 청년이기는 했지만, 그래도 제자와 '사제 혈투'를 벌이는 모습은 쉽게 그림이 그려지지 않는다.

이런 일도 있었다. 아른슈타트에서 근무한 지 2년째 되던 1705년 겨울, 바흐는 독일 북부의 도시 뤼베크로 여행을 떠났다. 평소 존경하던 오르가니스트이자 작곡가였던 북스테후데(Buxtehude)의 연주를 듣기 위해서였다. 하지만 문제는 겨울이 끝날 때까지도 바흐가 직무 복귀를 하지 않았다는 것이었다. 요샛말로 하면 장기 무단결근이었다. 바흐는 봄이 되어서야 아

파이프오르간을 연주하는 바흐. 바흐는 건반 악기에 관한 한 자신이 유럽 최고의 고수라는 확신을 가졌던 것으로 보인다.

른슈타트로 돌아왔다. 그런가 하면 바이마르 궁정에서 봉직하던 1718년에는 인사 문제에 불만을 품고 다른 사람도 아닌 군주 빌헬름 대공에게 직접 항의까지 했다. 바흐의 항의가 너무 거세고 끈질겼던 나머지 단단히 화가 난 빌헬름 대공은 그를 괘씸죄로 한 달간 감옥에 보냈다. 음악가가 예술가로 대접받지 못하고 단순 기술자, 최악의 경우 영주나 조직의 부속물 비슷하게 여겨지던 당시에 바흐가 보인 이와 같은 행태는 분명 파격적이지만, 바흐의 음악에 대한 열정과 더불어 그의 인간적인 면모를 잘 드러내고 있다.

반 룬은 바흐가 시기심이 없다고 했지만, 적어도 음악과 관련해서는 경쟁의식도 무척 치열했던 것으로 보인다. 바로크 시대에는 내로라하는 건반 연주자들끼리 즉흥 연주를 펼치며 실력을 겨루는 진검 승부가 종종 벌어졌는데, 바흐는 그런 기회를 결코 거절하는 법이 없었다(그리고 언제나 이겼다). 적어도 바흐 스스로 건반 악기에서는 자신이 유럽 최

19세기 라이프치히 도심 풍경. 젊은 시절부터 독일의 여러 도시를 전전하던 바흐는 라이프치히 성 토마스 교회의 음악 감독직을 맡아 죽을 때까지 근무했다.

고라는 의식이 있었던 것으로 보인다. 또한 자기 음악에 관한 동료 음악가나 비평가들의 부정적 평가를 모른 척 넘어가기는커녕 적극적으로 반박하기를 즐겼다. 바흐는 자존심을 넘어 자만심마저 다분했던 것으로 보인다. 바흐가 각종 계약서, 공식 문서 등에 즐겨 찍었던 개인 문장을 보면 본인 이름의 머리글자를 딴 J.S.B. 위에 왕관이 씌어 있다. 대개 음악사가들은 왕관을 '왕 중의 왕(king of kings)'으로 불리는 예수 그리스도를 상징한다고 봤는데, 어쩌면 바흐 역시 자신을 '음악의 왕 중왕'으로 여겼다고 볼 여지가 있지 않을까? 참고로 자만심은 중세 이래 기독교의 7대 죄악 가운데 하나다.

바흐가 신앙심이 깊은 인물이었음에는 의문의 여지가 없지만, 그렇다고 인생의 이런저런 소소한 재미를 포기한 금욕의 사나이였던 것은 아니다. 바흐는 동물 내장을 비롯해 다양한 고기 요리와 함께 와인과 맥주 마시기를 좋아했으며 파이프 담배를 즐겨 피웠다. 커피도 종종 마셨던 듯하다.

바흐는 전 생애를 거쳐 자기가 원하는 바를 얻어내기 위해 부단히 노력한 끈기와 근성의 사나이이기도 했다. 그는 한군데서 자리를 잡은 뒤에도 계속 이웃의 다른 도시, 다른 군주가 제공하는 기회를 민감하게 탐색하곤 했다. 언제라도 보수가 후하고 조건이 나은 직장이 눈에 띄면 고용주를 갈아탈 준비가 되어 있었던 것이다. 하지만 이는 바흐가 교활하거나 기회주의적 인간이라서라기보다는 18세기 초 독일이라는 척박한 환경에서 생계를 잇고 창작 활동을 해야 했던 음악가로서는 불가피했던 생존 전략으로 보는 쪽이 더 공평한 판단일 것 같다.

돌이켜보면 바흐의 음악을 제대로 알기 전부터 '바흐=음악의 아버지'라는 표현은 그리 낯설지 않았다. 또 학창 시절 교과서나 참고서 등에도 바흐는 그렇게 소개되어 있었다. 그런데 음악의 아버지를 논하기

전에 '생물학적' 아버지로서 바흐가 과시한 능력 또한 엄청나다. 바흐는 두 번 결혼했다. 첫 부인은 육촌 동생이었던 마리아 바흐였는데, 마리아는 바흐와의 사이에서 7명의 자식을 낳고 결혼 14년 만에 사망했다. 바흐는 상처한 지 약 2년 뒤에 안나 막달레나라는 여성과 재혼해 다시 13명의 자식을 더 낳았다. 원래 생식 능력이 절륜했던 것인지, 독실한 루터교 신자답게 "생육하고 번성하라."는 성경의 말씀에 따라 의무감을 가지고 최선을 다했던 결과인지는 잘 모르겠지만, 하여간 자식 농사가 대풍(大豊)이다. 아마 두 가지 이유가 다 맞을 것이다. 바흐는 중년에 들어서까지도 부족한 수입을 메꾸려고 틈만 나면 결혼식이나 장례식에 가서 음악을 연주하는 아르바이트를 했다고 하는데, 일단 먹여 살려야 할 자녀들이 많았으니 뭐라도 하기는 해야 했을 것이다.

　같은 맥락에서 음악의 아버지로서 바흐의 위상에 주의를 돌렸을 때, 역시 우리를 먼저 놀라게 하는 것은 그가 작곡한 음악의 방대한 양이다. 즉 음악의 아버지라는 표현은 어떤 상징적, 역사적 의미—이를테면 모든 근대 음악의 뿌리가 바흐의 음악 세계와 직접적으로 닿아 있다든가 하는—를 넘어 문자 그대로 이해해도 좋은 표현이었다는 것이다. 연구가들에 따르면 현존하는 바흐의 음악은 그가 실제로 작곡한 전체 분량의 50퍼센트도 되지 않는다고 한다. 유실 혹은 손상됐거나 지금도 유럽의 어느 교회나 궁전, 성채의 지하실에서 잠자고 있을지 모를 미지의 악보를 다 제하고도 현재까지 알려진 그의 음악은 실로 엄청난 양이다. 참고로 '바흐＝음악의 아버지'는 아마 일본에서 유래한 표현이 아닐까 싶지만, 역시 그의 왕성한 창작력을 생각하면 터무니없는 과장은 아니다.

독주 악기의 곡예사 I

살아생전 독일에서 뛰어난 하프시코드 및 오르간 연주자이면서 '이따금' 작곡도 하는 인물로 알려져 있었을 만큼 바흐의 본령은 건반 악기였다. 여기서는 바흐가 남긴 건반 악기 독주곡들 가운데 몇 작품을 언급해 볼까 한다. 참고로 바흐가 활동한 시대는 현대적인 기능의 피아노가 본격적으로 도입되기 이전으로, 그가 주로 사용한 건반 악기는 하프시코드, 류트 하프시코드, 오르간 등이었다. 하지만 그의 음악을 피아노 연주로 감상해도 큰 문제는 없을 듯싶다.

먼저 소개하고 싶은 음악은 '바흐 인벤션'으로 알려진 《인벤션과 신포니아*Inventions and Sinfonias*(이하 바흐 인벤션)》라는 모음곡이다. 여기에는 2개의 성부(선율)가 동시에 전개되는 인벤션 형식의 15곡과 3개의 성부로 이루어진 신포니아 15곡이 수록되어 있다. 인벤션은 바로크 음악의 특징인 '대위법(counterpoint)'의 가장 기본이 되는 테크닉이다. 대위법이란 요약하자면 주선율 위로 변주된 형태, 혹은 새로운 선율이 계속 겹쳐지는 기법을 뜻하는데, 이때 관건은 당연히 복수의 선율이 동시에 연주되면서 전체적으로 얼마나 대조적이면서도 조화로운 음악이 만들어지느냐에 있다. 실제로 대위법은 중세 교회 음악의 주력이었던 폴리포니(polyphony, 다성 음악)의 바로크적 해석 혹은 바로크적 재탄생이라고도 정의할 수 있다.

바흐는 쾨텐에서 궁정 음악가로 지내던 시절에 건반 악기를 배우는 학생들을 위한 연습곡으로 《바흐 인벤션》을 작곡했다. 그는 자신의 친필 악보 첫 페이지에 "학생들이 먼저 2개의 파트, 나아가 3개의 오블리가토(필수 성부)를 정확히 연주하면 노래하듯 유연하게 건반을 두드리는 솜씨는 물론 작곡의 기본 감각 역시 익힐 수 있을 것"이라고 밝힌 바 있다(학생과 주먹다짐을 벌이는 '폭력 교사'보다는 자상한 스승의 모습에 가깝다). 《바흐 인벤션》은 피아노나 키보드 연주자들을 위한 연습곡일 뿐 아니라 초보 고전 음악 감상자에게도 대위법 감상 입문용으로 손색이 없다.

폴리포니 혹은 대위법적 음악을 들을 때, 감상자의 입장에서 복수의 선율을 개별적으로 인식하는 것은 불가능에 가깝다(몇 초는 가능할지 모르지만 그 이상은 무리다). 2개, 3개 또는 그 이상의 선율이 동시에 진행될 때는 한 선율을 골라 추적하거나, 한 선율에서 다른 선율로 끊임없이 의식의 방향을 옮겨가며 줄타기를 하는데, 실제로 우리는 그 두 가지를 번갈아 한다. 하지만 이때 어느 지점에서 어느 성부로 의식의 무게를 옮기건 간에 우리는 복수의 선율이 진행되며 이루어지는 그 전체성, 총체성의 인상을 결코 잃어버리지 않는다. 대위법의 묘미, 나아가 음악이라는 예술의 신비가 거기에 있다.

비교적 짧고 간략한 구조의 곡들로 이루어진 《바흐 인벤션》에 비해 《평균율 클라비어 곡집 The Well-Tempered Clavier(이하 평균율 클라비어)》은 더욱 야심 찬 기획이다. 제목의 '평균율'은 흔히 건반 악기에서 한 옥타브를 이루는 12개의 키에 정확히 똑같은 음가를 부여하는 '평균율(equal temperament)' 조율 방식을 가리키는 것으로 알려져 있지만, 100퍼센트 확실한 것은 아니다. 바흐는 친필 악보의 표지에 "wohltemperierte"라고 썼는데, 이를 직역하면 '잘 조율된' 혹은 '양호하게 조율된'이지 '평균으로 조율된(equally-tempered)'이라는 뜻은 아니다. 또 평균율 조율 방식은 실제로 바흐의 사후에야 보편화된 방식이다. 바흐가 무슨 의도로 'wohltemperierte'라고 썼는지, 다시 말해 어떤 조율 방식을 염두에 두었는지는 지금도 학자들 사이에서 의견이 분분하다. 다만 학자와 연주가, 클래식 음악 팬들이 모두 이론의 여지없이 합의를 본 사항은 《평균율 클라비어》가 무척 아름다운 음악의 모음곡이라는 사실이다. 그리고 우리는 그것만 알면 충분하다.

《평균율 클라비어》는 1권과 2권으로 나뉘는데, 각각 24곡이 수록되어 있다. '24'는 c장조부터 b단조까지 모든 온음계 및 반음계의 장조와 단조를 망라하는 숫자다. 즉 바흐는 조성 음악이 다루는 모든 장조와 단조를 위한 피아노곡을 하나씩 작곡한 것인데, 각 곡은 전주곡과 푸가(fugue)로 구성되어 있기 때문에 이를 다시 각개로 보면 총 48곡, 따라서 1권과 2권을 합치면 총 96곡이 된다. 바흐는 1권의 곡들을 쾨텐의 궁정 음악가 시절인 1722년에 작곡했지만, 2권은 22년이 지난 1744년에야 마무리했다. 그래서인지 전문가들은 1권과 2권의 곡들을 비교 분석하고 그 차이점에 대해 다양한 견해를 내놓기도 한다. 이것은 독일의 문호 괴테의 『파우스트』와도 비슷하다. 괴테 역시 필생의 역작 『파우스트』의 1부는 청년 시절에, 2부는 노년 시절에 썼다. 그래서 1부와 2부 사이의 세계관이나 초점이 여러 면에서 상당히 다를 뿐 아니라 전혀 다른 작품이라고 볼 수도 있다.

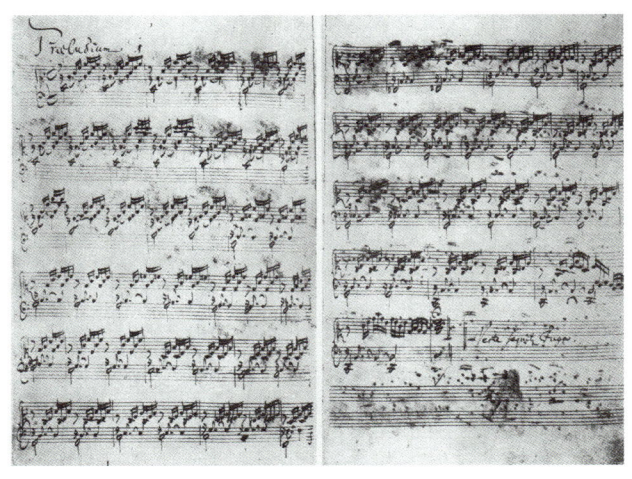

바흐의 《평균율 클라비어》 친필 악보. 가장 유명한 제1곡 전주곡이다.

《평균율 클라비어》 1권의 첫 곡인 c장조 전주곡에서부터 우리는 바로 몰입하게 된다. 이 곡은 마치 어린아이와 같은 천진난만한 분위기의 아르페지오(분산화음)로 시종하고 있지만, 그 일관성과 반복성은 단순한 기계적 규칙성과는 다르며, 결국 그 경험의 총체는 지극히 인간적인 정서, 나아가 예술의 카타르시스로까지 우리를 이끈다. d장조에 이어 d단조, 다시 올림 d장조에 이어 올림 d단조, 이런 식으로 계속 변하는 조성의 변화가 일종의 씨줄이라면 전곡을 통과하는 전주곡과 푸가의 구조는 날줄이 되며, 그 속을 아름다운 선율과 화음이 관통하는 것이다. 바흐의 《평균율 클라비어》는 독일의 실존주의 철학자 하이데거가 특유의 난해한 언어로 묘사했던 '대지(Erde)'와 '세계(Welt)'의 관계, 즉 예술의 형식(대지)과 내용(세계) 사이의 이상적인 '평형(equilibrium)'이 현실에서 탄생한 사례라고 할 수 있지 않을까. 지금도 세계적인 피아니스트 가운데는 특별한 일정이 없는 한 아침 일과를 《평균율 클라비어》의 몇 곡 혹은 전곡 연주로 시작하는 이들이 많다.

　《바흐 인벤션》과 《평균율 클라비어》로 바흐의 건반 음악을 즐기는 재미가 무르익었다면, 이제 한 다발의 연습곡 세트로 넘어가 보자. 바로 '골드베르그 변주곡 Golberg Variations'이라는 별명으로 더 유명한 《2단 하프시코드를 위한 아리아와 여러 가지 변주곡 Aria with diverse variations for harpsichord with two manuals(이하 골드베르그 변주곡)》이다. 바흐는 주제가 되는 1개의 아리아와 그에 기초한 30개의 변주로 이루어진 이 연습곡 세트의 표지에 "음악 애호가들의 기분 전환을 위해서" 작곡했다고 밝혔다. 이 작품은 바흐가 생전에 출판한 몇 안 되는 악보 가운데 하나다. 다만 매우 저조했던 악보 판매 탓에 바흐 당대에 이 음악을 연주하거나 감상하면서 기분 전환하는 사람들은 그리 많지 않았다.

　《골드베르그 변주곡》의 시작은 대체로 느리고 장중한 3박자 계통의 무곡인 사라방드풍의 아리아(aria)다. 독창, 독주 악기가 연주하는 서정적인 선율을 가리키는 아리아는 원래 '공기'라는 의미였다(그래서 영어나 프랑스어로 표기할 때는 air로 쓸 때도 있다). 《골드베르그 변주곡》의 아리아는 청아한 동시에 선율에 딸린 여러 꾸밈음과 다수의 성부 때문인지 다소 화려하다는 느낌도 든다. 아리아에 바로 이어지는 흥겨운 1번 변주는 특히 오른손과 왼손이 서로 역할을 번갈아 바꿔가며 펼치는 빠른 박자의 선율과 메트로놈처럼 무뚝뚝하고 규칙적인 반주음이 대비를 이루며 독특한 리듬감을 만들어 낸다. 2번 변주는 1번보다 느리고 차분한데, 나들이 가는 소녀의 발걸음처럼 밝고 가벼우며 마치 고양이가 장난감 깃털을 쫓는 광경을 지켜보는 듯하다. 3번 변주는 고전적인 캐논, 즉 돌림 노래 형식을 구사한다.

이런 식으로 아리아의 선율은 확장되고, 분열되고, 밀도 있게 집중

바흐의 대표 건반 작품 《골드베르그 변주곡》 가운데 〈아리아〉.

되고, 간결하게 요약되는 등 장장 30번에 걸친 변신을 거듭하면서 듣는 이를 시간 가는 줄 모르게 만든다. 전곡을 통해 바뀌지 않고 유일하게 일관된 것은 g장조(및 단조)의 화음뿐이다. 무려 30번의 변주를 다 듣고 나서 드는 생각은 '이제야 끝났구나!'가 아니라 '아니 왜 40번, 50번 변주까지 이어지지 않는 거야!' 하는 아쉬움 쪽이다.

　이 작품이 '골드베르그 변주곡'이라고 불리게 된 기원과 관련해서는 바흐와 오랫동안 친분을 유지했던 러시아 출신 외교관 케이제를링 백작의 일화가 있다. 바흐가 이 곡의 악보를 케이제를링 백작에게 선물하자, 백작은 크게 기뻐하며 자신의 전속 음악가 골드베르그에게 밤마다 연주하게 했다는 것이다. 이 일화는 최초로 바흐의 전기를 쓴 작가 요한 포르켈에 의해 유명해졌는데, 오늘날 그 신빙성을 의심받고 있다. 일단 포르켈의 전기 외에는 이를 증명할 2차 문헌이 없는 데다 골드베르그라는 인물의 활동 기간이 곡의 작곡 시기와 일치하지 않는다. 또 만약 이 이야기가 사실이라면 왜 '케이제를링 변주곡'이라고 불리지 않았을까? 더구나 제목 속의 골드베르그가 실존 인물을 지칭하는 것이 아니라는 주장도 있다. 그 주장에 따르면 골드베르그는 독일어로 황금을 뜻하는 'gold'와 산을 뜻하는 'berg'가 합쳐져 '황금 더미'를 뜻하는데, 오히려 이쪽이 더 그럴듯해 보인다. 즉 누군가가 작품을 '황금 더미'에 비유했고 결국 그것이 제목이 되었다는 것이다. 짐작해 보건대 황금처럼 귀한 음악의 향연이라는 뜻이 아니었을까.

　《골드베르그 변주곡》 연주의 신화로는 바흐 음악의 해석자로 유명한 캐나다의 피아니스트 글렌 굴드(Glenn Gould)의 음반이 있다. 굴드의 연주는 마치 바흐에 빙의된 듯한 연주, 아예 피아노 속으로 녹아 들어가 일체가 된 듯한 연주로 유명하다. 굴드의 연주를 듣다 보면 그가 음악에 도취한 나머지 피아노를 치면서 계속 흥얼거리는 것을 들을 수 있는데, 만약 굴드의 도취성 연주가 조금 부담스러운 사람에게는 미국의 피아니스트 머레이 페라이어(Murray Perahia)의 음반이 대안이 될 수 있다. 페라이어는 굴드와는 달리 매우 절제된 해석을 제시한다. 정색하고 정통 바로크적 분위기를 느끼고 싶다면 피아노 연주 대신 하프시코드 연주를 찾아 들어도 좋다.

독주 악기의 곡예사 Ⅱ

바흐는 현악기를 위한 독주곡도 다수 작곡했다. 현악기용 독주곡은 건반 악기와는 또 다른 차원의 작업이다. 건반 악기는 원래부터 선율과 화음을 함께 연주하기가 수월하다. 하프시코드, 또 그 뒤를 이은 피아노가 다소 퉁명스러운 음색에도 불구하고 모든 악기의 제왕처럼 군림하게 된 것은 그 때문이다. 반면 바이올린이나 첼로처럼 활로 현을 문질러 소리를 내는 찰현 악기는 선율과 화음을 동시에 연주하는 것이 기술적으로 까다롭다. 바이올린이나 첼로 소나타에서 피아노 반주자를 동반하는 것은 이런 이유에서다. 그런데 바흐는 반주자의 보조 없이 순수하게 현악기만으로 승부하는, 즉 '무반주(unaccompanied)'의 작품을 여럿 남겼다.

'무반주 파르티타Unaccompanied Partitas'라고도 불리는 《6개의 무반주 바이올린 소나타와 파르티타 전곡집Six Sonata & Partitas for Solo Violin BWM 1001-1006(이하 무반주 파르티타)》은 기념비적 걸작이다. 여기에 수록된 소나타 형식의 3곡도 훌륭하지만, 이탈리아어로 '춤곡의 모음'을 뜻하는 파르티타 3곡은 실로 경이롭다. 《무반주 파르티타》는 바이올린이 독주 악기로서 가진 모든 가능성을 샅샅이 탐색한 실험이자 그 실험으로부터 뽑아낸 가장 아름다운 소리의 조합이라고 할 수 있다.

방자 없이 이몽룡이 홀로 설 수 있을까? 향단이 없는 성춘향은? 다시 말해 건반 악기나 오케스트라의 보조 없이 홀로 선 바이올린이 과연 선율과 화음을 동시에, 그것도 대위법적으로 펼쳐 보일 수 있을지 궁금하다. 긴말 필요 없이《무반주 파르티타》2번을 들어보면 의문은 명쾌하게 풀린다. 특히 연주회에서 바이올리니스트들이 따로 연주할 정도로 인기 있는 5악장 샤콘느(chaconne)를 음반으로 듣다 보면 2대의 바이올린이 연주하고 있는 듯한 착각이 들 정도다. 샤콘느는 바이올린의 절묘한 테크닉뿐 아니라 곡 전체에 흐르는 기품과 당당함이 감탄스럽기 짝이 없는 음악이다.《무반주 파르티타》3번의 전주곡 역시 바흐가 바이올린의 홀로서기를 위해 구사한 각종 기교 및 트릭을 감상할 수 있는 좋은 사례다.

바흐의 악보는 그렇다 치더라도 그 악보를 현실의 음악으로 재현하는 연주자의 역량은 또 다른 문제다. 기본적으로 단음 악기인 바이올린이 중음 연주의 곡예를 쉬지 않고 펼쳐야 하는《무반주 파르티타》는

바흐의 바이올린 독주곡《무반주 파르티타》2번의 필사 악보. 바흐의 아내 안나 막달레나의 필체로 알려져 있다.

바이올리니스트에게는 절정의 테크닉뿐 아니라 과감성과 결단력을 요구한다. 음의 연결뿐 아니라 적절한 순간에 소리를 끊는 단절로도 음악을 만들 수 있는 기술과 담력을 갖춰야만 이 곡들을 제대로 소화해 낼 수 있다.

《무반주 파르티타》와 쌍벽을 이루는 바흐의 걸작은 6개의 곡으로 이루어진 《무반주 첼로 조곡Unaccompanied Cello Suits》이다. 여기서 첼로는 전통적인 바로크 오케스트라의 반주 및 화음 전문 악기라는 딱지를 떼고 독주 악기로 당당하고 우아하게 등장한다. 6개의 곡은 저마다 6개의 악장으로 이루어져 있는데, 〈프렐류드Prelude〉 뒤에 이어지는 〈알르망드Allemande〉 〈쿠랑트Courante〉 〈사라반드Sarabande〉 〈갤런트Galanteries〉 〈지그Gigue〉는 모두 르네상스 및 바로크 춤곡의 형식을 모방한 것이다.

그중 조곡 1번 〈프렐류드〉는 아마도 비발디의 《사계》 중 〈봄〉만큼이나 우리에게 익숙한 선율일 것이다. 영화 속 배경 음악 또는 광고 등 어떤 매체를 통해서든 누구나 한 번쯤은 들어 보았음직하다. 깊은 베이스 음의 신호와 함께 시작되는 견고한 아르페지오 구성은 얼핏 《평균율 클라비어》의 문을 여는 c장조 전주곡과도 묘하게 인상이 겹친다. 그런데 그 힘차고 당당한 전개에도 불구하고 여기에는 뭔가 한없는 그리움, 갈망 같은 것이 느껴진다. 그리움의 대상이 구체적으로 무엇인지는 알 수 없지만, 오히려 그 모호함 때문에 갈망 자체가 더욱 깊고 풍부한 정서적 체험이 된다고 할까. 〈프렐류드〉에 이어지는 것은 조곡 2번 〈알르망드〉다. 원래 알르망드는 잔잔한 미뉴에트와는 달리 크고 경쾌한 율동을 요구하는 춤곡이다. 하지만 바흐의 〈알르망드〉에는 미묘한 애상이 배어 있다. 장조의 음악에서 이렇게 달콤쌉싸름한 슬픔의 흔적을 발견하는 것은 독특한 체험이다. 곡의 분위기는 이어지는 프랑스풍 3박자 춤곡 〈쿠랑트〉에 와서야 다소 밝고 경쾌해진다. 그 뒤에는 다시 〈사라반드〉의 우아한 선율이 이어진다. 이렇게 바흐는 우리에게 수백 년의 시간을 훌쩍 뛰어넘어 말을 걸어온다. 통역이 필요 없는 음악의 언어로.

 들으면 들을수록 매력적인 이 작품은 놀랍게도 바흐의 사후 오랫동안 잊혀 있었다. 19세기 활동한 첼리스트 가운데는 이 조곡의 존재를 알고 있는 사람도 더러 있었지만, 연습곡 수준이라 공연의 정식 레퍼토리로 포함시킬 만한 작품성은 갖추지 못했다는 의견이 파다했다. 이렇게 오랫동안 대중에게 잊히고 연주자들에게 버림받았던 《무반주 첼로 조곡》이 재조명받은 데는 20세기 초중반에 활약한 스페인 출신의 세계적 첼리스트인 파블로 카잘스(Pablo Casals)의 역할이 컸다. 카잘스는 13세 때 고향 바르셀로나의 한 고서점에서 우연히 19세기 초에 출간된 《무반주 첼로 조곡》 악보집을 발견했다. 그리고 그 뒤 꾸준히 연습한 끝에 자타가 공인하는 바흐 첼로 조곡의 달인이 되었다. 이후 카잘스는 평생 바흐 첼로 조곡의 대중 홍보에 힘썼는데, 그가 스페인 내란이 한창이던 1936년에서 1938년 사이에 녹음한 《무반주 첼로 조곡》은 연주의 표준이자 전설로 남아 있다. 나는 10여 년 전 카잘스의 1930년대 전곡 녹음 복각판 CD를 구입한 뒤 한 3개월 정도를, 정말이지 CD에 구멍이 날 정도

스페인 출신의 세계적 첼리스트 파블로 카잘스. 오랫동안 잊혔던 바흐의 《무반주 첼로 조곡》의 부활에 결정적인 공헌을 했다.

로 열심히 들은 적이 있다. 일할 때나 운전할 때나 집에서 커피를 마실 때나, 정말 듣고 또 들었던 것 같다. 클래식이건 팝이건 어떤 음악에 한 번 꽂혀 본 경험이 있는 사람이라면 아마 잘 알 것이다. 내 삶에서 뭔가에 그렇게 꽂혔던 게 몇 번이나 있었는지는 세어 보지 않아 정확히 모르지만, 그중 적지 않은 경우가 바흐의 음악이었던 것 같다.

《무반주 첼로 조곡》은 카잘스 외에 그래미상에 빛나는 요요마(Yo-Yo Ma)의 연주도 좋다. 요요마의 연주는 박자나 연주 기교, 표현 등 모든 것이 안정적이다. 너무 안정적인 연주는 무색무취한 맹탕이 될 우려도 있지만, 적어도 바흐의 《무반주 첼로 조곡》은 요요마의 그런 접근이 최선일 수 있다. 오히려 로스트로포비치(Mstislav Rostropovich)나 미샤 마이스키(Mischa Maisky)의 연주처럼 다소 색깔 있는 해석은 약간 부담스럽다. 《무반주 첼로 조곡》은 바흐의 친필 원고가 유실된 데다 현존하는 악보에는 음표만 있을 뿐 박자나 여타 지시 사항이 없어서 작곡가의 원래 의도를 알 수 없는 수수께끼 같은 음악이다. 역설적으로 생각하면 그런 불가지의 영역이 존재하는 덕분에 더욱 매력적이고 연주자의 재량이 발휘될 공간이 많기도 하지만, 그럴수록 너무 과한 실험은 삼가는 편이 좋겠다는 게 내 의견이다.

협주곡의 세계

여러 유명 인사를 고객으로 둔 성공한 회계사 엘리엇은 자택에서 열린 추수감사절 파티에 온 젊은 여성 리의 발랄한 모습을 보며 침을 다신다. "정말 아름답군. 진짜 예쁜 눈을 가졌어. 스웨터를 입은 모습이 섹시하기도 하지. 단둘이 만나 끌어안고 키스하면서 내가 얼마나 그녀를 사랑하는지 말해 주고 싶군." 엘리엇은 자신이 진정한 사랑에 빠져 있다고 생각한다. 한 가지 문제라면 리는 엘리엇의 처제, 즉 아내의 친동생이라는 사실이다. 우디 앨런이 각본, 감독, 주연을 맡은 1986년도 영화 〈한나와 그 자매들〉은 뉴욕에 사는 세 자매의 삶을 중심으로 사랑과 불륜, 삶의 의미, 가족의 재발견이라는 다채로운 주제가 솜씨 좋게 버무려진 코미디 영화다. 만든 지 30년이 지난 영화지만, 지금 봐도 여전히 뛰어난 작품이다.

우디 앨런은 자신의 영화를 위해 음악을 따로 만들지 않고 기존의 클래식과 재즈, 스탠다드 팝의 명곡들을 가져다가 활용하는 것으로 유명하다. 그 덕분에 그의 영화를 볼 때면 스토리 라인에 걸맞도록 엄선된 음악을 듣는 재미도 쏠쏠하다. 〈한나와 그 자매들〉에서 우디 앨런은 바흐의 음악 두 곡을 효과적으로 활용하고 있다. 먼저 엘리엇(마이클 케인 분)의 시선을 눈치챈 리(바바라 허쉬 분)가 그의 마음을 가늠해 보는 독백 부분에서는 바흐의 《2대의 바이올린을 위한 협주곡 Concerto for 2 Violins in D Minor BWM 1043》이 동원된다. 이 협주곡에서 펼쳐지는, 두 바이올린 사이뿐 아니라 바이올린과 오케스트라 사이의 극적인 긴장과 협력의 미학은 베네치아의 거장 비발디의 솜씨를 방불케 한다.

〈한나와 그 자매들〉에는 또 한 편의 바흐 음악이 등장한다. 엘리엇은 리와 동거 중인 완고한 화가 프레데릭(다른 사람도 아닌 스웨덴이 낳은 전설의 대배우 막스 폰 시도우가 연기했다!)에게 그의 고객인 백만장자 더스티를 소개한다. 더스티는 미국 동부의 대표적인 부촌 햄튼에 새로 구입한 저택의 벽을 장식할 대형 회화를 찾고 있었다. '진정한 예술'을 이해하지 못하는 속물들을 노골적으로 경멸하는 프레데릭이 마지못해 더스티가 원하는 큰 그림을 보여 주기 위해 지하 창고로 내려가자 스튜디오에는 엘리엇과 리 단둘이 남는다. 둘은 이런저런 실없는 얘기를 두서없이 주고받다가 잠시 침묵한다. 어쩐지 두 사람 다 말은 안 하지만, 진짜 서로에게 원하는 것이 무언지 이미 감지하고 있는 듯한 분위기다. 과연 어느 쪽이 먼저 물꼬를 틀까.

이윽고 리는 레코드 가게에 들렀다가 엘리엇이 추천한 곡이 떠올라 샀다며 전축에 음반을 건다. 둘은 말없이 하프시코드의 사랑스러운 선율에 잠시 귀를 기울인다. 서로 좋아하는 바흐의 음악을 공유하는 만족감 속에 둘은 서로를 바라본다. 차분히 음악을 감상하는 척하지만 엘리엇은 당장이라도 처제인 리에게 키스를 하고 싶어 죽을 지경이다. 음악은 계속 흐르고, 프레데릭과 더스티가 언제 창고에서 돌아올지 모른다. 기회는 지금뿐…. 이렇게 영화 속에서 벌어지는 막장 불륜의 중매 역할을 하는 음악이 바로 바흐의 《하프시코드 협주곡 5번 Harpsichord Concerto No. 5 in F Minor BWV 1056》의 2악장이다. 그리고 그 곡은 내가 가장 좋아하는 바흐의 선율 가운데 하나이기도 하다. 《하프시코드 협주곡 5번》으로 말하자면 다소 장중한 분위기의 1악장과 3악장도 훌륭하지만, 2악장에서 오케스트라의 역할이 최소화된 상태에서 이어지는 하

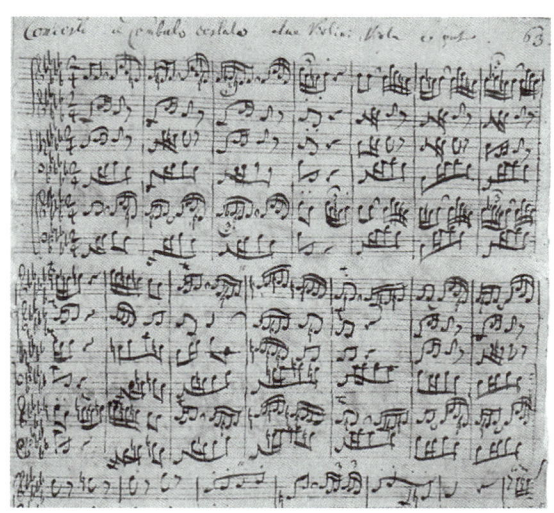

바흐의 《하프시코드 협주곡 5번》 1악장의 악보. 1악장은 엄숙함으로, 2악장은 서정성으로 유명하다.

프시코드의 잔잔한 선율은 온갖 사유의 가능성을 열어 놓는다. 그 사유의 대상은 탄생과 죽음의 신비일 수도 있고, 예술과 미의 본질에 대한 것일 수도 있고, 신의 은총에 대한 것일 수도 있고, 따뜻한 형부의 품이나 처제의 촉촉한 입술일 수도 있다. 이렇게 바흐의 음악은 어떤 숭고한, 혹은 발칙한 상상의 전개도 기꺼이 허락하는 너그러운 공간이 된다.

내가 좋아하는 영화 속에 바흐의 협주곡 두 곡이 멋지게 활용된 경우를 설명하느라 말이 좀 길어졌는데, 정작 여기서 본격적으로 소개하려는 바흐의 협주곡은 따로 있다. 바로 《브란덴부르크 협주곡 Branden-burg Concertos》이다. 제목의 '브란덴부르크'는 당시 프로이센의 왕자이자 브란덴부르크 후작 크리스티안 루트비히를 가리킨다. 바흐는 1719년 쾨텐의 궁정 음악가 시절에 신형 하프시코드를 알아보러 베를린을 방문한 길에 루트비히를 알현할 기회를 얻었다. 음악 애호가였던 루트비히는 바흐를 높이 평가하여 몇 차례 직접 작곡을 의뢰하기도 했는데, 1721년 바흐는 루트비히에게 직접 필사한 6곡의 협주곡 악보를 바쳤다. 분명 바흐는 루트비히의 도움으로 쾨텐을 떠나 당시 강국으로 발돋움하고 있던 프로이센의 궁정에 발을 들일 수 있다는 희망을 품었던 것으로 보인다.

하지만 유감스럽게도 바흐는 취직은 고사하고 루트비히로부터 작품에 대한 보수는커녕 고맙다는 인사조차 받지 못했다. 루트비히가 왜 바흐를 외면했는지에 관해서는 이런저런 분석이 있다. 하지만 단순히 생각해 보면, 당시 '절대 갑'이던 유럽의 군주나 제후가 '절대 을'의 입장이던 예술가를 무시하고 투명인간 취급하는 데 변명이나 정당화 따위가 필요하지는 않았을 것이다. 비록 바흐의 로비는 성공하지 못했지만, 이 일화에서도 언제든 더 나은 조건과 보수가 있는 자리를 호시탐

탐 엿보았던 그의 '처세 본능'이 잘 드러나 있다.

총 6곡으로 이루어진 《브란덴부르크 협주곡》은 이탈리아에서 완성된 복수의 독주 악기와 오케스트라가 어울려 화음을 창조하는, 이른바 '콘체르토 그로소(Concerto Grosso)'의 스타일에 충실한 작품이다. 하지만 그 가치는 거기서 그치지 않는다. 바흐는 바이마르 궁정에서 재직했을 당시 익힌 우아한 프랑스 춤곡의 양식을 접목했다. 그런가 하면 루트비히에게 보내는 편지에서 "몇 가지 악기로 연주할 수 있도록"이라고 겸손을 떤 것과는 달리 당시로서는 보기 드문 대편성 오케스트라를 염두에 두고 현악기, 관악기, 건반 악기가 저마다의 특색을 드러내며 동시에 조화롭고 웅장한 사운드가 창출되도록 하는 야심 찬 구상을 선보였다. 실제로 몇몇 악장에서는 바로크 시대를 거쳐 고전주의 시대에 찬란하게 꽃피는 교향곡의 힌트마저 보인다.

그중에서도 특히 〈브란덴부르크 협주곡 4번*Brandenburg Concertos No. 4 in G Major BWV 1049*〉과 〈브란덴부르크 협주곡 5번*Brandenburg Concertos No. 5 in D Major BWV 1050*〉에 주목하고 싶다. 이 두 곡은 나도 매우 좋아하지만, 전문가들 역시 전편 가운데서 최고의 완성도와 작품성을 가졌다는 데 의견 일치를 이룬다. 먼저 〈브란덴부르크 협주곡 4번〉 1악장은 비발디의 작품처럼 제1 바이올린으로 스포트라이트가 쏠린다. 제1 바이올린은 《무반주 파르티타》와 같이 곡예에 가까운 테크닉을 구사하기보다는 악기 본래의 장점인 선율 묘사에 집중하면서 전체 음악의 중심을 잡는 역할을 한다. 바로크 시대의 목관 악기인 바로크 리코더가 주도하는 서정적인 분위기의 2악장도 훌륭하다. 장엄하면서도 너무 화려하지 않은 3악장은 기본적으로 바이올린과 관악기의 듀엣이 조화를 이루지만, 그럼에도 중반부부터 바이올린이 주도권을 잡는 몇 분간의 전개는 감상의 즐거움을 배가시킨다. 이후 다시 바이올린과 목관 악기가 어울리는 균형은 오케스트라의 개입으로 소리의 황금 분할을 이루면서 피날레로 향한다.

〈브란덴부르크 협주곡 4번〉을 감상한 여세를 몰아 〈브란덴부르크 협주곡 5번〉으로 옮겨가면 이제 우리는 단순한 즐거움을 넘어 경이롭기까지 한 1악장과 마주하게 된다. 일단 오케스트라의 힘찬 전주 뒤에 이어지는 것은 플루트와 바이올린이 주거니 받거니 나누는 정겨운 대화다. 이외에도 하프시코드가 제3의 독주 악기로 대화에 참여하고 있기는 하지만, 그 존재를 뚜렷하게 느낄 수 있는 정도는 아니다. 그런 식으로 플루트와 바이올린이 주도하고 하프시코드가 들러리로 끼여 만들어 내는 다정한 교차 선율이 한참 동안 이어진다. 그러다가 오케스트라가 다시 바이올린과 플롯의 주제를 넘겨받는 식으로 악장이 마무리되었어도 분명 훌륭했을 것이다. 하지만 이 지점에서 의외의 반전이 벌어진다. 갑자기 바이올린, 플루트는 물론 오케스트라 전체가 완전히 침묵 모드로 접어들면서 그때까지 분위기 조성 정도에 그쳤던 하프시코드의 음향이 홀로 화려하게 전면에 등장하는 것 아닌가! 이후 몇 분간 다른 어떤 악기의 간섭도 허락하지 않는 하프시코드의 원맨쇼, 즉 카덴차(cadenza, 협주곡에서 독주 악기의 기교를 과시하도록 고안된 독주 부분)가 폭발적인 포스로 펼쳐진다. 이 부분은 당대 최고의 건반 연주자이기도 했던 바흐의 면모가 여지없이 드러나는 대목이며, 선율과 화음을 함께 구사하는 건반 악기의 장점이 십분 발휘되는 순간이기도 하다.

이때 하프시코드는 앞서 바이올린과 플루트가 담당하던 주제의 변주를 푸가의 형식으로 연주하는데, 그 변주는 약간 숨가쁜 박자로 이어지는 촘촘하기 그지없는 아르페지오 장식음의 조합으로 이루어져 있다. 다시 말해 플루트와 바이올린이 비교적 단순하고 분명한 선율로 표현했던 주제가 하프시코드에 의해 힘차고 발랄할 화음의 파도로 변하는 것이다. 긴 1악장 뒤에는 비교적 짧은 2악장이 잠시 분위기를 안정시키며, 3악장은 무곡 지그의 형식 속에 바이올린, 플루트, 하프시코드가 어느 하나 튀는 것 없이 흥겨운 분위기로 경쾌하게 시종한다.

십중팔구 바흐는 자신이 직접 연주할 경우를 염두에 두고 〈브란덴부르크 협주곡 5번〉의 하이라이트라고 할 1악장 건반 파트를 썼을 것이다. 루트비히의 초청을 받아 프로이센 궁정의 대접견실에서 오케스트라 지휘와 건반 연주라는 1인 2역을 거뜬히 소화하는 자신의 모습을 그리면서 말이다. 하지만 그런 바흐의 소망은 이루어지지 않았고, 《브란덴부르크 협주곡》은 루트비히에게 버림받은 이래 그야말로 '잠자는 숲속의 미녀'보다 더 오랜 잠에 빠질 수밖에 없었다. 이 음악이 본격적으로 대중적 지명도를 얻은 것은 20세기 음반 녹음이 가능해지고 나서의 일이다.

《브란덴부르크 협주곡》에 처음 입문하는 독자라면 굳이 명반으로

〈브란덴부르크 협주곡 5번〉의 하프시코드 독주 파트(바흐 친필 원고). 건반 악기의 장기를 현란하게 과시한 작품이다.

알려진 연주—가령 카를 리히터(Karl Richter) 지휘의 뮌헨 실내악단이나 카라얀(Herbert von Karajan) 지휘의 베를린 필하모니 연주 등—만 찾아 들을 필요는 없다. 여러 악단과 지휘자, 독주자들의 조합을 찾아 듣다 보면 조만간 마음에 쏙 드는 버전에 안착할 수 있으리라. 일단은 누구의 연주든 듣기 시작해 보는 것이 먼저다. 6편을 처음부터 끝까지 한자리에서 다 들을 필요도 없다. 애초에 바흐는 한자리에서 전곡을 연주하는 상황을 상정하지 않았다. 바흐 당대에 6편의 협주곡을 내리 듣고 앉아 있을 만큼 인내심을 가진 제후나 귀족은 없었을 것이기 때문이다. 당장 오늘 저녁에라도 《브란덴부르크 협주곡》 가운데 한 편을 골라 감상하면서 바로크 시대로 시간 여행을 떠나 보면 어떨까.

바흐의 관현악곡 가운데 추천할 만한 작품으로 《관현악 조곡 3번 Orchestral Suite No. 3 in D Major BWV 1068》이 있다. 그중 아리아는 거의 종교음악에 가까운 숭고하고 영적인 분위기로 듣는 이의 마음을 사로잡는다. 그 잔잔하고 평화로운 선율은 아리아의 본래 뜻인 '공기'처럼, 그야말로 잡스러운 성분은 아무것도 없는 청정한 산소 자체를 들이마시는 듯한 기분이 들게 한다. 좀 더 과장하면 음악의 힘에 이끌려 잠시나마 영혼이 공중부양 내지 승천하는 착각이 든다고나 할까. 독실한 신자들의 기도 삼매경이나 종교적 희열 역시 이런 경험과 크게 다르지 않지 않을까 싶다. 이처럼 바흐의 음악은 성과 속을 초월한다.

왕의 주제

바흐가 라이프치히에서 보낸 말년은 비교적 평화롭고 안정적이었다. 노년에 들면서 명성도 높아져 당시 라이프치히 근처를 지나는 음악가라면 바흐를 예방하러 올 정도였다. 비록 1740년을 전후해서 작곡 활동은 눈에 띄게 줄었지만, 바흐가 독일 음악계의 원로로서 존경받으며 유유자적하게 여생을 편히 보냈더라도 누구 하나 뭐라는 사람은 없었을 것이다. 하지만 음악의 신은 바흐 '옹(翁)'의 마지막 예술혼을 극적인 방식으로 남김없이 불사를 무대를 하나 더 남겨 두고 있었다.

  1747년 5월, 62세의 바흐는 마차에 몸을 싣고 프로이센의 수도 베를린, 더 정확히는 베를린 근교의 포츠담을 향했고, 그 시각 포츠담 왕궁에서는 두 사람이 바흐의 방문을 기다리고 있었다. 그중 한 사람은 프로이센의 궁정 음악가로 일하고 있던 바흐의 아들 카를 필리프 에마누엘 바흐(Carl Philipp Emanuel Bach)였고, 또 한 사람은 프리드리히 2세였다. 프로이센뿐 아니라 독일 역사상 가장 위대한 군주 가운데 한 명으로 꼽히는 프리드리히 2세는 후대 역사가들이 '프리드리히 대왕(Frederick the Great)'이라고 부르는 바로 그 인물이다. 당대 '슈퍼 갑'에 해당하는 고귀한 군주께서 왜 바흐의 방문을 기다리고 있었을까?

  프리드리히 2세는 부국강병을 추구하는 동시에 프로이센을 문화 대국으로 만드는 데도 심혈을 기울였다. 그는 왕위에 오른 뒤 포츠담에 자신이 거처할 궁전을 직접 설계해 지었다. 그리고 프랑스어로 '근심 걱정 없는 장소'라는 의미를 담아 '상수시(Sanssouci)'라고 이름 붙였다. 상수시 궁전은 전 유럽에서 온 작가와 예술가, 학자들로 항상 붐볐으며, 프리드리히 2세는 이들과 다양한 분야에 대해 의견 나누기를 즐겼다. 음악에도 조예가 깊은 데다 특히 플루트 연주가 수준급이었던 프리드리히 2세는 특별한 일이 없는 한 저녁에는 어김없이 궁정 오케스트라와 함께 음악을 연주했으며, 틈틈이 작곡까지 했다. 이 정도의 음악적 내공을 지닌 그였으니 당연히 바흐의 존재를 몰랐을 리 없다. 게다가 바흐의 아들 카를 필리프 에마누엘이 1738년부터 궁정 음악가로 고용되어 프리드리히 2세를 가까이서 보좌한 사실을 생각하면, 바흐의 아들을 통해 바흐의 방문을 권유한 것은 자연스러운 순서였다.

바흐와 프리드리히 2세의 인간상은 음악가와 군주라는 단순한 신분의 차이를 떠나 무척이나 대조적이었다. 독실한 루터교 신자이자 개인적 삶에서도 전통 대가족 제도를 충실하게 일구어 온 바흐는 사상적, 예술적, 관습적인 면에서 구시대적 가치의 마지막 수호자에 가까웠다. 또한 음악을 신에게 바치는 영광의 수단으로 보는 교회 음악의 신봉자였고, 기법적으로는 중세의 폴리포니 양식을 계승한 대위법과 푸가의

왕세자 시절의 프리드리히 2세(위)와 상수시 궁전에서 직접 플루트를 연주하는 프리드리히 2세(아래). 그는 대표적인 계몽 군주이자 뛰어난 군사 지휘관이었고 예술적 식견 또한 탁월했다.

대가였다. 노령에 접어든 바흐와는 달리 젊은(당시 35세) 프리드리히 2세는 일국의 지배자를 넘어 당대 유럽의 새로운 사상적 흐름 및 생활 양식을 대변하는 시대의 총아이기도 했다. 18세기 중엽 유럽은 세계를 더 나은 방향으로 변혁할 에너지를 하늘의 신이 아닌 인간의 이성에서 찾는 계몽주의 사상에 흠뻑 젖어 있었는데, 프리드리히 2세는 이 사상의 선봉에 서 있었다. 비록 위선적인 냄새가 풍기기는 하지만, 자신을 '계몽 전제 군주'이자 '국가의 제1 공복'이라 자처한 것 역시 같은 맥락이며, 그의 궁정은 평소 계몽주의 지식인들로 득시글거렸다.

프리드리히 2세는 유럽 왕실 간의 정략결혼으로 맺어진 아내보다는 잘생긴 청년 장교들과 귀족 자제들에 둘러싸여 많은 시간을 보냈다. 이를 두고 지금도 역사가들 사이에서는 그의 성적 취향에 대한 논란이 분분하다. 아내와 거의 시간을 보내지 않았으니 당연히 후사도 없어 말년에는 조카를 후계자로 삼아야 했다. 이 정도면 20명의 자식을 낳았던 바흐의 눈에 프리드리히 2세는 '루저'로 보이지 않았을까 싶다. 계몽주의 사상가들 가운데는 창조주가 인간사에 일일이 간섭하는 것을 부정한, 이른바 이신론자들이 많았는데, 프리드리히 2세는 아예 이신론을 넘어 무신론자에 가까웠다.

음악에서도 두 사람은 다른 스타일을 추구했다. 18세기 중엽 유럽의 음악적 취향은 기존의 바로크 양식에서 탈피해 이른바 '갈란트 양식(galant style)'으로 이동 중이었다. 프랑스 궁정에서 유래한 갈란트 양식은 화려한 장식음과 대위법으로 상징되는 바로크 음악에 비해 단성적인 아름다운 선율의 표현에 중심을 둔 명료한 음악을 선호했다. 즉 갈란트 양식은 바로크 음악의 뒤를 이은 고전주의의 서곡이었다.

바흐는 1747년 5월 7일, 오후 늦게 포츠담의 왕궁에 도착했다. 마침 프리드리히 2세는 그날 저녁 음악회에 연주할 곡을 한창 고르고 있었는데, 시종이 바친 방문객의 명단을 보다가 갑자기 상기된 목소리로 좌중을 향해 "노장 바흐가 왔군!" 하며 외쳤다. 그리고 그날 예정되었던 음악회를 취소하고 바흐와 저녁 시간을 보내기로 결정했다. 그는 먼저 바흐를 궁전의 여러 방으로 안내했다. 집 구경보다는 최근 대량 구입한 포르테피아노를 보여주려는 목적이었다. 포르테피아노는 연주자가 건반을 두들길 때의 힘 조절을 통해 소리의 강약을 조절할 수 있는, 하프시코드보다 기술적으로 진일보한 악기였다. 건반 악기 설계와 제작 기술에도 일가견이 있었던 바흐는 궁전의 방마다 놓인 15대의 포르테피아노를 연주하면서 악기의 성능을 칭찬해 왕을 기쁘게 했다. 바흐가 그 밖에 또 왕을 위해 봉사할 일이 없느냐고 묻자, 프리드리히 2세는 기다렸다는 듯이 직접 건반을 짚어 한 가락의 선율을 연주한 뒤 바흐에게 그것을 바탕으로 3성의 푸가를 지을 수 있겠느냐고 물었다.

이때 프리드리히 2세가 제시한 주제(선율)는 실로 흥미롭다. 우선 왕이 내린 주제라면 무슨 장엄한 제례곡 혹은 위풍당당한 행진곡 선율일 거라는 우리의 예상을 완전히 배신한다. 프리드리히 2세가 제시한 주

1720년대 이탈리아에서 제작된 포르테피아노. 프리드리히 2세는 바흐를 포츠담으로 초청해 포르테피아노의 성능을 시험하도록 부탁했다.

제는 뭐라고 한마디로 정의하기 힘든 야릇한 곡조였다. 그것은 총 21개의 음표, 8개의 마디로 이루어진 짤막한 c단조의 선율인데, 우수에 젖은 듯하면서 동시에 약간은 허무주의적인 인상마저 준다. 또한 그 선율은 분명한 시작과 끝이 있는 것이 아니라 계속 이어지는 긴 선율이나 주제의 허리를 툭 잘라 가져온 듯한, 즉 어떤 미학적 논리의 출발점이 아니라 마치 사라져 버린 음악을 찾아내야 하는 퍼즐의 한 조각 같다고나 할까. 게다가 온음계보다 반음계가 주도하는 선율의 전개 방식은 즉석에서 모방하거나 변주하기에는 지극히 까다로운 구조였다. 즉 손쉬운 푸가적, 대위법적 조작을 불가능하게 하려고 일부러 교묘하게 짜맞춘 가락이라는 혐의가 짙었다. 달리 말하면 프리드리히 2세가 "바흐 영감, 이런 까다로운 선율로도 푸가를 지을 수 있겠나?" 하고 회심의 미소를 지으며 내놓은 '왕의 한 수'로 볼 수 있다.

프리드리히 2세가 바흐에게 난처한 선율을 제시하고 그에 기초한 푸가를 연주하라고 명한 것은, 말하자면 조선 시대의 한 임금이 뛰어난 문장가로 알려진 신하에게 까다로운 운자(韻字)를 내리면서 매 행 그 운자가 들어가는 정형시를 지으라고 한 것과 비슷하다. 프리드리히 2세가 바흐에게 제시했던 곡조, 일명 '왕의 주제(royal theme)'를 작곡한 것은 바흐의 아들 카를 필리프 에마누엘이라는 설도 있다. 워낙 선율의 구조가 정교하고 까다로워 전문가의 냄새가 난다는 것이다. 만약 그 설대로라면 이 장면에서는 군신상박에 더해 부자상박의 그림까지 나온다. 역시 아들에게도 위대한 음악가였던 아버지는 극복해야 하는 존재였던가 보다.

하지만 진정한 고수는 위기마저 기회로 만든다. 노장 음악가의 포스는 결정적인 순간에 뜨겁게 불타올랐다. 바흐는 주저 없이 그 독특하고도 까다로운 주제를 바탕으로 한 3성 푸가를 즉석에서 연주해 보였다. 현장에서 바흐의 연주를 들은 이들은 모두 감탄했다. 그야말로 명불허전! 하지만 여기서 상황이 종료된다면 좀 싱거웠을 것이다. 잠시 뒤 프리드리히 2세는 바흐에게 같은 주제로 6성 푸가를 연주해 보라고 지시했다. 6성 푸가라면 건반 악기 한 대로 6개의 선율의 그물을 짜내는 것인데, 이는 3성 푸가보다 몇 곱절은 더 난해한 작업이다. 실제로 바흐는 그때까지 6성 푸가를 정식으로 작곡해 본 적이 없었다. 이 대목은 분명 프리드리히 2세가 억지를 부렸다는 의심이 든다. 3성 푸가를 너무나 쉽게 지어낸 바흐를 보고 은근히 약이 올라 누가 보기에도 무리한 요구를 한 것이다. 사실 프리드리히 2세는 자기 손님이나 식객들에게 종종 공개 망신을 주기로 악명 높은 인물이었다. 계몽주의 시대 가장 뛰어난 재능을 뽐냈던 작가 겸 철학자 볼테르조차 프리드리히 2세의 초대로 프로이센에 머무는 동안 왕의 짓궂은 행태 때문에 마음고생을 했다는 일화가 있다.

하지만 여기서 바흐는 거장다운 노련미를 발휘했다. 바흐는 "폐하, 6성 푸가를, 그것도 즉석에서 만들라니 농담이 지나치십니다."라고 말하지 않고, "그토록 뛰어난 주제는 신중하게 다루어야 하니, 6성 푸가를 제대로 만들려면 약간의 시간이 필요할 것 같습니다."라고 말하며 양해를 구했다. 만약 젊고 혈기 왕성한 음악가였다면 바로 즉흥 연주를 하겠다고 달려들었다가 망신을 당했을 가능성이 크다. 역시 될 것과 안 될 것을 순간적으로 판단하는 것도 고수의 내공이다.

바흐는 빠른 시일 내에 왕이 내린 주제를 바탕으로 6성 푸가를 만들어 바치겠노라고 왕에게 약속했고, 프리드리히 2세가 그 제안에 동의하면서 그날 저녁의 회동은 일단락되었다. 이튿날 바흐는 다시 프리드리히 2세의 요청에 따라 온종일 포츠담의 여러 교회에 설치된 파이프 오르간을 연주하고 그 성능을 평가하며 시간을 보냈다.

바흐 코드, 거장의 마지막 예술혼

라이프치히로 돌아온 바흐는 곧바로 작업에 착수해 2개월 뒤 한 묶음의 악보를 완성하고, 라틴어로 'Regis Jussu Cantio Et Reliqua Canonica Arte Resoluta', 즉 '왕명에 따라 카논의 기법으로 푼 송(頌)과 잔율(殘律)'이라는 제목을 달았다. 우리가 흔히 《음악의 헌정Musical Offering》이라고 부르는 작품의 탄생이다. 송과 잔율, 즉 '노래와 나머지'에서 노래란 프리드리히 2세가 내린 주제를 말하며, 나머지는 바흐가 그에 따라 지은 음악을 말한다. 바흐는 여기서 처음 주제를 받아 즉흥으로 연주했던 3성 푸가, 프리드리히 2세에게 약속했던 6성 푸가에 더해 동일한 주제에 기초한 10곡의 캐논을 추가시킨 것도 모자라 다시 플루트와 바이올린, 쳄발로를 위한 소나타까지 지어 바쳤다. 이건 뭐 횟집에서 회를 시켰더니 회도 회지만 곁들이찬으로 나온 '스키다시'로 상다리가 휘어지는 격이다. 바흐는 이토록 푸짐한 패키지를 바치며 왕에게 다음과 같은 헌사를 썼다.

 소신은 여기 폐하께서 직접 들려주셨던 지고한 소절이 담긴 음악을 헌정하옵니다. 소신은 지난번 포츠담을 방문했을 때 폐하께서 친히 클라비어로 푸가를 위한 주제를 연주해 보이시고, 황감하게도 어전에서 왕명을 수행하라 하셨음을 기쁘게 기억하고 있사옵니다. 폐하의 명을 받잡는 것은 소신의 당연한 의무였사오나, 소신은 이내 적절한 준비 작업 없이 그러한 과제를 결행하는 것은 그토록 빼어난 주제에 대한 불경임을 알아차렸습니다. 따라서 소신은 즉각 이 훌륭한 글제를 충실히 다듬어 세상에 알리고자 결심했습니다. 소신은 전쟁과 평화에 관한 온갖 기예는 물론 음악에서 또한 모든 이가 감탄하고 경외해야 마땅할 위대함과 권능에 빛나시는 군주의 영광을 미력하게나마 찬미하려는 순수한 발원으로 최선을 다해 그 결심을 실행에 옮겼나이다.

In deepest humility I dedicate herewith to Your Majesty a musical offering, the noblest part of which derives from Your Majesty's own August Hand. With awesome pleasure I still remember the very special Royal Grace when, some time ago, during my visit in Potsdam, Your Majesty's Self deigned to play to me a theme for a fugue upon the clavier, and at the same time charged me most graciously to carry it out in Your Majesty's Most August Presence. To obey Your Majesty's command was my most humble duty. I noticed very soon, however, that, for lack of necessary preparation, the execution of the task did not fare as well as such an excellent theme demanded. I resolved therefore and promptly pledged myself to work out this right Royal theme more fully and then make it known to the world. This resolve has now been carried out as well as possible, and it has none other that this irreproachable intent, to glorify, if only in a small point, the fame of a Monarch whose greatness and power, as in all the sciences of war and peace, so especially in music, everyone must admire and revere.

그렇다면 과연 이토록 푸짐한 상차림을 받은 당사자인 프리드리히 2세는 어떤 반응을 보였을까? 프리드리히 2세 생전에 상수시 궁전에서 《음악의 헌정》이 연주된 기록은 없다. 또 평소 유럽의 지식인들과 서신 왕래를 즐기던 그였지만, 바흐에게 따로 감사 편지를 보냈다거나 포상을 했다는 기록도 없다. 어떻게 된 영문일까? 혹시 《브란덴부르크 협주곡》의 크리스티안 루트비히(프리드리히 2세의 작은 할아버지다)처럼 악보만 받고 '먹튀'를 한 걸까? 프로시아 왕가에는 대대로 먹튀의 피가 흐르는 걸까? 짐작하건대 프리드리히 2세의 무반응은 먹튀보다는 아마도 '열폭'의 결과였을 가능성이 높다.

《음악의 헌정》을 깊이 연구한 전문가들은 바흐가 작품 곳곳에 묻어놓은 '지뢰' 내지 '펀치 라인'을 지적하기를 즐긴다. 무슨 얘기냐 하면, 《음악의 헌정》은 알고 보면 바흐가 프리드리히 2세에게 품고 있던 속내를 때로는 은근히, 때로는 노골적으로 드러낸 '바흐 코드'로 가득하다. 우선 바흐는 악보와 함께 프리드리히 2세에게 바치는 헌사를 독일어로 썼다. 프리드리히 2세는 자타가 공인하는 프랑스 '빠'로 평소에도 프랑스어를 사용했다. 바흐가 프랑스어를 못 했던 게 아니냐 싶지만, 그는 이미《브란덴부르크 협주곡》을 루트비히에게 바칠 때 프랑스어로 헌사를 쓴 바 있으니, 아마 프리드리히 2세를 알현했을 때도 두 사람은 프랑스어로 대화했을 것이다. 그런데도 바흐가 헌사를 굳이 독일어로 쓴 것은 독일 군주인 주제에 프랑스인인 척하는 프리드리히 2세에게 날린 언어의 '잽'이 아니었을까?《음악의 헌정》속 '헌정'은 바흐가 헌사에서 쓴 독일어 'opfer'를 번역한 것인데, 이 말은 원래 제물, 희생물, 희생 등을 뜻하는 단어로, 특히 유대 그리스도교에서 '희생양' '산 제물'을 지칭하는 종교 용어였다(따라서 영어로도 offering보다는 consecration 쪽에 더 가깝다). 다시 말해 종교 회의론자 내지 무신론자인 프리드리히가 좋아할 어휘가 결코 아니었다는 것이다. 또한 바흐는《음악의 헌정》 중 푸가 편 악보 첫 페이지에 바로크 푸가의 전신인 '리체르카레(Ricercar)'라고 표기했다. 리체르카레는 푸가 가운데서도 르네상스 시대 후기까지 그 족보가 거슬러 올라간다. 즉 음악에서나 사상에서나 신세대를 대표하고 싶어 하는 젊은 왕이 내린 주제를 담는 데 일부러 가장 구닥다리 양식을 선택했다는 의도를 읽을 수 있다.

'바흐 코드'는 캐논(canon)에서도 계속된다. 캐논은 음악에서는 돌림노래 형식의 작곡 기법을 가리키는 용어지만, 동시에 '정전' 또는 '법전'이라는 뜻이 있다. 또 바흐는 전부 10곡의 캐논을 지었으니 '10'이라는 숫자와 법전이 합쳐지면 바로 성서의 '십계명'이 떠오른다. 이는 바흐가 다소 데카당트한 생활상으로 유명한 군주에게 십계명을 상기시켰다고 볼 수 있다. 바흐가 특별히 왕을 생각해서 정성껏 준비했다는 트리오 소나타 역시 안전지대는 아니다. 우선 소나타를 3악장이 아니라 4악장으로 구성한 것은 이탈리아에서 유래한 교회 행사용 소나타인 '소나타 다 치에사(Sonata da Chiesa)'의 양식을 표방한 것이다. 다시 말해 종교와 친하지 않은 군주에게 바흐는 교회 소나타를 만들어 선물했다.

소나타를 구성하는 트리오 악기 가운데서 가장 돋보이는 것은 단연 플루트인데, 그만큼 그 연주는 고난도의 기교를 요구한다. 프리드리히가 비록 아마추어로서는 수준급의 실력이었다고 하지만, 바흐가 바친 소나타의 선율을 제대로 소화할 만한 내공이 되었는지는 의문이다. 실제로 프리드리히 2세는 궁정에서 플루트를 연주할 때 연주에 대한 평을 해 줄 사람을 자신의 플루트 교사 단 한 명으로 엄격히 한정시켰다. 더구나 악사들은 프리드리히 2세가 플루트 연주 중 기침 소리만 내도 신체적 체벌을 받았다(여기서도 당시 음악가의 사회적 지위가 드러난다). 이는 프리드리히 2세가 자기 플루트 실력에 100퍼센트 자신이 없었다는 반증일 수 있다.

정리하자면 바흐는 《음악의 헌정》에 왕이 처음 요구한 것보다 더 퍼주는 모양새를 갖추기는 했지만, 그 속에 프리드리히의 입맛에 맞는 요리는 단 하나도 준비하지 않았던 셈이다. 이 같은 분석이 사실이라면 시골 음악가 바흐는 당대의 가장 강력한 계몽 군주에게 '빅 엿'을 먹인 것이다. 만약 프리드리히 2세가《음악의 헌정》속에 숨은 코드를 몇 개나마 눈치챘다면, 그가 보인 무반응이야말로 바흐가 바라는 가장 이상적인 시나리오였는지도 모른다. 오히려 목이 달아나지 않은 게 다행이랄까.

이처럼《음악의 헌정》속에 담긴 '엿' 혹은 '지뢰'를 찾아내는 것은 분명 흥미로운 지적 유희지만, 어디까지가 진실인지는 오직 바흐 본인만이 알 일이다. 어쩌면 실제 사건의 전말은 그저 음악 애호가인 군주가 뛰어난 음악가를 만나 그의 즉흥 연주 실력을 시험해 보았다는 것 이상도 이하도 아닐 수 있다. 바흐와 프리드리히 2세 어느 쪽도 이에 관해 어떤 친필 회고록을 남기지 않은 마당에 두 사람이 서로의 세계관과 음악관에 대해 얼마나 민감하게 인식하고 있었는지를 알 수 있는 사람은 아무도 없다.

무수한 추측과 억측 뒤에 있는 확실한 결과물은《음악의 헌정》뿐이다. 그리고 그것으로 충분하다. 바흐는《음악의 헌정》을 통해 수수께끼 같은 선율의 '왕의 주제'를 붙들고 푸가와 캐논이라는 낡은 기술을

《음악의 헌정》첫 페이지. 프리드리히 2세가 제시한 '왕의 주제'가 첫 소절에 등장한다. 바흐는《음악의 헌정》을 통해 현란한 대위법의 극치를 선보였다.

새롭게 차용해 아름다운 소리의 조합을 생산하는 정교한 기계를 복원해 냈다. 어떤 의미에서 《음악의 헌정》은 바흐가 프리드리히 2세를 들러리로 삼아 그 자신에게 헌정한 작품이었다고도 볼 수 있지 않을까. 바흐 스스로 평생 일군 음악 세계에 바치는 존경, 자화자찬의 표현으로서 말이다. 이 같은 일련의 사건 결과, 바흐는 음악 인생의 황혼을 실로 비할 바 없이 아름다운 색채로 물들일 기회를 얻었다.

바흐는 《음악의 헌정》을 작곡한 시기에 《푸가의 기법 The Art of Fugue》이라는 또 다른 건반 악기 작품을 조금씩 만지고 있었다. 《푸가의 기법》은 제목 그대로 푸가라는 형식이 지닌 가능성을 샅샅이 탐구한 실험 일지라고 할 수 있는데, 《음악의 헌정》과 비교해서 들어 보는 것도 좋다. 두 곡을 함께 듣다 보면 두 작품 사이에 상당 수준의 영감과 사상의 교류가 있었음을 느낄 수 있다.

음악의 종착점 바흐

《음악의 헌정》을 완성한 직후부터 바흐의 건강은 빠르게 쇠약해졌다. 무엇보다 시력이 급격히 나빠진 것이 가장 큰 문제였다. 어린 시절 달밤에 악보를 베끼느라 눈을 혹사한 것이 노년에 부메랑이 되어 덮친 것일까? 현대의 연구가들에 따르면 이는 당뇨 합병증이었을 가능성이 높다. 식도락에 술담배를 즐기던 바흐의 생활은 애초에 건강과는 거리가 멀었다.

1750년 4월, 거의 시력을 잃은 바흐는 라이프치히를 찾은 영국인 안과 의사 존 테일러에게 치료를 받았다. 테일러의 '첨단' 치료법은 환자의 눈과 그 둘레에 바늘을 꽂아 피를 뽑는 것이 핵심이었다. 물론 현대 의학으로는 황당한 치료지만, 당시는 병자의 몸에서 나쁜 피를 뽑으면

병의 원인도 제거할 수 있다는 생각이 보편적이었던 시대였다. 그뿐만 아니라 염증의 징후가 보일 경우 소독제랍시고 눈 주위에 수은을 마구 발라 대기도 했으니 이 정도면 의술은커녕 엽기에 가깝다. 그 결과, 당연한 결과겠지만 바흐는 심각한 수술 후유증을 앓다가 완전히 실명했고, 같은 해 7월부터는 병상에 누워 고열과 싸워야 했다. 그리고 7월 28일, 혼수상태에 빠져 영영 깨어나지 못했다. 향년 65세였다.

20세기 인도주의와 박애의 상징으로 유명한 알베르트 슈바이처는 의사이기에 앞서 뛰어난 오르간 연주자였으며, 특히 바흐 전문가였다. 바흐의 삶과 음악에 대해 많은 연구를 한 그가 1908년에 쓴 바흐의 전기『J. S. 바흐』는 오랫동안 이 분야에서 권위를 인정받은 바 있다. 여기서 슈바이처는 다음과 같이 단정했다.

> 바흐는 따라서 종착점이다. 아무것도 그로부터 빠져나오지 못한다. 모든 것은 그저 그에게로 이른다. 그에 대한 진실된 전기를 쓰는 것은 그에게서 완성되고 소진된 독일 예술의 본질과 전개 방식을 제시하는 것, 그 모든 분투와 좌절의 역사를 이해하는 것이다. 이 천재는 한 개인이 아니라 집단적 영혼이었다.
>
> Bach is thus a terminal point. Nothing comes from him; everyting merely leads up to him. To give his true biography is to exhibit the nature and the unfolding of German art, that comes to completion in him and is exhausted in him – to comprehend it in all its struggles and failures. This genius was not an individual, but an collective soul.

슈바이처는 같은 책에서 바흐를 뉴턴이나 칸트와 같은 존재로 규정했다. 뉴턴이 모든 물리 이론을 정리한 끝에 근대 물리학을 완성했고,

슈바이처 박사의 초상. 20세기 인류애의 표상 같은 인물이지만, 수준급의 오르가니스트였으며 바흐 음악 전문가이기도 했다.

칸트가 당시 백가쟁명하던 유럽 철학계의 여러 사조를 집대성해서 근대 철학의 기초를 쌓았듯이, 바흐 또한 그때까지 알려진 모든 음악적 전통을 흡수해 근대 독일 음악을 완성한 인물로 본 것이다. 슈바이처는 아예 칸트의 용어를 빌려 바흐를 '역사적 공준(historical postulate)'이라고 부르기까지 했다. 즉 철학에서 모든 사유와 논의, 도덕적 판단의 근거가 되는 가장 원칙적인 공리와 마찬가지로 바흐를 음악에서의 절대적 상수로 본 것이다.

슈바이처에게 바흐는 음악의 종결자, 즉 오메가였지만 클래식 음악을 감상하는 우리에게 바흐는 오히려 시작, 즉 알파다. 그가 구축한 방대한 체계, 그의 예술에 탯줄을 대고 있는 클래식 음악 전체를 앞에 두고, 우리는 뉴턴이 말했듯이 "바닷가에서 조가비 한 개를 쥐고 대해를 바라보는 소년"과도 같은 벅찬 심정이 된다.

오래전 지인의 결혼식에 초대받아 뉴욕에 간 적이 있다. 맨해튼의 한 성당에서 치러진 결혼식에서 축가를 담당한 것은 독창을 맡은 사제와 오르간 연주자 2인조였는데, 그때 연주된 곡들이 죄다 바흐의 작품들이었다. 《인간 소망의 기쁨 되시는 주Jesus, Joy of Man's Desiring》를 비롯한 몇몇 칸타타에 이어진 연주의 하이라이트는 역시 《아베 마리아Ave Maria》였다. 이 곡은 프랑스 작곡가 샤를 구노(Charles Gounod)의 이름을 따 흔히 '구노의 아베 마리아'라고 부르지만, 실제로 그 베이스가 된 것은 바흐의《평균율 클라비어》의 전주곡이다. 구노는 이 전주곡의 코드 전개 위에 현악기를 위한 간단한 가락을 얹었고, 나중에 성모 마리아에게 드리는 라틴어 기도문이 가사로 보태지면서 아름다운 성가로 탄생했다.

어쨌거나 괜찮은 경험이었다. 노래를 부르는 사제의 청아한 목소리도 좋았고, 파이프오르간의 음색도 든든했으며, 성당을 가득 채우는 낭랑한 음악 속에서 손을 맞잡은 신랑 신부도 행복해 보였다. 그런데 당시를 회상하다가 새삼 깨달았다. 가톨릭 성당에서 고르고 고른 음악이 신과 인간 사이의 중개자로서의 교황과 교회의 권위를 강조하는 가톨릭의 원칙에 근본적인 의문을 제시했던 루터교 신자, 즉 바흐의 작품 일색이었다니. 여기에 주최 측의 착오 같은 게 있지는 않았을 것이다. 왜냐하면 가톨릭교회에서 바흐의 음악을 연주하는 일은 드물지 않기 때문이다.

바흐 본인 또한 종교적 유연성이 없지 않았다. 바흐는 1773년 작곡한《미사 b단조 Mass in B Minor》를 작센 선제후 프리드리히 아우구스트

라이프치히 성 토마스 교회 앞의 바흐 동상. 슈바이처는 바흐를 음악의 종착점이라고 했지만, 우리에게 바흐는 방대한 클래식 음악의 시발점이다.

2세에게 헌정했다. 그런데 중세 이래로 전승되는 라틴어 기도문을 가사로 삼은 미사곡이란 원래 가톨릭 예배에서는 매우 중요한 기능을 하지만, 루터교와는 별 인연이 없는 양식이었다. 또한 당시 아우구스트 2세는 비록 작센 선제후를 겸하고 있기는 했지만, 본업은 골수 가톨릭 국가 폴란드의 국왕이었다. 즉 《미사 b단조》는 루터교 신자인 바흐가 가톨릭 군주에게 바치려고 기획한 음악이었던 것이다. 아우구스트 2세는 이에 화답하여 바흐를 자기 개인 예배당의 음악 자문으로 위촉했다. 가톨릭 군주로서 유연성을 발휘한 것이다. 이처럼 루터교 신자이면서 가톨릭 미사용 음악을 작곡한 바흐, 그에게 반갑게 화답한 가톨릭 군주의 이야기는 참으로 훈훈하다.

그런 전통이 오늘날까지 이어져 바흐가 루터교 예배를 위해 만든 곡들을 거리낌없이 활용한 가톨릭교회의 배려 덕분에, 루터교 신자도 가톨릭 신자도 아닌 내가 성당에서 사제가 연주하는 바흐의 음악을 들으며 지인의 결혼식을 축하할 수 있었다. 이처럼 우리 모두를 한데 묶어낸 것은 음악이라는 공통 언어였다. 그 기억을 떠올리고 보니 온갖 이념과 신앙이 서로 치열한 대립과 갈등의 양상으로 치달아 가는 작금의 세계에서 화해의 코드로서 바흐의 음악이 갖는 역할, 그 가능성을 새삼 곱씹게 된다.

헨델, 벤처 바로크 음악가

영국이 입양한 독일 작곡가, 헨델

바흐가 근대 음악의 아버지라면, 음악의 어머니로 불리는 인물은 바로 게오르크 프리드리히 헨델(Georg Friedrich Händel, 1685~1759)이다. '음악의 어머니'라는 표현을 어디서 처음 들었는지는 정확히 기억나지 않지만, 적어도 나는 한동안 그 표현을 문자 그대로 이해했다. 즉 헨델을 여자라고 생각했던 것이다. 그도 그럴 것이 어머니는 마더고, 마더는 여자 아닌가? 게다가 어릴 적 책이나 잡지에서 접한 헨델의 초상화가 또 하필 긴 머리를 한 모습이었으니, 후덕해 보이는 중년 아주머니 정도로 여길 만한 요소는 충분했다. 하기야 누가 귀띔해 주지 않은 다음에야 어린 내가 그 장발이 실은 바로크 시대에 남녀를 불문하고 유행하던 가발이라는 것을 알 턱이 있었겠느냐 말이다(참고로 헨델은 장발은커녕 젊은 시절부터 대머리였다. 원래 머리숱이 없었던 것인지, 아니면 일부러 다 밀고 다닌 18세기판 스킨헤드였는지는 잘 모르겠다).

영국 화가 토마스 허드슨이 그린 헨델 초상. '음악의 어머니'라는 별명을 지녔지만, 헨델은 분명한 남성이다.

 이제 와서 곰곰이 생각해 보면 바흐를 음악의 아버지라고 부르는 건 그렇다 치고, 헨델이 왜 하필 음악의 어머니로 불려야 했는지는 잘 모르겠다. 음악에도 양성 생식이 필요하다고 생각한 것은 누구의 아이디어였을까? 의혹의 눈길이 가는 쪽은 일본이다. 아빠 바흐, 엄마 헨델이라는 음악사 역시 서양 문화를 서양으로부터 직수입하지 않고 일본을 통해 받아들이면서 덤으로 따라 온 표현일 가능성이 높다. 바흐가 근대 음악의 아버지라는 데 딴지를 걸고 싶은 마음은 없지만(베토벤조차 바흐를 '조성의 아버지'라고 부른 적이 있다), 헨델의 경우 그와 음악의 관계는 친족 관계, 혹은 생물학적 생식과는 각도를 조금 달리해야 한다고 생각한다. 내 생각에 헨델에게 어울리는 표현은 '어머니'보다는 차라리 '사장님'이다. 음악의 사장님 헨델, 혹은 최초의 벤처 음악인이라고 해도 좋을 것이다. 이 수식어가 약간 뜬금없다고 생각될 수 있겠지만, 조금만 더 내 이야기를 듣다 보면 어느 정도 수긍하리라 믿는다.

 우선 '음악의 어머니'라는 호칭으로 오래전 나를 혼란스럽게 했던 헨델은 1685년 독일 할레에서 사내아이(!)로 태어났다. 헨델의 부친은 그가 태어났을 때 이미 63세였다고 한다(헨델의 모친은 두 번째 아내였다). 부친의 직업은 이발사 겸 외과의사였는데, 오늘날의 기준으로는 좀 엉뚱하겠지만 당시에는 이발사가 외과의를 겸하는 일이 드물지 않았다.

특히 군대를 따라다니는 종군 이발사는 평화 시에는 장교와 사병들의 이발과 면도, 세신 등을 해주다가 전시에는 부상병의 수술을 책임지기까지 했다. 참고로 중세와 근대 유럽에서는 이발사뿐 아니라 망나니나 고문 기술자가 외과의를 겸하는 경우도 더러 있었다. 황당하게 보이지만, 냉정하게 생각해 보면 처형과 고문, 외과 수술이 모두 인체를 다루는 일이기 때문에 서로 간의 지식이 시너지로 작용할 여지가 많은 것은 사실이다.

다시 본론으로 돌아가 전문직 부친을 둔 헨델은 비교적 유복한 환경에서 어린 시절부터 다양한 악기를 다루면서 음악에 재능을 나타내기 시작했다. 아들이 자라서 법률가가 되기를 희망했던 부친은 헨델이 음악에 몰두하는 것을 우려한 끝에 집 안의 악기들을 죄다 수거해 다락방에 치워 버렸다. 그럼에도 헨델은 밤마다 몰래 다락방에 올라가 악보를 뒤적이고 건반을 연주하다가 식구들에게 발각되곤 했는데, 결국 그런 그의 열정이 부친의 마음을 움직여 정식 음악 교육을 받게 되었

헨델의 출생지인 독일 할레의 19세기 풍경. 바흐의 본거지였던 라이프치히와 그리 멀지 않은 거리에 있다.

다. 얼핏 바흐의 '달밤에 악보 베끼기'를 연상케 하는 이 에피소드의 사실 여부는 확실치 않다. 확실한 것은 헨델이 당시 할레에서 이름난 오르간 연주자이자 작곡가였던 자카우(Friedrich Wilhelm Zachau)에게 건반과 작곡 기법을 배웠으며, 어린 나이에도 실력이 일취월장했다는 사실이다. 헨델이 10대 초반에 작곡한 노래들은 할레의 교회에서 찬송가로 채택될 정도였다.

 헨델은 할레 대학에 입학해 법률을 전공했다. 그것은 분명 그 전 해에 사망한 부친의 유지를 받든 행보였겠지만, 음악에 대한 열정을 억누를 수 없었던 헨델은 결국 1년 만에 학업을 포기하고 당시 독일 음악의 중심지였던 함부르크로 향했다. 함부르크의 오페라 극장에서 처음에는 바이올린 연주자로 취직했다가 곧 실력을 인정받아 오케스트라 지휘까지 맡았다. 그리고 1705년 인생의 전기를 맞이했다. 유럽 여행 도중 함부르크를 방문한 페르디난도 데 메디치 공을 만난 것이다. 이탈리아 피렌체를 지배하는 메디치 가문의 후계자이자 음악 애호가로도 유명했던 메디치는 다름 아니라 비발디가 《화성의 영감》을 헌정

밤에 몰래 오르간을 연주하다 가족들에게 들키곤 했던 어린 시절의 헨델을 그린 상상화.

한 바로 그 인물이다. 헨델의 연주를 듣고 깊은 인상을 받은 메디치는 그에게 이탈리아에 와서 활동할 것을 권했고, 헨델은 그의 권유에 따라 1706년 이탈리아로 향했다. 헨델은 메디치 가문의 후광을 업고 피렌체와 로마를 오가며 유명 음악가들과 교분을 쌓는 한편, 이탈리아 음악의 기법을 빠르게 흡수하며 음악적으로 크게 성장했다. 뛰어난 건반 연주자 겸 작곡가로 두각을 나타내던 헨델은 1709년 베네치아에서 무대에

바로크 시대 대표적 건반 연주자 스카를라티. 헨델과 스카를라티가 베네치아에서 벌인 연주 대결은 바로크 음악사의 전설로 남아 있다.

올린 오페라 《아그리피나Agrippina》가 큰 성공을 거두면서 이탈리아 활동의 절정을 맞이했다.

　헨델이 다시 독일로 돌아왔을 때는 25세의 젊은 나이였음에도 음악가로서의 그의 위상은 이전 함부르크 오페라 극장의 지휘자로 일할 때와는 비교가 되지 않을 정도였다. 헨델은 곧 하노버 궁정의 음악 감독으로 고용되었다. 하지만 얼마 지나지 않아 그는 영국에서 활동하기로 결심했다. 그의 명성이 이탈리아와 독일뿐 아니라 영국까지 퍼져 있었을 뿐만 아니라 그가 이탈리아에서 작곡한 오페라 아리아 중 몇 곡이 런던에서 큰 인기를 끈 것에 자극받았기 때문이다.

　1710년 가을, 런던으로 건너간 헨델은 곧 오페라 작곡가로 부동의 명성을 쌓았고 영국 왕실의 총애를 받으며 다양한 왕실 의전 음악을 작곡했다. 그는 1727년에 영국 시민으로 정식 귀화했고, 헨리 퍼셀

런던 메이페어에 있는 헨델 박물관. 헨델이 1723년부터 사망할 때까지 30년 이상 거주했던 장소다.

(Henry Purcell) 이후 한동안 이렇다 할 만큼 국제적 명성을 지닌 음악가를 배출하지 못했던 영국인들은 '입양한 자식'인 헨델을 기꺼이 국민 음악가의 지위로 밀어 올렸다. 이렇게 해서 헨델은 제2의 조국 영국을 대표하는 음악가로서 돈과 명성, 대중적 인기를 모두 거머쥔 행운의 사나이로 여생을 보냈다.

오페라의 성공

헨델의 작품 세계는 성악과 기악을 막론하고 당시 알려져 있던 거의 모든 음악 장르에 걸쳐 있다. 하지만 그중에서도 총 44편의 작품을 썼을 만큼 오페라는 헨델이 오랫동안 심혈을 기울인 장르였고, 실제로 음악가로서 헨델의 위상을 확립하는 데 결정적인 역할을 했다. 그가 처음 정식 직장을 얻은 곳도 함부르크의 오페라 극장이었고, 이탈리아에서의 성공 역시 오페라 작곡을 통해서였다.

  헨델의 영국 음악계 '접수' 역시 오페라와 함께 시작되었다. 1711년 2월 런던 헤이마켓 극장에서 초연된 그의 오페라 《리날도 Rinaldo》는 문자 그대로 '센세이션'을 일으켰다. 십자군의 예루살렘 원정을 배경으로 기사 리날도의 사랑과 모험을 그린 《리날도》는 헨델의 뛰어난 음악에 더해 다양한 특수 시각 효과, 가수들의 화려한 의상 등을 동원해 큰 성공을 거두었다. 영국에 오기 전부터 이탈리아 오페라의 본좌인 로마와 베네치아 등지에서 활약했던 헨델은 무대 연출을 위해 여러 아이디어를 제공했다.

《리날도》에 등장하는 아리아 가운데 가장 유명한 노래는 〈울게 하소서*Lascia ch'io pianga*〉다. 이 곡은 아르미다에게 납치되어 유폐된 알미레나가 자신의 신세를 한탄하며 부르는 노래다.

우는 것을 허락하소서
내 잔인한 운명에 대해…
Lascia ch'io pianga,
mia cruda sorte…

이렇게 시작되는 노래는 장조이면서도 안타까움과 애처로움이 전해지는 곡이다. 앞서 바흐를 소개하면서도 말했지만, 나는 이렇게 장조의 탈을 쓴 슬픈 노래, 잔잔한 미소 속에 비애를 삼키는 듯한 그런 노래를 좋아한다.

알고 보면 〈울게 하소서〉는 원래 헨델의 초기 오페라 《알미라*Almira*》에 사용됐던 춤곡의 선율을 가져와 새롭게 변형한 것이다. 헨델은 《리날도》의 작품 의뢰를 받은 지 단 2주 만에 곡을 완성해 관계자들을 경악시켰다고 하는데, 그 속성 제작의 비결 가운데 하나는 이전 작품에서 이런저런 음악을 가져다 재활용하고 짜깁기한 것이었다. 그 때문에 헨델의 자기 표절을 비판하는 평론가도 더러 있지만, 두 음악을 비교해서 들어 보면 공통점과 함께 분명한 차이점이 있다. 게다가 남의 노래도 아니고 자기 음악을 가져다 새로운 환경에 맞도록 재활용한 것이니 문제될 것은 없다고 본다. 좋은 건 나누면 나눌수록 기쁨이 배가 되는 것 아닌가. 바로크 음악가들은 자기 음악뿐 아니라 동료 음악가들의 주제를 가져다가 새롭게 가공하기도 했는데, 헨델뿐 아니라 위대한 바흐조차도 그런 부분에서 예외가 아니었다.

〈울게 하소서〉가 클래식 마니아들을 넘어 일반 대중에게 알려지게 된 데는 1994년에 제작된 유럽 영화 〈파리넬리〉의 역할이 컸다. 실존 인물이자 '파리넬리(Farinelli)'라는 예명으로 유명했던 바로크 시대 가수 카를로 브로쉬(Carlo Broschi)의 활약을 다룬 이 영화의 하이라이트는 역시 주인공이 〈울게 하소서〉를 부르는 대목이다. 이때 파리넬리는 노래 후반부에서 즉흥적으로 뿜어내는 초인적 고음으로 객석을 압도했고, 마침 객석에서 이를 지켜보던 헨델은 감동을 받은 나머지 졸도 직전까지 간다. 다만 영화에서 파리넬리의 목소리는 몇몇 성악가의 목소리를 컴퓨터로 합성한 것이었고, 진짜 그의 목소리가 어땠는지는 당시의 여러 문헌이 전하는 표현으로만 짐작할 수 있다. 또 헨델이 파리넬리와 교분이 있었던 것은 사실이지만, 파리넬리가 헨델의 작품에 실제로 출연했다는 기록은 없다.

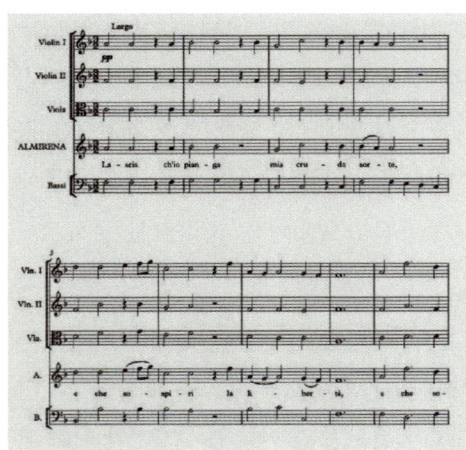

오페라 《리날도》의 유명한 아리아 〈울게 하소서〉의 악보. 《리날도》의 흥행 성공으로 헨델은 영국을 대표하는 오페라 작곡가로 활약했다.

파리넬리는 이른바 '카스트라토(castrato)'였다. 카스트라토는 중세 이탈리아 및 비잔틴 제국에서 교회 성가를 위해 노래 잘하는 사내아이를 골라 변성기에 이르기 전에 거세하던 엽기적 풍습에서 유래했다. 변성기 전에 거세하면 그 후유증으로 후두부 발성 기관의 성장(또는 노화)이 멈추면서 소년 특유의 고음역이 평생 유지되는 원리를 이용한 것이다. 그런데 이 카스트라토는 바로크 음악과 떼어

이탈리아 출신으로 전 유럽에서 인기를 얻었던 가수 카를로 브로쉬. '파리넬리'라는 예명으로 더 유명했다.

낼 수 없는 존재였다. 여성의 음역을 여성보다는 훨씬 힘차게, 하지만 남성보다는 훨씬 감미로운 중성적 목소리로 소화할 수 있었던 카스트라토는 바로크 시대에 큰 인기를 끌었고, 파리넬리를 비롯해 국제적인 슈퍼스타의 지위에 오른 이들도 드물지 않았다. 헨델의 오페라에서도 카스트라토의 역할은 결정적이었다. 《리날도》에서도 리날도를 비롯해 3개의 주요 배역이 카스트라토의 몫이었다.

헨델의 오페라는 19세기 중반 이후 한동안 대중적 레퍼토리에서 완전히 자취를 감추게 되는데, 여기에는 대중의 음악적 취향 변화와 함께 카스트라토가 희귀해진 이유도 있었다. 워낙 엽기적인 풍습이다 보니 근대 시민 사회인 유럽에서 카스트라토가 설 자리가 사라지는 것은 시간문제였다. 그 결과 헨델로서는 오페라 악보는 있지만, 그것을 연주할 악기가 없어지는 직격탄을 맞은 셈이다. 유럽 역사에서 마지막

카스트라토는 1852년 태어나 로마의 시스티나 성당 성가대에서 활동했던 알레산드로 모레스키(Alessandro Moreschi)라는 인물로 알려져 있다.

〈울게 하소서〉는 원래 극 중 알미레나, 즉 카스트라토가 아니라 소프라노 배역에게 주어진 곡이었다. 그런데도 오늘날 카운터 테너들의 간판 레퍼토리로 정착된 것이 흥미롭다. 카운터 테너는 카스트라토의 음역과 음색에 가까운 소리를 가진 현대의 남성 가수를 지칭하는데, 대부분 진성이 아닌 가성을 통해 카스트라토식 음색을 모방한다. 카스트라토의 이미지가 겹치는 것을 염려하기 때문인지(이를테면 '혹시 음악을 위해 어떤 신체적 희생을 감수한 것은 아닌지' 식의 상상력을 자극하거나 하는 염려) 유명 카운터 테너 중에는 보란듯이 턱수염을 기르는 이도 많다. 어찌 됐든 카운터 테너는 《리날도》뿐 아니라 오랫동안 잊힌 헨델의 걸작 오페라들을 다시 무대에 세우는 데 중요한 역할을 하는 수훈갑들이다.

마치 좌청룡 우백호처럼 〈울게 하소서〉와 함께 헨델의 대표적인 오페라 아리아로 쌍벽을 이루는 곡으로 《세르세Serse》에 등장하는 〈다시 없을 그늘Om bra mai fu〉을 꼽을 수 있다. 이탈리아 제목 그대로 '옴 브라 마이 퓨' 혹은 '라르고Largo'라는 이름으로도 잘 알려져 있다. 주인공 세르세가 정원에 심어진 플라타너스의 늠름한 모습과 그늘에 감탄한다는 내용의 〈다시 없을 그늘〉은 헨델의 아리아 가운데서도 특히 높은 음역대를 요구하는 노래다. 이 역시 카스트라토가 사라진 이후에는 소프라노가 그 자리를 대신했지만, 최근 들어 카운터 테너들이 소화하는 경우도 점점 늘어나고 있다.

오페라의 주인공 세르세는 실은 고대 페르시아 군주 크세르크세스 1세를 모델로 한다. 크세르크세스는 40만 대군을 이끌고 그리스로 쳐들어가 그 유명한 페르시아 전쟁을 일으킨 장본인으로 할리우드 영화 〈300〉에도 등장하는 바로 그 인물이다. 하지만 정작 오페라 《세르세》

는 페르시아 전쟁이 아니라 페르시아 궁정에서 벌어지는 얽히고설킨 애정담에 집중한다. 얼핏 좋은 소재를 낭비한 듯한 느낌인 데다 등장인물들 간의 애정 관계는 그림을 그려야 할 만큼 복잡하고 상연 시간도 3시간을 훌쩍 넘어간다. 그래서인지 《세르세》는 헨델 오페라의 재발견이 일어난 20세기 후반 이후에도 무대에 자주 오르는 작품은 아니다. 그럼에도 〈다시 없을 그늘〉은 헨델의 대표 레퍼토리로 남아 있다.

헨델의 걸작 오페라로는 그 밖에도 카르타고를 함락시킨 로마의 영웅 스키피오를 소재로 한 《스키피오네Scipione》, 율리우스 카이사르의 이집트 원정에서 일어난 에피소드를 그린 《줄리오 체사레Giulio Cesare》 등을 꼽을 수 있다. 《스키피오네》에 등장하는 〈아, 언제나 단정한 내 사랑Un caro amante, gentil costante〉과 〈파도가 또 다른 파도를 부르나니Come onda incalza altr' onda〉, 《줄리오 체사레》의 〈복수의 다짐Svegliatevi nel core〉

로마의 영웅 카이사르를 소재로 한 헨델의 오페라 《줄리오 체사레》의 악보 초판본 표지.

등은 조금의 과장도 없이 바로크 오페라 아리아의 정수라고 부를 만한 곡들이다.

원래 바로크 오페라 아리아는 이탈리아어로 '다 카포(da capo)' 양식이라고 하는 3부 형식, 혹은 복합 3부 형식을 특징으로 한다. 다 카포 양식은 A+B+A'의 구조를 가지는데, 주된 선율(A)이 한동안 이어지다가 박자와 가사, 분위기가 모두 조금 다른 새로운 선율(B)로 바뀐 뒤 다시 처음의 선율 전개로 돌아가는 형식이다(A′). 이때 주목할 것은 ABA가 아닌 ABA′ 라는 것이다. 즉 3부(A′)는 1부(A)와 똑같이 마무리되는 것이 아니라 가수에게 즉흥 연주 내지 카덴차로 가창력을 뽐낼 기회가 주어지곤 했다. 영화 〈파리넬리〉에서 파리넬리가 〈울게 하소서〉를 불러 헨델을 필두로 객석 전체를 감동의 도가니로 몰고 가는 대목 역시 이 A′ 부분이다.

오라토리오

헨델은 20여 년간 이탈리아 오페라로 런던의 청중을 사로잡았고, 처음 몇 편의 오페라가 성공을 거두자 아예 스스로 흥행사로 나서 악단을 차리기까지 했다. 하지만 달도 차면 기우는 법이다. 헨델의 악단은 1734년 해체되었다. 그렇게 된 데는 무엇보다도 영국 대중이 슬슬 이탈리아 오페라에 염증을 느끼기 시작했다는 이유가 컸다. 가장 문제가 된 것은, 어떻게 보면 너무나 당연한 일이지만 언어 장벽이었다. 실제로 이탈리아어를 이해하는 영국인은 소수에 불과했고, 요즘처럼 오페라 극장에 자막을 비추는 대형 스크린 같은 시청각 도구의 도움이 없었던 바로크 시대에 이탈리아 오페라의 내용 파악이 쉬웠을 리 없다. 게다가 그 콘텐츠라는 것도 고대 페르시아나 로마 같은 이국적인 장소를 배경으로 벌어지는 남녀의 삼각관계처럼 획일화된 것이어서 당대 영국인들로서는 식상해질 만도 했다.

물론 이탈리아어를 몰라도 아름다운 오페라 아리아와 가수들의 기량 자체를 즐기는 것은 가능했지만, 여기서도 문제가 발생했다. 이탈리아 출신 가수들의 도를 넘는 '갑질'이 사회적 이슈가 되면서 대중의 마음이 떠나게 했던 것이다. 엄청난 출연료를 받던 카스트라토들과 인기 소프라노들의 몸값은 천정부지로 올라갔고, 그들은 저마다 무대 위에서 라이벌보다 더 멋지게 보이기 위해 제작진에 이런저런 요구 사항을 내세웠다. 심지어 당시 헨델의 악단 소속으로 라이벌 관계였던 두 소프라노 가수가 관객들이 지켜보는 앞에서 문자 그대로 '머리끄덩이'를 붙잡고 싸우기까지 하는 물의를 일으키기도 했다.

1726년경의 헨델. 이 무렵 영국에서 이탈리아 오페라의 인기가 떨어지면서 승승장구하던 헨델 역시 위기를 맞았다.

이런저런 이유로 이탈리아 오페라의 인기가 추락해 가던 시기에 최후의 일격이 된 것은 1728년 《거지의 오페라The Beggar's Opera》의 대성공이었다. 시인이자 풍자 작가 존 게이(John Gay)가 쓴 《거지의 오페라》는 당대 이탈리아 오페라의 패러디였다. 《거지의 오페라》라는 제목은 말 그대로 거지도 볼 수 있는 오페라, 즉 고매한 이탈리아어를 몰라도, 비싼 오페라 객석을 확보하지 않아도 누구나 즐길 수 있는 엔터테인먼트라는 취지를 표방했다. 《거지의 오페라》에 등장하는 노래들은 이탈리아 오페라의 고난도 아리아를 비꼰 선율에다 재치 있는 영어 가사를 보태 이탈리아 오페라의 공허함과 관객층의 허위의식을 통렬하게 조롱했다. 물론 《거지의 오페라》 속 아리아들의 주된 표적은 당대 이탈리아 오페라의 지존이던 헨델의 작품들이었다. 《거지의 오페라》는 당시 영국에서 유례없는 62회 연속 공연이라는 기록을 세우는 공전의 히트를 기록했다. 《거지의 오페라》의 성공 이후 런던에서 이탈리아 오페라의 인기는 급전직하했고, 헨델 역시 음악적, 재정적으로 궁지에 몰리게 되었다.

하지만 헨델은 특유의 사업 기질로 새로운 탈출구를 모색했고, 그 결과 나온 것이 바로 '오라토리오(oratorio)'였다. 오라토리오는 어떻게 보면 오페라 아닌 오페라, 혹은 뼈만 발라낸 오페라라고 부를 수 있는 형식이다. 특정한 스토리 라인을 따라 독창, 중창, 합창이 연주된다는 것은 본질적으로 오페라와 비슷하지만, 오페라처럼 무대 의상이나 소품, 비싼 무대 장치 등이 필요 없었고 일반 콘서트홀이나 교회 등 오케스트라와 성악가들이 모일 공간만 확보되면 어디서든 공연이 가능했다. 그렇다 보니 제작 비용도 오페라와는 비교할 수 없을 만큼 적게 들었고, 융통성도 훨씬 컸다. 비유하자면 오페라가 영화 혹은 TV 드라마인 데 비해 오라토리오는 귀로 듣는 라디오 드라마 정도라고 할 수 있다.

헨델은 일단 가사를 영어로 쓰고 작품의 소재 역시 그리스도교 신자(영국의 경우 성공회 신자)라면 친숙할 성서의 여러 에피소드를 채택하는 등 일반 영국인들이 쉽게 이해할 수 있는 내용으로 20편 이상의 오라토리오를 작곡했다. 공연의 주역 역시 헨델이 사랑했던 카스트라토 대신 영국인 성악가들로 구성했는데, 생각해 보면 이는 당연한 일이었다. 이탈리아 출신인 카스트라토는 이탈리아어 오페라에서는 물 만난 물고기처럼 맹활약할 수 있겠지만, 영어 가사로 된 오라토리오는 언어 때문에라도 발음이나 감정 이입 등이 쉽지 않았을 것이다.

헨델의 오라토리오 가운데 가장 유명한 작품은 그가 1742년에 완성한 《메시아Messiah》다. 헨델의 오라토리오는 대개 특정한 스토리 라인을 따르고 가수들 역시 오페라에서와 마찬가지로 저마다 맡은 배역을 노래로 연기하는 것이 보통이지만, 《메시아》는 조금 다르다. 《메시아》에서 가수들은 어떤 특정한 배역을 연기하지 않는다(예를 들어 테너는 예수 그리스도. 소프라노는 마리아). 《메시아》의 콘텐츠는 메시아, 즉 구세주의 출현에 대한 구약 시대 예언자들의 언급에서 시작해서 예수 그리스도의 부활, 최후의 심판과 구원에 대한 기대에 이르기까지 성경에서 뽑은 여러 구절에 기초해 재구성한 다양한 내러티브들로 이루어져 있다. 독창 가수들과 합창단은 그러한 내용을 전달하는 매개체, 즉 악기로서의 역할에 충실한다. 헨델 역시 이 작품을 쓰면서 단순히 관객들을 즐겁게 할 음악을 만들어 돈을 번다는 것 이상의 특별한 감정을 지녔던 것으로 보인다. 뒷날 헨델은 자신이 《메시아》의 곡들을 쓰던 시간을 "내 눈앞에 천국이 펼쳐지는 모습을, 그리고 위대한 주님을 직접 보았다는 생각이 들기도 했다."고 술회했다.

총 3부로 이루어진 《메시아》에서 가장 유명한 곡은 2부 말미에 등장하는 〈할렐루야 합창Hallelujah Chorus〉이다. 〈할렐루야 합창〉은 오늘날

헨델의 오라토리오 《메시아》의 하이라이트 〈할렐루야 합창〉의 친필 악보. 합창곡 가운데 최고 난곡 중 하나로 꼽힌다. 헨델은 오페라의 인기가 떨어지자 오라토리오로 선회해 다시 음악가로서 흥행몰이를 계속했다.

헨델의 음악 가운데 가장 널리 알려진 선율로, 전 세계인의 귀에 익숙한 클래식 음악의 대표곡이라고 할 수 있다. 〈할렐루야 합창〉은 합창곡으로는 최고의 난곡 반열에 든다. 폴리포니(다성 음악)와 호모포니(homophony, 화성 음악), 모노포니(monophony, 단성 음악)가 절묘하게 어우러지며 교차하는 가운데 음역도 최저음부터 최고음을 망라하고 있어 단원들 개인의 역량도 역량이지만, 대규모 합창단이 조화로운 연주를 하기 위해서는 실력 있는 지휘자의 감독 아래 상당한 리허설과 조율 작업이 필요하다. 연주가 어려운 만큼 완벽하게 화음의 조화를 이룬 〈할렐루야 합창〉을 듣는 것은 매우 즐겁고도 값진 경험이다. 특히 신앙심이 깊은 사람이라면 그 감동은 배가된다. 그것은 초연 당시에도 예외가 아니었던지, 마침 공연을 보러 온 국왕 조지 2세를 비롯해 관객들이 모두 기립해 합창이 끝날 때까지 그대로 서 있었다는 기록도 있다. 지금도 종교 행사에서 〈할렐루야 합창〉만은 서서 듣는 전통이 여기서 비롯되었다. 종교 음악을 통해 청중에게 이 정도로 강렬한 충격을 선사한 것은 심지어 위대한 바흐조차도 이루지 못한 일이었다. 심지어 국왕까지 벌떡 일으킬 정도였으니 말이다. 《메시아》는 이렇게 초연에서 대성공을 거둔 이래 지금까지도 매년 부활절이나 크리스마스를 전후한 시기에 전 세계에서 성황리에 연주되고 있다.

기악곡의 걸작들

오페라와 오라토리오 작곡 및 제작에 음악 인생의 대부분을 바친 헨델이지만, 그의 본령은 원래 건반 악기였다. 헨델은 이미 10대 때부터 오르간과 하프시코드의 달인으로 명성을 날렸고, 그가 바로크 음악의 본거지였던 이탈리아, 특히 베네치아에서 기반을 잡을 수 있었던 것 또한 그의 건반 악기 연주 실력이 큰 역할을 했다. 그런 헨델이었던 만큼 그가 뛰어난 건반 악기 작품들을 여럿 남긴 것은 놀랄 일도 아니다. 일단 헨델의 건반 음악 세계에 처음 입문하는 사람이라면 그가 1720년에 작곡한 《건반 악기를 위한 모음곡Suites de pièce pour le Clavecin》을 적극 추천한다. 여기에 수록된 곡들은 한결같이 뛰어나지만, 그중에서도 〈모음곡 5번Keyboard Suite No. 5 in E Major HWV 430〉이 유명하다. 이 작품은 총 4개의 악장으로 이루어져 있다. 차분한 분위기의 서주와 그 뒤로 이어지는 춤곡 알르망드와 쿠랑트도 좋지만, 하이라이트는 마지막 악장인 '아리아와 변주곡'이다. 여기서 아리아는 그 이름이 주는 느낌처럼 느리고 잔잔한 선율이 아니라 오히려 흥겹고 리드미컬하다. 그 때문에 이 마지막 4악장은 〈흥겨운 대장간Harmonious Blacksmith〉이라고도 불린다. 이 곡은 종종 따로 연주되는 등 특별 대접을 받기도 하고, 피아니스트들의 연주회 말미에 앙코르곡으로도 인기가 있다.

문제의 4악장이 〈흥겨운 대장간〉으로 불리게 된 것은 헨델이 사업차 런던 근교에 나갔다가 갑자기 내린 비를 피하기 위해 어느 건물 처마 아래로 간 것이 계기였다는 일화가 있다. 마침 그 건물이 대장간이었고, 비가 그치기를 기다리는 헨델은 대장장이의 흥겨운 망치질 소리를 듣다가 그 주제의 악상을 떠올렸다고 한다. 하지만 이 '빗속의 (흥겨운) 대장간' 일화는 바흐의 《골드베르그 변주곡》 일화보다도 역사적 근거가 더 빈약하다. 실제로 4악장이 〈흥겨운 대장간〉으로 불리기 시작한 것은 헨델이 죽고 한참 뒤인 19세기 중반부터라고 한다. 그런데도 연주를 들으면 꼭 대장장이의 그것은 아니라고 해도 어떤 규칙적인 메커니즘이나 움직임을 모방하려고 했다는 인상만은 떨칠 수 없다.

유명한 주제에 이어지는 첫 번째 변주는 왼손이 B(낮은 '시')음을 반복적으로 누르며 그 사이로 오른손이 한 음씩 오르락내리락한다. 정말이지 반복해서 딩딩 하고 울리는 B음은 대장장이가 정을 때리는 소리를 본뜬 듯하다. 왼손과 오른손이 번갈아 선율과 화음을 맡는 2번 변주, 주제의 선율이 셋잇단음표로 분절되는 3번 변주, 다시 화음 부분이 셋잇단음표로 분절되는 4번 변주를 즐기다 보면 어느새 양손 모두 힘찬 스케일로 휘몰아치는 마지막 5번 변주로 마무리된다. 사실 5번 변주에 이르면 〈흥겨운 대장간〉이라는 별명은 좀 무색해진다. 심지어 대장장이의 신 헤파이스토스가 재림한다고 해도 그렇게 빠르게 망치질을 할 수는 없을 것이다.

헨델의 하프시코드 연주자와 작곡가로서의 역량이 드러나는 것이 《클라비어를 위한 모음곡》이라고 한다면, 그의 오르간 연주자로서의 내공은 《오르간 협주곡집*Organ Concerto*》에서 빛난다. 헨델은 영국에 온 이후에도 틈날 때마다 오르간을 연주했다. 장년에 이른 헨델의 오르간 연주 광경을 목격한 사람들은 비대한 몸집에도 불구하고 페달을 자유자재로 날렵하게 조작하는 솜씨, 두툼한 손가락 끝에서 흘러나오는 섬세하기 그지없는 선율의 구사에 깊은 인상을 받았다고 술회하기도 했다. 많은 전문가가 당대 유럽에서 헨델을 능가할 오르간 연주자는 바흐가 유일했으리라고 지적하기도 한다.

이처럼 뛰어난 오르간 연주자였던 헨델은 총 12곡의 《오르간 협주곡집》을 남겼는데, 이 작품들은 원래 그의 오페라와 오라토리오 상연 전후의 분위기 조성과 중간 휴식 시간에 간주곡 기능을 위해 작곡된 것이다. 하지만 직접 들어 보면 메인을 위한 일종의 양념으로 만들어졌다는 것이 도저히 믿어지지 않을 정도로 완성도와 작품성이 뛰어나다. 헨델의 《오르간 협주곡집》에 사용된 선율 가운데는 그의 오페라 아리아를 비롯해 여러 성악곡과 기악곡에 사용했던 것들을 재활용한 경우도 많지만, 역시 오르간이라는 악기의 장점을 십분 반영할 수 있도록 솜씨 있게 편곡되었기 때문에 원곡과는 전혀 다른 분위기가 느껴진다. 스피커 볼륨을 높여 음반을 듣다 보면 때로 오르간 연주자가 건반 누르는 소리, 페달 밟는 소리 등의 '잡음'이 종종 들리는데, 이 역시 헨델의《오르간 협주곡집》을 듣는 독특한 재미라 할 수 있다. 음악이란 역시 악기가 저절로 만들어 내는 것이 아니라 인간의 솜씨라는 걸 깨닫는 순간이다.

헨델의《오르간 협주곡집》은 한결같이 뛰어난 곡들이지만, 나는 그 중에서도 5번을 좋아한다. 총 4악장으로 구성된 5번은 차분한 분위기의 1악장 라르게토(larghetto)에 이어 2악장 알레그로(allegro)로 본격적인 오르간 독주의 활약이 시작된다. 특히 4악장 프레스토(presto)의 장엄하고도 힘에 넘치는 전개는 듣는 이의 마음을 휘감는다. 참고로 이 5번은 영국의 기타리스트 존 윌리엄스(John Williams)가 직접 편곡해 연주하기

헨델의《오르간 협주곡》 5번. 헨델의 협주곡들은 대부분 그의 오페라 상연 전후, 휴식 시간의 들러리 음악으로 작곡된 것이었지만, 그 자체로도 작품성이 뛰어나다.

도 했는데, 아마 원곡의 존재를 모르는 사람이라면 그냥 헨델의 '기타 협주곡'이라고 해도 의심하지 않을 만큼 깔끔하게 정리된 수작이다. 클래식 기타 자체가 류트에 뿌리를 두고 있기 때문인지 바로크 음악을 기타로 편곡하는 경우도 드물지 않다. 다만 이때 편곡이 깔끔해야 함은 물론이고 기타리스트의 역량도 뛰어나야 기타곡으로 재탄생된 음악이 빛을 발할 수 있다. 존 윌리엄스의 편곡 및 연주가 그 좋은 예다.

《오르간 협주곡집》과 함께 결코 지나칠 수 없는, 시쳇말로 우리의 버킷 리스트, 즉 '죽기 전에 들어야 할 헨델의 협주곡'으로 내가 추천하는 또 다른 작품은 단연 《콘체르토 그로소 Concerto Grosso Op. 6》다. 현악 독주자와 오케스트라가 다양한 방식으로 어울리는 총 12곡의 협주곡으로 이루어진 《콘체르토 그로소》는 바흐의 《브란덴부르크 협주곡》에 대한 헨델의 대답이라고도 할 수 있다. 헨델이 《브란덴부르크 협주곡》의 존재를 알았을 가능성은 거의 없었겠지만, 적어도 바로크 음악에서 두 작품이 차지하는 위상이라는 면에서 그렇다. 바흐가 《브란덴부르크 협주곡》을 통해 기존의 바로크 협주곡 형식에서 한 걸음 더 나아간 혁신적인 시도를 펼친 것과는 달리 《콘체르토 그로소》에서 헨델은 코렐리(Arcangelo Corelli)를 비롯해 비발디를 잇는 이탈리아 콘체르토 그로소 거장들의 전통을 충실하게 답습하고 있다.

런던 헨델 박물관에 소장된 2단 하프시코드. 헨델은 하프시코드와 오르간을 위한 수많은 건반악기곡을 작곡했다.

헨델의 음악에는 당대 유행하던 협주곡 양식 자체를 다음 단계로 발전시켜야겠다는 고민의 흔적은 그다지 보이지 않는다. 그는 다른 데 한눈팔지 않고 주어진 양식 속에서 가장 아름다운 선율과 화성의 조화를 만드는 데 집중했다. 헨델 음악의 감상을 식도락에 비유하자면 퓨전 요리나 웰빙 요리, 유기농 요리 같은 최신 유행하는 실험적 요리법에 현혹되지 않고 가장 전통적인 조리법만으로 승부를 거는 셰프가 가장 전통적인 식기에 담아내 온 일품요리를 맛보는 기분이랄까. 게다가 그 맛 또한 일품이라니. 예를 들면 《콘체르토 그로소》의 1번 1악장에는 마치 아름다운 귀부인들에게 둘러싸여 장려한 건물의 대리석 계단을 오르는 듯한 기품이 있다. 1악장에 지정된 박자는 '정확한 박자' 혹은 '올바른 박자'라는 의미의 '템포 귀스토(tempo giusto)'인데, 이는 지휘자나 독주 연주자에게 가장 적당하다고 판단되는 박자를 고를 수 있는 재량권을 준 것이다.

《콘체르토 그로소》는 12곡 모두 우열을 따질 수 없을 만큼 뛰어나지만, 4번의 마지막 4악장 알레그로는 들을 때마다 가슴이 두근거릴 정도다. a단조의 선율에서 그 정도로 밀어붙이는 힘과 자신감을 감지하기는 쉽지 않다. 더군다나 약간은 불길하고 날카롭기까지 한 사운드가 관현악 편성으로 증폭되는 진행은 거의 현대 음악, 아니 서스펜스 영화의 주제곡을 듣는 듯한 기시감까지 느끼게 한다. 《콘체르토 그로소》 역시 《오르간 협주곡집》과 마찬가지로 원래는 주력 상품인 오페라와 오라토리오 상연을 전후한 들러리 또는 분위기 잡기용으로 쓰인 작품이다. 당시 극장을 찾은 관객들이 메인 공연(오페라, 오라토리오) 시작 전이나 중간 휴식 시간에 《콘체르토 그로소》(특히 4번 4악장)의 선율을 들으면서 어떤 반응을 보였을지 문득 궁금해진다.

찬란한 어용 음악

원래 음악은 예술이기에 앞서 실용성을 위한 수단이었다. 고대 중국에서는 음악을 관장하는 관청이 따로 있을 정도로, 고대 사회에서 음악은 노동의 생산성을 강화하거나 군대의 사기를 높이는 데 쓰였다. 또한 종교에서는 신의 영광을 찬미하는 도구였고, 정치에서는 국가와 군주의 권위를 상징하는 음향 효과, 나아가 지배 이데올로기의 선전 수단이었다. 공자가 군자의 덕목 중 음악적 소양을 높이 산 것은 백성을 교화하고 다스릴 통치 도구로서 음악의 기능에 주목했기 때문인데, 동서양을 막론하고 민요나 동요가 아닌 정교한 형태의 음악이 국가(및 교회)의 주도로 만들어진 것도 이 같은 연유에서다.

헨델은 이런 음악의 전통적인 기능에 충실한, 즉 다양한 행사에서 군주와 국가의 위엄을 높이는 왕실 의전 음악의 작곡에서도 탁월한 솜씨를 발휘했다. 앤 여왕을 포함해 장장 4대에 걸쳐 영국 군주들이 신임한 음악가였던 만큼 헨델이 작곡한 다양한 왕실 의전 음악은 웅장함과 우아함이 흐르는, 원래의 목적인 어용성을 초월해 예술적으로도 뛰어난 걸작들이다.

잠시 시간을 돌려 1710년으로 가 보자. 이탈리아에서 독일로 막 돌아온 헨델은 하노버 궁정의 선제후인 게오르크 대공의 궁정 악장으로 고용되었지만, 마음은 이미 영국에 가 있었다. 이미 전 세계에 식민지를 확장하는 최강 해양강국으로 부상한 당대 영국에서는 상류층은 물론 일반 대중에 이르기까지 음악과 미술 등 고급문화에 대한 수요가 높았다. 헨델은 이탈리아 체류 당시 현지를 방문한 영국 귀족들과 음악가들에게 영국 사회에 관한 이야기를 들은 이후 그곳에서 자신의 음악적 재능을 시험하고 싶어 몸이 근질거렸던 것 같다. 그는 하노버 궁정에 채용된 지 불과 반년이 지나지 않아 게오르크 대공에게 1년간 휴직계를 제출했는데, 대공은 너그럽게 그의 청을 들어주었다. 이렇게 해서 헨델은 1710년 처음 영국 땅을 밟았고, 영국 최고의 흥행 음악가로 우뚝 서게 되었다.

헨델은 대공과 약속한 1년이 지나 다시 하노버로 돌아왔지만, 런던에서 누리던 성공과 스포트라이트가 그리워 견딜 수가 없었다. 런던에 돌아갈 기회만 호시탐탐 노리던 헨델은 다시 한 번 휴직계를 냈는데, 이번에는 아예 복귀 날짜를 미정으로 하는 뻔뻔함까지 보였다. 그런데도 그의 재능을 아꼈던 게오르크 대공은 적당한 시기에 돌아오는 조건으로 헨델의 휴직을 다시 허락했다. 1712년 10월 다시 런던으로 돌아간 헨델은 이번에는 영국 지배층에 연줄을 대는 수완을 발휘해서 당시 영국을 다스리던 앤 여왕의 생일 축하 송가를 헌정했는데, 여왕은 이 송가가 마음에 들어 헨델에게 연간 200파운드의 연봉을 내리기도 했다. 다시 말해 작곡 한 번 하고 평생 연금을 받은 것이다. 이렇게 하는 일마다 성공하는 '미다스의 손'이 된 헨델이 영국에 남고 싶어 한 것은 어찌 보면 당연하다. 헨델은 적절한 시기에 하노버로 돌아가겠다던 게오르크 대공과의 약속을 차일피일 미루며 장장 3년을 버텼다. 게오르크 대공은 몇 번인가 헨델의 귀국을 종용하다가 결국 1713년 궁정 악장 자리에서 그를 해임했다. 그동안의 배려를 생각해 보면 대공이 헨델에게 다소 배신감을 느꼈다고 해도 놀랄 일은 아니다.

그런데 앤 여왕이 1714년 서거하면서 상황이 급변했다. 후사를 두지 못한 앤 여왕을 마지막으로 스튜어트 왕가의 대가 끊어지자 영국 의회가 앤 여왕과 육촌 관계이자 신교도 혈통인 하노버의 선제후 게오르크 대공을 새 국왕으로 모셔 오기로 결정한 것이다. 이렇게 해서 게오르크 대공은 스튜어트 왕가의 뒤를 이어 영국 하노버 왕가의 시조 조지

1세로 변신해 영국 땅을 밟았다. 모시던 주군과의 약속을 무시하고 영국 땅에서 미적거렸던 헨델로서는 무척 난처했을 것이다. 조지 1세가 즉위하고 한동안 헨델은 입궁조차 하지 않고 근신했다고 한다.

1717년, 조지 1세와 그 측근들은 국민에게 왕실의 존재감을 상기시킬 방안으로 런던 템스강을 따라 대규모 뱃놀이 행차 계획을 세웠는데, 이때 헨델이 작곡해 헌정한 것이 바로 《수상 음악 Water Music》이다. 같은 해 7월 17일 저녁, 조지 1세와 귀족들이 어주(御舟)에 올라 템스강을 따라 이동하며 연회를 즐기는 사이 헨델은 50여 명의 악사로 이루어진 오케스트라와 함께 배를 타고 《수상 음악》을 진두지휘했다. 조지 1세는 헨델의 《수상 음악》이 마음에 들어 자정이 넘도록 계속된 뱃놀이 동안 총 4번을 연거푸 들었다고 한다. 행사는 대성공이었고, 음악을 담당했던 헨델은 이를 계기로 다시금 왕실 전속 작곡가로서 자신의 위상을 공고히 할 수 있었다.

일설에 따르면, 헨델은 다시 조지 1세의 신임을 얻기 위해 《수상 음악》을 만든 뒤 뱃놀이 행사 당일 악사들을 고용하여 국왕의 배를 따라다니며 연주하는 일종의 깜짝쇼를 펼쳤다고 전해진다. 그리고 아름다운 선상 음악이 무척 마음에 들었던 조지 1세가 헨델을 용서했다는 것이다. 하지만 이 이야기는 문헌적 근거가 빈약할 뿐 아니라 상식적으로도 문제가 있다. 일단 행사 관계자들과 헨델 사이에 사전 논의가 되어 있지 않았다면, 보안이나 경호 관점에서 봐도 정체불명의 배가 국왕의 어주에 접근하는 것이 용인되었을 리 없다. 실제로 앤 여왕 사후 영국 왕위 계승 과정에는 적잖은 잡음이 따랐다. 무엇보다 조지 1세보다 혈통상 앤 여왕과 가까운 왕족은 한두 명이 아니었다. 그럼에도 조지 1세가 의회의 낙점을 받은 이유는 그가 캘빈교, 즉 신교도 군주 가운데 앤 여왕과 가장 가까운 인척이었기 때문이다. 하지만 영국 내에는 가톨릭 국왕의 복귀를 꿈꾸는 가톨릭 세력이 여전히 적지 않은 영향력을 가지고 있었기 때문에 조지 1세에 대한 암살 기도나 테러에 대한 위협도 상존했던 것이 사실이다. 그러므로 만약 헨델이 뱃놀이 당시 사전 논의 없이 조지 1세의 용선에 접근하려고 했다면 《수상 음악》을 연주하기도 전에 '수상 체포'를 당할 수도 있었던 분위기였다.

여러모로 살폈을 때 조지 1세와 헨델의 관계는 장기 결근(사실상 이민)에도 불구하고 크게 악화되지 않았다고 보는 편이 역사적 사실에 더 부합할 것이다. 일단 당시 영국에서 헨델을 능가할 음악가를 찾기가 쉽지 않았을 뿐 아니라, 이방인으로서 말도 잘 통하지 않는 영국에서 통치자 노릇을 하게 된 조지 1세로서는 아무래도 동향 출신인 헨델을 너그럽게 대했을 가능성이 높다(조지 1세는 영어를 전혀 하지 못했고 영국인 측근들과 대화할 때는 프랑스어를 썼다).

《수상 음악》은 총 3개의 조곡으로 이루어져 있으며, 조곡은 다시 10개

하노버 선제후 게오르크 대공(왼쪽)과 영국 국왕 조지 1세(오른쪽). 두 사람은 동일 인물이다. 앤 여왕이 후사 없이 서거하자 영국 귀족들은 여왕의 가까운 인척이자 신교도였던 게오르크 대공을 독일에서 초빙해 왕으로 모셨다.

런던 템스강 풍경. 헨델은 템스강에서 뱃놀이를 계획한 조지 1세를 위해 《수상 음악》을 작곡했다.

에 이르는 짧은 악장들로 이루어져 있다. 왕의 권위를 나타내는 듯한 위엄스럽고 차분한 분위기의 서곡에 이어 춤곡과 아리아, 행진곡 등 다양한 형식의 음악이 계속되다가 흥겨운 잔치 분위기의 피날레 악장으로 마무리된다. 기록에 따르면, 밤늦게까지 환하게 불을 밝힌 국왕의 용선을 선두로 귀족들을 태운 유람선들이 유유히 흘러가는 모습은 장관을 이루었고, 당시 템스강 양안에서는 수많은 시민이 국왕의 행렬을 지켜보았다고 한다. 이날 헨델의 웅장하면서도 우아한 음악은 이 과시성 행사에 어울리는 음향 효과를 제공했을 것이다.

《수상 음악》과 쌍벽을 이루는 헨델의 또 다른 왕실 행사용 관현악으로 《왕궁의 불꽃놀이 음악Music for the Royal Fireworks HWV 351》이 있다. 이 작품은 영국까지 합세해 8년간 계속된 프로이센과 오스트리아의 왕위 계승 전쟁의 종결을 기념해 1749년 런던 그린파크에서 열린 불꽃놀이의 배경 음악으로 작곡되었다. 《왕궁의 불꽃놀이 음악》은 단 1개의 조곡으로 구성되어 《수상 음악》에 비하면 길이가 3분의 1 정도로 짧지만, '승전 기념'이라는 행사의 주제를 반영하듯 웅장하고 힘차다. 제1

곡 〈서곡Ouverture〉, 제2곡 〈부레Bourrée〉, 제3곡 〈평화La Paix〉, 제4곡 〈환희La Réjouissance〉, 제5곡 〈미뉴에트와 트리오Menuets Ⅰ and Ⅱ〉로 이루어져 있는데, 특히 제1곡 〈서곡〉의 알레그로 악장은 전쟁과 평화를 모두 주재하는 군주의 위엄과 권위를 상징하는 듯한 자신감 넘치는 선율이 인상적이다. 그야말로 가사 없는 〈용비어천가〉라고 불러도 손색이 없다. 그런데 정작 행사 당일 진행된 불꽃놀이 도중 그리스 양식으로 지은 전각에 폭죽 불꽃이 옮겨붙어 홀랑 불타는 소동이 일어나는 바람에 헨델의 음악은 초연 당시에는 주목을 받지 못했다고 한다.

《수상 음악》과 《왕궁의 불꽃놀이 음악》은 오라토리오 《메시아》 《세르세》를 비롯한 몇몇 오페라 아리아(비록 소프라노나 메조소프라노가 부르기는 했지만)와 함께 헨델의 사후에도 19세기 내내 꾸준히 연주되며 헨델을 대중에게 각인시킨 곡목들이다. 국가 행사를 위해 작곡된 곡이었음에도 두 작품은 의전용으로 한 번 쓰고 버려지는 소모품이 되는 대신 시

헨델의 《왕궁의 불꽃놀이 음악》 서곡 친필 악보. 헨델은 앤 여왕, 조지 1세, 조지 2세까지 3대의 영국 국왕을 모시며 뛰어난 어용 음악을 다수 헌정했다.

대를 초월해 살아남았다. 이 곡들은 오늘날까지도 뱃놀이나 폭죽 터뜨리기뿐 아니라 어떤 장소, 어떤 행사에서도 그 자리를 더욱 빛나게 하는 다목적 행사 음악이다. 하다못해 결혼식이나 돌잔치, 기념회 등 행사 배경 음악으로 틀어 놓아도 격조 높은 분위기를 연출한다. 일할 때나 공부할 때 틀어 놓아도 좋고, 혼자 조용히 감상하기에도 좋다.

《왕궁의 불꽃놀이》를 쓴 1749년, 당시 헨델은 이미 64세였다. 1751년 백내장으로 한쪽 눈의 시력이 나빠져 수술을 받았지만 오히려 증상은 더욱 악화되어 설상가상으로 반대편 눈까지 나빠져 결국 실명하고 말았다. 헨델은 실명한 후에도 몇 년간 작품 활동을 계속했고, 1759년 74세를 일기로 숨을 거두었다. 그의 유해는 왕족과 귀족 등 영국에서도 본좌들만 안장된다는 웨스트민스터 사원에 안장되었다. 비록 독일 수입산이었지만, 어느새 국민 음악가로 자리매김한 헨델에게 영국은 그에 합당한 예우를 갖춘 셈이다.

바흐 vs. 헨델

이쯤에서 '음악의 아버지'와 '음악의 어머니', 즉 바흐와 헨델의 관계를 잠시 살펴보자(혹시 나처럼 착각하는 독자가 있을까 싶어 다시 말해 두지만 두 사람은 부부가 아니다). 두 사람은 엄밀히 따지면 아무런 직접적인 관계가 없다. 그런데도 두 사람의 행보를 들여다보면 볼수록 개인적으로나 예술적으로나 우연이라고는 생각할 수 없을 만큼 많은 공통점과 흥미로운 차이점을 보인다.

일단 공통점이 상당하다. 둘 다 독일인이었다는 것은 주지의 사실. 그런데 바흐의 출생지 아이제나흐와 헨델의 출생지 할레는 150킬로미터 정도밖에 떨어져 있지 않다. 게다가 둘 다 1685년에 태어난 동갑내기다. 바흐는 키가 180센티미터로 당시에는 무척 큰 키였는데, 헨델 역시 앞서 말했듯이 아담한 체구는 절대 아니었다. 런던에서 헨델의 별명은 '작센의 거인'이었는데, 거기에는 그가 음악적으로 거인이라는 것과 더불어 실제로 덩치가 컸다는 이유도 있었다. 바흐가 요리와 와인을 즐겼던 것처럼 헨델 또한 식도락가였다. 성격적으로도 두 사람은 자존심이 강하고 괴팍했다. 그들도 그들이지만, 의외로 독일인들이 한 성격

프랑스 출신 조각가 루이 루비악의 헨델 조각상. 가발도 쓰지 않고 예복 대신 실내복을 걸친 헨델이 편안히 수금을 켜고 있는 모습이 인상적이다.

하는지도 모르겠다. 바흐나 헨델 같은 탁월한 음악가는 물론 괴테와 하이네 같은 뛰어난 문인들이 많으면서도 한편으로 프로이센이나 나치 정권처럼 파시스트적 병영국가 체제로 유럽을 석권하는 시도를 벌이기도 했으니 말이다. 독일인들에게는 이렇게 창조적인 영감과 파괴적인 광기가 공존하는 듯하다.

바흐와 헨델의 공통점은 여기서 그치지 않는다. 당대 자타가 공인하는 건반 악기의 달인이었으면서도 두 사람 다 정작 음악가로서의 경력을 바이올린 연주자로 시작한 것도 공교롭다. 바흐는 아이제나흐에서 오르간 연주자로 일하기 전 바이마르 궁정에서 잠시 바이올린 연주자로 일했고(그가 바이마르의 정식 궁정 음악가로 다시 고용된 것은 한참 뒤의 일이다), 헨델이 처음 함부르크에서 얻은 일자리도 오페라 극장 오케스트라의 바이올린 연주자였다. 심지어 두 사람은 죽음마저 같은 끈으로 연

결되어 있다. 두 사람 모두 말년에 당뇨를 앓았던 것으로 추정되고, 합병증과 수술 후유증으로 시력을 잃었다. 그런데 놀랍게도 바흐의 눈을 수술했던 문제의 돌팔이 의사 존 테일러가 헨델의 백내장 수술을 했던 의사라는 사실이다.

그렇다면 두 사람의 차이점을 살펴보자. 두 사람의 인생에서 가장 두드러진 차이점이라면 결혼과 가정생활이다. 바흐가 2명의 아내로부터 20명의 자식을 낳은 반면 헨델은 평생 독신으로 살았다. 대가족을 부양해야 했던 바흐는 '꿈의 직장'보다는 적은 수입이나마 정기적으로 들어오는 자리를 선호했던 반면, 건사해야 할 가족이 없었던 헨델은 바다 건너 영국에서 자신의 꿈을 마음껏 펼칠 수 있었다.

바흐 음악의 기본 뿌리가 독일 루터교의 교회 음악이었다면, 헨델은 유럽 궁정 음악의 전통, 프랑스의 무곡, 이탈리아의 오페라 등에서 골고루 영양소를 뽑아 자신의 것으로 삼았다. 또한 바흐의 음악을 대하는 자세가 중세의 연금술사를 방불케 하는 장인적 실험정신과 완벽주의였던 반면, 헨델의 음악에 대한 열정과 재능은 탁월한 기업가 정신과 만나 활짝 날개를 폈다. 바흐는 그때까지 알려진 모든 음악 장르와 기법을 섭렵한 뒤 다시 이들을 모아 붙여 바로크 음악의 모든 양식적, 기술적 가능성의 마지막 한 방울까지 짜내려고 했다. 그는 온갖 실험을 통해 당대의 음악 경향과 악기의 잠재력을 최고도까지 높였다. 심지어 《음악의 헌정》이나 《푸가의 기법》 등을 통해 어떤 의미에서는 자신의 한계마저 뛰어넘었다.

그에 비해 헨델은 당대 음악 양식의 경계 안에 머물면서 소비자들을 위한 양질의 제품을 생산하는 데 몰두했다. 헨델은 자신에게 친숙한 음악 언어, 그리고 각 시대에 유행하던 음악 장르의 장점을 십분 이용해서 일반 청중 및 왕실을 포함한 고객을 만족시키면서 호주머니도 채우는 사업 기질을 발휘했다. 다시 말해 그는 이미 주어진 당대의 형식과 조건 속에서 고객이 원하는 고품질의 음악에 집중한 것이다. 헨델로 말하면 당대 음악 양식의 가장 뛰어난 사용자이자 최고의 수혜자였다. 바흐와 헨델, 두 사람의 이 같은 특징을 고려했을 때 역시 음악의 아버지, 어머니라는 정체불명의 비유보다는 바흐는 '음악의 장인', 헨델은 '음악의 기업가' 혹은 '벤처 사업가'라는 비유가 더 부합한다.

두 사람을 우리나라 역사 속 인물에 비유하면, 바흐는 원효 대사, 헨델은 의상 대사쯤 되지 않을까. 원효가 당나라 유학을 포기하고 신라에 머물렀던 것처럼 일생 동안 바흐의 행동반경은 북부 독일의 몇몇 인접한 도시에서 크게 벗어나지 않았다. 반면 선진 불교 지식을 배우기 위해 당나라까지 간 의상 대사처럼 코스모폴리탄 기질이 넘치던 헨델은 독일을 떠나 이탈리아로, 다시 영국으로 향했다. 그렇다고 해서 독일을 벗어나지 않았던 바흐가 독일 국내용 '안방 장군'이었다는 뜻은 절대 아니다. 바흐는 젊은 시절 파헬벨(Johann Pachellbel)(그 유명한 《캐논 d장조》를 지은 파헬벨이다!), 북스테후데 같은 독일 음악가들에게 직간접으로 사사했을 뿐 아니라 프랑스와 이탈리아 작곡가들의 악보도 열심히 연구하는 등 당대 유럽의 음악적 유행에도 민감했다. 이러한 행보 또한 원효를 닮았다. 원효는 비록 의상을 따라가지 않고 신라에 머물렀지만, 그렇다고 외부와 완전히 인연을 끊고 산사에서 독야청청했던 것은 아니다. 서라벌의 저잣거리에서 민중을 교화하는 틈틈이 원효는 당나라로부터 선진 불교 지식을 습득하는 데도 공을 들였다. 원효와 의상처럼 바흐와 헨델 두 사람의 음악에 대한 접근 방식에 우열은 없었다. 어떤 평론가들은 바흐의 음악을 이지적인 바로크 음악, 헨델의 음악을 감각적인 바로크 음악이라고 평하기도 하지만, 역시 부분적인 진실일 뿐이다.

두 사람은 서로에 대해 얼마나 알고 있었을까? 비록 바흐나 헨델이 직접 남긴 기록은 없지만, 분명 두 사람은 서로의 존재를 알고 있었던 것으로 보인다. 흥미롭게도 바흐 쪽이 헨델에게 더 관심을 기울였던 듯하다. 헨델이 1719년 고향 할레를 방문했을 때 그 소식을 접한 바흐는 헨델을 직접 만날 요량으로 할레까지 역마차를 타고 갔다고 한다. 하기야 당시 바흐가 거주하던 쾨텐과 할레는 불과 30킬로미터 거리였으니 터무니없는 얘기는 아니다. 하지만 유감스럽게도 헨델은 바흐가 쾨텐을 찾기 바로 전날 영국으로 돌아가 버렸다. 헨델은 1737년 다시 할레를 방문했는데, 이를 전해 들은 바흐는 이번에는 첫째 아들인 빌헬름 프리데만 바흐(Wilhelm Friedemann Bach)를 할레로 보내 헨델을 라이프치히로 초대했지만, 헨델은 정중히 거절했다고 한다. 헨델은 1753년 할레를 다시 방문하지만 이때는 이미 바흐가 세상을 떠난 뒤였다.

두 사람의 만남이 끝내 성사되지 못한 것은 클래식 음악 애호가로서는 아쉬운 부분이다. 만약 두 사람이 만났다면 어떤 대화를 나누었을까? 그랬다면 분명 이후 두 사람의 창조 활동에도 긍정적인 자극제가 되었을 것이고, 음악의 역사는 크게 바뀌었을지도 모른다. 뭐, 그렇다고 지금 우리에게 남은 그들의 작품이 잘못됐다는 뜻은 전혀 아니지만 말이다. 아쉬운 대로 지금이라도 바흐와 헨델의 대결(이 둘의 음악을 비교, 대조, 분석해 두 사람의 콘트라스트 및 공통분모를 함께 감상하는 기획 공연이나 음반 같은)을 담아 보는 것은 어떨지, 이 지면을 빌어 음반 기획자들에게 슬며시 아이디어를 전해 본다.

이제 바로크 음악을 슬슬 정리할 때가 되었다. 요약하면 비발디와 바흐, 헨델이 저마다 독특한 개성과 작업 환경, 우여곡절 속에서 개척하고 보완하고 완성해 낸 바로크 음악은 당대 기준으로는 아방가르드, 즉 전위 음악이었다. 이때 바로크 음악가들이 펼쳐 보인 조성적 인식은 이들이 절로 얻은 것이 아니라 건반 악기를 필두로 당대 큰 발전을 이룬 악기 제조 기술에 힘입은 것이었다. 이전 시대보다 더욱더 넓은 음역, 다양한 음색, 풍성한 화음을 시도할 수 있는 도구들이 주어졌던 것이다. 다시 말해 바로크 음악은 그 시대의 전위적인 음악 정신이 당대의 첨단 기술과 만나 탄생한 결과였다.

바로크 음악의 힘은 여전하다. 오늘날에도 음악가들에게 영감과 아이디어를 준다. 20세기 중반 남미 음악가 빌라 로보스(Heitor Villa-Lobos)가 쓴 《브라질풍의 바흐Bachianas Brasileiras》, 영국 작곡가 벤저민 브리튼(Benjamin Britten)이 헨리 퍼셀의 주제를 가져다 확장시킨 《젊은이들을 위한 관현악 입문The Young Person's Guide to the Orchestra》 등은 이미 그 자체로 클래식이 된 지 오래다. 1985년 영국 작곡가 마이클 니만(Michael Nyman)이 영화 〈제도사의 계약〉에서 헨델과 퍼셀의 곡들을 교묘하게 뒤틀어 만든 배경 음악 또한 바로크 음악의 창조적 계승의 한 예다. 또한 미국 캘리포니아 출신 현대 음악가 윌리엄 골드스타인(William Goldstein)의 《사이클Cycles》을 들어 보면 바로크 음악의 현대적 해석이 어떤 것인지를 알 수 있다. 영화 음악, 광고 등에서 바로크 음악이 창출하는 신선한 효과는 말할 나위도 없다.

바로크 음악이 얼마나 멋질 수 있는지를 보여 주는 최근 사례로는 영국 가수 데이비드 보위(David Bowie)가 등장하는 루이뷔통 광고를 들 수 있다. 이 광고는 그야말로 예술이 아닐 수 없다. 정작 제품이 등장하는 것은 불과 몇 초이며, 광고의 하이라이트는 보위가 하프시코드를 연주하며 바로크풍이 물씬 풍기는 〈아이드 레더 비 하이I'd Rather Be High〉를 부르는 장면이다. 이때 손녀뻘 되는 슈퍼 모델 아리조나 뮤즈와 한 화면에서도 결코 밀리지 않는 보위의 카리스마, 정말이지 요샛말로 멋진 '아재'가 따로 없다(안타깝게도 보위는 2016년 작고했다).

바로크 음악은 지금의 클래식 음악계에서조차 새로운 전위 음악이기도 하다. 오늘날 바로크 음악은 19~20세기 초까지 당연하게 여기던 연주 기법이 아니라 전문가들의 상세한 고증을 거쳐 바로크 시대에 가까운 연주 기법이 유행이다. 악기 역시 17~18세기 당시에 사용했던 '오리지널' 고악기를 새로 제작해서 사용한다. 하지만 이러한 활동이 정말 바로크 시대의 음악을 100퍼센트 고증해서 재현해 낸 것인지, 아니면 그 역시 오늘날의 편견과 왜곡이 들어간 것인지는 모르겠다. 설령 그러한 고증이 정확하다고 해도 바로크 음악이 19세기에 재발견된 이후 20세기 초중반까지 연주되었던 이른바 정통 클래식 방식과는 상당히 다른 음악임은 분명하다.

어쨌거나 바로크 음악은 역사책이나 박물관에 모셔 두기에는, 또 전문 음악가들과 소수의 마니아들만 즐기도록 두기에는 아까운 예술이다. 다채롭고 다이내믹한 바로크 음악은 21세기에도 여전히 우리의 삶과 접점을 이룰 수 있다. 이제부터라도 바로크 음악 몇 곡을 골라 들으며 오래된 것에서 새로움을 찾는 지혜, 고색창연함에서 전위성의 에너지를 발견하는 경험을 누려 보면 어떨까.

Chapter
2
고전주의 – 조화, 균형, 품격의 음악

메인 브런치
- 아, 모차르트
- 오, 하이든
- 아흐, 베토벤

아, 모차르트

모차르트의 자장가

잘 자라 우리 아가
앞뜰과 뒷동산에
새들도 아가 양도
다들 자는데
달님은 영창으로
금구슬 은구슬을
보내는 이 한밤
잘 자라 우리 아가
잘 자거라

내가 모차르트라는 이름을 처음 안 것은 모친을 통해서였다. 어렸을 때 모친은 종종 위의 가사가 담긴 《모차르트의 자장가》를 불러 주곤 했다. 모친이 불러 준 자장가는 이 밖에도 여럿 있었다. 브람스의 곡(잘 자라 내 아기/내 귀여운 아기…), 슈베르트의 곡(자아-장 자아-장/노랠 들으면서…) 그리고 김대현의 곡(우리 아기 착한 아기/소록소록 잠들라…) 등, 그중에서 한 곡을 고르면 모친이 불러 주는 식이었는데, 내가 자주 신청한 곡은 모차르트의 노래였던 것으로 기억한다. 그 곡에는 어딘가 어린아이다우면서도 평화로운 분위기가 있었다. 19세기 말 노르웨이의 작곡가 그리그(Edvard Grieg)는 모차르트의 음악을 다른 음악가들과 비교해 이렇게 평가한 바 있다.

바흐, 베토벤, 그리고 바그너의 음악에서 우리는 주로 그 속에 깃들인 인간 정신의 깊이와 힘에 감탄한다. 모차르트의 음악에서 우리가 느끼는 것은 신성한 본성이다. 앞서 언급한 거장들과는 달리, 그가 그의 재료를 빚은 형식에서는 어떤 고뇌의 흔적도 찾아볼 수 없다. 모차르트는 마치 놀이를 하듯 모든 어려움을 극복하는 천진난만한, 행복한, 알라딘과 같은 본성을 지녔다.

In Bach, Beethoven, and Wagner we admire principally the depth and energy of the human mind; in Mozart, the divine instinct. Unlike the masters cited, no trace of struggle remains in the forms in which he molded his material. Mozart has the childish, happy, Aladdin nature which overcomes all difficulties as in play.

그리그가 말한 "천진난만한, 행복한, 알라딘과 같은 본성"은 모차르트의 음악 도처에서 감지할 수 있다. 예를 들어 모차르트가 작곡한 《미사 c단조 Mass in C Minor》의 첫 곡 〈키리에 Kyrie〉를 보자. "주여 (우리를) 불쌍히 여기소서"라는 의미의 라틴어 기도문 『키리에 엘레이손』을 가사로 쓴 〈키리에〉는 죄인으로 태어나 평생 죄를 짓고 사는 인간이 신의 자비를 애걸하는 기도의 목적에 맞게 엄숙한 단조로 미사에서 부르는 노래다. 그런데 모차르트의 〈키리에〉는 분위기가 좀 다르다. 도입부의 코러스는 다소 비장하게 시작되지만, 곧장 이어지는 소프라노의 솔로 파트부터 분위기는 급격하게 바뀐다. 이때부터 모차르트의 〈키리에〉는 같은 자리에 플랫 3개가 걸렸음에도 더 이상 우울한 c단조가 아니라 가볍고 상냥한 여성 보컬이 주도하는 내림 e장조의 노래가 된다. 그리고 구름 속에서 솟아난 한 줄기 광채처럼 눈부시게 전개되는 선율은 더 이상 자비를 구하는 애절한 호소가 아니다. 오히려 모차르트는 신에게 이렇게 아름다운 음악을 만들어 드렸으니 자기는 죄인의 대열에서 빠져 천사들과 노니는 사면을 받을 자격이 충분하지 않느냐고 빙글거리며 말하는 듯하다. "엉엉, 불쌍히 여기소서, 엉엉"이라기보다는 "절 좀 예쁘게 봐 주세요, 아셨죠?" 쪽이라고 할까.

모차르트 음악은 지금도 우리의 일상생활 속에 밀착되어 있다. 어느 정도냐 하면, 나는 며칠 전 단 하루 동안 모차르트의 음악을 네 번 접했던 적이 있다.

빈의 부르가르텐 궁전 경내에 있는 모차르트 동상. 모차르트는 고전 시대뿐 아니라 클래식 음악의 전 역사를 통틀어 가장 뛰어난 재능을 펼친 음악가라고 할 만하다.

공연을 보러 간 것도 아니고, 음반을 틀었던 것도 아니다. 그냥 집에서 몇 시간 TV를 켜놓고 있었을 뿐이다. 우선 공연 전문 채널인 아트 채널을 틀었더니 모차르트의 플루트 조곡이 흘러나왔다. 이어서 오래된 TV 연속극의 재방송에서, 마지막 두 번은 영화 〈에이리언〉과 〈셜록 홈즈: 그림자 게임〉에서였다. 장담하건대 온종일 TV를 보고 있었더라면 더 많은 모차르트의 음악을 접했을 것이다. 그만큼 모차르트의 음악은 우리에게 보편적이다.

2016년 12월, 유니버설 뮤직 그룹은 모차르트 서거 225주년을 기념해 그해 10월 말에 출간한 CD 세트가 불과 2개월 만에 6,250장 판매되었다고 발표했다. 언뜻 그게 뭐 그리 대단할까 싶지만, 팝에 비하면 인기가 낮은 클래식 음반이 2개월간 6,000장 이상이 팔렸다는 건 클래식 음반 시장에서 대단한 일이었겠다는 생각도 든다. 그런데 이 컬랙션은 총 200개의 CD를 담고 있었고, 가격은 500달러에 육박했다는 사실. 그리고 여기에는 지금까지 알려진 모차르트의 모든 작품이 수록되어 있었다. 다시 말해 이 컬렉션이 6,000장 이상이 팔렸다는 얘기는 개별로 계산했을 때 장장 120만 장 이상의 CD가 판매된 엄청난 기록이다. 음반사조차도 이렇게 성공하리라고는 예상치 못했다. 이 엄청난 판매고를 기록한 음반을 두고 여러 분석이 있지만(클래식 음악 애호가들은 여전히 스트리밍 서비스보다는 CD를 선호한다거나), 모차르트 사후 2세기가 넘어서도 그의 음악이 여전히 전 지구적, 보편적 힘을 가지고 있음을 보여 주는 사건임에는 틀림없다. 그런데 모차르트 컬렉션의 완결편이라는 그 CD에서 내 어린 시절의 애청곡 《모차르트의 자장가》는 찾아볼 수 없었다. 어떻게 된 것일까?

신동의 수업 시대

우리가 흔히 볼프강 아마데우스 모차르트라고 알고 있는 요하네스 크리소스토무스 볼프강구스 아마데우스 테오필루스 모차르트(Johannes Chrysostomus Wolfgangus Amadeus Theophilus Mozart, 1756~1791)는 1756년 오스트리아 도시 잘츠부르크에서 궁정 음악가로 일하던 요한 게오르크 레오폴드 모차르트(Johan Georg Leopold Mozart)의 막내아들로 태어났다. 모차르트가 태어날 무렵 잘츠부르크는 대주교가 군주 노릇을 하는 시대착오적인 대주교령이었다. 모차르트의 부친 레오폴드는 슈라텐바흐 대주교의 궁정에서 무보수 바이올린 연주자로 시작해 부악장까지 승진한 인물이었다. 레오폴드는 아내와의 사이에 7명의 자식을 낳았지만, 유년기를 넘겨 살아남은 자식은 모차르트와 그의 누이 난네(Nannerl)뿐이었다.

모차르트는 부친으로부터 3세에 건반 악기(클라비코드), 4세에 바이올

19세기 잘츠부르크 전경. 모차르트 당대의 잘츠부르크는 가톨릭 사제(대주교)가 지배자로 군림하고 있었다.

모차르트 가족 악단. 건반 악기 앞에 앉아 있는 아이가 모차르트이며, 바이올린 연주자는 부친 레오폴드, 노래를 부르는 소녀는 누이 난네다. 이들은 10년 가까이 전 유럽을 순회하며 공연 활동을 펼쳤다.

린을 배웠는데, 두 악기에서 놀라운 기량을 선보였다. 모차르트에게 엄청난 음악적 재능이 있음을 깨달은 레오폴드는 아들의 출세를 위해 새로운 프로젝트를 기획했다. 바로 '모차르트 가족 악단'이었다. 레오폴드 기획 및 연출, 막내아들 볼프강 주연, 딸 난네 조연으로 이루어진 모차르트 가족 악단은 모차르트가 6세가 되던 1762년부터 1771년까지 약 10년간 유럽 각지를 돌며 공연을 펼쳤다. 공연은 모차르트의 '신동성(神童性)'을 과시하는 일종의 서커스 내지 묘기 자랑에 가까웠다. 예를 들어 모차르트가 눈을 가리거나 건반 위에 큰 천을 덮은 상태에서 연주를 하거나, 시계의 종침이나 유리잔이 내는 소리의 음정을 정확하게 맞추거나, 복잡한 협주곡이나 기악곡의 악보를 한 번 보고 피아노로 연주하거나, 잠깐 보고 들은 원곡에 기초해 변주곡, 푸가, 무곡 등을 그 자리에서 즉흥적으로 연주하는 것이었다. 물론 바흐나 헨델 같은 다른 음악의 지존들 역시 즉흥 연주에 능했지만, 지금 우리는 6세 아이에 대해 말하고 있다.

일반 관객을 위한 공연도 했지만, 모차르트 가족 악단은 주로 유럽 각국의 궁궐과 최고급 살롱을 중심으로 활약했다. 이들의 공연을 감상한 VIP 관객은 바바리아의 선제후 막시밀리안 3세, 오스트리아 합스부르크 왕가의 마리아 테레지아 여제와 그녀의 딸 마리 앙투아네트, 영국의 조지 3세, 프랑스의 루이 15세, 교황 클레멘스 14세 등 18세기 중반 유럽을 다스리던 주요 군주들을 죄다 망라한다. 모차르트는 특히 마리아 테레지아 여제의 총애를 받았는데, 모차르트보다 한 살 연상인 왕녀 마리 앙투아네트를 만난 자리에서 그녀와 결혼하고 싶다고 말해 주변을 난처하게 만들었다는 일화도 있다. 또한 모차르트는 베르사유에서 루이 15세와 그의 정부 퐁파두르 부인 앞에서 연주한 뒤 퐁파두르 부인에게 키스하려다가 거절당하자 울음을 터뜨린 일도 있었다.

마리아 테레지아 여제 가족 초상(위), 합스부르크 왕가의 음악회를 위한 장소로 애용된 빈의 아우에스페르그 왕궁(아래). 모차르트는 6세 때 테레지아 여제 앞에서 연주해 호평을 받은 바 있으며, 그의 연주 공연은 여제의 아들 요제프 2세 때까지 이어졌다.

이를 보고 레오폴드는 정식 왕비도 아닌 퐁파두르 부인이 왕비 행세를 하려 했다고 분개했다(테레지아 여제는 모차르트의 키스를 허락했다고 한다). 1767년 당시 14세 소년이었던 독일의 문호 괴테 역시 어린 모차르트의 공연에서 받은 깊은 인상을 나중에 술회하기도 했다.

모차르트 가족의 유럽 순회공연은 순전히 금전적으로만 보면 엄청난 대박을 터트린 것은 아니었지만, 이후 모차르트의 음악적 성장에는 엄청난 공헌을 했다. 모차르트는 순회공연 중 왕후장상들 앞에서 단지 곰처럼 재주만 부린 것이 아니었다. 그는 방문하는 국가와 도시 특유의 음악적 양식을 섭렵하고 현역 음악가들을 만나기도 하면서 자신의 독창적인 음악 세계를 구축하는 자양분으로 삼았다. 다음은 모차르트가 유년기에 작곡했던 대표곡과 음악적 성장 활동을 뽑은 것이다.

- 1759년(3세): 클라비코드를 배우기 시작
- 1760년(4세): 짤막한 곡들을 작곡하기 시작
- 1761년(5세): 클라비어 소나타 1번 출판, 대중 앞에서 첫 공연
- 1762년(6세): 마리아 테레지아 여제 앞에서 공연
- 1763년(7세): 클라비어 소나타 2번, 3번 출판
- 1764년(8세): 10편의 클라비어 소나타 및 교향곡 1번 작곡
- 1767년(11세): 작곡한 칸타타를 무대에 올림
- 1768년(12세): 최초의 오페라 작곡

클래식 음악은 많은 천재가 출현한 분야지만, 모차르트의 재능은 여타 천재들보다도 한 단계 더 높은 수준이었다. 모차르트가 7세가 되던 1763년, 독일 바바리아 지역을 여행하던 중 레오폴드는 모차르트에게 교회의 파이프오르간을 보여 주었다. 당시 레오폴드는 모차르트에게

페달 사용법을 설명한 뒤 벌어진 일을 잘츠부르크의 지인에게 쓴 편지에서 이렇게 전했다.

나는 볼프강에게 페달 사용법을 설명했습니다. 그러자 그 아이는 곧바로 페달을 시험해 보기 시작하더니, 의자를 옆으로 밀쳐 두고 선 채로 페달을 밟으면서 전주곡을 연주했는데, 정말이지 이미 수개월간 연습한 것처럼 자연스러웠습니다. 주변에 모였던 사람들 모두 놀랐는데, 이는 진실로 많은 사람이 무척 노력한 뒤에야 얻을 수 있을 신의 은총이었습니다.

I explained the use of the pedal to Wolfgang. He immediately began to try it, thrust the stool aside, and preluded, stante pede and treading the pedals, and that, indeed, as if he had practiced for many months previously. Everyone was astonished and indeed it is a new grace of God such as many receive only after much effort.

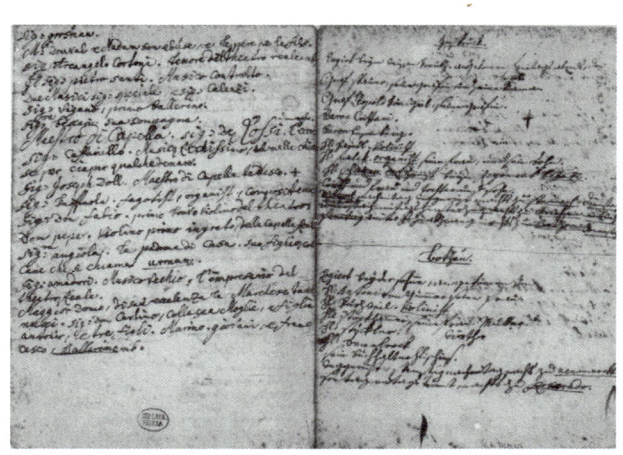

13세의 모차르트가 기록한 여행 일지. 어린 시절 모차르트는 순회공연 때문에 잘츠부르크 집에서 보내는 시간보다 길에서 보내는 시간이 더 많았다.

천재의 학습 방식을 보통 사람이 모방할 수 있을까? 그러고 보면 한국은 천재를 내세운 교육 마케팅이 유달리 많은 나라다. 이를테면 '언어 천재'의 어학 학습법, '공부 천재'의 명문대 진학법, '천재 소설가'의 소설 작법 등 이렇게 뭐든지 '천재'를 앞에 붙여 놓으면 장사가 된다. 여기서 먼저 드는 의혹은 이 사람들이 진짜 '천재'가 맞느냐는 것이다. 유대인보다도 두뇌가 우수한 민족이 한국인이라는 설도 있지만, 그렇다고 해도 유독 한국에는 천재가 많은 것 같다. 뭐, 인구 대비 천재의 숫자가 많은 나라라는 것을 인정한다고 치자. 그래 봐야 절대다수의 한국인은 그저 범재이거나 나 같은 둔재다. 그렇다면 우리에게 '천재가 XX를 하는 법', 즉 천재가 어떤 지식이나 기술을 습득하는 과정이나 메커니즘을 가르칠 수 있다고 주장하는 것은 사실상 혹세무민에 가깝다. 레오폴드가 말한 모차르트의 오르간 페달 사용법 터득 과정을 상기해 보자. 보통 사람들은 '무척 노력한' 것도 모자라 신께서 상으로 주시는 '은총(grace)'에 기대야 익힐 수 있다는 테크닉을 모차르트는 단 몇 분 만에 터득해 버렸다. 이런 것은 누가 가르쳐 줄 수 있는 성질의 재능이 아니다. 그런데도 왜 우리는 천재가 자기처럼 따라해

베르사유 궁전의 음악실. 어린 모차르트가 이곳에서 파이프오르간을 연주한 것으로 알려져 있다.

보라는 터무니없는 제안에 지갑을 덜컥 여는 걸까?

심지어 천재 마케팅도 모자라 우리 모두 '노오력'하면 천재가 될 수 있다는 주장도 있다. 몇 년 전인가 한 서점에 들렀다가 인문학 고전을 열심히 읽으면 평범한 사람도, '바보 또는 바보에 준하는 두뇌'도 천재적인 두뇌로 거듭날 수 있다고 주장하는 자기계발서를 발견하고 실소를 터트린 적이 있다(그런데 그게 꽤나 베스트셀러였다). 하늘이 내린 재능이라는 뜻의 한자 '天才'야 말할 것도 없고, 천재를 뜻하는 영어 'genius' 역시 타고난 본성을 뜻하는 라틴어 '게니우스(genius)'에서 유래한 것이다. 따라서 천재는 다른 건 다 제쳐 두더라도 그 정의상 후천적으로 도달할 수 있는 획득 형질이 될 수 없다. 언어 모순이다. 이렇듯 조금만 냉정하게 생각해 보면 얼마나 어이없는지가 분명해지는데도 천재 마케팅의 과대선전과 감언이설이 먹혀드는 데는 요행 심리도 작용하는 듯하다. 즉 우리가 자신에게, 혹은 자녀들에게 어떤 숨은 천재성이 있을지 모른다고, 마치 복권 당첨을 기원하는 것과 비슷한 기약 없는 희망을 품고 있다는 것이다.

말이 좀 길어졌는데, 우리에게 모차르트가 중요한 이유는 모차르트 같은 천재를 지향해야 하기 때문이 아니라, 모차르트 같은 희대의 천재가 출현하는 것이 얼마나 드문 일인지 이해하는 것이 사는 데 도움이 되기 때문이다. 찾아보면 '모차르트 학습법' '모차르트식 음악 교육 프로그램'을 내세운 학원이나 과외 선생도 있겠지만, 모차르트가 보여 준 재능은 어떤 '특공 훈련'이나 '노오력' 따위로 가르칠 수 있는 종류의 것이 절대 아니다. 정작 우리 또는 우리 자식들에게 필요한 것은 모차르트 같은 천재나 영재가 아니어도, 또 그런 척하지 않아도 인생은 살 만한 것이라는 깨달음이 아닐까? 게다가 다행히도 모차르트의 음악을 감상하는 데는 별도의 천재적인 재능이 필요 없다.

부자유친

얼마 전 라디오에서 모차르트가 10세에 남긴 미완성 스케치에 기초해 어느 음악학자가 복원한《디베르티멘토 d장조 *Divertimento in D Major*》를 우연히 들은 적이 있다. 그때 느낀 인상은 모차르트가 그냥 하늘에서 뚝 떨어진 존재만은 아니라는 것이었다. 작품에서 어린아이의 습작다운 단순함과 순진함이 군데군데 감지되었기 때문이다. 그 곡은 모차르트가 16세에 쓴 그 유명한《디베르티멘토 d장조》와는 질적으로 상당한 차이가 난다. 음악의 문외한이라도 두 작품을 비교해서 들으면 그 사이에 놓인 모차르트의 음악적 성장을 알아차리는 것은 그리 어렵지 않으리라 생각한다.

  모차르트의 초기 교향곡들도 대부분 이와 비슷하다. 어린아이가 그런 작품을 썼다는 것이 놀랍다는 정도지, 거장의 존재감이 감지되는 수준은 아니다. 선율의 전개는 다음 악절이 예상될 정도로 단순하며, 관현악 편성 역시 악기 고유의 음색과 장점을 마음대로 부리는 수준의 경지는 아직 보여 주지 못한다. 아무리 신동이라도 역시 배울 건 배워야 한다.

  모차르트의 천재성이 빛을 발하는 데는 부친 레오폴드의 역할이 결정적이었다. 탄탄한 음악적 배경을 가진 부친을 만난 것은 모차르트에게도 행운이었다. 아들의 재능을 일찍 알아챈 레오폴드는 아들이 음악의 꽃을 피우도록 돕는 것을 인생의 목표로 삼았다. 물론 자식을 위한 결정이었지만, 동시에 그것은 본인의 이익을 충실히 따진 행보이기도 했다. 모차르트가 아니었으면 레오폴드가 오스트리아 지방 도시에 불과한 잘츠부르크를 벗어나 세상을 누빌 일은 없었을지도 모른다. 아들 덕에 레오폴드는 유럽의 내로라하는 왕후장상들을 지척에서 대면할 수 있었고, 예술 및 지식계의 저명인사들을 만날 기회를 얻을 수 있었다. 게다가 공연 수익도 쏠쏠히 챙길 수 있었다.

신동과 그 부모 사이는 단순한 가족 관계 이상으로 복잡해지기 쉽다. 부모는 자식의 성공을 위해 모든 것을 바친다. 하지만 그 과정에서 사랑이 넘치는 부모보다는 엄격한 훈육관 내지 냉정한 매니저의 모습으로 다가가게 되고, 부모의 집착과 강압적인 훈련 방식에 자식은 반발 심리가 생기게 된다. 오늘날에도 신동과 그 부모의 갈등은 운동이나 예능 분야를 살펴보면 드물지 않게 발견되거니와, 그 갈등이 심각해지면 아예 부모 자식 관계가 회복이 어려울 정도로 손상되기도 한다. 그것은 모차르트와 레오폴드 사이도 마찬가지였다. 오랫동안 모차르트는 부친의 기획이나 연출에 따라 신동 역할을 완벽하게 수행해 냈을 뿐 아니라 충성스러운 아들이었다. 유럽 순회공연을 하는 동안 레오폴드는 모차르트의 음악 선생 겸 로드 매니저였고, 모차르트는 레오

1780년경 모차르트 가족 초상. 당시 이미 세상을 떠난 모친의 초상화가 가운데 걸려 있는 것이 인상적이다.

폴드의 절대적 영향력 아래 있었다. 하지만 모차르트가 어린아이에서 소년으로, 다시 청년으로 성장하면서, 그리고 즉흥적으로 음악을 만들어 내는 신동에서 음악과 예술의 본질에 대해 명상하고 고찰하는 예술가로서 성숙해 가면서 레오폴드는 아들에 대한 통제력과 영향력을 잃을 위기를 맞았다. 그는 성숙한 아들을 인정하고 받아들이기보다 신동 부모 노릇을 계속 하려 했다. 다시 말해 아들의 일거수일투족을 모두 통제하려 했던 것이다. 신동은 자라 청년이 되어 가는데 부친이 계속 '신동 부모 신드롬'에 빠져 있다면 그 자체로 비극일뿐더러 충돌은 불가피하다. 대개의 신동 가족들이 그러하듯이 모차르트 부자 역시 '부자유친'에서 시작하여 시간의 흐름과 함께 '부자유별'의 결말로 흐른 것이다.

1771년 잘츠부르크를 지배하던 슈라텐바흐 대주교가 사망하면서 모차르트 일가에도 새로운 국면이 전개되었다. 인자한 성품은 물론 음악에 대한 이해 역시 깊었던 슈라텐바흐 대주교는 모차르트의 음악적 재능을 일찍부터 높게 평가했고, 유럽 순회공연을 위한 레오폴드의 휴직 역시 흔쾌히 허락해 주었다. 그러나 그 뒤를 이은 콜로레도 대주교는 슈라텐바흐와는 달리 상당히 깐깐한 성격이었고, 궁정 음악가들을 예술가가 아니라 그저 맡은 바 임무를 완수하는 신하 내지 하인이라고 생각하는 인물이었다. 새로운 군주의 눈치가 보여 더 이상 장기 출타를 할 수 없게 된 레오폴드는 자신을 대신해 아내를 아들의 순회공연에 동행시켰다.

1778년 2월 레오폴드가 아들에게 쓴 편지에 등장하는 다음 내용을 보면 부자 관계가 실제로 오랫동안 어떠했는지를 시사하고 있다.

(…) 네가 이 애비를 철저히 신뢰하지 못하다가 두 불난리 사이에 끼여 진퇴양난의 지경이 되어서야 겨우 생각을 고쳐먹는다면, 가장 중요하고 필요한 기획을 추진하는 데 애비가 지닌 정확한 사고력, 자상함, 배려, 그리고 아버지로서의 헌신 또한 무슨 소용이 있겠느냐!

What is the use of my precise thinking, all my care, all my consideration and my paternal efforts in pursuance of most important and necessary enterprise if (…) you fail to give your father your full confidence and only change your mind when, caught between two fires, you can neither advance nor retreat?

당시 모차르트는 고객의 의뢰를 받은 작품을 날짜 안에 전달하지 못한 상황이었다. 그 결과 금액의 절반만 지급되는 상황이 되자 레오폴드는 격노했다. 레오폴드는 모차르트를 아들로서뿐 아니라 가족에게 현금을 가져다주는 1인 사업체로 보았음이 분명하다. 편지의 다른 부분을 읽어 보면 레오폴드가 아들이 벌어오는 돈이 얼마나 자신과 가계에 보탬이 되는지를 강조하고 있는 모습이 보인다. 레오폴드는 모차르트의 경력 관리, 대인 관계, 절제 능력 등에 대해 장황하게 충고한 뒤 다음과 같은 말로 편지를 마무리한다.

일전에 내가 상황을 제대로 파악하거나 앞으로 일어날 일을 내다보거나 하면 너는 장난삼아 "아빠는 하느님 다음으로 총명하신 분"이라고 말하곤 했지. (…) 신께서 너에게 내린 것과 같은 엄청난 은혜를 얻지 못한 인간은 수백만 명에 달한다. 너에게는 엄청난 책임이 있단다! 만약 그 엄청난 천재성이 침몰해 버린다면 이 무슨 치욕이란 말이냐! 그것은 한순간 일어날 수 있는 일이다! 너는 더욱더 많은 시련과 유혹과 맞서야 하므로 너와 같은 재능을 지니지 못한 수백만의 사람들보다 훨씬 큰 위험에 처해 있단다.

> When in the past I used always to guess aright and often foresee the future, you used to say in fun: 'Next to God comes Papa.' (…) Millions have not received the tremendous favour which God has bestowed upon you. What a responsibility! And what a shame if such a great genius were to founder! And that can happen in a moment! You are confronted with far more dangers than those millions who have no talent, for you are exposed to many more ordeal and temptations.

모차르트에게 부친 레오폴드는 오랫동안 그야말로 '하느님 다음' 가는 존재였음이 분명하다. 그리고 모차르트가 처한 상황에 대한 레오폴드의 지적은 모두 정확했을 것이다. 하지만 아들이 아버지의 충고를 듣지 않는 것은 그 말이 틀려서가 아니다. 단지 그 잔소리가 더 이상 듣기 싫기 때문이다. 모차르트 역시 마찬가지였다. 게다가 1778년 모친을 병마에 잃는 비극을 겪으면서 모차르트는 충격과 함께 정신적으로도 한층 성숙해졌다.

빈으로의 '도주'

1773년 이래 모차르트는 수년간 잘츠부르크를 떠나 빈에서 활동하고 싶다는 바람을 레오폴드에게 피력하는 동시에 구체적인 계획도 세웠다. 아들을 잘츠부르크의 궁정 음악가로 만들기 위해 한창 로비 중이던 레오폴드는 안정적인 직장에 대한 보장 없이 큰 도시로 나가는 것은 위험 부담이 크다고 생각했지만, 모차르트의 생각은 달랐다. 모차르트는 일단 프리랜서 음악가로 활동하면서 합스부르크 궁정에서 일할 기회를 잡기 위해서라도 하루빨리 빈에 진출해야 한다고 생각했다.

그러던 차에 "울고 싶은데 뺨 때린다."는 속담처럼, 모차르트에게 더는 견딜 수 없는 상황이 닥쳤다. 1781년 봄, 모차르트는 콜로레도 대주교의 행차에 수행원으로 끼여 빈 별궁까지 따라갔는데, 그 과정에서 예술가로서 상당한 모멸감을 겪었다. 그 일을 계기로 잘츠부르크를 떠나 빈으로 옮길 결심을 굳힌 모차르트는 부친에게 다음과 같은 편지를 썼다.

아버지 곁을 떠나는 것이 얼마나 힘든지는 신께서도 아십니다. 하지만 제가 비록 빵을 구걸할지언정 다시는 그런 주인을 섬기지 않겠습니다. 그런 모욕은 제가 평생 동안 잊을 수 없는 것이니까요. 그리고 아버지께 제발 간청하건대, 제 마음을 돌리려고 하지 마시고 제 결심을 더욱 굳게 만들어 주세요! 아무리 저를 설득하려 해도 소용없습니다. 저는 이미 제 힘으로 명예와 돈을 구하기로 마음을 정했고, 잘츠부르크보다는 빈에서 아버지를 경제적으로 더 도와드릴 수 있으리라 희망할 만한 근거도 충분히 있습니다.

God knows how hard I find it to leave you, but I would rather beg my bread than any longer serve such a master; for it is a thing I shall never forget for the rest of my life. I implore you — I adjure you by all you hold dear in the world, to strengthen me in this resolution, instead of trying to dissuade me from it, for it only makes me miserable and idle. My wish and my hope is to gain honor, fame, and money, and I have every confidence that I shall be far more useful to you in Vienna than if I were still in Salzburg.

모차르트의 편지 내용은 여러 면에서 시사적이다. 일단 머리가 상당히 컸다는 것을 알 수 있다. 분명한 자기주장이 보인다. 편지의 필자는 더 이상 아빠가 마냥 돌봐 주어야 하는 어린아이가 아니다. "빵을 구걸할지언정 다시는 그런 주인을 섬기지 않겠다."는 말은 물론 콜로레도 대주교를 겨냥한 것이지만, 이 말에서는 그저 재능 있는 청년 음악가로서만이 아니라 근대 시민 의식을 지닌 자유인의 목소리마저 느껴진다. 모차르트가 활동한 18세기 말은 계몽주의가 활짝 만개한 시대였다. 프랑스와 영국의 사상가들이 제시한 이론을 중심으로 형성된 계몽주의와, 그러한 유럽 급진 철학의 정치 사회적 결과물이라고 할 수 있는 미국 독립 전쟁이 일어난 것은 1775년 4월이었다. 미국 독립의 직간접적 영향을 받은 프랑스 혁명 역시 모차르트의 생전에 일어난 사건이다. 또한 모차르트가 빈으로 옮긴 해인 1781년은 때마침 오스트리아에서 종교의 자유가 법률로 보장된 시기이기도 했다. 당시 오스트리아 헝가리 제국은 보수적이었던 마리아 테레지아 여제의 뒤를 이어 계

18세기 후반 빈의 전경. 모차르트는 1781년 부친의 반대를 무릅쓰고 고향을 떠나 빈에 정착했다.

몽 군주적 성향을 띤 요제프 2세의 지배를 받고 있었다.

　모차르트가 편지에서 "제 힘으로 명예와 돈을 구하기로 마음을 정했다."라고 말한 것은 봉건적 주종관계를 거부한 '신분적 자유인' 선언과 한 쌍을 이루는 '경제적 자유인'으로서의 매니페스토로 볼 수 있다. 모차르트가 프리랜서 음악가를 꿈꾼 것은 단지 넘치는 재능에 대한 믿음 때문만은 아니었다. 다름 아닌 그 시절 본격적으로 시작된 부르주아 자본주의라는 경제적 토대가 있었기에 가능한 행보였다. 바로크 시대까지만 해도 유럽에서 음악은 교회와 군주들의 전용물이었다고 해도 과언이 아니다. 따라서 음악가가 먹고사는 길은 이 두 부류의 지배층 아래로 들어가 주인의 취향에 맞는 음악을 만들고 연주하는 것이었다. 그런데 유럽 전역에서 부르주아 시민 계급이 성장했고, 그들이 부를 소비하는 방편으로 다채로운 엔터테인먼트를 찾게 된 것이 음악의 발전에도 영향을 끼쳤다. 이처럼 변화하는 시대적 욕구에 호응하는 음악 양식과 실험이 곳곳에서 활발하게 이루어지면서 모차르트 같은 프

오스트리아 황제 요제프 2세(오른쪽)와 그의 사촌 레오폴트 대공(왼쪽)의 초상. 요제프 2세는 국립극장을 세우고 독일어 오페라의 부흥을 위해 힘쓰기도 했다.

빈에서 모차르트가 거주했던 아파트. 현재 모차르트 박물관이다. 빈 정착 이후 모차르트는 한동안 상당한 수입을 거두며 여유 있는 삶을 누렸다.

리랜서 음악가들이 활약할 수 있는 기반을 제공했다.

빈으로 옮긴 지 얼마 되지 않아 모차르트는 부친의 반대를 무릅쓰고 결혼까지 강행했다. 그 상대인 콘스탄체 베버는 모차르트 집안과도 알고 지내던 음악가 가문 출신이었지만, 부친 레오폴드의 성에는 차지 않는 수준이었기 때문에 또 다른 부자 갈등의 원인이 되었다. 빈 이주를 전후해 모차르트는 《자이데Zaide》와 《후궁의 도주Die Entführung aus dem Serail》라는 2편의 오페라를 작곡했는데, 이 작품들은 그 무렵 모차르트의 심리 상태를 고스란히 반영하고 있다. 먼저 1780년 모차르트는 오스만 군대에 잡혀 노예가 된 기독교도 소녀가 술탄의 궁전에서 탈출을 시도하는 이야기를 다룬 독일어 오페라 《자이데》를 작곡했다. 하지만 유감스럽게도 미처 작품의 마무리를 짓지 못한 채 다른 작업으로 옮겨간 바람에 《자이데》는 서주도 없는 10여 곡의 아리아만으로 남고 말았다. 하지만 20세기 후반에 재발견된 《자이데》의 아리아들은 이미 단순한 신동에서 벗어나 진정한 음악가로 성숙해 가는 젊은 모차르트의 역량을 잘 드러내 보이는 수작이다. 그중에서도 주인공 자이데가 부르는 아리아 〈내 사랑 편히 쉬세요Ruhe sanft, mein holdes Leben〉는 정말 보석같이 영롱하고 아름답다. 비교적 긴 호흡이 요구되고 저음에서 고음으로 올라가는 '음정 도약(octave leap)'이 계속 반복되는 등 기술적으로 쉽지 않은 노래지만, 역량 있는 소프라노가 제대로 부른 곡을 한번 들어 보면 한 치의 과장 없이 정말이지 '맛이 간다'.

《후궁의 도주》는 모차르트가 빈으로 옮긴 해인 1781년에 황제의 후원으로 독일 오페라 진흥을 위해 세워진 국립 오페라단의 의뢰를 받아 작곡한 곡이다. 2명의 유럽인 남성과 2명의 유럽인 여성이 우여곡절 끝에 이슬람 태수의 영지를 탈출하는 과정을 그린 이 작품은 제목과 줄거리에서도 알 수 있듯이 당시 빈에서 유행하던 이른바 '터키풍' 혹은 '무어풍'을 적극적으로 차용했다. 게다가 '노래의 연극'이라는 뜻의 독일식 민속적 오페라 '징슈펠(singspiel)'의 소재로 후궁, 즉 술탄의 궁녀들이 모여 사는 할렘을 둘러싼 이야기가 선택되었다는 것도 특이하다. 근대 유럽의 대표주자였던 오스트리아 헝가리 제국과 이슬람권의 맹주 터키는 오랫동안 숙명의 라이벌이었던 사이였다. 1453년 동로마 제국을 멸망시킨 오스만 튀르크는 곧바로 지리적으로 인접한 오스트리아와 헝가리를 집적거리기 시작했고, 이후 약 300년간 두 나라 사이에는 크고 작은 전쟁이 끊이지 않았다. 이렇듯 수 세기 동안 국운을 건 대결을 벌였던 적대국의 풍속이 별다른 거부감 없이 18세기 빈에서 받아들여졌다는 사실을 통해 오스트리아를 위시한 당대 유럽의 문화적 개방성이랄까, 대인배적 기질 같은 것이 느껴지기도 한다.

《자이데》와 《후궁의 도주》는 그 장르가 징슈펠이라는 점, 이슬람 지배자(술탄 혹은 영주)의 궁전을 배경으로 벌어지는 사건을 다루었다는 공통점이 있다. 게다가 두 작품 모두 '탈출'에 관한 이야기를 소재로 삼았다. 어쩌면 모차르트는 당시 처했던 개인적 상황을 오페라 창작으로 연결지었다고 볼 여지가 있다. 다시 말해 이 두 오페라는 콜로레도 대주교뿐 아니라 부친 레이폴드의 '마수'에서 벗어나 빈에 성공적으로 정착하기까지 모차르트의 사유의 전개를 반영한 작품들이라고 할 수 있다.

빈 시대의 기악곡

《후궁의 도주》의 흥행과 함께 모차르트의 빈 입성은 성공적이었다. 작곡 의뢰가 쇄도하기 시작했고, 피아노 콘서트도 달마다 꽉 찼으며, 모차르트에게 직접 개인 지도를 받고 싶어 하는 상류층 인사들과 그 자제들로 줄을 섰다. 물론 여기서도 천재가 범재를 가르친다고 얼마나 효과가 있을까 싶지만, 제 발로 와서 거금을 내겠다는데 누가 사양할 것인가. 이 무렵 모차르트가 부친에게 일부 학생들의 우둔함을 비꼬는 내용의 편지를 쓰자, 레오폴드는 모든 사람이 너 같은 재능을 타고나지는 않았음을 명심하라고 주의를 주기도 했다.

궁정 음악가 자리를 얻기는 좀처럼 쉽지 않았지만, 워낙 음악에 대한 세간의 수요가 높았던 덕에 모차르트는 한동안 돈 문제에 큰 걱정이 없었다. 그는 빈에 정착해 7~8년간 작곡가로서 최절정의 기량을 뽐내며 수많은 걸작을 쏟아냈다. 실제로 오늘날까지 그의 명성을 불멸로 만든 작품 가운데 대다수는 이 시기에 작곡한 것들이다. 그중 몇 곡을 거론해 볼까 한다. 음악사적, 예술사적 의의 같은 거창한 담론을 완전히 무시할 수는 없겠지만, 음악 애호가로서 보자면 모차르트의 음악은 무슨 곡을 먼저 들을까 하는 고민을 완전히 덜어 준다는 장점이 있다. 특히 모차르트가 20~30대에 쓴 작품들은 눈을 감고 아무거나 무작위로 골라도 그 위대성이 보장되는, 비유하자면 투자에 대한 위험 요소가 거의 없이 리턴이 보장되는 상품이다.

먼저 가장 담백한 장르라고 할 피아노 소나타부터 꼽아 보자. 첫 번째로 소개할 그의 《피아노 소나타 11번*Piano Sonata No.11 in A Major K. 331*》은 형식부터 특이하다. 고전 시대의 피아노 소나타는 보통 빠른 박자의 1악장, 잔잔한 2악장, 발랄한 론도의 3악장으로 구성되지만,

《피아노 소나타 11번》은 1악장부터 전통에서 벗어난 파격을 선보인다. 자장가나 동요처럼 단순하면서도 아름다운 주제가 첫머리에 소개된 뒤 그에 대한 6개의 변주가 이어지는 변주곡 형식을 취한다. 이어지는 흥겨운 미뉴에트풍의 2악장 역시 전형적인 피아노 소나타의 2악장과는 사뭇 다르다. 3악장 론도에 모차르트는 'Alla Turca'라는 부제를 달았는데, 바로 〈터키 행진곡〉이라고 알려져 있는 곡이다. 《후궁의 도

악상에 젖어 있는 모차르트. 1781년부터 1791년까지 그의 빈 거주 기간은 음악적으로도 가장 원숙하고 생산적인 시기였다.

주》와 마찬가지로 여기서도 모차르트는 당대 유행하던 터키풍을 적극 채용했다.

《피아노 소나타 15번 Piano Sonata No. 15 in F Major K. 533》역시 인상적이다. 모차르트 특유의 발랄함이 돋보이는 1악장과 3악장도 좋지만, 진국은 2악장이다. 일단 독일 가곡을 듣는 듯한 선율의 흐름이 무척 아름답다. 해당 멜로디에 가사를 붙여 노래로 만들어도 좋았으리라고 생각한다. 게다가 모차르트 스스로 곡을 쓰면서 정말 많은 생각을 한 듯한 부분이 도처에 보인다. 마치 음표 하나하나에 모차르트가 한 움큼의 보석을 쥐고 조금씩 땅에 떨어뜨리는 느낌이다. 2악장치고는 길이도 무척 길다. 3악장으로 넘어가기 전의 분위기 잡기나 요식 행위로 작곡된 대목이 결코 아니라는 것이다. 이런저런 연유로 나는 이 2악장을 '모차르트의 명상곡'이라고 멋대로 이름 붙였다.

《피아노 소나타 15번》과 같은 해인 1788년에 작곡된 것으로 보이는 《피아노 소나타 16번Piano Sonata No. 16 in C Major K. 545》은 특히 간결함이 돋보인다. 이 곡은 초급 이상의 피아노 레슨을 받아본 사람이라면 친숙한 곡조로 가득하다. 모차르트 스스로 초보자용이라고 메모를 달았듯이, 기술적으로는《바이엘》을 떼고《체르니 30》을 막 시작하는 수준이면 한번 덤벼 볼 만한 작품이다. 하지만 연주가 쉽다고 해서 예술성의 부족을 뜻하지는 않는다. 모차르트가 작곡 활동 후기에 기술적으로도 간단할 뿐 아니라 가장 기본이 되는 c장조 피아노 소나타를 쓰기로 결정한 것은 무슨 이유에서였을까? 이에 관한 가장 논리적인 추론은 작곡을 의뢰한 클라이언트나 모차르트가 곡을 헌정한 미지의 인물(빈의 귀부인이나 그 자녀 등)의 연주 실력에 맞게 모차르트가 곡의 난이도를 조절했다는 것이다. 하지만 평생 피아노 연주와 작곡 양쪽에서 기교의 절정을 경험했던 모차르트라면, 말년에 들어 가장 간결한 양식으로 기운 것에는 어쩌면 또 다른 차원의 고려가 있지 않았을까 하고 생각해 본다.

모차르트의 피아노 협주곡 가운데 주목할 작품은《피아노 협주곡 20번Piano Concerto No. 20 in D Minor K. 466》과《피아노 협주곡 21번Piano Concerto No. 21 in C Major K. 467》이다. 두 작품은 불과 한 달 간격으로 연달아 작곡되었고, 클래식 팬들에게는 무척 익숙한 곡이다.《피아노 협주곡 20번》은 1785년 2월 모차르트 본인이 연주와 지휘를 맡아 초연되었다. 모차르트로서는 드물게 단조를 내세운 이 작품은 도입부부터 소름이 돋을 만큼 강렬한 선율의 파도가 힘차게 몰아치는 1악장, 격렬했던 1악장의 그림자조차 찾아보기 힘들 정도로 평화로운 분위기로 시작했다가 문득 피아노 건반의 폭발적인 질주로 무게 중심이 옮겨 가는 2악장, 다시 단조로 돌아가는 론도의 3악장으로 이어진다.《피아노 협주곡 20번》의 초연에는 마침 빈을 방문 중이었던 부친 레오폴드도 참석했다. 당시 레오폴드가 딸에게 쓴 편지에 따르면, 모차르트의 초고 필사가 늦어져 공연 직전까지 오케스트라 단원들에게 악보가 전해지지 못했다고 한다. 즉 모차르트는 리허설 한 번 제대로 못하고 무대에 섰음에도 결과는 대성공이었다.

어떤 평론가들은 이 협주곡을 두고 모차르트가 자신과 부친의 관계를 돌아보고 그때까지도 남아 있던 부친에 대한 미련을 모두 태워 버리는 일종의 카타르시스를 묘사한 음악으로 해석한다. 이 해설에 따르면, 때로 거칠고 불길하기까지 한 1악장의 흐름은 아버지 없이 빈에서 홀로서기를 시도할 당시의 모차르트의 심리적 투쟁이다. 그에 이은 2악장은 부친과 보낸 어린 시절의 추억, 때로는 평화롭고 때로는 행복하고 때로는 실망스러웠던 여러 기억의 조각을 모은 앨범, 그리고 그 행복이 영원히 지속될 수 없다는 자각에서 오는 공황을 나타낸다. 3악장은 복잡한 내적 투쟁을 거쳐 독립된 인격체이자 음악가로 온전히 선 모차르트의 자신감을 상징한다. 정말 모차르트가 그런 메시지를 음악 속에 담았다면 그것은 또 얼마나 의식적이었을지, 또 레오폴드가 그것을 과연 눈치챘을지 궁금해진다.

《피아노 협주곡 21번》역시 《피아노 협주곡 20번》과 쌍벽을 이룰 만한 걸작이다. 특히 1악장에서 피아노와 오케스트라가 펼쳐 보이는 변화무쌍한 선율과 화음의 움직임은 화려하고 발랄하면서도 결코 어수선하지 않으며, 때로는 원숙한 경지에 이른 대가의 여유가, 때로는 모차르트 특유의 장난기가 느껴진다. 민첩하고 경쾌한 3악장도 빼어나다. 한편 이 작품에서 오늘날까지 대중적으로 가장 알려진 부분은 2악장이다. f장조의 2악장은 선율의 아름다움에서 《피아노 협주곡 20번》의 2악장과 우열을 가리기 힘들 정도다. 《피아노 협주곡 20번》에서 동심이 묻어났다면《피아노 협주곡 21번》에서는 소녀의 맑은 눈망울, 또는 잎새에 맺힌 이슬의 반짝임 같은 것이 떠오른다. 나는 특히 곡 막바지에 피아노와 관악기(오보에, 플루트)가 함께 그리는 선율의 동선을 좋아한다. 이 곡은 워낙에 아름다운 선율 때문에 영화 음악으로도 종종 채택되었다. 특히 청년 장교와 앳된 소녀의 비극적 사랑을 그린 1967년 스웨덴 영화 〈엘비라 마디간〉의 배경 음악으로 가장 유명하지만, 007 시리즈 가운데 하나인 〈나를 사랑한 스파이〉에서도 인상적이다. 영화 속 악당 롬버르그(독일의 전설적인 배우 쿠르트 율겐스 분)의 수중 기지 아틀란티스가 바다 위로 떠오를 때 배경 음악으로 흘러나오는 것이 바로 이 음악이다. 보티첼리와 루벤스의 그림을 수집하고 배신자를 처단할 때도 클래식 음악(바흐의 음악과 식인상어의 만남이라면 상상이 가시는지)을 배경으로 삼는 등 예술적 감수성과 교양이 풍부한 롬버르그는 비록 세계 정복을 획책하는 과대망상증 환자라는 007 시리즈 속 악당의 전형을 따르기는 하지만 매우 인상적인 캐릭터다. 그러고 보니 역대 007 시리즈의 주제가나 배경 음악 가운데는 상당한 음악성을 지닌 곡들이 적지 않은 듯하다.

모차르트에게 피아노 다음으로 중요한 악기는 바이올린이었다. 그는 어린 시절 순회공연 중에도 매일 바이올린을 연습했고, 방문하는 도시의 현지 악사들과 즉석에서 실내악을 연주할 때면 바이올린 연주를 즐겨 맡았다. 그는 어린 시절부터 건반 악기용 소품들과 더불어 상당수의 바이올린 습작을 썼다. 7세 때부터 10세까지 모두 16편의 바이올린 소나타를 지었는데, 이 작품들은 기본적인 피아노곡에 바이올린이 양념으로 첨가되었다. 모차르트는 무슨 이유에서인지 이후 10년 이상 바이올린 소나타를 쓰지 않다가 1778년 22세가 되어서야 다시 이 장르로 돌아왔다. 긴 공백기를 가진 뒤 1778년부터 말년까지 지은 총

19편의 바이올린 소나타들(17~36번)이 이전의 작품보다 월등한 완성도를 보이는 것은 그리 놀랄 일도 아니다.

먼저 주목할 작품은 《바이올린 소나타 21번*Violin Sonata No. 21 in E Minor K. 304*》이다. 모차르트가 1778년 파리 여행 당시 작곡한 이 작품은 고전 시대 초기의 소나타 형식인 2악장으로 이루어져 있는데, 모차르트의 바이올린 소나타 36개 전체를 통틀어 유일한 단조의 작품이다. 이 작품을 쓰던 시기에 모차르트는 모친을 병마에 잃는 슬픔을 겪었다. 따라서 이 작품 속에서 모차르트에게 일어난 비극적 사건의 그림자를 읽는 것은 논리적 귀결이다. 1악장과 2악장 모두 단조의 주된 흐름 속에 군데군데 장조 선율로의 변환을 전략적으로 배치해 달콤쌉싸름한 가락의 그물을 짠 모차르트의 성숙한 솜씨가 엿보인다. 그의 《피아노 협주곡 20번》이 부친 레오폴드의 그림자로부터 완전히 벗어난 것을 자축한 축가라면, 《바이올린 소나타 21번》은 모차르트가 모친을 잃은 슬픔을 쏟아부은 '사모곡'이다.

모차르트가 빈으로 간 1781년에 작곡한 《바이올린 소나타 27번*Violin Sonata No. 27 in G Major K. 379*》도 인상적이다. 1악장은 흔한 알레그로가 아니라 아다지오로 진행되는데, 고전주의적 절제라는 울타리 속에서도 바이올린과 피아노가 잔잔하게 어울리며 높은 서정성을 뽐내는 아름다운 곡이다. 알레그로의 2악장은 돌연 단조의 힘찬 전개를 과시하지만, 1악장의 빛나는 서정성은 3장에서 훨씬 빠른 박자와 함께 한층 발랄한 모습으로 다시 회복된다.

모차르트의 바이올린 소나타 가운데 가장 탄탄한 짜임새를 보여 주는 작품은 《바이올린 소나타 33번*Violin Sonata No. 33 in E-flat Major K. 481*》이다. 1악장은 마치 원래 현악 합주였던 곡을 바이올린 곡으로 편곡한 인상을 줄 만큼 꽉찬 음색을 자랑한다. 차분하게 진행되는 2악장 역시 뛰어나지만, 주제와 변주곡 형식을 취한 3악장은 특히 빼어난 데다 모차르트의 탁월한 변주 테크닉을 감상할 수 있는 절호의 기회다. 《바이올린 협주곡 4번*Violin Concerto No. 4 in D Major K. 218*》 또한 매우 서정적이며 노래하듯 악장마다 뚜렷한 선율의 움직임이 감지된다.

비단 피아노와 바이올린에서뿐만 아니라 모차르트의 재능은 그가 시도한 모든 악기의 조합에서 고루 빛난다. 오보에와 클라리넷의 활약이 인상적인 《13개의 관악기를 위한 세레나데 10번*Serenade No. 10 "gran Partita" in B-flat Major K. 361*》(일명 '그랑 파르티타'), 날렵하면서도 경박하지 않고 전 악장을 통틀어 놀라운 서정성을 견지하는 《클라리넷 협주곡 *Clarinet Concerto in A Major K. 622*》, 특히 2악장에서 말로 형용하기 힘들 만큼 벅찬 미적 흥취를 안겨 주는 《플루트와 하프를 위한 협주곡*Flute and Harp Concerto in C Major K. 299*》 등 일일이 다 거론할 수 없을 정도다. 그저 입맛에 맞는 곡을 골라 즐겨 보시라고 말할 수밖에 없다.

이쯤에서 교향곡 얘기를 해 보자. 모차르트 작곡이 확실시되는 교향곡은 총 41편에 달하는데, 그 수준이 모두 고른 것은 아니다. 이를테면 모차르트는 17세가 된 1773년 한 해에만 6편의 교향곡(22~27번)을 썼는데, 감히 내 의견을 말하자면 그중 불후의 걸작으로 평가할 만한 작품은 《교향곡 25번*Symphony No. 25 in G Minor K. 183*》 정도가 아닐까 싶다. 《교향곡 24번*Symphony No. 24 in B-flat Major K. 162*》과 《교향곡 25번》은 불과 며칠 사이에 연달아 썼는데도 수준의 차이가 확실하게 드러난다. 《교향곡 24번》은 다소 엉성한 마무리 등 여러 한계가 체감되는 반면 《교향곡 25번》은 1악장부터 4악장까지 박력 있는 전개가 일품으로, 청중이 긴장감을 놓지 못하게 하는 호소력과 자신감이 넘쳐 흐른다.

그렇지만 모차르트가 빈에서 지낼 적에 쓴 마지막 7편의 교향곡(35~41번)이야말로 걸작 중의 걸작이라 할 수 있다. 그중에서도 클래식 애호가들 사이에서 '모차르트의 3대 교향곡'이라고 불리는, 모차르트가 1788년 한 해 동안 작곡한 3편의 교향곡을 살펴보자.

먼저 《교향곡 39번Symphony No. 39 in E-flat Major K. 543》은 고전주의가 대표하는 균형과 조화, 황금 분할의 미학을 음향적으로 표현한 작품이라고 할 수 있다. 일단 중심 키로 선택된 내림 e장조부터가 예사롭지 않다. 음악은 반음계, 즉 샤프나 플랫이 많이 달릴수록 소리의 질감이 부드럽고 미묘해지지만 그게 또 너무 지나치면 모자람만 못하다. 그런 의미에서 3개의 플랫이 달린 내림 e장조는 온음과 반음이 매우 균형 있게 분포된, 어쩌면 고전주의 음악에 가장 어울리는 조성이 아닐까 싶다.

1악장은 마치 리허설처럼 여유 있게 시작되는 도입부에 이어 현악기 부문이 주도하는 웅장하고 힘찬 전개가 인상적이다. 분명하게 선율의 움직임 하나를 꼭 짚을 수는 없지만, 오히려 특정 선율에 스포트라이트를 비추는 대신 한 편의 음악이라는 전체가 부분의 합보다 클 수 있다는 것을 보여 주는 예라고 할 수 있다. 잔잔한 2악장의 안단테 콘 모토(andante con moto)를 지나면 3악장의 미뉴에트에 이르는데, 여기에는 고전주의 음악의 특징으로 흔히 언급되는 거의 모든 것—균형, 조화, 우아 그리고 그 모두를 아치처럼 가로지르는 장려함—이 반영되어 있다. 이 미뉴에트는 조촐한 파티에서 열린 작은 춤판이라기보다는 멋진 예복과 화려한 드레스를 입은 수백 명의 남녀가 일사불란하게 움직이는 대규모 군무 내지 예식을 방불케 한다. 그렇게 3악장 미뉴에트가 전하는 소리의 장관에서 미처 헤어나올 틈도 없이 4악장의 재빠른 진행을 따라가다 보면 작품은 아쉽게도 마무리된다.

《교향곡 40번Symphony No. 40 in G Minor K. 550》은 모차르트의 교향곡 가운데 유일하게 단조로 작곡된 두 작품 가운데 하나다. 다른 하나의 곡은 앞서 언급했던 《교향곡 25번》인데, 공교롭게도 둘 다 g단조를 채택하고 있다. 그런 연유에서 후대의 평론가들은 《교향곡 25번》을 '작은 g단조(Little G Minor)', 《교향곡 40번》을 '큰 g단조(Great G Minor)'라고 부른다. 그런데 여기서 'Great(독일어 Große)'는 그저 크기가 크다거나 길이가 길다는 의미를 넘어서 '위대한 g단조'라는 의미도 함축하고 있다. 《교향곡 40번》의 1악장은 모차르트의 전 교향곡을 통틀어 가장 정교하고 대담한 구성을 선보인다. 바람이나 물살의 움직임처럼 유연하지만, 동시에 어딘가 불길한 인상의 중저음이 깔리는 가운데 바이올린을 통해 곧바로 등장하는 주제는 어두우면서도 경쾌하고, 우수에 싸여 있으면서도 힘찬 의지가 솟아오르는 듯한 야릇하고 수수께끼 같은 선율이다. 듣는 이의 감흥을 비유하자면 검디검지만 빛을 머금어 표면이 번뜩거리는 최고급 비단이 얼굴과 목덜미를 가볍게 스쳐 지나가는 느낌이랄까. 제1 주제의 도입부가 마무리될 즈음에 그 흐름을 이어받으며 관악기가 등장하는 타이밍도 절묘하다. 이처럼 고전주의 시대 교향곡 가운데서는 비교할 대상을 찾을 수 없을 정도로 독특한 《교향곡 40번》의 분위기와 구성에서 여러 음악가는 후대의 낭만주의, 심지어 현대 음악의 전조를 읽어 내기도 한다.

《교향곡 40번》에서 1악장과 함께 주목할 것은 3악장의 미뉴에트인데, 여러모로 《교향곡 39번》과 대조를 이룬다. 《교향곡 39번》의 미뉴에트가 장조이고 《교향곡 40번》은 단조라는 것뿐 아니라 전자가 장려한 상승의 분위기를 담고 있다면, 후자는 그 반대다. 그렇다고 몰락이나 추락의 분위기가 아니라 당당한 착륙 내지 강림 쪽이다. 모차르트가 의식적으로 《교향곡 40번》의 미뉴에트를 《교향곡 39번》에 대한 안티테제로 구성했다는 심증이 들기도 한다. 미뉴에트에 이어지는 4악장은 사실상 1악장의 연장에 가깝다. 같은 주제가 반복되는 것은 아니지만 선율의 전개와 구성은 1악장의 데자뷔 내지 변주임이 틀림없다. 분명 모차르트는 4악장을 통해 1악장에서 미처 하지 못한 이야기를 마무리하고 있다.

《교향곡 41번 Symphony No. 41 in C Major K. 551》는 '주피터Jupiter'라는 별명으로 더 유명하다. 이 곡에 로마 신화 속 최고신의 이름을 붙인 것은 모차르트의 동료 음악가였던 바이올리니스트 요한 페터 잘로몬(Johann Peter Salomon)의 솜씨다. 후대의 낭만주의로 가면 이보다 훨씬 장대한 음향을 대편성 오케스트라를 통해 과시하는 작품을 많이 찾아볼 수 있지만, 당시 고전주의 양식이 허락하는 내에서 이만큼 힘 있고 자신감 넘치는 곡이 쓰인 예는 드물다. 다만 모차르트의 '주피터'는 주피터이되, 근엄한 신이라기보다는 희롱하는 신이다. 즉 신 중의 신으로 삼라만상을 주재하는 본업보다는 로마 시인 오비디우스의 시 〈변신〉 속 묘사처럼 탐스러운 소로 변해 유로파를 유혹하고, 독수리로 변해 미소년 가니메데를 납치하는, 그러면서 틈틈이 번갯불을 여기저기 던져 대는 그런 주피터다. 이 웅장한 작품에는 모차르트 특유의 장난기가 곳곳에 양념처럼 뿌려져 있어 자칫 지나친 근엄함이나 엄숙함으로 변질하는 것을 막는다.

오페라 부파의 걸작들

《후궁의 도주》가 성공을 거두었던 데서도 알 수 있듯이 독일어 오페라의 수요가 서서히 자리를 잡기는 했지만, 당시 오스트리아 음악계의 대세는 여전히 이탈리아어 오페라였다. 따라서 모차르트 역시 돈을 벌기 위해서라도 이탈리아어 오페라를 쓸 수밖에 없었다. 그는 특히 이탈리아 희가극 형식인 '오페라 부파(opera buffa)'에서 두각을 나타냈는데, 그가 1786~1789년 사이에 써낸 3편의 작품은 비단 오페라 부파뿐 아니라 오페라의 전 역사에서 최고 걸작들로 평가받는다.

먼저 1786년 모차르트는 《피가로의 결혼Le nozze di Figaro/The Marriage of Figaro》을 완성했다. 영주 가문의 집사인 피가로가 자신의 약혼녀 수잔나를 유혹하려는 주인의 바람기를 기지와 용기로 잠재운다는 내용의 《피가로의 결혼》은 프랑스 작가 보마르셰의 동명 풍자극을 원작으로 한다. 흥미로운 플롯과 오페라 전문 작사가 로렌초 다 폰테(Lorenzo Da Ponte)의 감칠맛 나는 가사, 그리고 모차르트의 음악이 완벽한 조화를 이루는 걸작이다. 어느 미국인 평론가는 "내가 오페라 단 한 곡을 가지고 무인도로 가야 한다면 망설임 없이 《피가로의 결혼》을 고를 것"이라고 장담하기도 했다. 그 재치 가득한 서곡은 모차르트 음악 가운데서도 가장 으뜸가는 선율 중 하나다.

《피가로의 결혼》에서는 주인공 피가로뿐 아니라 거의 모든 배우가 명품 아리아를 최소 한 곡씩 부른다. 피가로가 부르는 유쾌하고 익살스러운 〈더 이상 날지 못하리Non più andrai〉, 백작의 시종 소년 케루비노가 연상의 여인을 향한 애모의 감정을 실어 부르는 아리아 〈사랑의 괴로움을 그대는 아는가Voi che sapete〉, 피가로의 상전인 알마비바 백작이 뜻

연극 〈피가로의 결혼〉의 한 장면. 모차르트는 보마르셰의 동명 희곡을 각색해 유머와 위트가 넘치는 오페라 부파 걸작을 창조했다.

대로 돌아가지 않는 상황에 분개해 피가로를 벌주겠다고 다짐하며 부르는 〈보아야 하는가 내가 한숨 짓는 동안 Vedrò mentr'io sospiro〉, 백작 부인이 3막에서 남편 알마비바와 행복했던 초창기 결혼 시절을 회상하는 〈그리운 시절은 가고 Dove sono i bei momenti〉(이 노래는 모차르트가 쓴 아리아 가운데 가장 뛰어난 곡 중 하나로 평가받는다) 등 곡의 성격도 다양하다.

모차르트 당대에는 이탈리아 오페라의 대세였던 정가극인 오페라 세리아(opera seria)보다는 희가극인 오페라 부파가 대중의 인기를 얻었다. 오페라 세리아와 오페라 부파를 구별하는 특징을 살펴보면, 일단 콘텐츠 면에서 오페라 세리아는 영웅적, 신화적 내용을 소재로 다루고 있어 다소 심각하고 인위적이었던 반면, 오페라 부파는 현실적이면서도 일상적이고 서민적인 내용을 익살스럽게 그리고 있어 대중에게 친근하다. 음악적으로도 오페라 세리아의 아리아는 기본적으로 등장인물의 내면이나 정서 등을 표현하는 넛두리에 머물렀던 반면, 오페라 부파의 아리아는 여기서 한 걸음 더 나아가 노래하는 캐릭터가 극중의 플롯과 관계된 중요한 정보를 관객과 공유하거나 노래가 끝난 뒤 어떤 행동을 취하겠다는 계획이나 의도를 밝히는 등 능동적인 기능을 한다. 오페라 부파의 또 다른 특징으로 앙상블(ensemble)을 들 수 있다. 아리아가 솔로인데 비해, 앙상블은 듀엣 이상 복수의 가수가 함께 부르는 노래다. 종종 듀엣으로 시작해서 이윽고 제3자가 끼어들어 삼중창이 만들어지고 점점 참가 인원이 늘어나 4, 5, 6중창에서 합창으로까지 확대되기도 한다. 앙상블은 음악적으로 다양한 음역의 가수들이 이루어 듣는 재미가 쏠쏠하고, 전체적인 스토리 역시 앙상블을 이루기 전보다 한 단계 나아가 있다. 《피가로의 결혼》을 시작으로 모차르트의 오페라 부파는 주옥같은 앙상블 곡으로 가득하다.

《피가로의 결혼》은 빈에서도 상당한 성공을 거두었지만, 오스트리오 헝가리 제국 제2의 도시였던 프라하에서 더 성공적이었다. 모차르트가 당시 부친에게 보낸 편지에서 "지금 프라하 사람들은 《피가로의 결혼》에 대한 얘기밖에 안 해요!"라고 흥분할 정도였다. 모차르트는 흥행사의 초청으로 1787년 1월 프라하에서 4주간 체류하며 직접 오페라의 지휘봉을 잡았고 가을 시즌에 상영할 새 오페라까지 계약했다. 그리고 빈으로 돌아와 곧장 작사가 로렌초 다 폰테와 합작해서 완성한 오페라가 바로 《돈 조반니 *Don Giovanni*》다. 《돈 조반니》는 스페인의 전설적인 바람둥이 돈 후안(Don Juan, 돈 조반니는 돈 후안의 이탈리아식 이름)을 주인공으로 내세운 작품으로, 오페라 부파로 불리기는 하지만 시종 흥겹고 유쾌하게 진행되지 않는다. 주인공이 상당히 악한(돈 조반니는 호색한일 뿐만 아니라 살인도 서슴없이 저지른다)인 데다 결말에 이르기까지의 상황이 워낙에 극적이고 긴박해 정말 해피엔딩이 맞나 싶을 정도라서 특정한 장르에 묶이기를 거부하는 자못 돌연변이스러운 오페라 작품이다.

하지만 그런 장르의 혼돈이나 플롯의 꼬임이 모차르트의 음악을 즐기는 데까지 혼동을 주지는 않는다. 여기서도 어김없이 모차르트의 주옥같은 명곡들이 대거 등장해 청중의 귀를 호강시킨다. 우선 돈 조반니의 하인인 레포렐로의 아리아 〈카탈로그의 노래 *il catalogo è questo*〉

프라하 시의 전경. 모차르트의 인기는 빈보다 오스트리아 헝가리 제국 제2의 도시 프라하에서 더 높았다.

가 흥미롭다. 이 노래는 한때 돈 조반니의 유혹에 넘어갔다가 무참히 버림받은 엘비라가 여전히 돈 조반니에 대한 미련을 떨치지 못하는 것을 보고 레포렐로가 엘비라에게 주인의 호색 행각을 기록해(그래서 카탈로그다) 읊어 주며 아예 상종하지 말라고 권고하는 노래다(엘비라와 마찬가지로 레포렐로 역시 주인 돈 조반니에 대한 애증이 교차하는 감정을 가지고 있다). 다음은 돈 조반니가 유혹한 여성들의 숫자를 소개하는 가사 일부다.

이탈리아에서 640명
독일에서 231명
프랑스는 100명, 터키는 91명
하지만 스페인은 벌써 1,000명 하고도 3명이나 돼요.
In Italia seicento e quaranta,
In Almagna duecento e trent'una,
Cento in Francia, in Turchia novant'una,
Ma in Ispagna son già mille e tre, mille e tre.

일단 그 여성 편력의 양에서부터 압도적이다. 그럼 돈 조반니는 어떤 타입의 여성을 선호했을까?

그중에는 시골 아가씨들
하녀에 도시 처녀,
백작 따님에 남작 딸,
후작 따님에 공주님까지,
모든 계급의 부인네들,
온갖 나이와 모습들입죠.

V'han fra queste contadine,
Cameriere, cittadine,
V'han contesse, baronesse,
marchesane, principesse,
e v'han donne d'ogni grado,
d'ogni forma, d'ogni età.

즉 돈 조반니의 기호는 잡식성(?)이다. 그렇다면 돈 조반니는 여성에게 어떻게 작업을 걸까?

언제나 판에 박은 칭찬 방법은
금발의 여인은 얌전하다고,
갈색 머리는 정조가 굳다고,
백발은 친절하다고요.
Nella bionda egli ha l'usanza
di lodar la gentilezza,
nella bruna la costanza,
nella bianca la dolcezza.

베이스 가수의 기름진 목소리를 타고 흘러나오는 〈카탈로그의 노래〉의 황당한 가사는 듣는 재미가 쏠쏠하다. 한편 작품 전편을 통해 가장 유명한 노래로는 역시 돈 조반니가 그의 새로운 '먹이' 체를리나와 부르는 듀엣곡 〈거기서 그대 손을 잡고 *Là ci darem la mano*〉를 들 수 있다. 돈 조반니는 시골을 지나다가 들판에서 결혼식을 올리고 있는 체를리나를 보게 된다. 레포렐로를 시켜 체를리나의 결혼 상대인 마제토를 따돌린 돈 조반니는 곧장 유혹을 시도한다. 자신이 사랑에 빠졌으며 자신의 성에 가서 당장 혼례식을 올리자고 태연하게 거짓말을 지껄인다. 이 장면은 노래도 노래지만 체를리나가 돈 조반니에게 서서히 무너져 가는 과정을 감상하는 재미도 있다.

그런가 하면 돈나 아나가 약혼자 돈 오타비오에게 부친의 복수를 당부하는 〈이제 누가 나의 명예를 강탈하려 했는지 알겠지요 Or sai chi l'onore eapire a me volse〉도 일품이다. "돈 조반니 그놈 좀 죽여줘요." 하고 살인 청부를 하는 무시무시한 내용임에도 노래의 선율은 아름답다. 이러한 가사와 선율의 불일치는 모차르트 오페라 아리아에서 흔한 패턴이기도 하다. 복수를 당부한 뒤 돈나 아나가 퇴장하자 이어지는 돈 오타비오의 아리아 〈그녀 마음의 평안을 위하여 Dalla sua pace la mia dipende〉 역시 감미롭기는 마찬가지다. 이 아리아는 테너의 노래지만 폭발적인 가창력보다는 안타까움, 망설임, 간절함 등의 표현력이 요구된다. 그래서 더 부르기가 까다롭다. 흥미롭게도 작품 전체에서 정작 주인공 돈 조반

전설의 색마 돈 후안을 소재로 한 모차르트의 오페라 《돈 조반니》의 한 장면. 19세기 말 이탈리아 가수 프란치스코 드 안드라데를 모델로 한 그림이다.

니의 독창곡은 딱 두 곡이다. 게다가 두 곡 중 그나마 유명한 〈샴페인 아리아Finch'han dal vino〉는 매우 짧다. 돈 조반니가 주인공이면서도 자신만의 아리아가 절대 부족한 것은 그의 내면이 얼마나 공허한지를 반증하는 모차르트 나름의 코드가 아닐까 싶다.

픽션 속의 돈 조반니에 가장 근접한 실존 인물로는 이탈리아 출신의 저술가이자 악명 높은 천재 바람둥이였던 자코모 카사노바가 거론된다. 그런데 실제로 카사노바 자신이 《돈 조반니》의 프라하 초연에 참석했을 가능성이 매우 높아 흥미롭다. 《돈 조반니》가 상연되던 시기에 카사노바는 프라하에 체류 중이었고, 로렌초 다 폰테의 가까운 친구이기도 했으며, 그의 유품에서 《돈 조반니》 공연 장면을 직접 그린 그림이 발견되기도 했다. 물론 그의 유품에서 《돈 조반니》 공연 티켓도 함께 나왔더라면 더 좋았겠지만, 지금까지 살펴본 것만으로도 증거는 충분하다. 카사노바가 진짜로 공연을 봤다면, 돈 조반니를 지옥으로 끌고 가려는 기사장과 조우하는 장면을 보며 어떤 생각을 했을까?

《돈 조반니》 속 유명한 듀엣 〈거기서 그대 손을 잡고〉의 모차르트 친필 악보. 《돈 조반니》는 단순히 오페라 부파로 규정하기 애매한 독특한 작품이다.

《피가로의 결혼》과《돈 조반니》의 명성에 조금 가려진 감이 있지만, 1789년 작품《코지 판 투테Così fan tutte》역시 모차르트 오페라 부파의 걸작 중 하나다. 흔히 '여자는 다 그래'로 번역되는《코지 판 투테》는 약혼녀를 둔 두 친구가 여자의 마음은 상황에 따라 쉽게 바뀐다고 주장하는 제3의 사내와 내기를 한다는 내용이다. 두 남성이 각자의 약혼녀에게 갑자기 전쟁터에 나가게 되었다고 거짓말을 한 뒤 변장을 하고 돌아와 서로의 약혼녀를 유혹해 이들의 애정을 시험하면서 벌어지는 소동을 다룬 것이다. 여성의 정절 내지 신뢰성(혹은 그에 대한 '수컷'의 콤플렉스라고 불러도 좋다)에 대한 질문, 혹은 그에 대한 시험이라는 주제는 그리스 로마 신화나『아라비안나이트』등에서도 다루어졌으며, 셰익스피어의 여러 희곡에서도 비슷한 소재가 직간접적으로 등장했다.

그러고 보니 공교롭게도 이 3편의 오페라 부파는 모두 부정 혹은 부정을 저지르려는 욕망, 또는 실제 부정에 대한 얘기다. 비록 부도덕하다고 할지라도 부정은 동시에 일상을 파괴하려는 욕망과 전통, 관습을 거부하려는 의지의 표출로 해석될 수 있다. 즉 모차르트의 오페라 부파는 봉건 사회의 퇴조와 시민 사회의 부상이라는 당대의 정치사회적 변천에 대한 음악적 반영이라고도 볼 수 있다. 그 반영이 다른 사람이 아닌 모차르트에 의해 이루어진 것은 우리에게 행운이 아닐 수 없다.

마술 피리, 모차르트 음악의 완결편

1780년대 말 빈에서 모차르트의 음악은 급작스러울 정도로 인기를 잃었다. 프리랜서 음악가가 대중의 구미를 맞추지 못하면 이는 바로 수입의 감소로 이어진다. 더욱이 모차르트 부부의 낭비벽 덕에 재정 상황은 더욱 악화됐다. 그나마 황제 요제프 2세가 모차르트에게 급여를 지급하고 황실에서 필요할 때 연주나 작곡을 의뢰했지만, 녹봉이 그리 높지도 않았다(그조차도 1790년 요제프 2세가 사망하면서 끊겼다). 경제적인 문제뿐 아니라 모차르트는 부친 레오폴드가 사망한(1787년) 데 이어 수년 사이 어린 두 딸마저 잇달아 병마로 잃는 비극을 겪었다.

모차르트가 한동안 슬럼프와 불운에 빠져 허우적거리던 1791년 봄의 어느 날, 오랜 친구이자 극장 지배인이었던 에마누엘 쉬카네더가 그를 찾아왔다. 쉬카네더는 독일식 오페라 징슈필 전문 극단을 만들어 빈 근교의 극장들에 작품을 올리고 있었는데, 모차르트의 작품을 통해 빈의 중앙 무대로 화려하게 입성할 계기를 마련하려는 심산이었던 것으로 보인다. 쉬카네더는 모차르트에게 자신이 직접 작사한 대본을 바탕으로 하는 신작 징슈필을 의뢰했고, 모차르트는 여름 내내 작곡에 몰두했다. 그리하여 1791년 9월 《마술 피리 Die Zauberflöte》가 초연되었고, 그 결과는 모차르트의 역대 오페라를 뛰어넘는 대성공이었다.

고대 이집트를 배경으로 하는 《마술 피리》의 기본 얼개는 전래 동화의 패턴을 따르지만, 플롯은 상당히 꼬여 있고 등장인물도 상당히 많아 감상자에 따라서는 약간 생뚱맞고 쓸데없이 복잡하게 느낄 수 있다. 하지만 스토리의 완성도와는 별개로 《마술 피리》의 음악은 오페라 작곡가로서 모차르트가 최강의 실력을 발휘한 작품으로, 모차르트 후기 음악의 집대성 내지 완결판이라고 해도 과언이 아니다. 마치 모차르트 스스로 이 작품이 자신의 생애 마지막 오페라 작품이 될 것을 미리 짐작하고 모든 것을 쏟아부은 듯하다.

《마술 피리》의 서곡은 평화롭고 잔잔한 아침 같은 분위기로 시작해 날렵하고 흥겨운 선율로 옮겨가는데, 그 조성은 바로 내림 e장조, 즉 내가 고전주의를 대표하는 조성으로 꼽는 장조다. 서곡에 이어 막이 오르면 어두운 숲속에서 왕자 타미노가 등장한다. 하지만 타미노는 왕자다운 용맹하고 늠름한 모습이기는커녕 거대한 뱀에 쫓겨 목숨이 위태로운 상황이다. 그가 왕자답지 못한 찌질함을 드러내는 노래(제목 역시 〈도와줘!*Zu Hilfe! Zu Hilfe!*〉)를 부르자 여기에 응답한 듯 3명의 시녀가 나타난다. 이들이 부르는 삼중창 〈죽어라 괴물아, 우리의 힘으로!*Stirb, Ungeheuer! durch unsre Macht!*〉는 섬뜩한 가사와 아름답기 짝이 없는 선율이 기막힌 대비를 이룬다. 뱀을 물리치고 자축하던 3명의 시녀는 곧이어 뱀에 놀라 까무라친 타

《마술 피리》 초연 프로그램. 모차르트 예술 세계의 집대성이라고 할 만한 걸작이다.

미노의 잘생긴 용모에 반해 저마다 자기가 타미노를 돌보겠다며 티격태격한다. 의식이 돌아온 타미노가 마법의 거울을 통해 여자 주인공 파미나의 모습을 보고 한눈에 사랑에 빠져 부르는 아리아 〈그녀의 모습 정말 아름다워*Dies Bildnis ist bezaubernd schön*〉는 잔잔하면서도 시종 맑은 고음의 발성을 요구하는 만만치 않은 곡이다. 이윽고 등장한 밤의 여왕이 폭군 자라스트로의 손에 납치된 자신의 딸 파미나를 구해 줄 것을 타미노에게 부탁하며 부르는 노래 〈오, 아들아, 두려워 말거라*O zittre nicht, mein lieber Sohn*〉 또한 장엄한 전주와 함께 소프라노의 개인기를 한껏 발휘해야 하는 곡이지만, 듣기에는 즐거울 따름이다.

파미나의 구출 임무를 맡은 타미노의 여행에 동행하게 된 새잡이 파파게노가 무대에 등장하면서 자기 소개처럼 부르는 아리아 〈나는야 새잡는 사나이*Der Vogelfänger bin ich*〉는 그 익살스러운 선율과 가사로 유명한데, 오늘날 바리톤 가수라면 반드시 소화해야 할 레퍼토리에 속한

다. 한편 자라스트로의 근거지에 다다른 타미노는 새로운 사실을 알게 된다. 실은 자라스트로가 사악한 폭군이 아니라 현자이며, 그를 따르는 무리야말로 선한 세력이라는 것, 그리고 밤의 여왕이야말로 증오와 복수심에 가득 찬 악의 축이라는 사실이다. 자라스트로가 타미노와 파미나를 위한 신의 가호를 비는 노래 〈오, 이시스와 오시리스 신이시여 *O Isis und Osiris*〉는 차분하고 거룩한 분위기의 선율로, 실력 있고 카리스마 넘치는 베이스 가수의 몫이다.

이렇듯 《마술 피리》에 등장하는 노래들은 모두 뛰어나기 그지없지만, 그중에서도 오늘날 유명세로 치면 밤의 여왕이 파미나의 침실에 나타나 부르는 〈지옥의 복수심이 내 마음에 끓어 넘치네 *Der Hölle Rache*

《마술 피리》 속 밤의 여왕이 등장하는 장면을 묘사한 독일 화가 카를 쉰켈의 그림(위), 〈밤의 여왕의 아리아〉의 모차르트 친필 악보(아래). 소프라노에게 절정의 기교를 요구하는 난곡이다.

kocht in meinem Herzen〉를 따라갈 수는 없을 것이다. 흔히 〈밤의 여왕의 아리아〉라고 불리는 이 노래의 가사는, 간단히 말해 밤의 여왕이 딸에게 칼을 쥐어 주며 자라스트로를 죽여 자기한테 효도하라고 다그치는 내용이다.

> 지옥의 복수가 내 가슴에 끓어 넘치고,
> 내 둘레에 죽음과 절망이 타오른다!
> 자라스트로가 네 손에 의해
> 죽음의 고통을 맛보지 않는 한,
> 너는 이미 내 딸이 아니다.
> *Der Hölle Rache kocht in meinem Herzen,*
> *Tot und Verzweiflung flammet um mich her!*
> *Fühlt nicht durch dich Sarastro*
> *Todesschmerzen,*
> *So bist du meine Tochter nimmermehr.*

이처럼 엄마가 딸에게 살인 청부를 하는 섬뜩한 내용의 노래 〈밤의 여왕의 아리아〉에서 유명한 콜로라투라 부분은 소프라노의 최고 음역대인 3옥타브 F(파)까지 올라간다. 자칫하다가는 성대 부상의 위험마저 있는 수준이다.

기본적으로 '판타지'라고 할 이 오페라의 플롯에 개연성을 엄격하게 적용하는 것이 공평하지 않을지 모르지만, 그럼에도 밤의 여왕이 자라스트로의 신전 속 파미나의 침실에 갑자기 나타나는 장면은 조금 뜬금없다. 타미노와 파파게노가 파미나를 구하기 위해 여행을 떠나야 했던 만큼 자라스트로의 신전은 먼 곳에 있으리라는 기존의 인상을 뒤집는 격이다. 물론 밤의 여왕이 순간 이동 같은 마법을 부려 먼거리를 단숨에 날아왔을 수도 있겠지만, 실은 밤의 여왕의 근거지가 자라스트로의 신전 옆, 혹은 바로 뒷동네 어디쯤에 있었으리라는 반전 설명도 가능하지 않을까 싶다. 다시 말해 자라스트로의 빛과 여왕의 어둠, 즉 선과 악은 동전의 양면이라는 숨은 메시지가 있는지도 모른다. 마치 일본 만화영화 〈우주전함 야마토〉에서 지구를 정복하려는 가미라스인과 지구인을 도우려는 이스칸델인들이 서로 이웃한 별에서 살았던 것처럼 말이다.

《마술 피리》와 떼려야 뗄 수 없는 음악으로 스페인의 기타 음악가 페르난도 소르(Fernando Sor)가 지은 《모차르트 주제에 의한 도입부 및 변주곡Introduction and Variations on a Theme of Mozart》을 들 수 있다. 왜냐하면 여기서 말하는 '모차르트 주제'는 바로 《마술 피리》에 등장하는 선율을 지칭하기 때문이다. 작품 속에서 파미나에게 군침을 흘리지만 결코 목적을 달성하지 못하는, 관점에 따라서는 좀 '안습'한 악당 모노스타토

빈의 파파게노 거리. 오페라 속 익살꾼의 이름을 딴 지명에서도 오스트리아 사람들의 《마술 피리》 사랑이 느껴진다.

스와 그 똘마니들이 부르는 짧은 합창곡이 그것이다. 공교롭게도 제목 역시 〈참으로 아름다운 선율인지고 Das klinget so herrlich/That sounds glorious〉로, 소르는 그 곡의 한 가락을 가져다 주제로 삼은 뒤 도입부 → 테마 → 5곡의 변주 → 코다 → 피날레로 이루어진 화려한 기타 독주곡을 썼다. 《모차르트 주제에 의한 도입부 및 변주곡》은 동기의 선율을 정식으로 소개하는 유명한 대목부터 빠른 핑거링이 인상적인 제1 변주에서 시작해 E(미)를 개방현으로 힘차게 뜯으면서 휘몰아치듯 스케일을 시도해야 하는 피날레까지, 고전 기타의 온갖 고난도 테크닉이 농축된 걸작이다. 예를 들어 5곡의 변주는 처음부터 끝까지 왼쪽 손가락을 지판에서 빠르게 떼어 내는 식으로 셋잇단음표를 계속 소화하는 수준의 내공이 요구된다.

《마술 피리》하면 생각나는 영화도 있다. 바로 스웨덴 출신의 전설적인 영화감독 잉그마르 베르히만이 1975년에 제작한 동명의 〈마술 피리〉다. 영화라고 해서 무슨 엄청난 볼거리가 있는 건 아니지만, 오페라 공연을 그대로 필름에 담으면서도 틈틈이 객석의 반응과 무대 뒤편에서 벌어지는 에피소드 등을 담은 잔잔한 연출이 일품이다. 베르히만은 평생 스크린을 통해 '인간의 시련에 대한 신의 침묵' 내지 '사랑 및 소통의 가능성에 대한 회의' 등 다소 묵직한 주제에 천착해 세계적 명성을 획득한 인물이지만, 〈마술 피리〉의 분위기는 전반적으로 밝고 따뜻하다. 역시 모차르트의 천진함 앞에서는 비관주의자마저 마음가짐이 달라지는 것일까?

한창 《마술 피리》 작업에 몰두하고 있던 1791년 7월, 모차르트는 미지의 의뢰인에게서 레퀴엠, 즉 장송 미사용 음악의 작곡을 의뢰받는다. 당시 모차르트는 《마술 피리》뿐 아니라 다른 주문이 밀려 있는 상황이었지만, 레퀴엠의 작곡에 동의했다. 의뢰인이 제시한 후한 사례금을 거절할 형편이 아니었기 때문이다. 모차르트는 《마술 피리》의 초연이 성공리에 이루어진 1791년 10월 초부터 본격적으로 레퀴엠 작곡에 매달렸다. 다른 일감도 밀린 탓에 벼락치기로 작업을 하다 보니 스트레스도 상당했던 모양이다. 당시 모차르트는 몇 달의 강행군으로 심신이 상당히 지친 상태였는데, 제대로 휴식을 취하지 못하고 여러 곡을 동시에 작곡하면서 건강은 더욱 악화되고 말았다. 1791년 11월 병상에 눕게 된 그는 고열에 시달리면서도 계속 작업에 매달렸고, 12월 3일 잠시 호전되는 듯했던 병세는 돌연 악화되어 12월 5일 아침 결국 영면하고 말았다. 당시 그의 나이는 겨우 35세였다. 그의 유해는 12월 6일 성 마르크 교회 공동묘지에 묻혔다. 서양 음악 사상 최고의 천재이자 고전주의 시대의 가장 위대한 작곡가라고 할 수 있는 음악가는 그렇게 세상을 떠났다.

같은 해 12월 10일에 있었던 모차르트의 추모 행사에는 그의 유작이자 미완성작으로 남게 된 《레퀴엠 Requiem in D Minor K. 626》의 일부가 연주되면서 의뢰인보다 작곡가 자신을 위해 먼저 사용되는 아이러니한 상황이 벌어지기도 했다. 《레퀴엠》의 작곡을 주문한 미지의 의뢰인은 프란츠 폰 발자크 남작이라는 인물이었다. 아마추어 작곡가이기도 했던 발자크 남작이 작곡 의뢰를

빈 근교에 있는 모차르트의 묘. 비록 가묘에 불과하지만, 클래식 음악 팬이라면 한 번은 찾아가 볼 만한 성지다.

비밀에 부쳤던 것은 《레퀴엠》을 죽은 아내를 추모하기 위해 자신이 쓴 곡이라고 발표하기 위해서였다고 한다. 모차르트 사후 미완성으로 남은 《레퀴엠》을 마무리 지은 것은 미망인 콘스탄츠의 공로였다. 모차르트는 생전에 《레퀴엠》의 약 3분의 2를 완성했는데, 콘스탄츠는 모차르트의 제자 쥐스마이어를 시켜 합창 부분에 반주를 입히고, 모차르트의 스타일을 모방해 뒷부분을 쓰는 식으로 마무리 지어 의뢰인에게 보냈다. 쥐스마이어 이후에도 《레퀴엠》의 미완성 부분은 여러 작곡가가 달려들어 저마다의 솜씨로 곡을 완성하려는 시도를 했고, 지금까지도 그런 시도는 계속되고 있다.

모차르트 레전드

오랫동안 모차르트의 삶과 죽음과 관련해서 역사적 사실과 함께 수많은 '레전드'가 공존하고 있었는데, 그러한 추세에 기름을 부은 것이 영화 〈아마데우스〉다. 1984년 체코 출신 영화감독 밀로시 포르만이 연출한 〈아마데우스〉는 비평가들의 찬사를 받았을 뿐 아니라 고전 음악을 다룬 영화치고는 흥행에도 상당히 성공하면서 모차르트에 대한 전 세계 대중의 인식을 결정 짓는 역할을 했다. 이 영화를 통해 모차르트라는 이름만 알고 있던 사람들까지도 그의 진면모를 알게 되었다고 믿었다. 지금도 〈아마데우스〉를 마치 모차르트의 삶을 충실히 재현한 전기 영화라고 생각하는 사람들이 적지 않다. 원래 〈아마데우스〉는 러시아 문호 푸시킨의 희곡 『살리에리와 모차르트』에 영감을 받아 쓴 동명의 브로드웨이 연극을 영화화한 작품인데, 기본 전제는 살리에리가 모차르트의 천재성을 시샘한 나머지 그를 독살했다는 음모 이론이다. 살리에리에 의한 모차르트 독살설은 모차르트 사망 직후부터 빈을 중심으로 널리 퍼져 있었다. 나이는 모차르트보다 6살 연상이었지만, 모차르트보다 35년을 더 살았던(1825년 사망) 살리에리 본인도 생전에 그 괴담에 꽤 스트레스를 받았다고 한다. 아이러니하게도 문제의 독살설을 현대에 다시 유행시킨 수훈갑 〈아마데우스〉에는 살리에리가 모차르트의 술잔에 독을 타는 장면은 나오지 않는다. 영화 속에서 살리에리가 쓰는 방식은 훨씬 지능적이며 교묘하다.

그렇다면 이 모차르트 독살설은 어느 정도 사실에 가까울까? 일단 살리에리와 모차르트 사이의 재능 차이에는 이견의 여지가 없다. 이는 살리에리의 관현악곡을 한두 편만 들어 보면 명확해진다. 주제 자체는 나쁘지 않지만, 곡의 진행과 함께 주제를 한 차원 높은 수준으로 끌어올리기에는 힘에 부친다는 인상이 든다. 선율을 지지하는 관현악의 짜임새 역시 모차르트의 정교한 테크닉에 비하면 한 수 아래다. 그래서인지 살리에리의 음악 가운데 오늘날 클래식 음악의 표준 레퍼토리로 남은 작품은 사실상 거의 없다.

하지만 두 사람이 활동하던 1780년대 빈 음악계의 현실 권력은 모차르트가 아니라 살리에리의 수중에 있었다. 이탈리아 출신으로 합스부르크 궁정 음악가에 오른 살리에리는 특유의 처세술로 황제를 비롯해 지배층의 신임을 얻었고, 그의 오페라 또한 당대 빈

모차르트의 동시대 작곡가 안토니오 살리에리. 음악가로서보다는 유력한 모차르트 살해범으로 후대에 알려진 비운의 사나이지만, 그의 혐의를 증명할 만한 실제 근거는 거의 없다.

에서 큰 인기몰이를 했다. 실제로 당시 모차르트가 쓴 편지들을 읽어 보면 정적(政敵)의 활약을 시샘하고 견제하는 것은 살리에리 쪽이 아니라 오히려 모차르트 부자 쪽이었다. 모차르트는 왕녀를 가르치는 음악 선생 자리를 놓친 것을 살리에리의 공작 탓으로 돌리는가 하면, 부친에게 살리에리의 오페라 공연에 참석해서 청중의 반응을 염탐해 달라고 부탁하기도 하고, 자신의 오페라 초연에 앞서 살리에리의 술책으로 흥행이 실패하지 않을까 우려하기도 했다. 모차르트가 이처럼 스트레스를 받은 것을 보면 그의 음악 활동에 살리에리의 유무형의 견제가 있었던 것은 사실로 보인다. 하지만 당시 빈에서 모차르트를 견제한 것은 비단 살리에리뿐만이 아니었다. 어떤 분야에서건 대가들 사이에 경쟁과 협력, 견제가 벌어지는 것은 예나 지금이나 다르지 않다. 결론적으로 살리에리가 모차르트를 시기해 독살했다는 직접적인 증거는 찾기 힘들지만, 모차르트 부자가 거의 강박적으로 살리에리의 존재를 신경 쓴 증거는 도처에 깔려 있다.

굳이 따지자면 모차르트의 죽음에 책임을 물을 만한 인물은 살리에리가 아니라 따로 있다고 본다. "등잔 밑이 어둡다."는 속담은 바로 이를 두고 하는 말일지도. 모차르트의 직접적인 사인은 급성 열병이었지만, 당시 정황을 살펴보면 과로사였을 확률이 높다. 열병은 지친 그의 심신이 보인 마지막 증세였을 뿐이다. 1791년 단 한 해 동안 모차르트는 2편의 오페라, 여러 편의 협주곡과 조곡, 1편의 칸타타, 그리고 문제의 레퀴엠을 붙잡고 정말 죽어라고 일했다. 그렇게 열심히 일한 이유는 넘치는 창작열보다는 돈이 필요했기 때문이었다. 모차르트가 말년에 경제적으로 궁지에 몰린 데는 통 큰 씀씀이에 더해 또 다른 이유가 있었다.

1787년 레오폴드가 사망할 당시 부자 사이는 최악이었다. 레오폴드는 1785년 이래 빈 방문은 물론 아들과 편지조차 주고받지 않았다. 심지어 죽기 전 유언을 통해 모차르트를 유산 상속 대상에서 제외하기까지 했다. 그가 상당한 재산을 남긴 것은 아니었지만, 평생 아들에게서 생활비를 받아갔던 부친이었기에 유언장의 내용을 알게 된 모차르트로서는 배신감을 느꼈을 공산이 크다. 결국 문헌 및 정황 증거로만 보면 과로사의 혐의가 짙은 모차르트의 죽음에 책임이 있는 쪽은 살리에리보다는 부친 레오폴드라고 할 수 있다. 부친의 간섭을 피해 빈까지 온 모차르트는 끝내 죽음마저도 부친의 그림자에서 벗어나지 못한 셈이다.

실제 모차르트는 영화 〈아마데우스〉에서 묘사된 '애어른'과도 조금 거리가 멀다. 물론 자신의 재능과 실력에 대한 자부심으로 똘똘 뭉친 인물이었고 청소년 시절부터 여러 기이한 취향을 보였던 것은 사실이지만, 그의 성장 환경을 고려하면 모차르트는 오히려 놀라울 만큼 정상적인 인격이었다고 말해야 할 것 같다. 호사가들은 모차르트와 비슷한

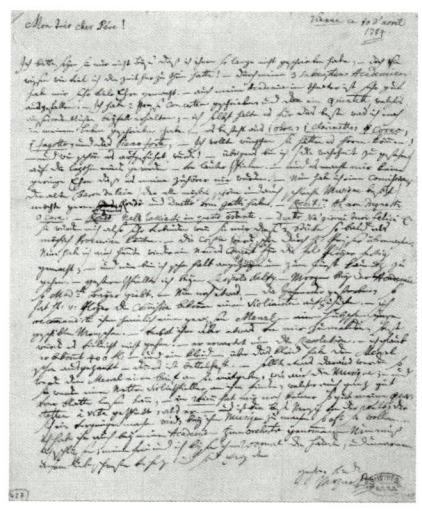

1784년 4월 모차르트가 부친 레오폴드에게 보낸 편지. 모차르트가 빈으로 이주한 뒤 부자간 갈등은 더욱 악화되어 결국 레오폴드는 말년에 아들과 절연하기에 이르렀다.

성장기를 보낸 인물로 미국의 20세기 슈퍼스타 마이클 잭슨을 꼽기도 한다. 마이클 잭슨 역시 정상적인 성장 과정을 밟지 못했고, 심지어 그의 부친은 아들을 황금알을 낳는 거위로 생각하고 마치 서커스단의 조련사처럼 어린 잭슨을 관리하기도 했다. 따라서 모차르트와 마이클 잭슨의 성장 환경이나 주변 인물들을 생각하면 그들이 그 정도로 사람 구실을 할 수 있었던 것이 오히려 더 놀라운 일일지도 모르겠다.

모차르트의 먼 인척이기도 했던 요제프 랑에가 그린 모차르트의 초상. 후대에 가장 잘 알려진 모차르트 초상 가운데 하나다.

마지막으로 모차르트를 둘러싼 전설과 진실을 한 가지 더 소개할까 한다. 앞서 언급했지만, 2016년 의외의 성공을 거둔 모차르트의 CD 세트에는《모차르트의 자장가》가 수록되어 있지 않다. 그런데 이것은 기획자의 실수가 아니었다.《모차르트의 자장가》로 알려졌던 문제의 곡은 최근 음악 연구가들에 의해 플라이시만(J. F. A. Fleischmann)이라는 작곡가의 작품으로 판명되었다. 물론 위대한 모차르트의 업적에 누가 될 수도 있었을 왜곡된 사실을 밝혀 낸 학자들의 근면에는 경의를 표해야 할 것이다. 그럼에도 나는 솔직히 어린 시절 소중한 기억의 한 조각을 잃은 듯해서 곤혹스럽다.《플라이시만의 자장가》, 어쩐지 이 새로운 이름이 영 입에 붙지 않는 것도 그 때문인 듯하다. 그래서 모차르트 전문가들이 뭐라고 하거나 말거나 내 마음대로 정했다. 여전히 내 추억 속의 노래, '주크박스 마더'가 머리맡에서 들려주던 그 노래는《플라이시만의 자장가》가 아니라 《모차르트의 자장가》였다고 말이다. 또 혹시 아는가? 훗날 그 곡이 다시 모차르트의 작품임을 밝히는 새로운 증거가 발견될지? 햇볕 아래 모습을 드러낸 진실이라고 해도 다시 달빛에 물들어 전설로 변하지 말라는 법은 없지 않을까.

5th Brunch Time

오, 하이든

행복한 음악가

흔히 모차르트와 함께 고전주의 음악의 양대 산맥으로 평가받는 프란츠 요제프 하이든(Franz Joseph Haydn, 1732~1809)은 1732년 오스트리아의 동쪽에 자리한 로라우라는 도시에서 목수의 아들로 태어났다. 그가 태어난 고장은 오스트리아-헝가리 제국의 최변경 지역으로, 음악을 비롯한 문화적 기풍에서도 독일뿐 아니라 동유럽 색이 강했다. 그런 인연으로 하이든은 고향의 전래 민요 등 민속 음악의 선율을 자기 작품에 활용하기도 했다.

음악을 좋아하는 부친을 둔 하이든은 어려서부터 음악에 상당한 재능을 보였다. 특히 그는 노래를 잘 불러 1740년 8세가 되던 해에 빈의 성 슈테판 성당의 성가대원으로 채용되어 9년 동안 소년 소프라노로 활동했다. 이 시기에 하이든은 하프시코드와 바이올린 연주법을 함께 익혔다. 1749년 17세의 나이에 변성기를 겪으면서 성가대를 그만

둔 그는 이탈리아 출신의 작곡가이자 성악 교사 니콜라 포르포라(Nicola Antonio Giacinto Porpora)의 조수로 일하며 그에게 작곡 이론을 배웠다. 그러다 1758년 음악 애호가인 모르친 백작에게 고용되면서 하이든은 음악가로서 본격적인 홀로서기 행보를 시작했다. 모르친 백작은 하이든에게 자기가 거느리고 있던 악단의 지휘와 작곡 등을 일임했고,《교향곡 1번Symphony No. 1 in D Major Hob. 1》을 비롯한 하이든의 초기 작품들이 이때 작곡되었다.

  1761년 모르친 백작이 재정 문제로 악단을 해체하면서 하이든은 다시 실업자가 되었지만, 곧이어 아이젠슈타트 성주인 에스테르하지 가문의 음악가로 채용된다. 에스테르하지는 이전까지 하이든이 봉사했던 귀족들과는 급이 다른 존재였다. 오스트리아-헝가리 제국은 이름에서도 알 수 있듯이 오랫동안 오스트리아의 합스부르크 가문이 헝가리와 체코, 트란실바니아의 여러 귀족의 협력을 얻어 이룩한 연합 왕국의 성격이 강했다. 에스테르하지는 오랫동안 반독립적 자치를 누리던 헝가리의 명문 귀족들 가운데서도 가장 먼저 합스부르크 왕가에 협

위대한 고전주의 작곡가 하이든의 출생지 로라우 풍경.

력한 덕분에 제국 내에서도 왕가 다음가는 권력 기반을 다진 실세요 명가였다.

당시 에스테르하지 가문의 수장은 파울 안톤 에스테르하지 후작으로, 그는 자타가 공인하는 음악 애호가였다. 휘하에 대규모 관현악단을 두고 틈만 나면 궁전의 콘서트홀에서 연주를 감상할 정도였다. 하이든은 관현악단의 지휘와 감독을 맡은 가운데 에스테르하지 가문의 행사 및 여가 활동을 위한 다양한 종류의 음악을 작곡하면서 빠르게 자신의 위상을 다져갔다. 안톤 후작이 사망하자 가문의 대권은 동생인 니콜라우스 후작에게 돌아갔다. 그 역시 형에 못지않은 열렬한 음악 애호가였다. 하이든은 1765년 부악장에서 궁정 악장으로 승진하면서 에스테르하지 가문의 음악 활동과 관련한 전권을 행사하게 되었다. 니콜라우스 후작은 헝가리 페르토드 근교에 별궁을 세우고 전속 음악가를 동행해 그곳에서 시간을 보내곤 했다. 베르사유 궁정을 모방한 에스테르하지 궁전은 그 규모와 화려함이 당대 유럽에서도 손꼽을 정도였고, 부속 건물로 지어진 오페라하우스는 당시로는 최첨단 설비를 갖추고 있었다. 니콜라우스 후작과 그 가족들은 주말마다 이 오페라하우스에서 하이든이 작곡하거나 엄선한 여러 기악곡과 오페라 등을 감상하며 시간을 보냈다.

한 가지 결점 아닌 결점이라면 니콜라우스 후작은 바리톤(baryton)이라는, 첼로와 류트의 중간쯤 되

하이든을 궁정 음악가로 채용한 니콜라우스 에스테르하지 후작. 에스테르하지 가문은 합스부르크 가문에 이은 오스트리아 헝가리 제국 제2의 명문가였다.

는 희귀 악기의 연주를 매우 즐겼다. 후작의 이러한 독특한 음악 취향에 맞춰 하이든은 바리톤을 위한 독주곡과 협주곡을 150여 곡 작곡해서 바쳤다. 하기야 에스테르하지 가문이 그에게 보낸 신뢰와 성원을 생각하면 아예 바리톤 음악 연구회 같은 단체라도 만들던가, 아니면 이름을 요제프 '바리톤' 하이든으로 개명하라는 명령이라도 군말 없이 따랐어야 할 듯싶다. 호들갑 같지만, 고대 중국의 고사성어에 '지음(知音)'이라는 말이 있듯이 자신의 재능을 알아주는 사람을 만나는 건 모든 예술가의 로망이다. 그런데 하이든은 '지음'을 만났을 뿐 아니라 하필이면 그가 또 당대 오스트리아-헝가리 제국 권력의 서열 2위를 다투는 인물이었으니 거의 로또급 행운이라고 해야 하지 않을까.

이렇게 해서 하이든은 1761년부터 1790년까지 장장 30년을 에스테르하지 가문에 봉직했다. 빈에서 벌어지는 여러 음악가 사이의 경쟁과 암투에서 멀리 떨어져 근심 걱정 없이 수족처럼 부릴 수 있는 관현악단을 활용해 다양한 음악적 양식과 기법 등을 실험하는 호사를 누릴 수 있었다. 하이든은 당시 상황을 훗날 이렇게 술회하기도 했다. "내게 혼란스러운 영향을 미칠 음악가가 주변에 없었으므로 나는 독창적이 될 수밖에 없었다."

그렇다고 하이든이 수십 년간 에스테르하지 가문의 궁정에 처박혀 있기만 했던 것은 아니다. 일단 에스테르하지 가문의 악장이라는 지위는 그 자체로 상당한 아우라를 만들었고, 그 덕분에 하이든에게는 오스트리아뿐 아니라 전 유럽의 왕가와 유력 가문, 교회 등으로부터 작곡 의뢰가 끊이지 않았다. 하이든은 가끔 빈을 방문하기도 했는데, 1783년에 방문했을 때는 모차르트와 친분을 맺고 이후 음악적 교류를 이어 나갔다.

1790년, 니콜라우스 후작이 사망하면서 하이든의 운도 다했나 싶은 순간이 있었다. 니콜라우스 후작의 뒤를 이은 니콜라우스 2세는 유감스럽게도 부친과는 달리 음악에 큰 관심이 없었고, 선대의 다소 방만했던 지출을 줄이려는 목적으로 아예 궁정 오케스트라를 해체했다. 하지만 가문과 오랜 인연을 맺은 하이든을 배려하는 뜻에서 궁정 악장의 타이틀은 유지하도록 허락했고 소정의 봉록을 계속 지급했다. '명예퇴직' 후 넘쳐나는 시간과 창작욕을 해소할 방안을 찾던 하이든은 흥행사의 주선으로 영국 런던으로 건너가 활동할 기회를 얻었다. 하이든은 런던에서 헨델과 요한 크리스토프 프리드리히 바흐(바흐의 셋째 아들) 등으로 대표되는 '수입된 독일계 음악가'의 계보를 이으며 화려하게 등장했고, 작곡과 지휘, 피아노 연주 등 1인 3역을 소화하며 청중을 끌어들였다. 하이든이 두 번의 영국 투어(1791, 1794)에서 올린 수입은 에스테르하지 가문의 명예 악장으로 받던 봉급을 훨씬 웃도는 것이었다. 영국 투어에서 돌아온 하이든은 빈에 정착한 뒤에도 작곡 활동과 후학 양성에 전념하며 바쁜 노년을 보냈으니, 역시 그는 마지막까지 행운의 사나이였던 것 같다.

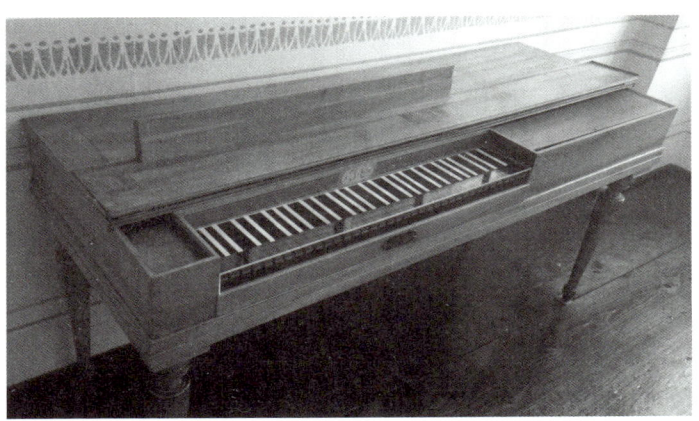

하이든이 사용한 피아노. 하이든은 60곡이 넘는 피아노 소나타 및 다수의 협주곡을 작곡했다.

그렇다면 이제부터 이 행운아가 쓴 음악이 과연 어떤 모습을 하고 있는지 자세히 살펴보기로 하자.

교향곡의 아버지

'교향곡의 아버지'라는 익숙한 별명이 말해 주듯, 하이든은 평생 104편의 교향곡을 작곡하며 고전 시대 교향곡 양식의 표준을 수립한 인물이다. 하이든이 작곡한 교향곡의 가장 큰 특징은 어느 작품을 골라 들어도 엇비슷하다는 점이다. 비록 조성과 템포, 악기 배치 등이 다양하기는 하지만 역시 차이점보다는 공통점이 많이 느껴진다. 이는 하이든의 음악을 깎아내리려고 하는 말이 절대 아니다.

하이든의 교향곡은 설계도에 따라 잘 지어진 건축물 내지 주거 공간과 비슷하다. 어떻게 보면 대한민국의 고층 아파트와 닮았다. 내 생각에 전 세계적으로 대한민국의 고층 아파트만큼 편리하고 예측 가능한 생활을 영위할 수 있는 공간은 찾기 어렵다. 신규 아파트 분양 사무소의 미니어처를 보면 공원과 상가, 학교와 공공시설 사이로 여러 개의 아파트가 서 있다. 어떤 아파트는 15층, 어떤 아파트는 20층 등 그 높이도 다양하다. 모델하우스에서 소개하는 내부 구조 또한 다양하다. 하지만 따지고 보면 결국에는 똑같다. 아파트 30층 혹은 8층에 살거나, 방 3개, 욕실 2개 혹은 방 4개, 욕실 2개에 살거나, 그것들 사이에 어떤 근본적이고 실존적인 차이점은 존재하지 않는다. 그저 매우 예측 가능하고 편안한 삶이 있을 뿐이다. 비슷한 맥락에서 하이든의 교향곡은 한결같이 4개의 악장으로 이루어진 매우 편안하고 예측 가능한 음악적 경험을 선사한다. 어느 작품을 선택하더라도 기본적인 질(담백한 선율, 안정적 화음, 탄탄한 오케스트레이션)이 보장된다. 이 예측 가능하면서도 안정적인 음악은 하이든 음악의 장점이면서 동시에 한계이기도 하다.

하이든의 교향곡 중에는 별명을 가진 작품이 유독 많다. 가령 1761년에 작곡한 교향곡 6~8번은 프랑스어로 각각 '아침Le matin' '정오 Le midi' '저녁Le soir'으로 불린다. 그런가 하면 22번은 '철학자Philosopher'(1764), 48번은 '마리아 테레지아Maria Theresia'(1768), 85번은 '왕비La Reine'(1785)라는 별명을 가지고 있다. 이 별명들에는 저마다 사연이 있는데, 어떤 것은 그런 대로 고개가 끄덕여지기도 하지만, 어떤 것은 약간 허무 개그스럽다. 예를 들어 6번 '아침'은 다소 느린 박자와 부드러운 음향으로 시작해 점점 장엄하고 힘찬 화음으로 확장되는 1악장 도입부와 전개부가 마치 동트는 아침을 연상시킨다고 해서 붙은 별명인데, 여기에는 나름 동의할 수 있다. 하지만 7번 '정오'와 8번 '저녁'이라는 별명은 순전히 6번의 '아침'과 구색을 갖추기 위해 지어진 별명이라는 데 의심을 떨치기 어렵다. 22번 '철학자'는 1악장에서 각 악기의

1780년대 런던 하노버 광장. 1714년 독일계 군주 조지 1세로 시작된 하노버 왕조와 관련 있는 인사들이 모여 살던 지역으로 유명하다. 하이든의 음악은 이 하노버 광장의 콘서트홀에서 절찬리에 연주될 만큼 인기가 높았다.

음색이 겹쳐지는 것이 마치 철학자들이 논쟁하는 장면, 혹은 어느 철학자의 내면에서 일어나는 변증법적 사유의 전개를 연상시킨다는 이유에서 이름 지어졌는데, 역시 그 작명에는 꽤 억지스러운 구석이 없지 않다. 48번 '마리아 테레지아'는 1786년 마리아 테레지아 여제의 에스테르하지 영지 방문을 기념해 작곡된 것이라고 알려져 있었는데, 나중에 1786년 이전에 쓰인 하이든의 친필 악보가 발견되면서 그 별명이 무색해졌다. 85번 '왕비'는 마리아 테레지아 여제의 딸 마리 앙투아네트가 그 곡을 좋아했다고 해서 지어졌다(작품이 작곡되었을 당시 마리 앙투아네트는 프랑스의 왕비였다).

교향곡 82번의 별명은 '곰 The Bear'(1786), 83번의 별명은 '암탉 The Hen'(1785)이다. 그런데 잘 모르는 사람에게 82번을 '암탉', 83번을 '곰'이라고 가르쳐 주어도 별문제 없이 믿을 성싶다. 혹은 사자나 독수리, 도마뱀이라고 불러도 상관없었을 것 같다. 분명 음악은 음악 외적인 현상이나 개념, 정서를 표현하는 수단으로 쓰일 수 있지만 (이는 특히 고전주의에 이은 낭만주의 시대의 기본 사상이기도 했다), 하이든 교향곡은 그러한 연결 고리가 다소 약한 편이다. 오히려 하이든의 교향곡에 유달리 별명이 많은 것은 별명이라도 붙이지 않고는 어느 게 어느 것인지 구별이 어려울 만큼 대동소이한 작품들이기 때문에 발생한 역설적인 현상

영국 화가 토마스 하디가 1792년에 그린 하이든의 초상. 하이든의 균형 잡힌 예술 세계와 인간적 정서를 잘 포착한 그림이라고 할 수 있다.

이 아닐까 싶다. 이를테면 순우리말부터 외래어까지 다양한 이름의 아파트가 있지만 결국 알고 보면 비슷비슷한 주거 공간이듯 말이다.

하이든이 활동 후기에 작곡한, 특히 그가 런던 방문 전후에 썼다고 해서 '런던 교향곡 시리즈'라 불리는 교향곡 12곡은 그의 수많은 교향곡 가운데서도 걸작으로 꼽힌다. 대표적인 예로《교향곡 94번 '놀람'*Symphony No. 94 in G Major "The Surprise"*》(1791),《교향곡 100번 '군대'*Symphony No. 100 in G Major "Military"*》(1794),《교향곡 101번 '시계'*Symphony No. 101 in D Major "The Clock"*》(1794) 등을 들 수 있다. 이 런던 교향곡 시리즈에 붙은 별명들은 있어도 그만 없어도 그만이었던 이전 작품들과는 달리, 비록 정도의 차이는 있지만 작품의 특징을 적확하게 포착하고 있다.

아마도 하이든의 교향곡 가운데 유명세로 1, 2위를 다툴 작품은《교향곡 94번 '놀람'》일 것이다. 작품이 '놀람'으로 불리게 된 것은 매우 잔잔하게 진행되는 2악장 곳곳에 fff의 기호로 표기하는 포르티시모(fortissimo)가 지뢰처럼 설치된 데서 연유했다. 포르티시모는 악보에 음의 세기를 표기하는 셈여림표 가운데서도 가장 크고 세게 연주하라는 뜻이다. 하이든이 이렇게 포르티시모를 곡의 곳곳에 묻어 두었던 것은 당시 음악회에서 꾁 하면 졸기 일쑤였던 귀부인들을 골탕 먹이기 위해서였다고 한다. 사실이야 어찌 됐든 하이든이 의외의 효과로 청중의 주의를 환기하려고 시도했던 것은 분명해 보인다.

《교향곡 100번 '군대'》는 하이든의 교향곡 가운데서도 '베스트 3'에 들 만큼 탄탄한 구성과 작품성이 돋보인다. '군대'라는 별명이 붙은 것은 2악장 알레그레토(allegretto)에서 팀파니, 심벌즈, 트라이앵글 등의 타악기들이 대거 출동하는 대목에서 유래했는데, 실제로 이 부분은《교향곡 94번 '놀람'》만큼이나 그 등장이 급작스럽기도 하고 포르티시모의 기세로 보면 거의 한술 더 뜬다. 《교향곡 100번 '군대'》를 제 2의 《교향곡 94번 '놀람'》이라고 불러도 손색이 없을 정도다. 《교향곡 100번 '군대'》에서 활용된 타악기와 그 연주 방식(특히 힘찬 단조 부분 등)은 오스만 튀르크 군대, 그것도 술탄의 친위 부대에 속한 군악대에서 유래했다고 한다. 이 교향곡은 모차르트와 마찬가지로 터키풍 음악이 적극 채용된 예다. 2악장뿐 아니라 3악장 미뉴에트 역시 '군대'라는 이미지에 매우 충실하다(사실 하이든 자신이 '군대'라는 콘셉트를 얼마나 염두에 두었는지는 불분명하다). 2악장의 터키풍과는 전혀 다른 화려하면서도 절제된 선율과 화음의 움직임을 자랑하는 3악장의 미뉴에트를 듣다 보면 마치 전쟁에서 이기고 개선한 군대의 장병들과 그 가족들이 환영 파티에서 추는 대규모 군무를 보는 듯한 인상이 든다. 주름 한 점 없이 각 잡힌 말끔한 제복을 입은 군인들과 화려한 드레스를 입은 숙녀들이 쌍쌍으로 모여 함께 추는 미뉴에트, 상상만 해도 멋지지 않은가. 경기병 군단의 질주를 방불케 하는 프레스토의 4악장 역시 매우 힘차고 박력 있다.

《교향곡 100번 '군대'》와 같은 해인 1794년에 작곡된 《교향곡 101

하이든의 《교향곡 94번 '놀람'》의 2악장. '놀람'의 유래가 된 포르티시모 기호가 보인다.

번 '시계'》는 2악장에서 짧은 호흡으로 계속되는 바순의 음색이 괘종시계의 규칙적인 움직임을 연상시킨다고 해서 붙여진 별명이다. 하지만 정작 2악장의 주제는 현악기가 주도한다. 시계 소리와 비슷한지의 여부와 상관없이 그 선율은 하이든의 선율 가운데서도 가장 유연하고 뛰어나다. 또 2악장의 빛에 가려서 그렇지,《교향곡 101번 '시계'》의 전 악장은 모두 뛰어나다. 특히 3악장 미뉴에트는 일품이라 할 수 있다.《교향곡 100번 '군대'》의 미뉴에트보다 더욱 유려하고 날렵한—박자가 빠르다는 것이 아니라 음의 움직임에 군더더기가 없다는 의미에서—진행을 자랑한다. 1악장 역시 그 주제에 대해 많은 평론가가 호평하는 작품이다.

정리하자면 하이든의 교향곡은 뒷번호로 갈수록 작품성이 높아진다. 클래식 음악 팬이라면 그의 런던 교향곡 시리즈는 누구에게나 필수 감상곡이다. 반면 초기 작품들에는 옥석이 섞여 있는 편이라 입맛대로 고르면 되지 않을까 싶다. 나는 하이든의 초기 작품들 가운데서도《교향곡 22번 '철학자'》와《교향곡 6번 '아침'》을 이따금 듣곤 한다.

협주곡의 모범생

하이든은 바이올린, 첼로, 건반 악기, 호른 등 다양한 악기를 위한 수십 편의 협주곡을 작곡했다. 그중에서도 유명한 작품으로는《피아노 협주곡 3번 *Keyboard Concerto No. 3 in F Major Hob. XVIII:3*》《바이올린 협주곡 4번 *Violin Concerto No. 4 in G Major, Hob. VIIa:4*》《첼로 협주곡 1번 *Cello Concerto No. 1 in C Major Hob. VIIB:1*》등을 들 수 있는데, 모두 협주곡의 모범생이라고 할 만하다. 독주 악기와 오케스트라 사이의 적절한 역할 분담, 선율과 화음의 균형 잡힌 전개, 주제의 진행이나 독주자의 카덴차 혹은 각 악장의 적절하게 배치된 연주 시간 등 모든 것이 딱 알맞다. 그런데 그뿐이라는 것이 문제라면 문제다. 공부 잘하는 모범생의 한계라고나 할까. 달리 말하면 우리가 음악이라는 현상에서 원초적으로 기대하는 어떤 강렬한 '한 방'이 없다. 엄격한 형식과 규칙에 얽매여 있는 듯한 고전주의 음악에서도 한 방은 필요한 법이듯, 이 작품들은 우리의 음악적 갈등을 채우기에는 뭔가 2퍼센트 부족하다.

하지만 하이든이 1796년 64세에 작곡한 《트럼펫 협주곡Trumpet Concerto in E-flat Major Hob. Vlle:1》은 그의 여타 협주곡과는 차원이 다르다. 하이든의 작품 대다수는 듣다가 잠깐 졸다가 깨어나도 곧장 흐름을 따라갈 수 있어 놓쳤다는 느낌이 그다지 없는데, 이 곡은 예외다. 게다가 워낙에 호소력 있는 음악이다 보니 졸 일도 없다. 당대 유명 트럼펫 연주자였던 안톤 바이딩거(Anton Weidinger)의 의뢰를 받아 작곡한 이 곡은 여느 작품들과 마찬가지로 악장마다 기승전결의 짜임새가 깔끔하고 탄탄한 것은 말할 것도 없다. 그런데 그 안정적인 구조를 궤도 삼아 힘차게 내달리는 트럼펫의 선율은 선명한 데다 확신에 차 있다.

1악장의 알레그로는 식자들이 '축제풍(festive)'이라고 부르는 밝고 희

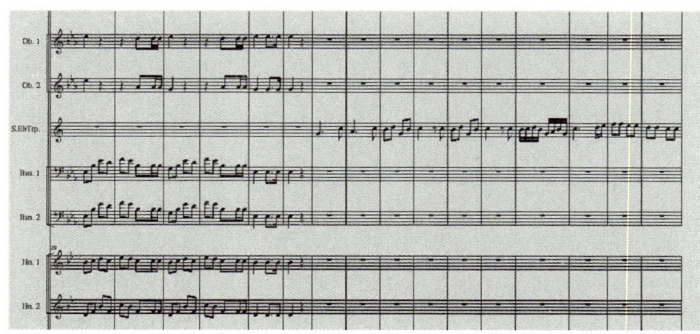

하이든의 《트럼펫 협주곡》의 3악장. 클래식 음악의 문외한조차 알아차릴 만큼 유명한 곡조를 담고 있다.

망친 분위기로 일관한다. 바이올린이 주도하는 관현악 합주에 이어 등장하는 트럼펫은 오케스트라가 제시한 주제를 더 확고한 형태로 재현한다. 또 긴 호흡으로 이어지는 이른바 '롱톤(long tone)'부터 화려한 꾸밈음의 트릴까지 다양한 테크닉을 선보인다. 특히 곡의 끝부분에서 반주 없이 펼쳐지는 카덴차에서는 평소의 하이든답지 않은, 약간은 놀라울 정도의 에너지와 대담성이 느껴진다. 잔잔한 저녁 바다 위의 돛배처럼 유유하게 흘러가는 시칠리아풍의 서정적인 2악장을 감상하다 보면 이윽고 3악장이 시작된다. 3악장에서는 당당하고 경쾌한 선율이 펼쳐진다. 트럼펫은 3악장 전반을 통해 다양한 형태로 변신하는 선율을 실어 나르며, 원래의 장기인 고음역뿐 아니라 중저음대까지를 깔끔하게 소화하는 등 관악기로서의 위상을 남김없이 과시한다.

하이든은 《트럼펫 협주곡》을 끝으로 더 이상 협주곡 장르의 곡을 쓰지 않았다. 나이도 나이지만, 아마 스스로 그 작품을 능가하는 걸작이 나오리라고 생각되지 않아 굳이 미련을 두지 않았을 수도 있다. 하이든의 《트럼펫 협주곡》은 반음계 연주를 자유자재로 할 수 있도록 개발된 키 조작식 트럼펫을 위해 작곡된 최초의 곡이기도 하다. 이 키 조작식 트럼펫은 19세기 중엽 새로 등장한 피스톤(밸브)식 트럼펫으로 대체되며 역사의 뒤안길로 사라졌다. 현재 클래식 음악에서 사용되고 있는 트럼펫은 피스톤형 트럼펫이다. 트럼펫은 바이올린이나 기타, 피아노와 마찬가지로 배우는 사람은 많지만, 정작 연주 솜씨가 뛰어난 사람은 좀처럼 찾기 힘든 풍요 속의 빈곤에 처해 있는 악기 중의 하나가 아닐까 싶다.

실내악

하이든은 교향곡 형식과 함께 이른바 '실내악(chamber music)'을 완성한 인물로도 음악사에서 상당한 비중을 갖는다. 각기 다른 음역과 음색을 가진 복수의 악기가 펼치는 앙상블로 이루어지는 실내악은 클래식 음악 생태계 안에서도 특별한 자리에 있다. 강력한 음향을 자랑하는 교향곡, 독주와 관현악의 '밀당'이 핵심인 협주곡, 가장 개인적인 장르인 독주 소나타 등과는 달리 실내악은 제한된 공간에서 제한된 숫자의 악기(트리오, 4중주, 5중주가 대표적이다)로 펼쳐진다. 연주자 사이의 치밀한 앙상블(연주자 가운데 한 명이라도 튀면 곤란하다)이 연주의 성패를 좌우하며, 작곡자 역시 처음부터 각 파트 사이에 이루어지는 협력과 긴장, 균형의 조성 등을 숙고하며 악보를 작성하지 않으면 안 된다. 실내악은 대규모 콘서트홀보다는 작고 친밀한 공간에서 감상하는 경우가 많은데, 그만큼 감상자들의 입장에서는 연주 자체에 빠지는 몰입도가 높다. 그러한 특징 때문인지 실내악을 클래식 감상의 최고 단계로 보며, 실내악을 즐겨 들어야 클래식을 제대로 아는 사람이라고 자부할 수 있다는 식의 의견도 많다(나는 이 의견에 100퍼센트 동의하지 않는다). 참고로 실내악 용어 가운데 한 가지 주의할 것은 피아노가 들어가는 명칭이다. 피아노 3중주, 4중주, 5중주라는 명칭인데, 이것은 피아노 3대, 4대, 5대가 연주된다는 뜻이 아니다. 피아노 3중주는 피아노, 바이올린, 첼로로 구성되며, 피아노 4중주는 바이올린, 비올라, 첼로, 피아노, 5중주는 4중주의 악기에 더블베이스가 보태진다.

하이든이 실내악의 개척자가 된 배경을 추리해 보면 역시 에스테르하지 가문과 밀접한 관계가 있을 것으로 생각된다. 교향곡이나 오페라에 더해 에스테르하지 일가가 모이는 자리(식사나 다과를 포함)에서 연주할 만한 친밀한 분위기의 음악을 염두에 두고 하이든은 실내악에 주력한 것이 아닐까.

하이든의 실내악은 총량으로 따지면 교향곡을 능가한다. 하이든은 84편의 현악 4중주, 32편의 피아노 트리오(바이올린, 첼로, 피아노), 1편의 6중주(바이올린 4대와 첼로 2대) 등을 남겼다. 여기에다 실내악인지 교향곡인지 협주곡인지 그 정체성을 놓고 지금까지도 논란 중인 작품이 수십 편에 달한다. 하이든의 실내악에는 특유의 위트와 따뜻함, 안정감에 더해 꽉 찬 충만감이 있다. 아니, 촘촘함이라고 해도 좋을 것이다. 단 그 촘촘함이란 어떤 답답한, 혹은 거미줄처럼 구속하는 촘촘함이 아니라 잘 지어낸 직물의 결을 만지는 것 같은, 그런 직물로 만든 셔츠나 스카프를 걸친 것처럼 편안하기 그지없는 촘촘함이다.

하이든의 실내악 가운데 가장 완성도가 높고 오늘날까지도 자주 연주되는 작품들은 역시 현악 4중주 작품들이다. 교향곡과 마찬가지로 하이든의 현악 4중주에도 다양한 별명이 붙어 있는데(30번 '농담*The Joke*', 41번 '개구리*The Frog*', 50번 '꿈*Dream*', 46번 '면도칼*Razor*' 등), 이들 가운데 하이든이 스스로 붙인 별명은 없다. 대부분 하이든 당대 혹은 후대의 음악 감상자나 평론가가 작품의 특정 대목을 듣고 느낀 인상에 근거하고 있는데, 그의 교향곡들과 마찬가지로 어떤 별명은 '아, 별명값을 하는군!' 하고 무릎을 치는 것도 있지만, 어떤 별명은 고개를 갸우뚱하게 하기도 한다. 이를테면 하이든의 실내악 가운데 내가 가장 처음 알게 된《현악 4중주 53번*String Quartet No. 53 in D Major Op. 64-5*》은 '종달새*The Lark*'라는 이름으로 불리는데, 1악장 시작부터 종달새의 지저귐이 들리는 기분이다. 반면《현악 4중주 29번*String Quartet No. 29 in D Major Op. 33-5*》은 '안녕하세요*How Do You Do?*'로 불리는데, 별명과 작품 사이의 접점을 찾기가 쉽지 않다. 1악장의 우아하고 점잖은 분위기가 마치 신사 숙녀가 서로 첫인사(How do you do?)를 나누는 장면이 연상되어 그런 별명이 붙여졌다고 하는데, 나로서는 공감이 가지 않는다. 하이든의 음악은 그 별명이 유명한 까닭에 그로부터 비롯된 선입견을 피해갈 도리가 없지만, 너무 별명에 집착해서 작품을 감상하는 것은 근시안적이다.

하이든의 현악 4중주 가운데 가장 높은 작품성과 완성도를 자랑하는 것은 이른바 '에르도디 현악 4중주집 Erdődy String Quartet'이라고 불리는 6곡의 컬렉션이다. 이 곡들은 1797년 하이든이 헝가리 귀족 에르도디 백작의 의뢰를 받아 작곡한 것으로, 그중에서도 3번째 곡인 《현악 4중주 62번 '황제' String Quartet No. 62 in C Major Op. 76-3 "Emperor"》(이하 황제)》가 유명하다. '황제'라는 별명은 작품 2악장의 주제에서 비롯되

가장 기본적인 실내악 구성인 현악 4중주를 이루는 제1 바이올린, 제2 바이올린, 비올라, 첼로(왼쪽)와 부다페스트 현악 4중주의 연주 모습(오른쪽). 하이든은 실내악 음악의 완성자로 꼽힌다.

었는데, 그 선율은 하이든이 당시 오스트리아 황제 프란츠 2세의 생일에 바친 노래 〈신이여, 프란츠 황제 폐하를 보우하소서 *Gott erhalte Franz den Kaiser*〉를 재활용한 것이다. 이 《황제》는 2악장이 가장 유명하지만, 전체적으로 하이든다운 탄탄탄 짜임새와 구성미를 과시하는 뛰어난 작품이다. 굳이 '황제'의 메타포를 사용해 설명하자면, 2악장이 어떤 예식이나 공식 석상에서 위엄을 과시하는 황제의 인상이라면, 1악장은 황제가 간만에 근신들을 이끌고 사냥터에라도 나간 듯 흥겹고 신나는 기분이다. 3악장 미뉴에트는 우아하면서도 친근하고, 4악장은 때로 고독한 결단을 내려야 하는 지배자로서의 내면적 고뇌를 상징하는 듯 c단조의 휘몰아치는 프레스토로 시작해 다시 원래 조성인 c장조로 돌아와 황제의 되찾은 자신감과 영광을 반영하는 듯한 힘차고 웅장한 피날레로 이어진다.

하이든의 피아노 3중주 시리즈의 마지막 작품인 《피아노 3중주 45번 *Piano Trio No. 45 in E-flat Major, Hob. XV: 29*》 역시 숨은 보석이다. 특히 하이든답지 않은 우수와 명상의 분위기가 가득한 2악장이 인상적이다. 또 1보 후퇴 뒤 2보 전진하듯 2악장에 비해 경쾌한 3악장도 뛰어나다.

교향곡과 협주곡, 실내악 등 전 분야를 막론하고 하이든의 작품 가운데 지금까지도 꾸준히 클래식 팬에게 사랑받는 걸작들은 대부분 그의 생애 후반기, 더 정확히는 에스테르하지 가문에 봉직을 마친 1790년 이후에 본격적으로 쏟아지기 시작했다. 1790년이면 하이든은 이미 지천명의 나이인 57세였다. 물론 평생을 갈고 닦은 음악의 기예를 후기에 아낌없이 발휘했다고 볼 수도 있겠지만, 그 타이밍은 분명한 연구 대상이다. 당사자의 고백 없이 그저 그의 음악에 기초한 정황 증거뿐이기는 하지만, 에스테르하지의 궁정 악장으로서 보장된 하이든의 안정된 지위가 양날의 칼이었다고 추론해 볼 수 있다.

하이든만큼 운이 좋은 음악가를 역사에서 찾기도 힘들 것이다. 하이든은 공교롭게도 그의 음악 스타일이 고용주이자 30년간 유일한 청중이었던 에스테르하지 가문의 취향과 딱 맞아떨어진 덕분에 다른 어떤 동시대 작곡가도 누리기 힘든 예술적 독립성과 명성, 그리고 경제적 보상을 누렸다. 큰 고민 없이 자신의 재능을 그저 성심성의껏 연마하고 펼쳐 보였을 뿐인데 그렇게 나온 음악에 청중(고용주)이 알아서 환호하는 시스템, 이거야말로 모든 음악인의 꿈이 아니고 뭐겠는가. 하지만 이와 같은 상황이 예술가로서의 동기 부여라는 측면에서 과연 바람직했는지는 별개의 문제다. 하이든에게 에스테르하지 가문은 요샛말로 '신의 직장'이었다. 그렇다고 하이든이 거기서 뻔둥뻔둥 놀고먹었던 것은 아니다. 오히려 누구보다 왕성한 생산성을 발휘해야 했다. 하지만 에스테르하지 가문의 음악적 취향이 파악되자 하이든의 음악 세계는 더 이상 앞으로 나아가기를 멈추었다. 하이든의 음악에 흐르는 일관성 혹은 공통성은 바로 그 때문이다.

그런데 에스테르하지 가문에서 퇴직함과 동시에 상황이 180도 달라졌다. 그것은 오히려 하이든에게 새로운 기회를 만드는 계기가 되었다. 궁정 음악가로 계약을 맺은 상태에서 하이든이 쓴 모든 음악은 원칙적으로 에스테르하지 가문의 소유였다. 따라서 외부에서 연주회를 하거나 악보를 출판하려고 해도 고용주의 허락이 필요했고, 그로부터 얻는 수입도 하이든의 몫이 아니었다. 그런데 1790년 니콜라우스 2세는 하이든의 봉록을 대폭 삭감하는 대신 '고용 문서'도 함께 없애 주었다. 즉 프리랜서가 된 하이든은 그때부터 자신의 창작물에서 직접 수입을 올릴 수 있게 된 것이다. 그리고 마치 기다렸다는 듯이, 기존의 매너리즘을 넘어선 걸작들을 쏟아내기 시작했다. 에스테르하지가 보장한 '철밥통'이 사라지자 갑자기 쏟아지기 시작한 명작의 향연, 아무리 생각해도 공교로운 타이밍이 아닐 수 없다.

이 부분과 관련해서는 모차르트의 처지와도 비교해 볼 수 있을 것 같다. 모차르트가 그토록 뛰어난 곡을 계속해서 만들 수 있었던 데는 어쩌면 다소 불우했던 환경이 한몫했는지도 모른다. 물론 모차르트가 한 세기에 한 번 나올까 말까 하는 천재였다는 점을 생각하면 어떤 환경에서도 걸작은 만들어졌을 것이다. 하지만 하이든과는 달리 주어진 철밥통 없이 먹고살아야 하는 프리랜서 음악가라는 생활이 대중의 변덕스러운 취향에 들어맞는 뛰어난 음악을 만들도록 모차르트를 계속 자극했다고도 볼 수 있지 않을까.

24살 차이의 우정

말이 나온 김에 하이든과 모차르트의 관계를 좀 더 깊이 조명해 보고자 한다. 두 사람은 24살이라는 나이 차에도 불구하고 처음 만난 이래 세대를 초월해 존경과 우정을 나눈 사이다. 단순히 인간적인 교류뿐 아니라 예술적으로도 두 사람은 서로의 음악 세계를 잘 이해했고 존중해 마지않았다.

하이든은 거의 사반세기를 에스테르하지 궁전에서 시간을 보냈지만, 매해 크리스마스 시기에는 몇 주간 빈에 머물며 동료 음악가들과 제한적이나마 교류를 나누었다. 그가 모차르트를 처음 만난 것은 1783년 겨울 빈의 한 음악회에서였다. 이후 두 사람은 급속도로 가까워져 모차르트는 하이든이 빈에 들를 때면 가장 먼저 찾는 친구가 되었다. 두 사람은 종종 함께 연주도 하고, 음악에 대한 의견을 교환하기도 했으며, 기회가 있을 때마다 서로의 작품을 즐겨 들었다.

어떤 이들은 하이든과 모차르트가 음악적으로 서로에게 영향을 미쳤다고 말하지만, 이는 100퍼센트 정확한 진단은 아니라고 생각한다. 왜냐하면 모차르트의 음악에서 하이든의 영향력을 찾는 것은 그리 어렵지 않지만, 하이든이 모차르트로부터 배운 것은 별로 많지 않아 보이기 때문이다. 하이든이 모차르트의 음악적 성장에 미친 가장 큰 영향이라고 한다면, 실내악의 완성된 형식을 제시했다는 사실일 것이다. 하이든을 만나기 전에도 모차르트는 실내악에 손을 대고 있었지만, 그가 1773년에 작곡한 《빈 4중주 Viennese Quartets K. 168-173》라고 부르는 6편의 현악 4중주는 모차르트의 이전 작품들과는 차원이 다르다. 모차르트가 부친 레오폴드와 함께 그해 여름 잠시 빈에 머물면서 작곡한 것으로 알려진 이 작품은 이전보다 더욱 완성된 형식과 짜임새를 자랑한다. 이는 물론 모차르트의 음악적 성장을 말해 주는 것이기도 하지만, 이에 덧붙여 평론가들은 그가 작곡을 전후한 시기에 빈에서 하이든의 실내악 연주를 들었거나 적어도 그의 악보를 사서 연구했을 가능성이 높다고 보았다.

아니나 다를까 모차르트는 '빈 4중주'를 쓴 지 거의 10년 뒤인 1782부터 2년에 걸쳐 쓴 6곡의 현악 4중주 《하이든 4중주 Haydn Quartets》 전곡을 하이든에게 헌정했다. 출판된 악보에 덧붙인 모차르트의 헌사에는 하이든에 대한 존경과 사랑이 물씬 묻어난다. 이 곡에서 모차르트는 자기 자신을 6명의 자식을 낳은 아버지에 비유하며, 하이든에게 자신의 여섯 자식을 모두 거두어 애정을 가지고 잘 보살펴 달라며 작품에 대한 모든 권한까지 양도했다. 혹자는 모차르트의 음악과 하이든의 음악이 혼동되기 쉽다고 말하는 사람들이 있지만, 모차르트의 《하이든 4중주》의 경우에는 어느 정도 맞는 말이라고 생각한다. 이를테면 모차르트의 《현악 4중주 17번 '사냥' String Quarter No. 17 in B-flat Major K. 458. "The Hunt"》은 모르고 들으면 모차르트인지 하이든인지 헷갈릴 정도다.

하이든의 작품 가운데 모차르트의 영향이 느껴지는 곡을 꼽자면 1784년에 발표한 《피아노 협주곡 11번Piano Concerto No. 11 in D Major》을 들 수 있다. 경쾌하고 날렵한 1악장 도입부부터 모차르트의 분위기가 느껴진다. 이 곡의 작곡 시기를 고려해 보면, 아마도 모차르트의 음악을 처음 듣고 신선한 충격을 받은 하이든이 그의 스타일을 모방하려고 시도했으리라는 추론이 가능하다. 이 밖의 작품은 《교향곡 100번 '군대'》 정도를 들 수 있다. 이 작품의 3악장 미뉴에트는 모차르트의 《교향곡 39번》 속 미뉴에트와 놀라우리만치 닮았다. 조금 때 이르게 세상을 떠난 젊은 친구(모차르트)에 대한 오마주라고 봐도 좋을 것 같다. 하이든이 모차르트의 음악에 영향을 받은 작품은 이 정도다. 고전주의 양식의 완성자로 평가받는 하이든은 모차르트로부터 어떤 장르적, 양식적 영향을 받기에는 이미 너무 커버린 존재였다. 무엇보다 음악의 가장 근원적이고 원초적인 요소, 다시 말해 선율을 창조하고 다루는 모차르트의 재능은 쉽게 모방할 수 있는 성질의 것이 아니었다.

말년의 하이든(왼쪽)과 모차르트(오른쪽). 고전주의 시대를 대표하는 두 음악가는 나이와 재능을 초월한 교감을 나눈 사이였다.

거칠게 요약하면 하이든의 음악은 경쾌하면서도 견고하고, 모차르트의 음악은 경쾌하면서도 유연하다. 하이든의 음악이 견고한 것은 촘촘한 구성, 깔끔한 양식 활용에 기인한다. 반면 모차르트의 음악이 유연한 것은 선율의 힘, 그 선율을 다시 변화무쌍하게 다루는 재능 덕분이다. 고전주의 양식을 완성한 것은 하이든이다. 하지만 그 속을 진정한 콘텐츠, 즉 잊히지 않는 선율로 채워 넣은 것은 모차르트였다.

하이든과 모차르트 사이의 두드러진 차이점이라면 경제성을 들 수 있다. 모차르트의 통 큰 씀씀이와 하이든의 알뜰살뜰함은 그 자체로 대조적이지만, 여기서 말하는 경제성이란 돈 얘기를 하는 게 아니다. 음악 창작 과정에서 어떤 작품을 끌고 가는 주선율(동기/주제)을 고안해 내는 것은 하이든에게 결코 쉬운 작업이 아니었다. 심지어 그의 작품 가운데 가장 분명한 선율의 매력을 가졌다는 《황제》마저도 그 주선율

오스트리아 황제 프란츠 2세의 초상(왼쪽)과 하이든이 프란츠 2세의 생일에 바친 《황제 찬가》의 친필 악보(오른쪽). 오랫동안 오스트리아의 국가로 사용된 곡이며, 이웃나라 독일의 국가 또한 그 선율을 채택했다.

이 하이든의 고향과 가까운 크로아티아 지방의 민요와 닮았다는 주장이 있다. 사정이 이렇다 보니 하이든에게 주제는 결코 허투루 낭비할 수 없는 알토란 같은 쌈짓돈이었다. 교향곡과 실내악, 협주곡을 통틀어 그의 음악 각 악장이 하나의 주선율에 기초하고 있는 것은 바로 그 때문이다. 같은 동기를 늘렸다 줄였다 조성을 바꿨다 하며, 마치 레몬즙의 마지막 한 방울을 악착같이 쥐어짜듯 최대한 '진액'을 뽑아낸 것이다.

한편 모차르트는 한 주제에 오래 집착하지 않았다. 물론 좋은 주제를 가지고 몇 번 희롱해 보기는 하지만, 곧 싫증이라도 난 듯 전혀 새로운 주제를 악장 중간에 불쑥 소개하는 경우도 많다. 어쩌면 하이든으로서는 이런 모차르트의 스타일이 엄청난 낭비로 보였을지 모른다. "아니, 그 귀한 주제를 마구 써 버리다니. 이 친구, 주제가 하늘에서 막 떨어지는 줄 아나?" 그런데 사실이 그랬다. 하이든에게는 희소한 자원이었던 주제(선율)가 사실 모차르트에게는 문자 그대로 하늘에서 마구 떨어지는 것이었고, 그냥 주우면 되는 것이었다.

그렇다면 하이든의 음악에는 있고 모차르트의 음악에는 없는 것은 무엇일까? 바로 위트다. 모차르트의 음악에는 재기발랄함은 있어도 위트는 없다. 어쩌면 이는 당연한지도 모른다. 왜냐하면 위트는 인생의 여러 면을 두루 겪어 본 사람이 그러한 경험을 승화시킨 가운데 나오는 촌철살인의 감성 언어다. 만약 모차르트의 생이 조금 더 길었더라면 그의 음악에서도 위트가 느껴졌을지 모른다. 대체로 성정이 바른 사람은 쓰라린 경험이나 기억마저도 위트와 유머로 승화한다. 성정이 뒤틀렸거나 예민한 사람은 위트 대신 냉소와 빈정거림으로 대응한다. 짐작해 보건대, 모차르트는 어린아이 같은 천성의 인물이었으므로 삶의 쓴맛을 냉소로 풀어내지는 않았을 것이다.

천부적 재능에서 하이든이 모차르트보다 모자랐던 것은 두말하면 잔소리다. 그러나 중요한 점은 하이든이 이와 관련해서 전혀 스트레스를 받은 흔적이 없다는 것이다. 살리에리는 영화 〈아마데우스〉 덕분에 유명세를 치르긴 했지만, 실제로 모차르트와의 교분은 제한적이었다. 오히려 음악적으로 모차르트와 훨씬 긴밀한 교류를 한 사람은 하이든이었다. 따라서 행여라도 모차르트에 대한 콤플렉스를 강하게 느꼈어야 할 인물이라면 살리에리보다는 하이든일 가능성이 더 높다. 하지만 하이든은 픽션 속의 살리에리처럼 모차르트에 대한 질투로 남몰래 괴로워하지도 않았고, 빈의 음악계에서 모차르트를 매장하겠다는 음모를 꾸미지도 않았다. 오히려 그는 젊은 천재의 재능을 깔끔하게 인정하고 즐기는 데 집중했다. 그런 하이든의 느긋하면서도 실용적인 자세는 모차르트와 하이든 서로에게 큰 시너지가 되었다. 게다가 모차르트는 엄청난 재능을 모두 발휘할 겨를도 없이 낭비벽과 불운이 겹친 끝에 요절했고, 24살 연상의 하이든은 모차르트 사후에도 18년을 더 살면서 원로 음악가로서는 더 바랄 수 없을 만큼 존경받는 삶을 누렸다. 살아남은 자의 슬픔이라기보다는 살아남은 자의 행복과 평안이다.

행복한 말년

이렇게 행복하고 충만한 삶을 산 하이든에게도 흑역사는 있었다. 그의 예술적 부분을 들여다보면, 하이든은 평생 성악 장르를 완전히 정복하지 못했다. 하이든의 고질적인 약점인 선율의 부재가 가장 적나라하게 드러나는 분야가 성악이었다. 애초에 노래를 잘해 성당의 성가대원으로 채용되어 출세의 전기를 마련했던 하이든이 정작 성악에서 실패했다는 사실이 아이러니하다. 하이든이 지은 오페라는 여러 편이 있는

데, 그 가운데 오늘날까지 지속적으로 상연되는 오페라는 거의 없다. 심지어 많은 사람이 걸작으로 꼽는 오라토리오 《천지창조 The Creation》 조차도 합창곡과 아리아를 통틀어 강렬한 인상을 주는 노래는 손에 꼽을 정도다. 평자 중에는 《천지창조》에서 낭만파의 전조가 느껴진다고 설레발치는 이도 있지만, 정작 들어 보면 별것 없다. 반면 하이든의 삶을 들여다보면 그는 상당히 불행한 결혼 생활을 보냈다. 그의 아내는 남편의 예술 세계를 거의 이해하지 못했고, 하이든 역시 아내를 깊이 사랑하지 못하고 몇몇 여성과 혼외 관계를 맺기도 했다.

하이든의 말년에 가장 큰 사건이라면 1809년 나폴레옹의 군대가 오스트리아와의 전쟁에서 승리해 빈을 함락한 사건을 들 수 있다. 국가 입장에서는 치욕이었지만, 하이든 입장에서는 영광의 순간이었다고

에스테르하지 가문을 떠난 하이든이 빈에서 말년을 보낸 저택(위). 현재는 하이든 박물관이다. 하이든의 데스마스크(아래). 1809년 빈으로 진격한 프랑스군 역시 하이든에게 경의를 표한 바 있다.

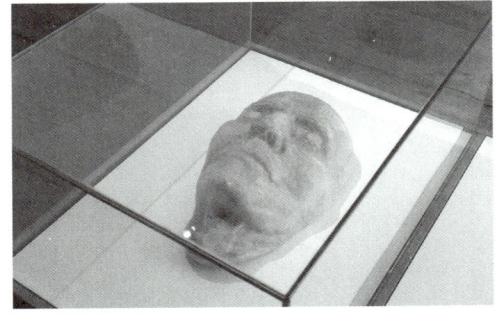

할 수 있다. 당시 하이든의 명성은 이미 전 유럽에 퍼져 있었고, 나폴레옹 역시 하이든 음악의 팬이었다. 그런 연유로 나폴레옹은 빈에 입성하자마자 전쟁의 북새통에 노출된 대 음악가의 신변을 염려한 나머지 친히 기병대를 보내 하이든의 자택을 보호하도록 명령했다. 갑작스러운 기병대의 출현에 하이든과 그의 식솔들이 영문을 몰라 불안해하자, 프랑스 기병 장교 가운데 누군가가 《천지창조》 속 아리아의 한 소절을 불러 안심시켰다는 전설 같은 일화가 전해진다.

그 무렵 하이든은 병상에 누워 있었는데, 프랑스 기병대의 방문이 있은 지 며칠 뒤인 5월 26일 마치 병에서 완전히 회복된 듯 맑은 정신으로 침대에서 일어나 피아노를 연주했다. 그리고 그날 저녁 의식을 잃고 쓰러져 나흘 뒤 세상을 떠났다. 그의 나이 77세였다. 고전주의 음악의 완성자이자 모차르트의 멘토였으며, 오스트리아는 물론 바다 건너 영국, 심지어 오스트리아와 전쟁 중이던 적국 프랑스의 최고 통치자까지 흠모해 마지않던 거장은 그렇게 세상을 떠났다.

6th Brunch Time

아흐, 베토벤

수업 시대

위대한 작곡가 루트비히 판 베토벤(Ludwig van Beethoven, 1770~1827)은 1770년 독일의 도시 본에서 태어났다. 루트비히라는 이름은 그의 조부로부터 물려받은 것이라 엄밀히 말하면 그는 루트비히 판 베토벤 2세다. 조부 루트비히 판 베토벤 1세는 본의 선제후를 모시는 궁정 악장으로 상당한 명성을 쌓은 음악가였고, 베토벤은 그런 조부를 평생 자랑스러워했다. 베토벤의 부친인 요한 베토벤 역시 선제후 궁정에 소속된 음악가(테너 가수)였지만, 심각한 알코올 중독에 폭력 기질이 다분한 인물이었다. 하지만 그는 아들의 음악적 재능만은 일찍 간파하고 어려서부터 집중 훈련을 시켰다. 베토벤 전기 등에 따르면 베토벤의 부친이 주도한 교습 과정은 실로 지독하기 짝이 없었다고 한다.

부친 요한은 베토벤이 10세 때 본격적으로 음악에 매진할 수 있도록 아예 학교를 자퇴시키기까지 했다. 이 같은 부친의 결정은 양날의 칼

베토벤의 출생지 본의 19세기 모습. 베토벤은 본 선제후의 궁정에 음악 장학생으로 들어가면서 생의 전기를 맞는다.

과도 같았다. 베토벤은 당시 오르가니스트로 평판이 높았던 네페(Christian Gottlob Neefe)에게 사사해 건반 연주와 작곡 기법 등을 배우면서 음악적으로 빠르게 성장했다. 하지만 너무 일찍 정규 교육을 포기한 탓에 베토벤은 평생 셈법과 철자법이 서툴렀다. 실제로 베토벤은 장년에 이르기까지 영수증이나 고지서 등을 제대로 계산하지 못했다고 한다. 현대 음악 이론에서는 조성 음악의 여러 메커니즘을 수학적으로 풀어내는 작업을 진행했고, 아동 교육 이론에서는 음악적 훈련이 아이들의 수학적 사고에 도움이 된다는 주장도 더러 있다. 하지만 베토벤은 수학 포기자도 위대한 음악가가 될 수 있다는 희망의 메시지를 전하는 시범 사례라고 할 수 있지 않을까.

비록 모차르트와 비교할 수준은 아니더라도 베토벤이 일찍이 보인 음악적 재능 역시 평범한 것은 아니었다. 베토벤은 12세에 처음으로 자신이 작곡한 곡을 발표했고, 불과 14세에 본을 다스리는 선제후 막시밀리안 프란츠의 궁정 오르간 연주자로 취업해 선제후의 보호를 받으며 음악 장학생과 비슷한 지위를 누리기도 했다. 베토벤은 선제후의 배려로 1787년에는 빈을 방문해 그의 우상이었던 모차르트 앞에서 피아노를 연주하는 기회를 가졌고 격찬을 받았다.

하이든 역시 베토벤을 높이 평가했다. 1791년 본을 방문 중이던 하이든은 베토벤의 연주를 듣고 그를 제자로 삼겠다고 제안했다. 하이든의 초청을 받아들인 베토벤은 이듬해 빈으로 음악 유학을 떠났고, 이후 빈을 일생의 터전으로 삼았다. 하이든의 지도로 베토벤의 음악은 빠르게 성장했다. 베토벤은 하이든에게서 건반 악기와 관현악 기법을, 살리에리에게 성악곡 작곡을, 요한 알브레히츠베르거(Johann Georg Albrechtsberger)에게 대위법을 배웠다. 그러고 보면 베토벤은 모차르트와 하이든을 비롯해 당시 유럽 음악을 주도하던 거장들을 두루 만나며 그들의 '비급' 내지 '신공'을 전수받는 소중한 기회를 누렸다. 이는 베토벤이 운이 좋았던 것도 있지만, 동시에 그의 촉망되는 장래를 두고 당시 빈 음악계에서 모종의 의견 일치가 이루어졌다는 방증이기도 하다. "아이 하나를 키우는 데는 온 마을이 힘을 합쳐야 한다."는 서양 속담처럼 당시 빈의 음악계가 모두 힘을 합쳐 베토벤이라는 소중한 재능

베토벤이 사용한 피아노. 아들을 피아노 신동으로 키우려 했던 부친에 의해 베토벤은 어려서부터 특공 훈련에 가까운 피아노 연습을 감당해야 했다.

을 가꾸어 간 셈이다.

베토벤은 빈 사교계를 중심으로 젊고 재능 있는 피아니스트로서의 명성을 서서히 쌓아갔다. 특히 즉흥 연주에 남다른 솜씨를 발휘했는데, 주어진 선율을 자유자재로 변화시키는 그의 솜씨를 지켜본 사람들은 즉흥 연주가 악보로 옮겨진 최종 작품보다 더 낫다고 평하기도 했다. 1795년 베토벤은 25세에 《피아노 협주곡 1번*Piano Concerto No. 1 in C Major Op. 15*》을 직접 연주하며 음악계에 정식으로 데뷔했다.

제1기 고전 시대

평론가들은 베토벤의 음악 세계를 흔히 세 시기로 분류한다. 그중 제1기는 이른바 '고전 시대', 제2기는 '영웅 시대', 제3기는 '마지막 시대'로 불린다. 물론 이 시기가 케이크를 자르듯 반듯하게 구분되는 것은 아니다. 마치 베토벤의 전 생애가 고전주의와 낭만주의 사이에 절묘하게 걸려 있듯이, 이들 각 시기에 작곡된 작품들 가운데는 한마디로 정의하기 힘들 만큼 다층적인 요소와 분위기를 지닌 것들도 많다. 하지만 동시에 베토벤의 복잡다단하고 다채로운 삶과 음악을 이해하는 데는 그런 식의 과감한 구분이 유용한 것도 사실이다.

베토벤의 창작 제1기는 베토벤이 정식으로 빈 음악계에 데뷔한 1795년부터 1802~1803년까지로 잡는다. 이 시기의 베토벤은 여러 소나타 작품을 통해 고전주의 음악의 문법을 충실히 적용하면서도 자신만의 색깔을 드러내기 시작했다. 우선 주목할 작품은 《피아노 소나타 8번 '비창'*Piano Sonata No. 8 in C Minor Op. 13 "Pathetique"*》이다. '비창'이라는 제목은 베토벤 본인이 지은 것이 아니라 악보 출판업자가 임의로 붙인 것이지만, 작품 전체를 관통하는 정서를 잘 포착한 제목임에는 분명하다. 작품은 형식상으로 고전주의 전통에 기대어 있지만, 그 속에는 베토벤 특유의 색채가 드러난다. '비창'이라는 별명의 근거가 된 1악장은 격렬한 감정의 선을 그린다. 이어지는 2악장은 베토벤의 선율 가운데 현대인들에게 가장 익숙한 것 중 하나다. 각종 라디오나 TV 프로그램의 배경 음악은 물론 그 선율을 그대로 채용한 팝송도 있고 영화의 OST로도 쓰였다. 2악장에서 귀에 익은 대목은 f장조의

독일 화가 카를 예거가 그린 베토벤의 초상. 굳은 입술과 단호한 눈매 등 그의 특징을 잘 살렸다.

첫 부분이지만 단조로 바뀌는 중간의 전환도 놓치기 아깝다.

《피아노 소나타 8번 '비창'》과 쌍벽을 이룰 만한 작품은 《피아노 소나타 14번 '월광'*Piano Sonata No. 14 in C-sharp Minor Op. 27-2 "Moonlight"*》이다. 이 곡의 유명한 1악장은 피아노 소나타 1악장으로는 드물게 느리고 조용한 박자의 간명한 선율로 일관한다. 이 1악장과 관련해서는 베토벤이 어느 달빛이 흐르는 밤 산책 중 마주친 소녀(눈먼 소녀였다는 버전도 있고, 눈먼 소녀가 치는 피아노 소리를 들었다는 버전도 있다)에게 깊은 인상을 받고 집에 돌아와 단숨에 썼다는 일화가 있지만, 이 일화는 아마 이야기책에 등장했던 일화가 사실처럼 굳어진 경우일 것이다. 실제로 현대의 베토벤 연구가 중에는 1악장이 18~19세기 초 독일에서 흔히 사용되던 장례식 음악을 변형한 것이라고 주장하는 이들도 있다.

1악장이 끝나면 지극히 간소한 2악장을 거쳐 격렬한 3악장이 펼쳐진다. 내 생각에 이 작품의 하이라이트는 바로 3악장이다. 이 악장을

처음 듣는 사람이라면 정말 같은 소나타의 한 부분일까 싶을 정도로 여타 악장과 성격을 달리한다. 하지만 '월광'이라는 제목을 사랑하는 팬들이라면 3악장 역시 달빛의 이미지를 그대로 가지고 감상해도 좋다. 단 3악장의 달빛은 1악장에서 호사가들이 말하는 아름다운 장님 소녀의 손길 위를 흐르는 잔잔한 달빛이 아니라 광기와 격정의 달빛이다. 굳이 비유하자면 보름달의 정기를 받고 튀어나온 늑대 인간의 포효 내지 춤사위라고나 할까. 초반부터 빠른 박자로 힘차게 진행되는 타건의 에너지는 중반부에서 겹화음으로 폭발한다. 이 대목을 건반만 두들겨 대는 야단법석으로 만드느냐, 아니면 꿀벌들이 만들어 내는 아름다운 벌집의 기하학처럼 열 손가락으로 화음의 구성을 이룩하느냐를 결정 짓는 것은 정말 백지 한 장 차이다. 물론 프로와 아마추어의 차이이기도 하겠다.

베토벤은 이 시기에 총 9곡의 바이올린 소나타를 썼는데, 그중 가장 흥미로운 작품은 1803년에 쓴 마지막 작품 《바이올린 소나타 9번 '크로이처' *Violin Sonata No. 9 in A Major Op. 47 "Kreutzer"*(이하 크로이처 소나타)》다. 이 곡은 프랑스의 외교관이자 바이올리니스트였던 로돌프 크로이처에게 헌정되어 '크로이처 소나타'라는 이름으로 유명하다. 흥미롭게도 정작 크로이처 백작 본인은 이 작품을 한 번도 연주한 적이 없다고 한다. 실제로 상당

1804년경의 베토벤. 당대 빈 최고의 음악가로 발돋움하던 시기의 자신감과 패기가 느껴진다.

1816년에 출판된 《피아노 소나타 14번 '월광'》 1악장(왼쪽)과 3악장 악보(오른쪽). 실제 작품을 흐르는 미학적 정서는 달빛과는 별로 상관이 없어 보인다.

한 기교를 요구하는 작품이기도 했지만, 바흐가 프리드리히 2세에게 바친 《음악의 헌정》처럼 정작 헌정 받은 당사자가 연주하기에는 실력에 부치는 그림의 떡이었을지도 모르겠다. 이 작품에서 가장 유명한 악장은 장조와 단조의 특성이 거의 반반씩 혼재된 가운데 격정적으로 몰아치는 아다지오 소스테누토(adagio sostenuto)의 1악장이지만, 변주곡 형식의 2악장 안단테 콘 바리아지오니(andante con variazioni), 1악장의 격정적인 에너지를 다시 불러내는 프레스토(presto)의 3악장 역시 뛰어나다. 실제로 1악장과 3악장은 분위기가 너무 닮아서 2악장을 건너뛰고 1악장과 3악장을 이어서 들으면 오히려 문맥이 그대로 유지되는 한 편의 환상곡 같기도 하다.

《크로이처 소나타》는 러시아 소설가 톨스토이에 의해 더욱 명성을 얻은 작품이기도 하다. 1888년 봄, 톨스토이는 모스크바의 자택에서 열린 작은 음악회에서 《크로이처 소나타》를 감상하며 깊은 인상을 받았다. 그리고 1년 뒤인 1889년에 소설 『크로이처 소나타 The Kreutzer Sonata』를 발표했다. 소설은 발표와 동시에 선풍을 일으켰고, 정부 당국의 검열 대상에 오르기까지 했다. 그도 그럴 것이 톨스토이는 작품에서 무슨 예술이나 인생의 아름다움을 그린 것이 아니라 아내의 부정을 알아챈 남편이 아내와 그 정부에게 느끼는 살인 충동, 나아가 그리스도교에서 말하는 정숙한 부부 관계라는 것이 정말 가능한 것인지에 대한 근본적인 회의를 밝혔기 때문이다. 실제로 톨스토이는 부정을 저지른 아내와 그 정부를 살해하려는 남편이라는 모티프를 수년간 염두에 두고 있었다. 하지만 쉽게 집필에 착수하지 못하고 있다가 문제의 음악회에서 베토벤의 소나타를 듣고 이른바 '필'이 꽂혔던 것이다. 나 역시 이 음악을 들을 때마다 소설 『크로이처 소나타』의 몇몇 장면이 떠오르곤 한다.

제2기 영웅 시대

1802년, 빈 근교 하일리겐슈타트에 머물고 있던 베토벤은 두 동생에게 장문의 편지를 보내 오랫동안 품고 있던 비밀을 고백했다. 바로 자신이 청력을 잃어가고 있다는 사실이었다. 그의 난청 증상은 20대부터 시작되었으며, 30세가 넘어가면서 더욱 악화돼 거의 정상적인 생활이 불가능할 정도였던 것으로 보인다. 귀가 잘 들리지 않는다는 것은 보통 사람에게도 청천벽력 같은 소식이거늘, 하물며 신기에 가까운 즉흥 연주로 유명한 피아니스트이자 촉망받는 신성 작곡가였던 베토벤에게 얼마나 충격적이었을지 충분히 짐작하고도 남는다.

베토벤은 이후에도 오랫동안 대중으로부터 자신의 비밀을 지키려고 노력했고, 청력을 잃어가는 와중에도 작품을 직접 연주하거나 지휘하려는 의지를 꺾지 않았다. 그러다 보니 제대로 된 지휘가 나오기는 어려웠다. 예를 들어 오케스트라는 잔잔한 대목을 연주하는데 베토벤은 그보다 몇 악절 뒤에 시작되는 포르테 대목에서나 어울릴 열정적인 제

스처를 취하는 등의 사고가 끊이지 않았다.

  1803년부터 1815년까지를 베토벤의 영웅 시대라고 부르는 것은 그의 청력이 악화되는 것과는 대조적인 풍성한 창작 활동 때문이다. 다시 말해 베토벤의 난청이 그의 창작 활동을 위축시키지 않았다는 것이다. 어떤 의미에서 베토벤의 난청은 오히려 외계의 '잡음'들로부터 그를 차단하고 깊은 내면으로 침잠하게 하여 독특한 예술적 스타일을 발굴하도록 하는 역할을 하지 않았을까 싶다.

  이 시기의 베토벤을 대표하는 장르는 단연 교향곡이다. 생각해 보면 이 역시 놀랍기는 마찬가지다. 교향곡을 가능케 하는 것은 교향악단, 즉 오케스트라다. 따라서 좋은 교향곡을 쓰려면 오케스트라를 구성하는 온갖 종류의 악기, 특히 각 악기의 독특한 음색과 음역의 특성을 상세히 파악하는 것이 기본이다. 작곡가는 교향곡의 초고로 오케스트라와 리허설을 한 뒤 실제 소리가 본인의 의도와 다르면 악기의 역할을 수정하거나 악보를 새로 쓰기도 한다. 그런데 귀가 잘 들리지 않는 작곡가가 어떻게 그런 작업을 제대로 해낼 수 있단 말인가. 베토벤이 감당해야 했던 고난에 비하면 3년간 시스티나 성당 천장화를 그리다가 머리가 옆으로 기울어졌다는 미켈란젤로의 에피소드는 그저 귀엽게 들릴 정도다.

  1800년에 초연된 베토벤의 《교향곡 1번 *Symphony No.1 in C Major Op. 21*》은 하이든과 모차르트의 그림자가 뚜렷하다. 반면 1802년에 작곡한 《교향곡 2번 *Symphony No.2 in D Major Op. 36*》은 고전주의 양식에서 탈피하려는 실험적 시도가 곳곳에 드러난다. 하지만 베토벤만의 혁신이 본격적으로 펼쳐진 것은 《교향곡 3번 '영웅' *Symphony No. 3 in E-flat Major Op. 55 "Eroica"*(이하 영웅)》(1803)부터다. 《영웅》이 베토벤 당대 음악계에 미친 영향은 엄청난 것이었다. 그때까지 하이든식의 아기자기하고 안정적인 스타일의 교향곡에 익숙했던 빈의 청중(빈 시민의 절대다수)에게 이 작품은 상당한 충격, 심지어 미래에서 온 음악처럼 느껴졌을 것이다. 베토벤의 《영웅》은 아마도 모차르트의 《교향곡 40번》이후 가장 혁신적이고 독특한 교향곡이라고 해도 무리가 없어 보인다. 빈의 청중은 베토벤 이전에 그런 음악을 들어본 적이 없었다. 이 작품이 '영웅'이라고 불리는 것은 비단 나폴레옹에게 헌정을 고려했었다는 뒷얘기 때문만이 아니라 완전히 새로운 음악 언어를 만들려고 한 베토벤의 영웅적 시도 자체에 비추어 봐도 무척이나 어울린다.

《영웅》의 구성을 뜯어 보면 일단 1악장이 엄청나게 길다. 전형적인 하이든 교향곡의 1악장과 비교하면 2배가 넘는 길이다. 곡의 시작과 동시에 바이올린에 의해 소개된 주제가 점차 강력하고 복잡한 선율과 화음으로 진행되는 1악장은 그 긴 시간 내내 연주자들이나 청중들이 긴장을 풀고 숨 돌릴 공간을 거의 허용하지 않는다. 게다가 불쑥 옆구리를 치듯 끼어드는 첼로라든지 엇박자로 등장하는 프렌치 호른 등 연주 내내 예측 불허의 장치들이 곳곳에서 도사리고 있다가 신선한 효과를 일으킨다. 실제로 이 프렌치 호른이 등장하는 타이밍은 기존의 교향곡 방식과 너무 달라 초연 당시 연주자들 사이에서 혼동이 벌어지기도 했다고 한다. 하이든의 교향곡이 가벼운 산책, 모차르트의 교향곡이 즐거운 소풍이라면, 베토벤의 교향곡, 특히 《영웅》의 1악장은 강도 높은 에어로빅에 가깝다. 물론 거세게 하는 운동은 다소 힘은 들지언정 땀을 흘린 뒤 느끼는 보람과 만족감은 말로 표현할 수 없을 정도로 벅찰 것이다.

2악장은 흔히 '장송 행진곡'으로 불리지만, 그렇다고 구슬프기만 한 것도 아니다. 곡은 우선 c단조를 주된 조성으로 삼아 차분하고 우울하게 시작되지만, 간간히 명랑한 장조의 선율을 선보이다가 뒤로 갈수록 점점 장엄하고 힘찬 분위기를 연출한다. 마치 짙은 구름 사이로 새어 나오는 햇살을 목격하는 듯한 느낌이다.

혁신적 면모는 3악장에서도 계속된다. 흔히 고전파 교향악의 3악장을 구성하는 우아한 미뉴에트 대신 베토벤은 매우 빠르고 생기 있게 연주하라는 알레그로 비바체(allegro vivace)의 명령을 담은 '스케르초'를 3악장 곡으로 택했다. 이탈리아어로 농담, 유희 등을 뜻하는 스케르초는 한자로는 '해학곡(諧謔曲)'이라고도 번역되는 3박자의 경쾌한 곡이다. 《영웅》의 스케르초는 경쾌하되 경박하지 않으며 활기가 넘친다. 곡 중간에 등장하는 호른 소리는 어떤 영웅호걸이 대규모의 수행원을 이끌고 사슴 사냥의 시작을 알리는 듯 웅장하다. 스케르초의 장쾌함 뒤에 이어지는 4악장은 어떤 일관된 흐름보다는 오히려 다양한 박자와 분위기를 차용한 변화무쌍함이 특징이다.

《영웅》만큼이나 충격적인 베토벤의 교향곡은 단연 《교향곡 5번 '운

프랑스 고전주의 화가 앵그르가 그린 제1통령 시절의 나폴레옹(왼쪽)과 황제에 오른 나폴레옹(오른쪽). 베토벤의 《영웅》은 나폴레옹을 염두에 두고 쓴 정황이 뚜렷하다.

명'Symphony No. 5 in C Minor "Fate"(이하 운명)》이다.《운명》의 1악장 도입부는 베토벤의 전체 작품뿐 아니라 전 클래식 음악사를 통틀어 가장 유명한 선율로 1, 2위를 다툰다. 간결하기 그지없는 "딴딴딴딴" 하는 두 마디의 동기에 기초해 베토벤은 웅혼한 음의 구조물을 건설했다. 베토벤의 전기 영화 등을 보면 베토벤이 산책길에 하늘에서 천둥이 치는 것을 듣고 선율의 힌트를 얻은 것으로 묘사되지만, 그가 어디서 어떻게 힌트를 얻었는지는 확실치 않다. 천둥은커녕 작은 멧새의 지저귐에서 모티프를 따왔다는 주장도 있는데, 만약 그렇다면《운명》이라는 거창한 별명과는 그리 어울리지 않는다. 이 작품은 '승리'라고도 불리는데, 특히 2악장과 4악장 등 음악의 색채가 점점 더 밝고 희망찬 에너지를 뿜어내는 것을 고려하면 '운명'보다 '승리' 쪽이 더 어울린다는 생각도 든다.

'영웅 시대'라는 주제와 어울리는 웅장함과 에너지는 비단 교향곡뿐 아니라 여타 장르에서도 나타난다.《피아노 협주곡 5번 '황제'*Piano Concerto No. 5 in E-flat Major Op. 73 "Emperor"*》가 그 대표적인 예다. 작품에 '황제'라는 별명을 붙인 것은 출판업자의 아이디어였지만, 마냥 생뚱맞은 발상은 아니다. 일단 작품을 관통하는 장려한 분위기도 그렇고, 이 곡이 오스트리아 왕가의 일원인 루돌프 대공에게 헌정되었다는 이유도 있다. 오케스트라의 겹화음과 함께 피아노 솔로로 시작되는 1악장은 황제라는 이름값에 걸맞은 장려함을 선사하지만, 더욱 인상적인 것은 장려함과 우아함이 공존하는 2악장이다. 화려한 무도회를 연상시키는 론도의 3악장 또한 황제의 위엄에 맞는 분위기다.

베토벤의 영웅 시기를 대변하는 또 다른 작품으로는 1810년에 쓴《에그몬트*Egmont Op. 84*》가 있다.《에그몬트》는 괴테의 동명 연극의 배경 음악으로 작곡된 것으로, 네덜란드 독립운동을 촉발시킨 실존 인물에그몬트 백작의 최후를 다룬 비극이다. 특히 오늘날 클래식 공연에서 사랑받는 《에그몬트》의 서곡은 연주 시간이 10분에 가까운 대곡이며, '소신과 용기를 가지고 장렬한 최후를 마친 영웅'이라는 연극의 주제와 100퍼센트의 싱크로율을 자랑한다. 현악기의 힘찬 진행이 갑자기 멈추면서 침묵으로 빠지는가 싶을 때 관악기의 잔잔한 선율이 울려 퍼지면서 듣는 이의 숨을 고르게 하는 대목은 몇 번을 다시 들어도 질리지 않는 매력이 있다.

《영웅》부터 《에그몬트》에 이르기까지 10여 년의 시간은 베토벤에게 내적으로나 외적으로나 투쟁과 극복의 시기였다. 즉 난청과의 싸움이라는 내적 투쟁에 더해 한때 평등 이념을 실현해 줄 인물이라 믿고 열렬히 지지했던 나폴레옹에 대한 반발심이 시너지 작용을 일으키며 갈등과 투쟁의 심리가 다양한 형태로 반영된 걸작들을 낳았던 것이다. 이는 '영웅 시대'라는 표현이 단지 호사가들의 빈말만은 아닌 이유이기도 하다.

《에그몬트》 초연 포스터. 베토벤은 실존 인물인 에그몬트 백작의 영웅적 최후를 그린 괴테의 연극을 위한 배경 음악으로 작곡했다. 그 서곡은 오늘날에도 즐겨 연주된다.

제3기 환희, 신들의 아름다운 불꽃

베토벤 음악의 제3기는 1815년 이후 말년의 작품군을 일컫는데, 이 시기의 음악은 어떤 틀이나 주제로 규정할 수 없을 만큼 다채로운 양상을 보인다. 《현악 4중주 14번 String Quartet No. 14 in C-sharp Minor Op. 131》으로 대표되는 베토벤의 후기 실내악 작품은 그 구성이 젊은 시절보다 더욱 정교해지고, 외부 세계와의 어떤 연결 고리나 상징성을 신경 쓰기보다는 점차 음악적 내면으로 침잠한다. 1823년에 완성된 피아노 독주곡 《디아벨리의 왈츠를 주제로 하는 33개의 변주곡 Thirty-three Variations on a Waltz by Antonio Diabelli for Piano in C Major Op. 120》의 음악적 성취도 주목할 만하다. 베토벤은 동시대의 작곡가 안톤 디아벨리(Antonio Diabelli)가 지은 왈츠의 한 소절을 가져다 주제로 삼은 뒤 장장 33개의 변주를 이어 붙였다. 선율의 진행 대신 화음으로 일관하는 1번 변주, 음 뒤에 짧은 쉼표가 계속 뒤따르는 변형된 아르페지오를 통해 짧은 호흡의 일관성이라는 역설적 효과를 강조한 2번 변주, 서정성이 풍부한 3번 변주 등 이 작품은 건반 악기 연주의 온갖 양식과 기교를 발휘한다. 전문가들은 이 작품을 바흐의 《골드베르그 변주곡》과 쌍벽을 이루는 피아노 변주곡의 종결자로 평가하기도 한다.

베토벤이 1819년에 시작해 1823년에 완성한 《장엄 미사 Missa Solemnis Op. 123》는 그 시기 베토벤의 개인사와 밀접한 관련이 있다. 말년에 이르러 베토벤의 명성은 빈을 넘어 전 유럽으로 퍼졌고, 경제적으로도 상당히 여유가 있었다. 하지만 동시에 난청 때문에 사람들과의 의미 있는 교제를 꺼렸고, 귀머거리 작곡가에게 더는 일감이 들어오지 않으리라는 두려움 등 정서 불안과 편집증에 시달려야 했다. 더구나 1815년 동생이 죽자 베토벤은 평소 행실이 좋지 않았던 동생의 아내에게서 조카를 데려오기 위해 양육권 분쟁을 시작했는데, 수년간을 끈 소송은 베토벤의 심신을 쇠약하게 만들었다. 이런 상황에서 작곡한 《장엄 미사》를 통해 그가 인간의 한계를 인식하고 종교적 구원의 가능성을 탐색했을지 모른다는 생각은 단순한 억측이 아닐지도 모른다. 장려함이 돋보이는 제1곡 〈키리에 Kyrie〉, 장려함과 함께 종교 음악 특유의 거룩함이 보태져 듣는 이를 휘감는 제2곡 〈글로리아 Gloria〉, 헨델의 〈할렐루야 합창〉을 연상케 하는 코러스의 폭발적인 힘이 돋보이는 제3곡 〈크레도 Credo〉 등 《장엄 미사》는 4년간 공을 들인 베토벤의 정성이 악절마다 느껴진다.

베토벤은 생전에 《장엄 미사》를 자신의 최고 걸작이라고 확신했다는데, 본인의 의견은 분명 존중받아야 마땅하다. 하지만 나는 그 의견에 동의할 수 없다. 당연히 그 영예는 베토벤 말년의 또 다른 작품, 《교향곡 9번 '합창' Symphony No. 9 in D Minor Op. 125 "Choral"》(이하 합창)에 돌아가야 하기 때문이다. 일찍이 《영웅》과 《운명》으로 당대 청중을 경악시켰던 베토벤은 이후 한동안 실험적 시도보다는 자신의 음악적 훈련과 영감의 뿌리로 회귀한 듯한 작품을 연달아 발표했다. 물론 그렇다고 베토벤이 하이든이나 모차르트 시대의 형식으로 완전히 돌아간 것은 아니었다. 오늘날까지 대중에게 사랑받는 《교향곡 6번 '전원' Symphony No. 6 in F Major Op. 68 "Pastoral"》, 전 악장에 걸쳐 경쾌한 활력이 넘치는 《교향곡 7번 Symphony No. 7 in A Major Op. 92》(개인적으로 무척 좋아하는 곡이다), 내적 일관성을 가진 한 편의 교향곡이라기보다는 마치 오페라나 음악 프로그램의 서곡들을 모아 놓은 듯한 《교향곡 8번 Symphony No. 8 in F Major Op. 93》에 이르기까지 각 작품에는 베토벤 특유의 색깔이 감지된다. 동시에 베토벤이 한동안 잊고 지냈던 선대의 양식성 미학을 새삼 재발견했다는 듯, 그래서 고전주의 전통에 조금 더 머물기로 했다는 듯한 복고 경향도 간혹 느껴진다. 하지만 베토벤은 그의 마지막 교향곡 《합창》을 통해 다시 한 번 교향곡은 물론 당대의 음악적 트렌드를 뛰어넘는 변신을 시도했고, 그 시도는 보기 좋게 성공했다.

《합창》은 베토벤의 이전 모든 교향곡과 비교하더라도 형식과 내용 면에서 무척이나 독특하다. 일단 1악장의 박자 지시부터가 예사롭지 않다. 알레그로 마 논 트로포(allegro ma non troppo), 운 포코 마에스토소(un poco maestoso), 우리말로 하면 '빠르되 너무 빠르지 않게, 다소 위엄스럽게'인데 매우 상세하면서도 까다롭기 그지없다. 시작과 동시에 현악기가 조성하는 긴장감 속에 서서히 모습을 드러내는 주제는 곧 날렵하게 오케스트라 전체로 퍼져 다양한 형태로 변신하며 곡의 흐름을 장악한다. 변화무쌍한 박자, 자유자재로 각 악기를 오가는 선율과 화성의 움직임, 대편성 오케스트라(베토벤의 전 교향곡 가운데서도 최대의 악기 편성)가 전달하는 음향의 존재감은 이미 《합창》이 하이든이나 모차르트의 전통적 교향곡뿐 아니라 베토벤의 이전 교향곡과도 차원이 다른 작품임을 분명히 드러낸다.

이렇게 1악장에서 촉발된 역동성은 놀랍게도 2악장에서 더욱 강력하고 구체적인 음향으로 발전한다. 일반적으로 교향곡의 2악장은 느린 박자와 잔잔한 분위기를 연출해 1악장에서 고조된 에너지를 흡수하고 뒤이어 계속될 3악장과 4악장에 앞서 숨을 고르는 역할을 하기 마련인데, 베토벤은 《합창》의 2악장에 몰토 비바체(molto vivace), 즉 '매우 역동적으로'라는 지시어가 달린 스케르초를 배치했다. 이 2악장의 스케르초는 마치 페가수스의 무리가 대지를 차고 창공으로 말발굽 치는 듯한 역동감으로 충만하다. 1악장을 지나 2악장까지 이어지는 팽창과 상승의 에너지는 3악장에 와서야 잠시 조정을 거치는데, 그렇다고 조용히 구렁이 춤추듯 슬슬 흘러가는 것이 아니라 풍부한 서정성과 탄탄탄 구성력이 돋보이는 연주로 주위를 환기하는 역할을 한다. 게다가 3악장 종반부 선율의 전개는 후대의 낭만주의 음악을 연상케 할 만큼 선진적이다. 15분 정도의 3악장이 끝나면 드디어 4악장이다. 4악장은 벽이 무너지고 물결이 몰아치는, 아니 하늘이 갈라지고 벼락이 떨어지는 것처럼 강렬한 음향이 급격하게 쏟아지면서 시작된다. 그렇게 일견 태초의 혼돈, 혹은 그 혼돈에서 질서나 방향을 찾아 헤매는 에너지를 상징하는 듯한 도입부가 끝나면 이윽고 첼로의 깊은 저음의 인도를 받으며 몇몇 동기가 잠시 등장했다 사라지기를 반복한다. 이어서 4악장 고유의 주제가 첼로와 더블 베이스의 주도로 등장한 뒤 현악기, 다시 오케스트라 전체로 확장된다. 4악장의 주제는 아마도 《운명》의 1악장과 함께 베토벤의 음악 세계뿐 아니라 클래식 음악사에서 가장 유명한 선율일 것이다.

곧이어 '합창'이라는 별명에 맞게 베이스 바리톤, 테너, 알토, 소프라노 등으로 구성된 성악가들과 합창단이 등장한다. 4악장 초반 현악기 저음부로 소개됐던 선율을 그대로 따라 베이스 바리톤이 부르는 첫 대목의 가사는 다음과 같다.

오, 친구들이여, 이 소리가 아니다!
대신 더 즐겁고
기쁜 음향을 시작해 보자꾸나.
O Freunde, nicht diese Töne!
Sondern laßt uns angenehmere anstimmen,
und freudenvollere.

이게 무슨 뜻일까? 일단 《합창》이 독일 시인 프리드리히 실러의 시

〈환희의 송가〉에서 가사를 가져왔다는 것은 잘 알려진 사실이지만, 흥미롭게도 이 첫 구절은 실러의 원작에는 등장하지 않으며 베토벤이 직접 만들어 넣은 것이다. 즉 작곡가 자신이 악기로만 만드는 소리 대신 이제부터 인간의 음성과 악기가 빚어내는 조화의 향연을 즐길 차례라고 말하는 것이다. 비록 가수의 목소리를 빌린 것이지만, 이렇게 작곡자가 곡의 중간에 직접 등장해 상황을 설명하고 청중의 주의를 환기하는 것 역시 파격적이다. 이윽고 베이스 바리톤 가수가 전면에 등장하면서 성악과 기악이 결합한 새로운 소리의 향연이 시작된다. 당시만 해도 교향곡에서 성악과 기악을 결합한다는 것은 전례가 없는 시도였다. 고전 시대 교향곡에서 노래의 가락을 편곡해 삽입하는 것은 그리 드물지 않았지만, 성악가와 합창단이 실제로 노래를 부르는 대목을 등장시킨 것은 베토벤의 《합창》이 최초다. 합창단이 "환희여!/환희여!(Freude!/Freude!)" 하고 두 번 외치면 다시 베이스 바리톤이 이를 받아 본격적으로 실러의 시 〈환희의 송가〉를 노래한다. 그 초반부 가사를 잠시 감상해 보자.

환희여, 아름다운 신들의 불꽃이여
낙원의 딸이여,
우리는 불길에 취하여
천상의 존재, 그대의 성소로 들어가노라.
그대의 마법은 다시금
관습이 엄격히 갈라놓은 것을 잇나니,
모든 인간은 형제가 된다.
그대의 정중한 날개가 머무는 자리에서.

Freude, schöner Götterfunken

Tochter aus Elysium,
Wir betreten feuertrunken,
Himmlische, dein Heiligtum!
Deine Zauber binden wieder
Was die treng geteilt;
Alle Menschen werden Brüder,
Wo dein sanfter Flügel weilt.

이 시는 베토벤의 음악이 더해지지 않았어도 그 자체로 상당히 멋진 문학 작품이다. 이 시를 따라 베이스 바리톤이 시작한 노래는 서서히 소프라노와 테너, 알토가 가세하는 중창으로 발전하며 다시 폭발적인 합창을 이루며 절정으로 치닫는다. 클라이맥스의 가사는 다음과 같다.

부둥켜안을지라, 그대 수백만 인민이여!
이 입맞춤은 온 세계를 위함이니라!
형제들이여, 별들로 수놓은 천체 위에서는
자비로운 아버지께서 머무신다.
그대 수백만이여, 그분 앞에 머리를 조아릴 텐가?
오 세계여, 창조주를 감지하는가?
별들로 수놓인 천체 위에서 그분을 찾으라!
그분은 별들 너머에 머무시니라.
Seid umschlungen, Millionen!
Diesen Kuß der ganzen Welt!
Brüder, über'm Sternenzelt
Muß ein lieber Vater wohnen.

Ihr stürzt nieder, Millionen?
Ahnest du den Schöpfer, Welt?
Such' ihn über'm Sternenzelt!
Über Sternen muß er wohnen.

여담이지만 "모든 인간은 형제가 된다.", "부둥켜안을지라, 너희 수백만 인민이여!" 등의 가사에서 보듯 사해동포의 형제애를 강조한 4악장의 주제는 2차 세계 대전 당시 독일 나치 정권을 난처하게 만들었다. 베토벤은 나치가 정권을 잡은 뒤 바그너, 슈베르트 등과 함께 이른바 게르만 정신을 대표하는 음악가의 한 명으로 대대적으로 홍보되었는데, 여기에는 두 가지 문제점이 있었다. 우선 베토벤은 조부가 네덜란드 이민자 출신이라 순수 게르만 혈통이 아니었고, 그의 외모도 금발에 푸른 눈을 한 게르만형 미남과는 거리가 있었다. 더 큰 문제는 《합창》의 핵심이 되는 실러의 시편이 나치의 인종관과 일치하지 않았다는 것이다. 즉 게르만 혈통을 정점으로 라틴계, 북방계, 아시아계, 슬라브계, 아프리카계, 그리고 유대계 순으로 인종 서열을 짰던 나치의 측면에서 보면, 모든 인류가 동등한 형제라는 실러와 베토벤의 선언은 나치의 이론을 정면으로 부정하는 것으로 비칠 수 있었기 때문이다. 나치는 실러와 베토벤이 말한 '인간'에 열등한 인종은 포함되지 않는다는 식으로 얼버무리며 얼렁뚱땅 넘어갔다.

나치가 게르만 민족의 단결과 협동을 위한 찬가로 악용했던 《합창》은 1989년 12월 25일, 베를린 장벽이 무너지는 현장에서 울려 퍼졌다. 유대계 미국인 레너드 번스타인(Leonard Bernstein)이 지휘를 맡고, 전 세계에서 모여든 연주자들과 성악가들로 이루어진 다국적 오케스트라가 연주한 이 교향곡은 연주 자체의 질과 상관없이 실러와 베토벤이 꿈꾸었던 '사해동포의 형제애'라는 원래의 비전에 가장 근접했던 이벤트가 아니었는가 싶다. 흥미롭게도 이때 번스타인은 〈환희의 송가〉라는 제목을 〈자유의 송가〉로 바꾸고 독일어 가사 역시 '환희' 대신 '자유'를 집어넣었다. 번스타인이야 워낙 파격을 즐겼던 음악가이고, 당시 동독을 필두로 한 동구 공산권의 붕괴와 인민 해방이라는 상황을 생각하면 환희의 자리에 자유를 넣은 것은 그 자체로 나쁘지 않다. 게다가 실러 역시 '환희'의 자리에 '자유'를 넣을지 심각하게 고민했다고 한다. 공교롭게도 베토벤이 직접 쓴 구절에 등장하는 '친구들(Freunde)', 실러의

괴테와 쌍벽을 이뤘던 독일 시인 실러(위)와 《합창》의 4악장 합창의 도입부(아래). 바리톤의 독창으로 시작해 장엄한 합창으로 이어지는 이 노래의 가사는 실러의 시 〈환희의 송가〉에서 가져온 것이다.

아흐, 베토벤 6th Brunch Time 211

'환희(Freude)', 번스타인의 '자유(Freiheit)'는 독일어 스펠링이나 발음 등이 모두 엇비슷하다.

베토벤은 1824년 《합창》의 빈 초연에서 직접 지휘할 것을 고집했다. 주최 측에서는 고심 끝에 움라우프(Michael Umlauf)라는 보조 지휘자를 고용해 베토벤의 뒤쪽에 서 있도록 한 뒤 오케스트라에 베토벤의 지휘를 보지 말고 움라우프의 지휘를 따르라고 지시했다. 드디어 연주가 끝나고 객석에서는 우레와 같은 박수가 터졌지만, 베토벤은 그 소리를 들을 수 없었다. 이때 한 성악가가 베토벤에게 다가와서 그의 몸을 객석으로 돌려세워 기립 박수를 치는 청중을 보도록 했다고 한다.

《합창》은 워낙 유명해서 명반도 많다. 오랫동안 부동의 스탠다드처럼 권위를 누렸던 음반은 카리스마 넘치는 헤르베르트 폰 카라얀(Herbert von Karajan)이 베를린 필하모닉을 이끌고 연주한 앨범이다. 카라얀보다 약간 앞선 세대인 빌헬름 푸르트벵글러(Wilhelm Furtwängler) 지휘의 연주는 그 자체로 클래식이자 레전드다. 레너드 번스타인도 문제의 베를린 장벽 공연을 포함해 9차례 연주했는데, 특히 빈 심포니와 녹음한 버전이 인상적이다. 하지만 내 귀에 가장 익숙한 《합창》은 오스트리아 출신의 지휘자 카를 뵘(Karl Böhm)이 필하모닉 오케스트라를 이끌고 녹음한 음반이다. 스무 살 무렵이었던 것 같다. 레코드 가게에서 당시 한창 빠져 있던 클래식 기타 음반을 두리번

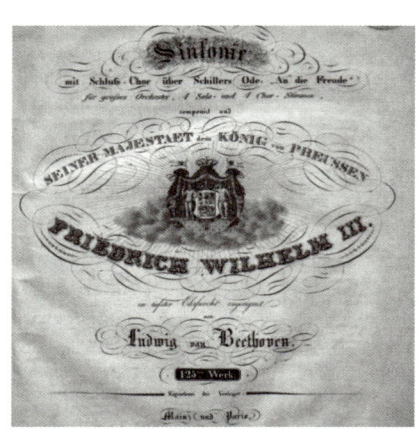

《합창》의 악보 초판본 표지.

거리다가 카를 뵘 지휘의《합창》카세트테이프 버전을 발견했다. 그때만 해도《합창》의 전 악장을 들어 볼 기회가 없었던 터였는데, 1악장 초반부터 신선한 충격을 받았던 기억이 생생하다. 이후 반년 동안 정말이지 테이프가 늘어질 정도로 듣고 또 들었던 것 같다. 학업에서나 연애에서나 되는 일이 없던 시절에 힘찬 합창이 내게 희망을 주었다는 식의 낯간지러운 시나리오는 없다. 들었더니 그냥 너무 좋았을 뿐이다. 특히 2악장과 4악장을 듣는 동안은 자잘한 세상사의 고민에서 벗어나 그야말로 예술적으로 공중부양 비슷한 체험을 했던 듯하다.

　《합창》이 성황리에 공연된 지 1년 뒤인 1825년, 베토벤 집안에 충격적인 사건이 터졌다. 베토벤은 장장 7년에 걸친 송사 끝에 조카를 자신의 호적에 입양하는 데 성공했지만, 정작 조카에게는 큰아버지 베토벤의 존재가 부담스러웠던 모양이다. 자식이 없었던 베토벤은 조카를 과보호하다 못해 거의 독재자처럼 군림(이때 베토벤은 자신의 부친에게서 물려받은 기질이 표출되었을지도 모른다)했고, 이를 견디다 못한 조카가 권총 자살을 시도했다. 다행히 조카는 목숨을 건졌지만 이 사건으로 큰 충격을 받은 베토벤은 건강이 급격히 악화됐고, 그로부터 2년 뒤인 1827년 3월 영면했다. 향년 56세였다. 위대한 음악가의 장례식에는 약 2만 5,000명의 시민이 운집했다. 그 무렵 빈 전체 인구가 30만 명 안팎이었음을 고려하면 시민의 10퍼센트에 가까운 군중이 모여든 셈이다.

'악웅' 베토벤

베토벤을 독일 음악을 짊어질 기둥으로 여기는 분위기는 그가 젊은 시절부터 있었다. 1792년 베토벤이 하이든을 사사하기 위해 빈으로 향할 때 그의 유력한 후원자 중 한 명이었던 발트슈타인 백작은 베토벤에게 다음과 같은 작별 편지를 건네며 그의 성공을 기원했다.

친애하는 베토벤,

그대는 오랫동안 고대했던 소원을 성취하여 빈으로 떠나는군. 모차르트를 수호하던 천재성의 뮤즈는 여전히 그의 죽음에 울며 비통해하네. 그녀(뮤즈)는 결코 지치는 법이 없는 하이든에게서 잠시 피신처를 찾았지만 오래 머물 형편은 아니지. 이제 그녀는 인연을 맺을 다른 누군가를 기다리고 있다네. 부지런히 공부해서 하이든의 손으로부터 모차르트의 정기를 받아들이시게나.

Dear Beethoven,

You are now traveling to Vienna, fulfilling your long-awaited wishes. The genius of Mozart is still mourning and weeking over the death of his pupil. She has found a refuge with the inexhaustible Hayden, but no occupation. Through him she wishes to be united again with someone. May you receive the spirit of Mozart from the hands of Haydn, with the help of assiduous labour.

모차르트의 정기를 받아들이라니, 거의 귀곡 산장, 아니 귀곡 음악 학원 수준의 메시지지만, 이 편지에는 베토벤이 모차르트의 뒤를 이어 주기를 바라는 당대 음악 애호가의 기대가 잘 반영되어 있다.

말이 나온 김에 베토벤의 음악사적 위치를 살펴보는 것도 의미가 있을 듯하다. 먼저 베토벤의 음악 활동은 고전주의와 낭만주의의 과도기에 걸쳐 있다. 그런데 그 '걸쳐 있다'는 것은 걸쇠처럼 그저 걸려 있다는 의미도 아니고 그 사이에 끼여 이러지도 저러지도 못하고 헤맨다는 의미는 더욱더 아니다(예술적 트렌드의 과도기에 활동하는 예술가 중에는 엉거주

춤하다가 나가떨어지거나 이도 저도 아닌 잡탕이 되는 경우가 꽤 있다). 베토벤은 모차르트와 하이든으로부터 고전주의 양식을 거리낌 없이 받아들이는 동시에 자신만의 독특한 음악 세계를 구축해 낭만주의가 꽃피울 터전을 만들어 냈다.

음악사에서 패러다임 전환을 이루었다는 점 역시 베토벤의 중요한 업적이다. 베토벤 이전까지의 음악은 기본적으로 음악 이외의 목적을 위해 봉사하는 도구에 가까웠다. 그 목적은 다양했다. 교회에서는 종교적 분위기를 북돋기 위함이었고, 왕과 귀족들이 식사하거나 담소를 나눌 때는 식욕 촉진제나 소화제, 귀부인들에게는 권태를 잊게 하는 가벼운 자극제나 소일거리 등 그 사회적 기능은 음향적 장식 내지 액세서리에 지나지 않았다. 그러나 베토벤은 오랫동안 상류 사회의 들러리였던 음악 그 자체에 확고한 존재감을 부여했다. 베토벤의 천재성과 창의력 덕분에 음악은 구석자리를 벗어나 드디어 문화 활동 무대의 중심을 차지한 것이다. 이제 음악은 연주 도중 객석에서 잡담하거나 잠

발트슈타인 백작이 청년 베토벤의 성공을 빌며 쓴 편지. 모차르트에게 깃들었던 음악의 신이 이제 베토벤에게로 옮겨갈 차례라는 그의 극찬에서도 당시 후원자들이 베토벤에게 품었던 기대를 느낄 수 있다. 결국 베토벤은 그들을 실망시키지 않았다.

아흐, 베토벤 6th Brunch Time

간 졸았다가도 다시 들을 수 있는 만만한 음향적 장식이 아니라 처음부터 끝까지 주의를 집중하지 않으면 제대로 감상할 수 없는, 분명한 내재적 논리와 구성력을 가진 독특한 미학적 체험이 된 것이다. 그야말로 혁명적인 발상의 전환이었다.

한편 기술적 측면에서 베토벤이 음악에 끼친 가장 지속적인 혁신이라면 아마도 오케스트라의 개편이라고 해야 할 것이다. 고전 시대까지도 오케스트라, 간단히 말해 악단의 규모와 형식은 천차만별이었고 작곡가들이 쓴 작품 역시 악기 편성과 연주자의 숫자 등 다양했다. 그런데 베토벤은 교향곡 작곡에 힘을 기울이면서 오케스트라의 악기 편성을 표준화하고 그 규모도 대폭 늘렸다. 베토벤에 의해 오케스트라는 음악가들의 단순한 집합이 아니라 작곡가의 의도를 청중에게 정확하게 그리고 효과적으로 전달하는, 다시 말해 다양한 악기가 창출하는 음의 색채와 높낮이의 조화와 조합을 통해 인간의 내면에 미학적 반응을 일으키도록 고안된 거대하고도 정교한 기계로서 재탄생했다. 물론 이 기계는 100퍼센트 노동 집약적인 기계다. 따라서 그 기계의 각 부품(악기 연주자/단원)이 일사불란하게 움직이려면 능숙한 기계 조작자, 즉 지휘자가 필요하다. 이렇게 해서 전문 지휘자라는 직업군이 탄생했으니, 베토벤은 일자리 창출에도 공로가 있는 셈이다.

베토벤은 근대 음악 역사상 최초로 그 누구의 눈치도 보지 않은 프리랜서 음악가이기도 했다. 앞서 설명했듯이 하이든은 음악가이면서 동시에 에스테르하지 가문의 종복이었다. 모차르트 또한 빈에서 프리랜서 음악가로 살았지만, 내내 궁정 음악가 자리를 기웃거렸다. 하지만 베토벤은 본에서 잠시 선제후의 슬하에 고용인 겸 장학생으로 있었던 수년간을 제외하면 평생 특정 군주나 귀족의 고용살이를 하지 않고 자유롭게 창작 활동을 하며 생활했다. 특히 중년이 지나 연주자로서 활동할 수 없어진 이후에는 작곡만으로 풍족한 생활을 누리는 최초의 작곡가가 되기도 했다. 그가 프리랜서로서 생활이 가능했던 것은 공연, 악보 판매 수익과 함께 그의 음악에 매료된 당대 빈의 귀족들과 사업가 등 사회 지도급 인사들의 후원 덕분이었다. 그들은 동시대 유행 음악과는 차원이 다른 베토벤의 음악에 깊이 매료되어 매번 새로운 작품을 기대하며 기꺼이 지갑을 열었다.

베토벤의 삶에 관해 전혀 모르는 사람이라도 그의 음악을 한번 들어보면 그 탁월한 예술성에 감동할 것이라 장담한다. 하지만 그의 음악이 지닌 예술성과는 별개로 우리의 관심을 끄는 것은 역시 그의 개인사, 특히 그가 청력을 잃는 불행을 겪었다는 사실일 것이다.

이쯤에서 베토벤과 관련하여 많은 사람이 궁금해했을 질문을 던져보자. 귀가 먹은 사람이 어떻게 그토록 뛰어난 음악을 작곡할 수 있었을까? 그의 난청 증세는 20대 중반에 시작되어 40대 후반까지 계속되었던 것으로 보인다. 1800년 무렵, 베토벤은 의사인 친구에게 보내는 한 편지에서 공연장에서도 오케스트라 가까이 가지 않으면 악기 소리

베토벤이 1804년부터 8년간 살았던 빈 대학교 근교의 아파트 거리. 산책을 좋아하는 베토벤은 매일 이 거리를 걸으며 악상을 다듬었다.

가 잘 들리지 않는다고 고백한 바 있다. 이는 바꿔 말하면 비록 완벽하게 들리지는 않지만, 청각이 어느 정도 기능을 했다는 뜻이다. 그렇다면 베토벤은 피아노 건반이나 공명판에 귀를 가까이 대고 음을 하나하나 두들기는 식으로 작곡하지 않았을까? 또 귀가 먹었어도 음에 대한 기억이 그의 상상 속에서 어느 정도 지속했으리라 추측할 수 있다.

하지만 베토벤처럼 초인적 음감의 소유자라 할지라도 물리적 소리를 들을 수 없다는 것이 얼마나 절망적이고 고통스러웠을지는 그 처지가 되어 보지 않고서는 짐작조차 하기 힘들다. 난청 증상을 호전시키기 위해 베토벤이 당대 최고 명의들의 조언을 받아 실행한 치료법이나 청력을 늘린답시고 사용한 여러 기구는 거의 선무당 수준이다. 하지만 동시에 얼마나 절박했으면 그런 것들에라도 의지하려 했을지를 생각하면 마음이 짠해진다.

베토벤은 청각 장애를 이겨내고 위대한 음악 세계를 이룩해 내 후세의 팬들로부터 '악성(樂聖)'이라는 칭호를 얻었다(19세기 일본인들이 만들어 낸 것이 거의 확실한 이 '악성'이라는 칭호는 베토벤의 본질을 제대로 표현하지 못하는 것 같다). 뮤지컬 〈사운드 오브 뮤직〉에서 주인공 마리아는 폰 트랩 대령에게 "하느님이 문을 닫았을 때는 창문은 열어 놓으시죠."라고 말한다. 그런데 청력을 잃은 베토벤은 문도 창도 닫힌 상태였다. 그런데도 그는 스스로 지붕을 뚫고 솟아올랐다. 그리고 우리는 그런 그를 악성이라고 불러 왔다. 심지어 바흐나 모차르트도 그렇게 불리지 않았으니, 대단히 영광스러운 칭호임에는 분명하다. 하지만 내게 베토벤은 음악의 성인이라기보다는 음악의 영웅, 즉 악웅(樂雄)이다. 《영웅》《운명》을 거쳐 《합창》 속 승리와 초월의 환희에 이르는 그의 음악은 의지와 재능으로 닥쳐온 불운에 맞선 인간 베토벤의 투쟁, 그 장엄한 기록이다.

반전남 베토벤

그의 삶이 극적이고 영웅적이다 보니 우리는 베토벤 역시 한 인간이었다는 사실을 종종 잊곤 한다. 베토벤의 일생이 오직 운명과의 대결로만 점철된 것은 아니다. 그 또한 삶의 소소한 재미를 즐기고 탐닉할 줄 알았다. 우선 베토벤은 자타가 공인하는 식도락가였다. 그의 식사 중 메인은 점심이었는데, 아침은 아예 먹지 않았고, 저녁은 간단한 수프 정도로 때우는 대신 점심은 그야말로 상다리가 휘어질 정도로 차려 먹었다. 베토벤은 버터와 치즈를 두껍게 입힌 마카로니를 좋아해서 거의 매일 먹었으며, 생선 요리나 감자 요리 등도 즐겼다.

그는 이름난 와인 애호가이기도 했다(물론 독일인답게 맥주도 좋아했다). 지금도 빈에서는 모차르트의 얼굴을 내세운 초콜릿 상점과 함께 베토벤의 이름을 건 와인바를 쉽게 찾아볼 수 있다. 과거 독일뿐 아니라 미국 캘리포니아주의 와이너리에서 베토벤을 와인 홍보에 이용했던 것도 베토벤과 와인의 인연 때문이다. 그러고 보면 그가 죽음에 이른 직접적인 사인이 간경화였던 것도 그리 놀랄 일이 아니다.

베토벤은 평생 독신이었지만, 그의 주변에는 여성들이 끊이지 않았다. 일단 많은 상류층 귀부인들이 그의 후원자를 자청했다. 현재 남아 있는 초상화나 기록에 따르면 베토벤은 퉁명스럽고 완고하게 보이는 얼굴에 크지 않은 키 등 그다지 매력적인 외모라고 할 수 없다. 하지만 고금을 막론하고 여성은 '뇌섹남'에게 끌리는 법인가 보다. 베토벤의 사랑은 플라토닉도 있었고 화끈한 정사도 있었으며, 장작불이나 뚝배기처럼 오랜 시간 지속한 관계도 있었다. 1812년 베토벤은 '불멸의 연인(Immortal Beloved)'이라는 수수께끼 같은 수신인을 향해 절절한 장문의 편지를 썼다. 그러나 편지는 결국 발송되지 못한 채 베토벤의 책상 속에 잠들어 있다가 그의 비서이자 후에 전기 작가로 이름을 알린 안톤 쉰들러가 발견하면서 세상에 알려졌다.

끝내 보내지 못한 이 편지의 수신인과 관련해서는 역사가와 작가를 비롯해 수많은 사람의 주장이 있었다. 그중 가장 유력한 후보로 거론되는 사람이 요제피네 폰 브룬스빅 백작 부인이다. 브룬스빅 백작 부인은 피아노 개인 지도로 베토벤과 인연을 맺었다가 첫 남편의 사망 후 베토벤과 뜨거운 연인으로 발전했다. 베토벤은 브룬스빅과의 결혼을 꿈꾸었지만, 여자 쪽 집안의 격렬한 반대로 실패했다. 당시 오스트리아 법률은 귀족 여성이 평민(베토벤)과 결혼하면 전 남편과의 사이에 낳은 자식들에 대한 친권을 상실하게 되어 있었다. 편지의 수신인으로 거론되는 또 다른 후보로는 당대 이름난 예술 애호가이자 베토벤의 후원자였던 무역업자 프란츠 브렌타노의 아내 안토니 브렌타노다. 브렌타노는 베토벤뿐 아니라 괴테와도 친분을 가졌을 만큼 예술과 문학에 조예가 깊었던 여성이다. 이 두 사람 외에도 여러 명이 거론되고 있는데, 이 미지의 여성과 베토벤의 사랑을 주제로 한 소설이나 영화도 있으니 관심 있는 독자는 참고하시기를.

이 책이 베토벤 전기도 아니면서 굳이 '부드러운 남자'로서의 베토벤의 면모를 거론한 이유는 따로 있다. 그의 삶이 성자, 영웅, 부담스러운 큰아버지, 알고 보면 여린 남자 등으로 다채로웠듯이, 그가 언제나 듣는 이를 압도하는 힘 있는 곡만을 쓴 것은 아니었다. 음악에서도 베토벤의 반전은 있었다. 만약 이 책을 읽고 있는 당신이 베토벤의 음악에 지레 겁을 먹는 사람이라면, 여기서 권하는 부드럽고 따뜻하고 서정적인 베토벤의 작품을 시작으로 '베토벤 입문'을 하는 것도 하나의 방법일 수 있다. 이제부터 소개하는 곡들은 내가 음반 기획자라면 '가벼운 베토벤'이나 '부드러운 베토벤' 같은 제목을 붙여 모음곡으로 출시하고 싶은 작품들이다.

우선 만돌린 작품부터 시작해 보자. 악성 혹은 악웅 베토벤과 깜찍한 느낌의 악기 만돌린이라니, 왠지 어울리지 않을 것 같지만 베토벤은 1790년대에 4편의 만돌린 곡을 썼다. 그중 가장 뛰어난 작품이《만돌린과 피아노를 위한 안단테 및 변주Andante and Variations for Mandolin and Piano in D Major》다. 1796년 프라하에서 작곡된 이 곡은 오페라 가수이자 뛰어난 만돌린 연주가이기도 했던 조세핀 클래리 백작 부인에게 헌정되었는데, 만돌린과 피아노의 협주가 깔끔한 데다 베토벤의 트레이드마크인 변주 기술이 일품이다. 만약 이 곡이 조금 길게 느껴진다면,《만돌린과 피아노를 위한 소나티네Sonatine for Mandolin and Piano》라는 작품도 있다. 연주 시간이 3분을 넘지 않는다.

두 번째로 소개하고 싶은 곡은《잃어버린 푼돈에 대한 분노Rage Over a Lost Penny》로, 연주 시간이 5분 남짓한 피아노 소품이다. 작품의 원제는 '기상곡적인 집시풍의 론도Rondo alla ingharese quasi un capriccio'이지만, '분

영감에 휩싸인 젊은 베토벤. 베토벤은 중후장대한 곡들뿐 아니라 아기자기한 곡들도 많이 썼다.

현대 오케스트라의 공연. 베토벤은 특히 후기 교향곡들을 통해 고도의 음악적 체험을 위한 기구 내지 매개체로서 오케스트라의 위상을 확립했다.

노'라는 제목은 비서 쉰들러가 곡을 처음 듣고 붙인 것이다. 들어 보면 알겠지만, 원제와 별명이 작품의 특성을 효과적으로 포착하고 있다. 경쾌하고 날렵한 박자는 집시풍 기상곡이고, 그 속에 담긴 익살스러운 비장감은 동전을 잃어버린 적이 있는 사람이라면 느껴봤을 그 야릇한 기분, 분노는 분노지만 어이없고 실망에 가까운 그런 분노의 감정을 잘 반영한다. 살면서 동전 한 번 잃어버린 게 무슨 대수일까마는 "땅 파봐라, 한 푼이나 나오냐?" 하는 심리도 있지 않은가. 다시 말해 잃은 것은 잃은 거다. 또 다른 피아노 소품으로는 《터키 행진곡Turkish March》 《엘리제를 위하여Baratelle in A Minor, WoO. 59 "Für Elise"》(그렇다, 바로 베토벤이 작곡한 곡이다!)도 추천할 만하다.

흔히 '베토벤 로맨스'로 알려진 《바이올린과 관현악을 위한 로맨스 2번Romance for Violin & Orchestra No. 2 in F Major(이하 베토벤 로맨스)》도 '베토벤 초보'가 감상하기에 알맞은 곡이다. 전문가들은 작품의 구성을 들어 이른바 '2개의 에피소드를 가진 론도 형식(ABACA + 코다)'을 거론하기도 하고, 바이올린의 다양한 테크닉에 주목하기도 하고, 장조에서 단조로 전환하는 절묘한 타이밍 등을 언급하기도 하지만, 그런 것들을 제쳐 두더라도 선율이 무척 아름답다. 베토벤다운 자신감과 에너지보다는 서정성이 전편에 흐르며 길이도 적당하다. 이 《베토벤 로맨스》는 단악장으로 된 바이올린 협주곡이라고도 할 수 있는데, 일단 이 곡으로 준비 운동을 한 뒤 베토벤의 또 다른 대표작인 《바이올린 협주곡 d장조 Violin Concerto in D Major Op. 61》에 도전해 보는 것도 좋다. 《베토벤 로맨스》보다 길이도 훨씬 길고, 간혹 그의 《피아노 협주곡 5번 '황제'》를 방불케 하는 웅장함도 있지만, 곡 전체에 흐르는 기조는 박력이나 위풍당당보다는 서정성이다. 이렇게 부드럽고 아름다운 베토벤의 작품들을 조금씩 접하다 보면 아무리 '베토벤 초보'라도 곧 '베토벤 바이러스'에 걸려 슬슬 '베토벤 마니아'로 변하는 것은 시간문제일지도.

이제 고전주의 음악과 슬슬 아쉬운 작별을 고하고 낭만주의로 옮겨갈 시간이 되었다. 끝으로 지금까지 소개했던 고전주의 3대 거장의 특징이랄까, 존재 이유를 나 나름대로 간단하게 정의해 보려고 한다.

하이든은 음악가의 음악가다.
베토벤은 대중의 음악가이면서 동시에 음악가의 음악가다.
모차르트는 모두의 음악가다. 여기서 '모두'는 인간뿐 아니라 신과 동물을 포함한다.

Chapter
3
낭만주의 음악

메인 브런치
- 낭만주의 음악의 전개
- 낭만주의 음악의 풍운아들
- 낭만주의 오페라의 두 거인

7th Brunch Time

낭만주의 음악의 전개

베토벤의 (못다 핀) 후계자, 슈베르트

언젠가 레너드 번스타인은 바흐가 1750년에 사망해서 "매우 편리하다(very convenient)."며 고마워한 적이 있다. 그 이유는 바흐의 죽음을 기준으로 18세기를 딱 반으로 갈라 1750년 이전을 바로크 시대, 1800년까지를 고전주의 시대로 구분할 수 있기 때문이었다. 그러나 어떤 기준을 정하기 위해 특정 연도를 활용하는 역사학의 판단은 현실을 100퍼센트 반영하지 않는다. 이를테면 세계사에서 서로마 제국이 멸망한 서기 476년을 고대의 종말로 본다든가, 콘스탄티노플이 오스만 튀르크군에 함락된 1453년을 중세의 종말로 본다든가 하는 것은 순전히 사고상의 편의에 불과하다.

음악사에서도 마찬가지다. 1750년 12월 31일(혹은 바흐의 기일인 7월 28일)을 기점으로 그 이전의 음악과 이후의 음악이 완전히 다른 양식으로 바뀌지는 않았다. 바흐의 생전에도 이미 다른 양식의 새로운 음악이 확고히 모양을 갖추어 가고 있었다. 바흐와 프리드리히 2세의 만남이 흥미로웠던 것 역시 바흐로 대표되는 대위법적 전통과 프리드리히가 선호한 새로운 음악적 경향이 서로 충돌해 극적인 장면이 벌어졌던 탓이다. 따라서 바흐의 죽음과 함께 바로크 음악이 갑자기 사망 선고를 받은 것은 아니다. 그 무렵까지도 바흐의 동갑내기 헨델은 여전히 현역으로 활동 중이었고, 바흐의 아들 카를 필리프 에마누엘 바흐와 같은 과도기적 인물들도 왕성하게 활약하고 있었다.

같은 맥락에서 1750~1800년을 고전주의 시대로 보는 것도 완전히 의견 일치를 본 사항은 아니다. 어떤 음악사가들은 모차르트가 본격적으로 작품 활동을 시작한 1775년부터 베토벤이 사망한 1825년까지를 고전주의 시대로 보기도 한다. 이 기준에 따르면 베토벤의 모든 작품이 고전주의 시대에 포함되어야 하는데, 적어도 《합창》만 봐도 전형적인 고전주의 양식에서 한참 벗어난 음악이다. 음악사에서 베토벤의 존재가 독특한 빛을 발한 것은 역시 그 활동 시기의 절묘한 타이밍 덕분이지만 말이다.

물론 고전주의와 낭만주의의 과도기에 활동한 음악가는 베토벤만이 아니었다. 살아생전 피아노 음악곡으로 상당한 명성을 날렸고 오늘날까지도 사랑받는 《트럼펫 협주곡*Trumpet Concerto in E Major*》을 남긴 요한 네포무크 훔멜(Johann Nepomuk Hummel, 1778~1837), 피아노 교본으로 유명한 카를 체르니(Carl Czerny, 1791~1857) 등도 거론할 만하지만, 이 시기의 음악가 가운데 가장 주목해야 할 인물은 단연 프란츠 슈베르트(Franz Schubert, 1797~1828)다.

1797년 빈에서 교육자의 아들로 태어난 슈베르트는 어려서부터 바이올린과 피아노에 상당한 재능을 보인 동시에 타고난 미성으로 살리에리(바로 그 모차르트의 '숙적' 살리에리가 맞다. 그는 그때까지도 살아 있었다)의 추천을 받아 궁정 신학원에 음악 장학생으로 입학했고, 빈 궁정 예배당의 아동 합창단에서 활약했다. 슈베르트는 졸업 후 잠시 교사로 일했지만, 19세가 되던 해에 교사직을 그만두고 온전히 음악 활동에 헌신하는 삶을 시작했다.

낭만주의 초기를 수놓은 거장 슈베르트의 초상과 자필 사인. 개인적으로 불우한 삶을 살았지만, 그가 이룩한 음악 세계는 풍요롭고 아름답다.

그때나 지금이나 젊은 예술가는 대개 주머니가 궁한 법이다. 겨우 20대 초반에 프리랜서 음악가를 선언한 슈베르트의 상황도 마찬가지였다. 슈베르트는 악보도 출판하고 피아노나 성악을 가르치는 등 열심히 일했지만, 수입은 미미했다. 그런 슈베르트의 음악 활동을 가능케 한 것은 그의 음악을 사랑한 후원자들이었다. 다만 슈베르트의 후원자들은 베토벤처럼 당대의 막강한 세력을 지닌 귀족이나 자산가들이 아니라 젊은 동료 음악가, 화가, 작가, 아마추어 음악 애호가 등이었는데, 그들은 십시일반으로 후원금을 거두어 슈베르트를 도왔다. 또한 정기적으로 집이나 살롱에 모여 슈베르트가 작곡한 신곡 연주를 감상했고, 자신들을 '슈베르티안스(Schubertians)'라고 부르며 동료 의식을 다졌다.

슈베르트는 '가곡의 왕(King of Lied)'으로 불린다. 그는 베토벤의 뒤를 이어 오페라나 오라토리오, 칸타타 등의 상위 장르에 속하지 않은, 한 곡의 독립된 노래를 하나의 예술 양식으로 발전시키는 데 결정적인 공헌을 했다. 700여 곡에 달하는 그의 가곡 컬렉션은 양으로나 질로나

슈베르트의 생가. 빈에서 출생한 슈베르트는 교육자였던 부친의 뜻에 따라 교사가 되었지만, 결국 전업 음악가의 길을 걸었다.

타의 추종을 불허한다. 슈베르트가 가곡이라는 장르에 천착한 것은 그가 고전주의 말기의 음악가가 아니라 낭만주의의 선봉에 선 개척자임을 인정하게 하는 증표이기도 하다. 아름답고 서정적인 선율과 인간의 희로애락을 솜씨 있게 표현한 가사가 결합한 가곡은 그 자체로 낭만주의 양식이라고 할 수 있기 때문이다. 슈베르트의 가곡은 노래와 가사, 그리고 반주(주로 피아노) 등 3가지 요소가 완벽하게 조화를 이루고 있다. 이 가운데 어느 하나라도 튄다거나 뒤떨어진다면 그 삼위일체에서 오는 미적 효과는 감소하고 만다.

슈베르트는 1815년에 《마왕Erlkoenig》을 발표하면서 가곡 작곡가로서 본격적인 활동을 시작했다. 괴테가 쓴 동명의 시를 가사로 삼은 《마왕》은 슈베르트의 가곡 중에서도 그의 생전에 엄청난 악보 판매고를 올린 작품이다. 원작의 내용은 폭풍우가 몰아치는 밤에 말을 달려 숲을 통과하는 아버지와 아들, 그리고 '마왕'이라고 불리는 존재에 관한 것이다. 곡은 음울하고도 힘찬 피아노 전주와 함께 시작된다. 건반은 바람과 천둥, 폭풍우로 소란한 숲속의 음향과 함께 급하게 달리는 말발굽 소리를 효과적으로 묘사한다. 비록 노래는 한 명의 성악가가 부르지만, 그 가사 속에는 해설자, 아버지와 아들, 그리고 마왕이라는 총 4명의 화자(시적 자아)가 등장한다. 먼저 해설자가 상황을 설명한다.

그토록 어둡고 늦은 밤, 바람을 가르며 말 달리는 자 누구인가?
그는 아이를 품에 안은 아버지로구나.
아비는 팔을 한껏 감아,
아이를 따뜻하게 안고 있네.
Wer reitet so spät durch Nacht und Wind?
Es ist der Vater mit seinem Kind;
Er hat den Knaben wohl in dem Arm,
Er faßt ihn sicher, er hält ihn warm.

뒤이어 부자간의 대화가 긴박하게 시작된다.

아들아, 무엇이 그렇게 무서워서 얼굴을 가리느냐?
아버지, 마왕이 보이지 않으세요?
관을 쓰고 긴 옷을 입은 마왕이?
아들아, 그건 그저 엷게 퍼져 있는 안개란다.
Mein Sohn, was birgst du so bang dein Gesicht?
Siehst Vater, du den Erlkönig nicht?
Den Erlenkönig mit Kron und Schweif?
Mein Sohn, es ist ein Nebelstreif.

정말 아이가 본 것은 그저 안개일까? 이윽고 마왕이 등장해 소년에게 속삭인다. 물론 그것이 진짜 마왕인지, 아픈 소년의 혼미한 정신이 꾸며낸 환상인지는 확실치 않다.

귀여운 아가야, 나와 함께 가자.
나와 함께 재미있는 놀이를 하자.
바닷가에는 예쁜 꽃이 피어 있고,
우리 어머니는 많은 금빛 옷을 가지고 있단다.
Du liebes Kind, komm, geh mit mir!
Gar schöne Spiele spiel ich mit dir;
Manch bunte Blumen sind an dem Strand,
Meine Mutter hat manch gülden Gewand.

슈베르트의 가곡 《마왕》의 자필 악보(왼쪽)와 가사의 내용을 묘사한 삽화(오른쪽). 괴테의 시를 가사로 삼은 《마왕》은 가곡 작곡가로서 슈베르트가 거둔 초기의 히트작이다.

과연 아버지는 아들을 데리고 무사히 숲을 통과할 수 있을까? 《마왕》에 이은 슈베르트의 초기 가곡 히트작으로는 《송어Trout》《음악에An die Musik》 등이 있다.

이렇게 '싱글'을 연달아 발표하며 산뜻하게 출발한 슈베르트는 후기로 가면서 '연작 가곡집(liederzyklus)'에 공력을 쏟았다. 연작 가곡집은 간단히 말해 특정한 주제 혹은 내러티브를 공유하는 노래들의 모음집으로, 흔히 팝 아티스트의 '앨범'에 비유할 수 있다. 슈베르트의 3대 연작 가곡집으로는 《아름다운 물방앗간 아가씨Die schöne Müllerin》《겨울 나그네Winterreise》《백조의 노래Schwanengesang》를 꼽는다. 《아름다운 물방앗간 아가씨》와 《겨울 나그네》는 독일 시인 빌헬름 뮐러의 연작시를 가사로 삼아 각 20곡, 24곡으로 이루어진 컬렉션이고, 슈베르트 사후에 출판된 《백조의 노래》는 대표적인 독일 낭만주의 시인 하이네를 필

슈베르트의 유명한 가곡 《음악에》의 자필 원고. 슈베르트의 삶이야말로 음악에 바쳐진 한 편의 시였다.

두로 시인 3명의 시를 가사로 활용했다. 슈베르트 가곡집의 근저를 이루는 주된 정서는 슬픔과 애상, 고독 등이다. 《아름다운 물방앗간 아가씨》의 화자인 남성은 짝사랑하는 물방앗간 아가씨와 맺어지지 못한 실연의 고통에 몸부림치다 목숨을 버리고 만다. 《겨울 나그네》 또한 나그네인 화자가 따뜻하고 희망찬 봄을 보는 대신 차갑디차가운 거리에서 아무도 듣지 않는 곡을 외롭게 연주하는 악사를 바라보며 망연자실할 뿐이다. 오늘날 우리에게 친숙한 슈베르트의 가곡들 중에는 이 연작 가곡집의 수록곡이 적지 않다. 예를 들어 〈보리수 Der Lindenbaum〉(이 곡은 노래도 노래지만 그 피아노 전주가 《마왕》만큼 인상적이다)와 〈거리의 악사 Der Leiermann〉는 《겨울 나그네》에, 〈세레나데 Ständchen〉는 《백조의 노래》에 담겨 있다.

    가곡뿐 아니라 슈베르트가 기악곡에서 남긴 자취 역시 인상적이다. 우선 주목할 것은 그의 피아노곡인 《즉흥곡 Impromptus》 시리즈다. '즉흥곡'이란 말 그대로 머리에서 악상이 떠오르는 대로 연주한 곡이라는 뜻인데, 그가 악보로 옮긴 버전이 즉석에서 떠올랐던 악상과 얼마나 닮았는지는 알 길이 없다. 다만 그의 초기 악보에는 단숨에 갈겨쓴 흔적이 역력하며, 그 때문인지 간혹 조성이 맞지 않는 음표가 끼어 있어 출판된 악보에서 가끔 수정되기도 했다고 한다. 총 8곡에 달하는 슈베르트의 《즉흥곡》 연주는 명반도 많은데, 내게는 특히 블라디미르 호로비츠(Vladimir Horowitz)의 연주가 와닿는다. 호로비츠는 악보에 충실하지 않고 제멋대로 연주한다는 비판이 있는가 하면, 서정성과 창의력이 넘치는 연주라는 찬사를 받는 등 호불호가 엇갈리는 연주자다. 그렇지만 '최후의 낭만주의자(The Last Romantic)'라는 별명으로 불리는 호로비츠야말로 낭만주의의 문을 활짝 연 슈베르트 음악의 연주자로 적격이 아닐까 싶다.

《아르페지오네 소나타Sonata for Arpeggione in A Minor, D. 821》역시 관심을 가질 만한 작품으로 꼽을 수 있다. 제목 속 '아르페지오네' 는 생김새나 연주 방식이 첼로와 비슷하지만 그 음색은 오히려 기타에 가까운 독특한 악기의 이름이다. 친구이자 아르페지오네 연주자였던 슈스터(Vincenz Schuster)를 위해 작곡한 이 곡은 공교롭게도 19세기 중반 아르페지오네라는 악기가 사라지면서 거의 잊히는가 싶었다. 그런데 다행히 첼로나 비올라 등으로 연주되며 그 명맥을 이어왔고, 오늘날에도

빈 중앙공원에 있는 슈베르트 상. 발 아래 스핑크스를 타고 나르는 음악의 신 뮤즈의 부조가 인상적이다.

슈베르트 음악 중 인기 레퍼토리로 꼽힌다. 최근 클래식 음악계에 복고풍이 불면서 원곡에 따라 아르페지오네로 연주되는 경우도 있지만, 내게는 첼로나 비올라 연주가 더 편하다. 반주로는 피아노 대신 기타도 나쁘지 않다.

하지만 슈베르트의 대표 기악곡이라면 역시 《교향곡 8번Symphony No. 8 in B Minor D. 759》을 언급하지 않을 수 없다. 이 곡은 1악장과 2악장밖에 없는 탓에 《미완성 교향곡Unfinished Symphony》이라는 이름으로 더 유명하다. 뜻밖에도 곡명에서 얼핏 드는 첫인상과는 달리 《미완성 교향곡》은 슈베르트의 유작이 아니다. 이 작품을 만든 1822년만 해도 슈베르트는 여러 편의 가곡집을 발표했고, 이후에도 6년을 더 살면서 《교

향곡 9번 '그레이트'*Symphony No. 9 in C Major D. 944 "Great"*》까지 썼다. 그런데 왜《교향곡 8번》이 미완성으로 남아 있는지에 관해서는 많은 견해가 있지만, 확실한 이유는 아무도 모른다.

문학이나 미술에서의 미완성 작품들과 마찬가지로 슈베르트의《미완성 교향곡》역시 미완성이라는 이유로 신비한 분위기를 지닌다. 하지만 1악장과 2악장 모두 속이 꽉 찬 곡들이라 그 자체만으로도 완성도가 높다. 1악장은 먼저 현악기의 최저 음부가 바닥에 깔리고, 이어서 수수께끼 같은 불길한 느낌의 바이올린 보조 선율이 부드러운 융단처럼 펼쳐지는 가운데 관악기군의 오보에와 클라리넷에 힘입어 분명하고 호소력 있는 주선율이 등장한다. 이때부터 곡은 현악기와 관악기가 이끄는 각자의 선율이 듀엣을 이룬다. 대위법 혹은 다성 음악의 낭만주의적 버전이라고 할까. 오케스트라는 다시 관악기가 끌고 가는 주선율을 부드럽게 감싸 안듯이 힘차게 고조되다가 갑자기 멈추더니 곧이어 첼로에 의해 제2 주제가 소개된다. 이런 식으로《미완성 교향곡》은 고전주의 형식미나 편안한 예측 가능성과는 분명히 구분되는 새로운 음악적 사유를 제시한다. 여러 전문가가《미완성 교향곡》을 '최초의 낭만주의 교향곡'이라고 부르는 것은 바로 이 때문이다. 안단테 콘 모토의 2악장 역시 박자나 분위기가 1악장과 그리 다르지 않다.

《미완성 교향곡》은 선율이 아름다운 데다 유명세 탓인지 영화나 드라마의 배경 음악으로도 자주 사용되어 왔다. 일본 영화감독 구로사와 아키라의 1947년도 작품 〈멋진 일요일〉은 아예《미완성 교향곡》을 주축으로 전체 플롯을 구성했다. 영화는 일요일에 만나 데이트하는 두 젊은 연인의 발길을 따라간다. 시민 회관에서 열리는《미완성 교향곡》연주회의 포스터를 본 여자는 남자에게 데려다 달라고 부탁한다. 시간이 촉박한 관계로 두 사람은 거리를 질주해 전차에 몸을 실어 시민 회관으로 향한다. 이 영화에서《미완성 교향곡》은 아직 완전한 성인으로 자라지 못한, 가능성과 불안을 공유한 미완의 청춘 남녀를 상징한다. 그와 동시에 2차 세계 대전 패전 뒤 전쟁의 악몽에서 완전히 벗어나지 못했으면서도(남자 주인공은 제대 군인이며, 영화 곳곳에 전쟁의 상흔이 드러난다) 패전의 참화를 딛고 새로운 국가로 탄생하려고 애쓰는, 즉 '미완성' 단계에 머물러 있는 일본을 상징한다.

《미완성 교향곡》이 인상적으로 활용된 근래 영화로는 스티븐 스필버그 감독의 〈마이너리티 리포트〉가 떠오른다. 《미완성 교향곡》은 영화 초반 앤더튼 수사관(톰 크루즈 분)이 영매인 '프리콕'이 제시하는 미래에 발생할 범죄 1현장의 이미지들을 살펴보는 장면의 배경 음악으로 흐른다. 수사본부의 중앙 통제판에 떠오른 이미지들을 뒤섞으며 단서를 찾으려고 애쓰는 앤더튼 수사관의 모습은 흡사 오케스트라의 지휘

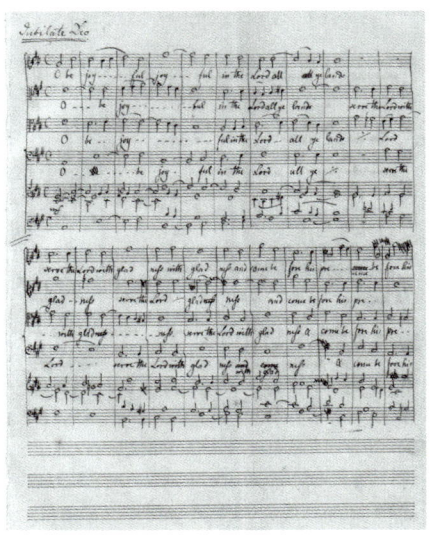

슈베르트의《미완성 교향곡》자필 악보. 최초의 낭만주의 교향곡이라고 불릴 만큼 고전주의 형식미에서 탈피한 자유로운 서정성이 전편에 흐른다.

자를 방불케 하며, 《미완성 교향곡》은 프리콕이 준 그 미완성의 힌트들로부터 범행 현장과 범인을 파악해야 하는 앤더튼의 상황을 암시한다.

《미완성 교향곡》은 내가 처음 알게 된 슈베르트 곡 중 하나다. 어릴 적 열심히 시청했던 TV 애니메이션 〈개구쟁이 스머프〉에서 이 곡이 흘러나왔기 때문이다. 유럽산 애니메이션답게 〈개구쟁이 스머프〉에는 다양한 클래식 음악이 배경 음악으로 흘러나오는데, 《미완성 교향곡》의 1악장은 스머프들의 천적인 얼치기 마법사 가가멜의 테마곡으로 등장한다. 언제나 스머프를 잡으려고 발악하지만, 번번이 실패하는 가가멜의 시도 역시 곡명과 마찬가지로 영원한 '미완성'이다.

그러고 보니 '미완성'은 슈베르트의 음악 생애 자체를 가리키는 메타포이기도 하다. 슈베르트의 음악 세계는 놀라운 가능성인 동시에 한없이 안타까운 미완성이다. 못다 핀 꽃 한 송이라고나 할까. 그의 음악은 고전주의의 향기로 시작해서 낭만주의의 정신을 완전히 펼쳐 보이기 직전에 안타깝게 멈추었다. 이는 다시 말해 슈베르트에게 베토벤의 후계자가 될 자질이 충분했다는 얘기다. 슈베르트는 평생 베토벤을 흠모했으면서도 정작 베토벤을 만나는 것은 엄청나게 수줍어했다. 1822년 친구들 덕분에 드디어 베토벤을 만날 수 있었지만, 워낙 긴장한 탓인지 하고 싶은 말조차 제대로 하지 못했다고 한다. 그리고 베토벤이 사망한 지 고작 1년 만인 1827년 마치 평생의 우상을 따라 가려는 듯 열병을 앓다가 세상을 떠났다. 겨우 31세의 나이였다. 슈베르트는 죽어서도 베토벤의 곁에 묻히기를 원했고, 그 소원은 이루어졌다. 슈베르트는 평생을 베토벤의 뒤를 따르려고 노력했다. 자신에게 베토벤에 필적하는 위대한 작곡가가 될 잠재력이 가득했음을 깨닫지 못한 채……

분별과 다감, 멘델스존

나는 한동안 작곡가 펠릭스 멘델스존(Felix Mendelssohn, 1809~1847)을 영국 사람이라고 생각했다. 그의 생애에 관해 전혀 모른 채 음악 몇 곡을 들었던 어린 시절의 얘기지만, 일단 그의 이름부터가 베토벤이나 슈베르트 등과는 좀 다른 느낌이었다. 아마 멘델스존에서 그 '존'이 어쩐지 영국 이름처럼 보였기 때문이 아니었을까(물론 존의 스펠링은 '-john'이 아니라 '-sohn'이다) 싶기도 하다. 무엇보다 그의 음악에는 어딘지 영국적인 분위기가 있었다. 물론 당시 영국에 관해 내가 아는 것 또한 피상적 수준에 불과했지만, 멘델스존의 음악은 뭐랄까 안정되고 정리정돈되었다고 할까. "신에게 국적이 있다면 분명 영국인"이라는 어느 영화의 대사처럼 흠잡을 데 없이 깔끔한, 그래서 약간은 얄밉기까지 한 19세기 영국 신사 같은 이미지가 느껴졌다.

물론 지금이야 멘델스존이 독일 사람임을 알지만, 나는 아직도 그의 음악에서 종종 19세기 초 영국의 소설가 제인 오스틴을 떠올리곤 한다. 당대 영국 사회, 특히 중산층 가정의 소소한 일상과 남녀 사이의 다양한 심리적 굴곡을 섬세한 필치로 그려 낸 오스틴의 소설과 멘델스존의 음악에는 어떤 접점이 있는 듯하다. 오스틴의 소설 『센스 앤드 센서빌리티(Sense and Sensibility)』라는 제목만큼 멘델스존 음악의 면모를 잘 포착하는 표현도 없으리라는 생각이 든다. 그만큼 멘델스존의 음악은 풍부한 감성과 그 감성을 적재적소에서 다스리는 절제(혹은 분별력)가 황금 균형을 이루고 있다.

멘델스존은 독일 함부르크에서 부유한 유대계 은행가의 아들로 태어났다. 어려서부터 음악적 재능을 보였던 데다 금수저 출신이다 보니 집안의 지원도 탄탄했다. 멘델스존은 어린 나이에도 독일과 프랑스 등

독일의 대표적인 초기 낭만주의 음악가 멘델스존의 초상. 음악에 몰두할 수 있는 환경을 타고난 행운아였다.

을 오가며 당대의 이름난 음악가들로부터 피아노와 작곡을 배웠고, 악사들을 집으로 불러 함께 연주하기도 했다. 그는 1819년 10세에 당시 엘리트 음악 교육 기관인 베를린의 징아카데미아에 조기 입학해 작곡과 지휘를 배우며 창작 활동을 시작했다. 또 12세부터 3년간 총 11곡의 현악 합주곡을 썼고, 13세에는 최초의 피아노 4중주곡을, 15세에는 정식 오케스트라 교향곡 1번을 작곡하는가 하면, 작은 규모의 오페라도 여러 편 썼다. 이와 같은 그의 놀라운 음악적 재능을 두고 사람들이 '19세기의 모차르트'라는 찬사를 보내는 것도 무리는 아니었다.

멘델스존은 16세에 《한여름 밤의 꿈A Midsummer Night's Dream》의 서곡을 썼는데, 이 작품은 낭만주의 음악사에서 중요한 의의가 있다. 이전까지 서곡은 큰 규모의 음악 작품(오페라, 연극, 기타 교향 조곡 등)의 시작을 알리는 기능을 하는, 말하자면 큰 팀에 속한 일개 팀원에 불과했다. 이에 비해 《한여름 밤의 꿈》의 서곡은 비록 셰익스피어의 희곡에서 이름을 가져오고 내용 역시 셰익스피어의 작품을 읽고 느낀 감상을 반영한 것이기는 했지만, 그 자체로 독립된 한 편의 음악이었다. 이 발상의 전환은 후일 낭만주의 음악의 중요한 레퍼토리가 되는 환상 서곡과 교향시 등 다양한 표제 음악(program music)으로 꽃피는 기초가 되었다.

《한여름 밤의 꿈》의 서곡에는 모차르트의 그림자가 약간 보인다. 특히 도입부는 《마술 피리》의 서곡과도 닮은 구석이 있다. 하지만 도입부에 이어 때로는 재치 있게, 때로는 날렵하게 움직이는 선율의 진행은 분명 고전주의적 형식미에서 빠져나온 자유로운 정신이 느껴진다. 오케스트라가 총출동하는 그 흔한 '팜! 팜! 팜!' 대신 관악기의 잔잔한 화음으로만 마무리되는 피날레 역시 독특하다. 멘델스존은 후일 연극 〈한여름 밤의 꿈〉을 위한 배경 음악 조곡을 작곡했는데, 여기서는 서곡뿐 아니라 스케르초, 간주곡, 야상곡, 춤곡 등의 모듬 요리가 펼쳐진다. 그 속에는 지금까지 전 세계의 많은 결혼식장에서 울려 퍼지는 〈결혼 행진곡Wedding March〉도 포함된다.

멘델스존은 20세 되던 해인 1829년 영국과 스코틀랜드를 방문했는데, 특히 스코틀랜드 여행은 그에게 2편의 걸작 음악을 위한 영감을 제공했다. 우선 멘델스존은 스코틀랜드에서 '핑갈의 동굴'이라고 불리는 용암 동굴에 들렀는데, 크고 작은 육각형의 현무암 기둥으로 둘러싸인 동굴에 파도가 들이치며 만들어 내는 신비롭고 기괴한 울림에서 깊은 인상을 받아《핑갈의 동굴Fingal's Cave》서곡을 작곡했다. 이 곡은《한여름 밤의 꿈》의 서곡과 비슷한 성격의 독립적인 서곡으로, '핑갈의 동굴'이라는 별도의 오페라나 연극은 존재하지 않는다. 곡의 유명한 도입부는 짧은 시간 동안 b단조에서 d단조로, d단조에서 f단조로 급변하면서 작품의 주제인 동굴의 신비로운 이미지를 공감각적으로 형상화한다.

멘델스존의 스코틀랜드 여행은 '스코틀랜드 교향곡(Scottish)'이라고도 불리는《교향곡 3번Symphony No. 3 in A Minor Op. 56》의 영감이 되기도 했다. 멘델스존은 1829년 7월 스코틀랜드의 수도 에든버러에 있는 홀리루드 궁을 찾았는데, 이때 그는 홀리루드 궁에 머물렀던 역대 스코틀랜드 국왕들 가운데 가장 기구한 운명을 겪은 메리 여왕을 떠올렸다고 술회한 바 있다. 길게 언급하지 않겠지만, 메리 여왕과 엘리자베스

1세 사이의 애증 관계를 비롯해 당대 스코틀랜드와 잉글랜드의 얽히고설킨 역사는 그야말로 한 편의 드라마다. 유럽사를 잘 아는 사람이라면 이《교향곡 3번》을 메리 여왕의 흥망에 대한 음악적 서사시로도 감상할 수 있을 것이다. 또한 이 곡은 오랫동안 영국의 일부이기를 거부하고 독자적인 역사와 문화를 이루어왔던 고집과 근성을 비롯해 변덕스러운 날씨와 을씨년스러운 풍경마저 인상적인 스코틀랜드의 모든 것을 표현한 음악으로 이해해도 좋다. 이런 식의 자유로운 인식을 낭만주의 음악의 특징이라 할 수 있는데, 낭만주의 시대의 음악은 자연현상, 역사나 문학의 한 장면, 인간의 희로애락 등 음악 외적인 대상을 표현하는 수단으로서의 역할이 주목받은 시기였다.

스코틀랜드의 풍경처럼 불길하고 장중한 선율의 향연을 선사하는 두 작품의 분위기와 대조를 이루는 작품이 바로《교향곡 4번 '이탈리아'Symphony No. 4 in A Major Op. 90 "Italian"》다. 영국에서 돌아온 멘델스존은 다시 베니스와 피렌체, 로마 등 이탈리아 여러 도시를 방문해 현지

스코틀랜드 국왕의 거소였던 홀리루드 궁전. 멘델스존은 20세 때 이곳을 방문한 뒤《교향곡 3번》을 작곡했다.

예술가들과 교류하며 자신의 창작 세계를 살찌웠다. 이탈리아에서의 경험이 녹아든《교향곡 4번 '이탈리아'》의 1악장은 멘델스존의 음악 가운데서도 가장 유명한 선율의 하나로, 시종일관 발랄하고 경쾌해서 온화하고 햇살이 창창한 이탈리아의 이미지와 잘 어울린다. 2악장은 로마에서 본 각종 종교의식의 인상을 표현했는데, 주요 조성은 d단조지만 박자도 비교적 빠른 편이라 마냥 장중한 분위기만은 아니다. 3악장은 우아한 미뉴에트 형식으로 마치 고전주의 교향곡의 전통에 대한 멘델스존의 오마주처럼 느껴진다. 4악장은 이탈리아의 전통 춤곡 살타렐로(saltarello)의 선율을 기초로 한다. 살타렐로라는 춤에서는 특히 도약, 즉 점프를 잘하는 것이 중요한데, 그 점을 염두에 두고 들으면 무용수들이 폴짝폴짝 뛰는 것 같은 부분이 계속 나타난다.

이외에도 멘델스존의 대표작으로는 유명한《바이올린 협주곡 e단조 *Violin Concerto E Minor Op. 64*》《현악 4중주집 *String Quartets*》등이 있지만, 내가 가장 좋아하는 그의 음악으로는 역시《무언가집 *Songs without Words*》을 꼽아야 할 것 같다. 멘델스존의 '무언가(無言歌)'는 노래는 노래지만 성악가가 부르는 노래가 아니라 피아노로 연주하는 노래다. 멘델스존은 평생 총 8권의《무언가집》을 출판했는데, 이것들은 멘델스존의 음악 가운데서도 가장 흥행에 성공한 악보집이다. 19세기 초부터 피아노(포르테피아노)는 전 유럽에서 부르주아 계층의 가정이라면 당연히 보유하고 있어야 할 악기 목록 1호가 되었고, 피아노 연주는 미혼 여성에게 신붓감으로서 갖춰야 할 필수 자질로 인식되었다. 그와 같은 시대적 상황을 반영한《무언가집》은 최소 중급 피아노 실력이면 도전할 만한 곡부터 고난도의 곡까지 갖춘, 하지만 단조로운 연습곡과는 차원이 다른 아름다운 선율로 가득해 당시 대중의 욕구에 딱 맞는 문화 상품이었다. 슈베르트의 가곡이 노래, 피아노 반주, 가사의 삼위일체를 요구하는 데 비해 멘델스존의 무언가는 순수한 피아노곡이다. 하지만 그 때문인지 멘델스존의 무언가는 진짜 노래보다도 선율이 귀에 착 감기고, 가사가 있는 노래와는 다른 방식으로 시심을 자극한다.

《무언가집》에서는 특히 1집의 〈사냥의 노래 Hunting Song〉, 5집의 〈봄의 노래 Spring Song〉, 1, 2, 5집의 〈베네치아의 뱃노래 Venetian Gondola Song〉 등이 유명하지만, 그 외의 어느 곡을 들어도 기본 품질이 보장된다. 《무언가집》은 워낙에 그 선율이 아름다워 연주하다가도 제 흥에 도취해 감정적으로 되기 쉬운데, 그럴수록 악보에 충실한 연주를 하는 것이 정석이라고 본다. 감상할 피아니스트를 고를 때도 그 점을 염두에 두면 좋을 것이다.

《무언가집》은 특히 영국에서 큰 성공을 거두었는데, 그 무렵 영국 중산층 가정에서는 멘델스존의 '무언가'를 연주하는 피아노 소리가 끊이지 않았다고 한다. 말이 나왔으니 하는 얘긴데, 멘델스존은 당대 영국의 군주였던 빅토리아 여왕과 그 남편 알버트 대공이 가장 좋아한 음악가로, 1847년 런던을 방문했을 때 여왕 부처를 알현하고 이들을 위해 개인 음악회를 열기도 했다. 이렇게 멘델스존은 헨델이나 하이든과 마찬가지로 국왕부터 일반 대중에 이르기까지 영국인들이 사랑한 독일 출신 음악가였다. 내가 오래전 멘델스존이 영국 음악가라고 느꼈던 막연한 인상도 아주 터무니없는 것은 아니었던 셈이다.

작곡뿐 아니라 지휘자, 음악 연구가로서도 활발하게 활동했던 멘델스존은 당대 대중의 의식에서 거의 잊혔던 바흐 음악을 재발견 내지 재조명하는 공로를 세우기도 했다. 1829년 멘델스존은 바흐의 《마태 수난곡》을 발표했다. 멘델스존이 베를린 성악 아카데미의 연주로 직접 지휘한 이 곡은 바흐가 죽은 뒤 거의 100년 만에 멘델스존에 의해 재연되었는데, 독일뿐 아니라 전 유럽에서 바흐의 음악이 새롭게 주목받는 데 큰 역할을 했다. 당시 고작 20세였던 멘델스존이 거의 1세기 전의 인물인 바흐의 음악이 지닌 가치를 꿰뚫어 본 것만으로도 그가 얼마나 조숙한 식견을 가지고 있었는지 알 수 있다. 바흐에게 각별한 애정을 보였던 멘델스존은 1835년에 라이프치히 게반트하우스 오케스트라의 상임 지휘자로 취임하면서 라이프치히를 음악 활동의 근거지로 삼았다. 바흐가 생의 후반기를 보낸 도시가 라이프치히였음을 생각하면 멘델스존의 행보는 바흐에 대한 애정과 깊은 연관이 있음이 분명해 보인다. 게다가 바흐가 직접 지휘했던 성 토마스 교회 성가대의 지도를 맡았으니 바흐의 숭배자로서 감회가 새로웠을 것이다.

멘델스존에게는 판니(Fanny Mendelssohn)라는 누이가 있었는데, 그녀 역시 남동생 못지않은 음악적 재능이 있었다. 멘델스존은 누이와 음악

멘델스존이 상임 지휘자를 맡았던 라이프치히 게반트하우스의 외부(위)와 내부(아래). 멘델스존은 존경했던 바흐를 따라 라이프치히를 음악 활동의 본거지로 삼았다.

에 관해 토론하고 의견 나누기를 즐겼는데, 실제로 그가 누이와 주고받은 많은 편지는 후대 멘델스존 연구가들이 그의 창작 과정을 이해하는 데 도움이 될 여러 단서를 제공한다. 1847년 멘델스존은 영국을 방문해 있던 중 누이의 사망 소식을 듣고 큰 충격을 받았다. 누이의 죽음이 원인이 되었던지 멘델스존 역시 시름시름 앓다가 누이가 죽고 불과 6개월 만에 숨을 거두고 말았다. 당시 그의 나이 38세였다. 오랫동안 그의 때 이른 죽음이 누이를 잃은 충격이라는 설이 유력했지만, 최근에는 멘델스존과 누이의 죽음이 집안에 내려오던 유전병 때문이라는 주장도 힘을 얻고 있다.

멘델스존의 음악은 전 유럽에서 큰 인기를 누렸지만, 사후의 평가는 그리 호의적이지 못했다. 오랫동안 비평가들 사이에서는 소녀 취향의 음악, 혹은 살롱이나 가정집에서나 연주될 만한 곡 정도로 치부되었고, 20세기 나치 정권이 들어서면서 유대인의 작품이라는 이유로 독일에서 아예 금지곡으로 묶이기도 했다. 분명 멘델스존의 음악에는 대중적 취향이 짙게 깔려 있지만, 그렇다고 해서 그의 음악 세계가 가진 깊이가 얕다고는 말할 수 없다. 이와 관련해서는 다시 제인 오스틴과 비교해 볼 수 있다. 오스틴의 소설 역시 남녀의 애정 및 결혼 문제 등을 섬세하게 다룬 탓에 깊이가 부족하다는 비판을 받았다. 그러나 오늘날 19세기 초반 영국 중산층의 풍속도를 깔끔하고 재치 있게 그려 낸 오스틴의 위대함에는 의문의 여지가 없지 않은가.

최근 클래식 음악계에서는 한 번도 연주되지 않은 채 묻혀 버린 멘델스존의 작품들이 수백 곡에 달한다는 사실이 알려지면서 화제가 되었다. 현재 유럽에서는 멘델스존의 작품 정리를 비롯해 연주, 녹음 활동이 활발히 이루어지고 있다. 워낙에 완벽주의자였던 멘델스존이다 보니 자기 마음에 들지 않는 작품을 굳이 발표하고 싶지 않아 구석에

치워 두기만 했을 가능성이 높다. 지금까지 알려진 그의 음악에 근거를 두고 판단하건대, 멘델스존의 재발견은 비발디의 잊힌 오페라 이상으로 뛰어날 것이 분명하다. 클래식 음악 애호가로서 뛰어난 기량의 연주자들이 재현해 낸 멘델스존의 음악(발굴된 작품)들을 만날 날을 기대해 본다.

피아노 시인, 쇼팽

폴란드는 흥미로운 나라다. 중세 동유럽의 강국이었던 폴란드는 근대 이후 프랑스와 독일, 러시아 등 주변 강국의 틈에서 부대끼며 고달픈 생존을 모색해야 하는 처지에 놓였다. 그런데도 폴란드가 가진 저력은 여러 분야에서 두각을 나타낸 자국 출신 역사적 인물들의 화려한 면면을 보면 알 수 있다. 먼저 천동설 하면 바로 떠오르는 천문학자 코페르니쿠스가 폴란드 출신이었고, 한국인들이 그렇게 목을 매는 노벨상을 두 차례나 받은 과학자 마리 퀴리도 폴란드 출신이다. 소설『쿠오바디스』로 노벨 문학상을 받은 헨리크 시엔키에비치 역시 폴란드인이다. 그런가 하면 20세기에 배출된 교황 가운데 가장 유명하고 뛰어났던 인물이라고 평가받는 요한 바오로 2세도 폴란드 출신이다. 그리고 이제부터 살펴볼 낭만주의 시대의 가장 위대한 피아니스트이자 피아노의 새로운 차원을 펼쳐 보인 프레데릭 쇼팽(Frédéric François Chopin, 1810~1849)이 폴란드 출신이다.

쇼팽은 1810년 폴란드의 수도 바르샤바 근교에서 프랑스어 교사의 아들로 태어났다. 아마추어 피아니스트인 모친에게 피아노 치는 법을 배운 쇼팽은 금세 모친뿐 아니라 여타 피아노 선생들이 감당할 수 있는 수준을 넘어서 7세에 이미 무대에 섰고 8세부터는 직접 작곡을 시작했다. 모차르트나 멘델스존에 못지않은 음악 신동이었던 셈이다. '피아노의 시인'이라는 별명에서도 알 수 있지만, 그가 작곡한 음악의 대부분은 피아노곡, 그것도 피아노 독주곡이다. 내가 아는 쇼팽의 유일한 비(非) 피아노곡은 《신데렐라 주제에 의한 변주곡 Variations on a Theme of "Cinderella"》이라는 짧은 플루트곡뿐이다. 이 작품은 이탈리아 작곡가 로시니(Gioachino Rossini)의 오페라 《신데렐라 La Cenerenta》 속 아리아에서 주제를 따왔다는데(나는 이 오페라를 전혀 모른다), 피아노 반주는 화음을 맞추는 정도에 그칠 뿐 전혀 튀지 않는다. 하지만 '쇼팽=피아노'라는 등식에 익숙하다 보니 이 곡에서 피아노의 역할이 왜 그렇

19세기 바르샤바의 풍경. 시청(위)과 역대 폴란드 군주들의 거쳐였던 궁성(아래)의 모습이다.

게 제한적인지가 오히려 궁금해진다. 거의 의식적으로 피아노의 역할을 막아 버린 듯하다. 그러니까 실존주의 철학자 사르트르 식으로 말하면 "부재를 통해 더욱 강렬하게 느껴지는" 피아노의 존재감이랄까, 그런 느낌이 드는 것이다. 이래저래 쇼팽과 피아노는 떼려야 뗄 수가 없다.

피아노 신동으로 출발한 쇼팽은 소년 피아니스트로 바르샤바의 유명한 살롱과 공연장을 주름

쇼팽의 초상. 낭만주의 피아노 음악의 대표 주자이자 흔히 피아노의 시인으로 불리는 쇼팽은 낭만주의적 서정성 및 극적 표현을 위한 악기로서 피아노의 위상을 확립했다.

잡았고, 1825년에는 바르샤바를 방문 중이던 러시아 황제 알렉산드르 1세 앞에서 연주해 칭찬을 듣기도 했다. 1826년 바르샤바 음악원에 입학해 3년간 작곡을 배운 쇼팽은 졸업 즈음에 2편의 피아노 협주곡을 작곡했다. 그중 《피아노 협주곡 1번 Piano Concerto No. 1 in E Minor Op. 11》은 오늘날에도 평론가들 사이에서 의견이 엇갈리는 작품이다. 어떤 평론가들은 설익은 관현악법, 도식적일 뿐 아니라 종종 겉도는 피아노 솔로와 오케스트라 사이의 관계, 불안정한 조성(주요 조성이 e단조인데, 2악장과 3악장은 장조로 되어 있고 1악장 또한 상당 부분 장조의 분위기가 장악하고 있다), 특히 3악장에서 들쑥날쑥한 리듬이 두드러진다고 비판하는가 하면, 다른 것들은 다 차지하고라도 피아노 솔로 부분이 창출하는 선율과 신출귀몰한 테크닉이 일품이라고 호평하는 평론가들도 있었다. 나 역시 단연 후자 쪽이다. 애초부터 쇼팽은 협주곡이라는 형식 내에서 비르투오소(virtuoso, 명인)의 연주 실력을 갖춘 피아니스트에 스포트라이트를 비

출 수 있느냐만 몰두했을 뿐, 피아노와 오케스트라에 동등한 비중을 부여한다거나 피아노가 들러리로 등장하는 교향곡 비슷한 것을 만들 생각은 전혀 없었다. 그 점을 고려한다면 오히려 오케스트라에 주어진 역할이 꼭 뒷방 신세만은 아니다. 일단 1악장 초반은 순전히 오케스트라 차지다. 독주자를 피아노 앞에 꿔다 놓은 보릿자루처럼 앉혀 둔 채 오케스트라의 연주가 최소 4분 이상 이어진다. 이 곡처럼 오케스트라의 도입부가 긴 피아노 협주곡이 또 있을지 모르겠다. 피아노 독주자가 자기 파트를 기다리다 무대에서 잠깐 졸거나 딴청 피우다가 진입 타이밍을 놓치는 일이 역사상 한두 번은 일어나지 않았을까 싶을 정도로 길다. 너무 길어서 20세 초까지만 해도 이 도입부를 뭉텅 잘라 낸 버전의 공연도 종종 열렸다.

물론 1악장의 알맹이는 오케스트라가 제시한 주제를 피아노가 받아 본격적으로 '요리'하는 시점부터 시작된다. 그런데 이 무슨 특제 요리란 말인가. 1악장에서 아름답고 부드러운 선율이나 조금은 유난스럽기까지 한 과시성 테크닉, 주제를 몰아가는 깔끔한 솜씨 등과 더불어 느껴지는 것은 힘과 자신감이다. 2악장은 '로맨스'라는 타이틀에 걸맞게 그 서정성으로 듣는 이를 흠뻑 적시고도 남는다. 쇼팽이 폴란드 전통 춤곡의 리듬에서 아이디어를 가져왔다는 비바체의 론도 3악장은 그만큼 빠르면서도 힘차고 동시에 흥겹다. 또한 결코 1악장에 뒤지지 않는 화려한 기교가 청중을 숨죽이게 한다. 테크닉 난도로만 보면 오히려 1악장보다도 더한 실력을 요구하는 곡일 것이다.

쇼팽은 1830년 11월 유럽 공연 길에 올랐는데, 그 타이밍이 참으로 절묘했다. 그가 바르샤바를 떠난 지 불과 수일 뒤에 폴란드에서는 이른바 '11월 봉기(November Uprising)'가 일어났기 때문이다. 당시 폴란드는 프로이센과 오스트리아, 러시아의 보호령으로 분할된 상황이었고,

특히 바르샤바를 포함한 북부 지역은 러시아의 실질적 지배를 받고 있었다. 11월 봉기는 바르샤바의 사관학교 생도들이 중심이 되어 러시아에 대항해 무장 투쟁을 선언한 사건이다. 그러나 이때 조직된 폴란드 저항군은 약 1년간의 투쟁 끝에 러시아군에 패퇴 당했고, 그 여파로 폴란드는 그나마 형식뿐인 독립성을 상실하고 러시아 영토에 편입되었다.

폴란드가 독립 전쟁의 폭풍에 휩싸였을 때 객지에 나와 있던 쇼팽은 귀국을 포기하고 파리에 정착했다. 이 무렵 쇼팽이 쓴 곡 가운데 《혁명 *Revolutionary*》이라는 작품이 있다. 이 작품은 1831년 10월 러시아군의 바르샤바 점령 소식을 들은 쇼팽이 조국의 미래를 우려하며 써 내려간 것으로 알려져 있다. 연주 시간이 5분도 채 안 되는 짧은 곡이지만, 그 힘찬 전개는 확실히 혁명가들의 열정을 떠올리게 한다. 다만 한 가지 문제라면 곡의 사연이 알려져 있는 사실과 다르다는 것이다. 《혁명》은 쇼팽이 출판한 연습곡 모음집의 한 곡에 지나지 않았다. 더구나 이런저런 쇼팽의 곡명 대부분은 다른 이들에 의해 붙여졌다. 쇼팽이 어느 날 저녁 창밖으로 떨어지는 빗방울에서 영감을 받아 작곡했다는 《빗방울 전주곡*Prelude Op. 28 No. 15, Raindrop*》에 관한 일화만 해도 후대의 창작일 가능성이 높다. 하지만 꼭 혁명이나 빗방울이 아니더라도, 쇼팽의 음악에 담겨 있는 서정성과 극적인 묘사력은 바로크나 고전주의 시대와 비교할 때 훨씬 구체적인 음악 외적 정서를 선사한다. 아무래도 낭만주의 시대는 음악으로 어떤 대상이나 주제를 묘사한다는 의식이 강했기 때문에 쇼팽 또한 그와 같은 심리에서 완전히 자유로웠다고 볼 수는 없다.

그래서인지 쇼팽이 자신의 곡에 직접 제목을 짓지 않았다는 것은 조금 의아스럽다. 예를 들어 '이별곡*L'Adieu*'이라는 이름으로 유명한 《연습곡 3번*Étude Op. 10, No. 3*》을 생각해 보자. 이 곡은 그야말로 가사가 빠진 노래에 가깝다. 그 선율은 단순하고 아름다워서 한 번 듣고 나면 저도 모르게 '랄라 랄랄라' 하며 따라 부르게 될 정도다. 앞서 나는 장조의 조성으로 애절한 단조의 정서를 묘사하는 곡에 거의 무장해제 당한다고 말했는데, 《연습곡 3번》에서는 더욱 그러하다. 이 곡에 흐르는 정서의 표제인 '이별'을 화두로 풀어 보자면 이 노래 속의 이별은 이별이기는 하되 어떤 희망의 단서를 쥔 이별이다. 한용운의 시 〈님의 침묵〉 가운데 "님은 갔지만 나는 님을 보내지 아니하였습니다."와 같은 정서라고 할까. 말하자면 이 곡의 이별은 알렉산드르 뒤마의 『몬테 크리스토 백작』에서 복수를 완성한 뒤 "꿈을 가지고 기다리라."는 말을 남기고 평생의 사랑 메르세데스를 뒤로하고 사라지는 에드몽 당테스의 이별이다. 그렇다면 이 곡에 대한 작곡가의 의견은 어땠을까? 쇼팽이 직접 밝힌 이 곡의 작곡 이유는 안타까운 석별의 감정에 대한 묘사가 아니라 다성 연주와 레가토(연결음) 테크닉의 연습이었다(그렇다. 어디까지나 연습곡이다). 실제로 쇼팽 역시 그 곡의 선율을 상당히 마음에 들어 했다고 하는데, 그건 "어? 쓰다 보니 제법 예쁘게 나왔네." 정도지 쇼팽 자신이 겪은 사랑하는 연인과의 이별이 감흥이 되어 그의 손과

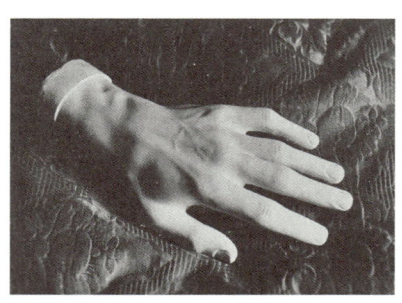

쇼팽의 손 석고 모형. 쇼팽은 탁월한 작곡가이자 천재적인 연주자였다.

건반을 거쳐 아름다운 선율로 둔갑한 것은 전혀 아니라는 얘기다. 그런데도 쇼팽의 《연습곡 3번》은 내게 여전히 가슴이 터질 것 같은 이별의 노래니 어쩌겠는가. 선입견의 생명력은 역시 끈질기다. '폴란드 난민' 쇼팽의 파

리 생활은 나쁘지 않았다. 쇼팽의 주요 수입원은 개인 지도와 악보 판매였는데, 그 물가 비싼 파리에서도 상류층의 생활을 누릴 정도로 상당한 돈을 벌었다. 쇼팽은 큰 공연장에서 연주하는 것을 싫어했다. 그가 폴란드를 떠난 이후 더는 피아노 협주곡을 쓰지 않은 것도 어쩌면 이와 관련이 있을 것이다. 쇼팽은 큰 공연장 대신 살롱이나 개인 저택 등 아담하고 제한된 공간에서 소규모 청중을 상대로 연주하기를 즐겼는데, 유럽의 변경 폴란드에서 온 매력적인 젊은이가 들려주는 낭만적인 피아노 음악에 파리지앵들은 완전히 매료되었다. 그의 미니 음악회는 그 자체로는 큰돈이 되지 않았을 테지만 개인 지도를 희망하는 귀부인들을 모집하는 좋은 창구가 되었을 것이다.

파리 시절 쇼팽의 초기 대표작들을 보면 연습곡집 외에 《왈츠곡 1번 '화려한 대왈츠'*Waltzes No. 1 in E-flat Major Op. 18 "Grande Valse Brillante"*》《발라드 1번*Ballade No. 1 in G Minor*》《야상곡 9번*Nocturne No. 9 in B Major Op. 32-1*》 등이 있다. 쇼팽은 지극히 서정적인 선율과 고도의 테크닉 중 어느 한쪽도 포기하지 않고 오히려 그 둘 사이의 행복한 조화를 자연스럽게, 그리고 성공적으로 이루어 낸다. 20세기 초 피아니스트 크리프스(A. Redgrave Cripps)에 따르면, 쇼팽의 곡들은 내적 구조로 보았을 때 1악상 곡(One Idea pieces)과 2악상 곡(Two Idea pieces)으로 나누어진다. 1악상 곡은 '주제 + 주제의 변주 + 주제'로의 회귀라는 A+B+A' 패턴을 따르지만, 2악상 곡은 A+B+A+C+A'를 기본 패턴으로 작품 중간에 제1 주제 A 혹은 그 변형 B와는 성격이 다른 새로운 주제인 C가 끼어든다. 물론 쇼팽의 A+B+A'의 1악상 곡들도 좋지만(연습곡과 전주곡 대부분이 이 패턴이다), 크리프스가 지적한 2악상 곡들 속에 등장하는 반전 요소인 C 부분 또한 쇼팽 음악의 묘미라 할 만하다. 비유하자면 케이크의 아이싱이나 건빵의 별사탕을 찾아 먹을 때 느끼는 기분이랄까. 이런 비유는 쇼팽의 전 작품에 고르게 나타난다.

쇼팽은 1836년 6살 연상의 작가 조르주 상드와 운명적으로 만난다. 오늘날 상드는 그의 문학 작품보다는 다채로운 남성 편력으로, 그 가운데서도 특히 쇼팽의 연인으로 더 유명한 비운의 작가지만 당대에는 상당한 명성을 누렸다. 쇼팽은 상드를 만났을 때 이미 약혼녀가 있었지만 곧 파혼했고, 상드는 별거 중인 남편에 2명의 자식까지 딸린 유부녀였지만 쇼팽과 바로 동거에 들어갔다. 이렇게 시작된 두 사람의 관계는 이후 10년간 지속되었다.

상드와 함께 파리뿐 아니라 스페인과 남프랑스, 영국 등지를 돌아다니며 보낸 10년은 쇼팽에게 예술적으로도 생산적인 시기였다. 당시의 대표곡으로 4편의 즉흥곡, 여러 편의 왈츠, 폴로네즈, 발라드곡 등이 있다. 이 가운데 《즉흥 환상곡 4번 *Fantasie Impromptu No. 4 in C-sharp Minor Op. 66*》은 현대인들에게 가장 친숙한 쇼팽의 선율 가운데 하나다. 쇼팽은 총 4편의 즉흥곡을 썼지만 '환상'이 붙은 것은 이 마지막 곡이 유일하다. 확실히 같은 즉흥곡이라고 해도 앞의 3편이 모두 일정한 패턴과 절제를 보이는 반면, 《즉흥 환상곡 4번》은 자유로운 악상의 움직임을 지니고 있다. 이 곡은 쇼팽 생전에는 출판조차 되지 않았던 작품인데, 그 이유에 관해서는 오랫동안 전문가들과 호사가들 사이에 여러 설이 있다. 쇼팽 자신이 예술적으로 실패한 작품으로 생각했다는 둥, 베토벤의 《월광 소나타》에 대한 실험적 오마주(실제로 이 작품과 베토벤의 소나타 사이의 공통점/차이점을 심층 분석한 사람들이 상당히 많았다고 한다. 나로서는 조성이 같다는 것 외에는 특별히 생각해 본 적이 없다)였을 뿐 대중을 위해 작곡한 곡이 아니라는 둥, 상드 몰래 사모하던 여인에게 준 사랑의 선물이라는 둥, 하지만 가장 유력한 것은 쇼팽이 고객의 주문을 받아 맞춤 제작해 납품한 곡이라는 가설이다. 즉 곡의 소유권이 의뢰인에게 있었고, 따라서 쇼팽은 의뢰인의 동의 없이는 출판할 수 없었다는 것이다. 약간 맥 빠지기는 하지만, 가장 설득력 있는 시나리오가 아닐까 싶다. 만약 이 가설이 사실이라면 쇼팽의 재능에 감탄하지 않을 수 없다. 주문을 받아 제작한 곡이 담고 있는 극적 긴장과 감수성이 그 정도라니 말이다. '즉흥 환상곡'이라는 제목처럼 주문(돈)을 받자마자 바로 그 자리에서 '즉흥'적으로 '환상'적인 '곡'의 악상이 떠올랐다는 건 역시 프로 중의 프로라고 하겠다.

《폴로네즈 3번Polonaise No. 3 in A Major Op. 40-1》과 《폴로네즈 6번Polonaise No. 6 in A-flat Major Op. 53》 역시 이 시기에 작곡되었다. 이 작품들은 각기 '군대Military'와 '영웅Héroïque'으로 불리는데, 나는 두 작품을 연결해서 감상하기를 좋아한다. 말하자면 '군대'가 평정을 끝낸 자리에 '영웅'이 납신 격이라고 할까. 조성상으로도 《군대》가 a장조, 《영웅》이 내림 a장조로 반음 차이다. 《군대》가 힘차고 절제된 패턴을 보이는 반면, 《영웅》의 전개는 훨씬 다채롭고 화려하다. 영웅은 영웅이되 총칼을 앞세운 영웅이라기보다는 천사들의 날개에 휩싸여 황금의 수레 위에서 월계관을 쓴 아폴로 신과 같은, 찬란한 광휘에 싸인 그런 영웅의 이미지다. 대왈츠곡과 함께 쇼팽의 왈츠곡 가운데 가장 유명한 《왈츠 2번Waltz No. 2 in C-sharp Minor Op. 64》, 수년 앞서 작곡한 《발라드 1번Ballade No. 1 in G Minor Op. 23》의 영감이 되살아난 듯한 《발라드 4번Ballade No. 4 in F Minor Op. 52》도 놓치기 아까운 보석 같은 곡들이다.

1840년대 중반부터 쇼팽은 건강이 급속도로 악화됐다. 1838년 겨울을 상드와 함께 스페인의 마요르카에서 보냈는데, 하필 그해 겨울이 유난히 추워 쇼팽은 현지에서 결핵에 걸려 이후 건강을 완전히 회복하지 못했다. 1848년 상드와 결별한 뒤 쇠약해지는 심신에도 불구하고 쇼팽은 영국 순회공연을 강행했고, 그것이 그의 마지막 무대가 되고 말

왔다. 파리로 돌아온 뒤 결핵 증세가 급격하게 악화된 쇼팽은 1849년 10월, 39세의 나이로 세상을 떠났다(상드는 쇼팽 사후에도 27년을 더 살았다).

《혁명》에 대한 뒷이야기에서 살펴보았듯이, 쇼팽에게는 자나깨나 조국 폴란드의 운명을 걱정한 애국지사 음악가였다는 '레전드'가 붙어 다닌다. 이는 새빨간 거짓말은 아니라고 해도 다소 과장과 희망 사항이 들어가 있다. 일단 쇼팽은 파리에 정착한 뒤 두 번 다시 고국 땅을 밟지 않았다. 바르샤바와 파리가 무슨 이역만리 떨어진 것도 아니고, 그가 러시아 정부에 찍혀 요주의 인물이 되었던 것도 아닌데 말이다. 오히려 쇼팽은 폴란드인이었던 만큼이나 프랑스인으로서의 정체성을 강하게 느꼈으리라고 본다. 프랑스인 부친을 둔 쇼팽으로서는 처음부터 파리가 낯선 이국의 땅이라기보다는 제2의 고향으로 여겨졌을 것이다. 그러고 보니 프레데릭 쇼팽이라는 이름도 프랑스식 이름으로, 폴란드식 그의 이름은 프리데리크 프란치제크 조펜(Fryderyk Franciszek Szopen)이다.

또한 쇼팽이 폴란드 정치에 관해 어떤 단호한 의견을 표명했다는 기록 역시 찾을 수 없다. 다만 쇼팽은 생전에 자신의 삶이 "시작은 없고 결말은 좋지 않은 에피소드" 같다는 말은 종종 했는데, 그에게 다소 실향민적 정서가 있었다고 하더라도 그것이 반드시 애국심에 대한 증거는 아니다. 쇼팽이 파리에서 번 돈을 당대 러시아에 저항하는 폴란드 지하 단체

쇼팽이 사망한 1849년의 모습. 결핵으로 병약해진 모습이 역력하다.

의 비밀 자금으로 댔다는 결정적인 증거라도 나오지 않는 한, 나는 쇼팽을 그저 세계 시민으로 살기로 한 예술가로 이해하려 한다.

쇼팽이 낭만주의 시대 피아노 예술의 기둥과 같은 인물이다 보니 쇼팽 음악의 정복은 오늘날까지도 모든 피아니스트의 꿈이자 목표다. 쇼팽 연주가로는 폴란드 출신의 피아니스트 아르투르 루빈슈타인(Arthur Rubinstein)이 오랫동안 부동의 기준이었다. 루빈슈타인 연주의 매력은 물 흐르듯 자연스럽다는 데 있다. 연극적인 부분이 없고, 포르테 부분의 지시된 효과를 재현하는 데 어떤 분투나 과장의 흔적도 전혀 찾아볼 수 없다. 슈베르트를 소개하며 언급했던 호로비츠의 쇼팽 연주 또한 낭만주의 정신에 가장 충실한 해석으로 추천할 만하다.

개인적 취향을 말하자면 나는 쇼팽의 독주곡보다 협주곡, 특히《피아노 협주곡 1번》의 연주자 선택에 입맛이 좀 까탈스러운 편이다. 지금껏 여러 연주자의 퍼포먼스를 들었지만, 어떤 연주는 오케스트라의 박자가 너무 느리고, 어떤 연주는 아직 내공이 부족한 연주자가 삼키지도 못할 대물을 성급하게 덥석 물고 어쩔 줄 몰라 하는 인상이 든

블라디미르 호로비츠의 쇼팽 음반 표지(왼쪽)와 20대의 아르투르 루빈슈타인(오른쪽). 최후의 낭만주의자로 불렸던 호로비츠와 완벽한 연주로 유명한 루빈슈타인은 쇼팽 음악의 탁월한 해석으로 유명한 20세기 피아니스트들이다.

다. 결국 가장 안전한 선택이 루빈슈타인인데, 너무 흠잡을 데 없이 깔끔하다는 게 또 흠이라면 흠이다. 쇼팽의 피아노 협주곡 연주라면 프랑스 출신 크리스티안 지메르만(Krystian Zimmerman)도 꽤 유명하지만, 1980년대 카를로 마리아 줄리니(Carlo Maria Giulini)가 로스앤젤레스 필하모닉과 협연한 버전은 권하고 싶지 않다. 1악장은 평범하고 2악장의 박자는 좀 의아할 정도로 빠른 데다 3악장은 오케스트라와의 부조화가 조금 놀라울 정도. 게다가 연주 중 누가 뒤로 자빠지기라도 했는지 '꽈당' 하는 잡음까지 들린다. 러시아 출신 피아니스트 스타니슬라프 부닌(Stanislav Bunin)의 연주도 빼놓을 수 없다. 부닌은 1985년 쇼팽 콩쿠르 우승자로 화려하게 데뷔해 이후 10년 넘게 오로지 쇼팽의 곡만 연주한 쇼팽 전문가다. 젊은 시절에는 너무 혈기 왕성하고 재기가 넘치다 보니 연주에서도 약간 촐싹거리는 느낌이 있었지만, 나이가 들면서 원숙해졌다. 최근 쇼팽 콩쿠르를 우승한 한국인 피아니스트 조성진 역시 든든한 미래의 재목감으로 향후 활약이 기대된다.

요한 슈트라우스와 이지 리스닝

어렸을 때 부모님 따라 경양식 식당에 가는 걸 좋아했다. 경양식 식당에 가면 비후가스, 돈가스, 오므라이스 등 맛도 있는 데다 모양도 그럴듯한 요리를 먹을 수 있었기 때문이다. 경양식이 '부담 없이 가볍게 먹는 서양식 식사'라는 뜻임을 알게 된 것은 한참 뒤였다. 경양식 식당이라는 비즈니스 모델 자체는 19세기 말 서양 문물을 받아들이며 자기네식으로 색깔을 곁들인 일본인의 솜씨다. 연유야 어찌 됐든 나는 지금도 경양식을 좋아한다. 와인을 곁들인 스테이크나 바닷가재 요리, 푸아그라나 양다리 구이도 좋지만, 굳이 비후가스나 돈가스를 즐길 기회를 마다하고 싶지는 않다.

음악에도 경음악이라는 게 있다. 정신을 집중해서 듣는 대신 부담 없이 즐길 만한 음악, 영어로도 'light music'이다. 쇼핑센터, 식료품점, 사무용 빌딩 내에서 흔히 들을 수 있는 가볍고 경쾌하게 편곡된 이런저런 배경 음악이 경음악의 범주에 든다. 한국과 일본에서 1960~1970년대 인기 만점이었던 폴 모리아(Paul Mauriat)나 레이몽 르페브르(Raymond Lefèvre), 그리고 최근 유럽과 미국에서 인기를 끌고 있는 앙드레 리우(André Rieu) 등의 작곡가 겸 지휘자들이 경음악 전문가들이다. 이들의 음악을 '세미클래식(semiclassical music)'이라고 부르기도 하는데, 팝 뮤직에서 말하는 '이지 리스닝(easy listening)' 또한 기본적으로 비슷한 콘셉트라 하겠다.

정통 클래식에도 경음악 혹은 이지 리스닝 계열의 곡들이 많다. 이 곡들은 내적 구조가 비교적 단순하고, 미학적 정서 또한 가볍고 부담 없는 음악들이다. 바흐의 유머러스한 세속 칸타타, 헨델과 비발디의 협주곡, 모차르트의 《세레나데 13번 '작은 밤의 음악' *Serenade No. 13 in G Major K. 525 "Eine Keine Nacht Musik"*》이나 《디베르티멘토 d장조》 시리즈 등도 클래식의 경음악이라고 볼 수 있다. 앞에서 언급했던 멘델스존의 음악 역시 이지 리스닝 요소가 풍부하다.

하지만 클래식 음악사를 통틀어 가장 뛰어난 이지 리스닝의 대가는 낭만주의 시대에 배출되었다. 바로 오스트리아 작곡가 요한 슈트라우스(Johann Strauss II, 1825~1899)다. '왈츠의 왕(Waltz King)'이라는 별명이 말해 주듯, 요한 슈트라우스는 댄스 뮤직, 특히 19세기 유럽에서 선풍적인 인기를 끈 사교 댄스인 왈츠를 위한 수많은 걸작을 남겼다.

요한 슈트라우스는 1825년 빈에서 작곡가이자 바이올리니스트인 요한 슈트라우스 1세의 아들로 태어났다. 그래서 정확히는 주니어, 즉

요한 슈트라우스 2세라고 불린다. 부친 요한 슈트라우스 1세는 당대에 상당히 이름을 날린 음악가로, 빈에서 왈츠가 인기를 얻는 데 크게 기여한 인물이다. 그는 작은 악단을 조직해서 스스로 작곡 및 편곡한 다양한 왈츠곡을 연주했고, 유럽의 여러 도시를 돌며 왈츠 음악의 홍보대사 역할을 하기도 했다. 다시 말해 요한 슈트라우스 2세의 성공은 하늘에서 뚝 떨어진 것이 아니라 부친이 미리 닦아 놓은 터전에서 이루어진 것이라 할 수 있다.

부친을 닮아 아들 요한 슈트라우스 역시 어려서부터 음악에 재능을 보였지만, 아들이 안정적인 직업을 가질 것을 바란 부친은 아들의 재능을 그다지 탐탁지 않게 여겼다. 당시 상당히 성공한 음악가였던 그였지만, 음악가의 길이 얼마나 험한지 잘 알고 있었기 때문이었다. 하지만 슈트라우스는 부친 몰래 바이올린을 배우는 등 음악가의 꿈을 포기하지 않았고, 모친의 적극적 지원 덕분에 수년간 빈의 쟁쟁한 음악가들로부터 연주 및 작곡 기법을 배울 수 있었다.

슈트라우스는 1844년 첫 콘서트를 열었고, 이어 1845년 형제들과 함께 자신의 경음악 악단을 조직해 활동하기 시작했다. 당시 부친 역시 악단을 이끌고 활발하게 현역으로 뛰고 있었기 때문에 두 사람은 불가피하게 같은 업종의 경쟁자가 되었다. 이렇게 벌어진 '부자 경쟁'은 당시 빈의 신문 등에 오르내리며 화젯거리를 양산했고, 덕분에 슈트라우스 부자의 인기는 입소문을 타고 계속 올라갔다. 1849년 부친이 사망하자 슈트라우스는 부친의 오케스트라 단원을 영입해 악단의 규모를 키웠다. 이때부터 슈트라우스는 그야말로 왈츠의 지존으로 전 유럽에서 명성을 떨치기 시작했다. 그는 서유럽은 물론 동유럽과 러시아까지 방문했고, 바다 건너 미국까지 건너가 빈 왈츠의 진수를 선보였다.

18세기 말까지 유럽의 무용 문화를 지배했던 것은 미뉴에트, 알라망드 등의 우아한 스타일과 복잡한 스텝을 강조하는 프랑스식 춤이었다. 하지만 19세기에 들어서면서 무용 문화가 바뀌기 시작했는데, 그 견인차 구실을 한 것이 왈츠였다. 18세기 말 합스부르크 왕가의 무도회에서 본격적으로 모습을 드러낸 왈츠는 프랑스에서도 크게 인기를 끌었다. 그때까지 사교 댄스는 남녀가 인사를 한 뒤 잠시 붙어 있다가 흩어지고 다시 만나기를 반복하는 패턴을 따랐지만, 왈츠는 남녀가 바짝 붙어 연회장을 빙빙 돌며 미끄러져 지나가는 동작이 특징이었다(한자로 왈츠 음악을 '원무곡'이라고 표현하는 것은 이 때문이다). 그래서 처음 왈츠가 무도회장에 등장했을 때는 미풍양속에 어긋난다는 비판도 있었다. 그런데도 (혹은 그 덕분에) 왈츠의 인기는 계속 올라가 19세기 중반에 이르러 전 유럽을 휩쓸었다. 애초에 왈츠의 종가 오스트리아, 특히 빈 사교계에서 왈츠의 인기는 말할 것도 없었다. 슈트라우스는 이러한 시대적 수요와 입맛에 딱 맞는 왈츠 음악을 소비자들에게 공급함으로써 유럽

19세기 말 빈의 전경. 오스트리아-헝가리 제국의 수도이자 낭만주의 음악의 아성이기도 했다.

최고의 댄스 뮤직 스타의 자리에 올랐다.

요한 슈트라우스는 평생 500곡에 가까운 왈츠곡에 더해 폴카(polka), 카드리유(quadrille) 등 여타 스타일의 춤곡과 행진곡, 극음악 등을 작곡했다. 그중 걸작으로 꼽을 만한 작품 3곡을 소개해 본다. 먼저 소개할 곡은 슈트라우스뿐 아니라 모든 왈츠곡 가운데 가장 유명한《아름답고 푸른 도나우강By the Beautiful, Blue Danube》이다. 이 곡은 원래 슈트라우스가 합창곡으로 작곡한 원곡을 1867년에 다시 기악곡으로 편곡한 작품으로, 같은 해 파리에서 열린 만국박람회 기념 공연에서 큰 성공을 거두었다. 이후 피아노 독주곡 버전의 악보가 전 유럽에서 100만 부 이상 팔려나가는 기염을 토했다.

곡이 시작되면 여유 있는 박자의 현악기가 가느다란 음색의 트레몰로(tremolo)로 화음을 깔아 주는 사이 관악기가 주제를 소개한다. 다소 느릿한 박자의 이 대목은 곡의 주제를 소개할 뿐 아니라 왈츠가 시작되기 전에 댄서들이 춤을 추기 위한 준비 자세를 잡도록 신호를 주는 실용적인 목적도 있다. 도입부에 이어 총 5개의 다른 선율이 계속 이어지는데, 5개의 선율을 하나의 통일된 구조 속에 질서정연하게 배치한 것은 역시 작곡가 슈트라우스다운 솜씨다. 참고로 도나우강은 유럽에서 가장 긴 강으로, 도나우(독일), 다뉴브(영어), 드네프르(러시아, 벨라루스), 돈(러시아) 등 언어마다 다양한 이름으로 불린다.

《아름답고 푸른 도나우강》과 관련해서 떠오르는 기억은 두 가지다. 첫 번째는 1968년 스탠리 큐브릭 감독이 아서 C. 클라크의 SF 소설을 영화화한 〈2001 스페이스 오디세이〉의 한 장면이다. 영화 속에서《아름답고 푸른 도나우강》은 스페이스 셔틀이 지구를 떠나는 순간부터 달 근처의 우주 정거장에 도킹하는 순간까지 이어지는데, 마치 이 영화를 위해 만들어진 음악처럼 절묘한 일치율을 자랑한다. 그러고 보니

〈2001 스페이스 오디세이〉는 영화 도입부에서 후기 낭만주의 작곡가 리하르트 슈트라우스(Richard Strauss)의 교향시《자라투스트라는 이렇게 말했다Thsu Spoke Zarathustra》를 인상적으로 활용하기도(참고로 리하르트 슈트라우스와 요한 슈트라우스는 인척 관계가 아니다) 했다. 이렇듯 SF 영화에 클래식 음악을 채택한 탁월한 안목도 그렇지만, 〈2001 스페이스 오디세이〉는 1960년대에 만들어진 영화

30대의 요한 슈트라우스. 트레이드마크인 수염이 인상적이다.

라고는 믿기지 않을 만큼 인상적인 시각 효과를 자랑한다. 컴퓨터 그래픽을 내세운 최신 할리우드 블록버스터 영화에 익숙한 독자들에게도 감상을 권하고 싶다. 수제 시각 효과가 얼마나 정교할 수 있는가를 보여 주는 좋은 예다.

《아름답고 푸른 도나우강》에 관한 두 번째 기억은 예전 빈을 방문했을 때 갔던 음악회다. 슈트라우스 시절이나 지금이나 빈에는 가난한 음악가들이 많다. 여러 음악 전문 기관에서 배출되는 학생들이 많다 보니 웬만한 실력으로는 명함도 못 내밀 정도인 데다 하물며 정규 오케스트라 단원이 되는 것은 하늘의 별따기다. 경쟁에서 밀려난 일부 음악가들은 관광객을 상대로 한 경음악회 따위를 열며 호구지책으로 삼는데, 비록 정식 오케스트라의 진용을 갖추지는 못했지만 솜씨 자체는 대체로 괜찮은 편이다. 내가 갔던 음악회도 그런 곳이었다. 레퍼토리는 예상했듯이 누구나 가볍게 즐길 수 있는 경음악 클래식이었고, 쇼의 하이라이트는 역시나 《아름답고 푸른 도나우강》이었다. 물론 정

식 오케스트라의 사운드에 비할 바는 아니었지만, 그리 나쁘지 않은 연주였다. 하기야 슈트라우스 본인도 처음 악단을 시작했을 때는 현악기 연주자 몇 명뿐이지 않았던가. 나는 마침 젊은 첼로 연주자 바로 앞자리에 앉아 있었는데, 그 젊은 친구가 눈을 지그시 감은 채 왼손으로는 힘차게 지판을 누르고 오른손으로는 신나게 활을 휘두르던 모습이 지금도 생생하다. 그가 연주하던 첼로가 얼마나 명기인지는 모르겠지만 군더더기 없이 맑고 힘찬 소리를 냈던 것으로 기억한다. 분명 그 무명의 젊은 연주자나 첼로계의 최고 스타인 요요마나 연주하는 동안만은 자신을 잊고 음악 속으로 몰입해 들어가는 경험은 동일한 것이다. 연기로 비유한다면 유명 배우든 무명 배우든 연기를 하면서 캐릭터와 혼연일체가 되는 것처럼 말이다. 도나우강이 유유히 흐르듯이 음악가들은 지금도 물질적 성공 여부와 상관없이 혼신을 바쳐 예술을 연마한다.

두 번째로 소개하고 싶은 작품은 오페레타 《박쥐Die Fledermaus》의 서곡이다. 경음악의 대가답게 슈트라우스는 비교적 길이가 짧고 가벼운 주제를 다루는 경가극인 오페레타 장르에서 활약했다. 《박쥐》는 그의 여러 오페레타 중 지금까지도 클래식 팬들의 사랑을 받는 작품이다. 제목의 '박쥐'는 극 중 주인공이 가면무도회에서 입은 복장을 뜻하며, 슈트라우스는 작품을 통해 당시 빈 사교계의 허위의식과 문란성을 풍자했다. 《박쥐》 서곡에 등장하는 주제들은 모두 실제 오페레타 속에 등장하는 아리아나 배경 음악 등을 적절하게 효과적으로 배치해 놓은 메들리 형식이다. 물론 그중 하이라이트는 왈츠지만, 그 외에도 다양한 리듬과 색깔의 선율들이 곳곳에 솜씨 있게 배치되어 있다.

《박쥐》는 워낙 유명하다 보니 명연주도 많지만, 내가 지금까지 기억하는 가장 인상적인 연주는 1980년대 중반 헤르베르트 폰 카라얀이 객원 지휘했던 빈 필하모닉의 신년 음악회에서였다. 물론 당시 현지에 가서 직접 본 것은 아니고 TV로 본 거였지만 말이다. 그전에도 카라얀 지휘의 음악은 음반이나 라디오를 통해 이따금 들었지만, 당시는 동영상이 워낙에 귀했던 시절이라 TV를 통해 그가 직접 지휘하는 모습을 본 것은 그때가 처음이었다. 전성기라고 할 1960~1970년대를 지나 이미 80세를 바라보던 카라얀은 눈에 띄게 노쇠해 보였다. 게다가 30년 이상 지휘했던 베를린 필하모닉이 아니라 빈 필하모닉을 객원 지휘하는 그가 어떻게 오케스트라를 장악하고 음악을 빚어낼 수 있을까 싶었다. 궁금증은 곧 풀렸다. 음악회의 첫 프로그램이 바로 《박쥐》 서곡이었고, 노 지휘자와 단원들은 서로에 대한 존경과 신뢰 속에 빈틈없이 호흡을 맞추며 뛰어난 연주를 선보였다. 서곡의 떠들썩하고 신나는 도입부가 지나자 카라얀이 오보에 연주자를 향해 가벼운 미소를 머금고 "자, 슬슬 들어와요." 하고 손짓하는 모습은 카라얀이 가진 독재자 같은 이미지가 아니라 오히려 자상한 할아버지 같았다. 그 유명한 왈츠 대목을 지휘할 때도 카라얀은 동작의 낭비 없이 적절한 박자로 오케스트라를 끌고 갔다. 초등학교 음악 시간에 3박자 곡의 지휘는 약간 느슨한 삼각형 그리기로 배웠건만 카라얀이 왈츠를 지휘하는 동작은 오히려 동그라미 그리기에 가까웠다.

 카라얀이 지휘하는 모습을 보면 가끔 그의 입 주변이 잠깐씩 움직이는 순간이 있다. 쩝쩝거린다고 해야 할까, 음식 냄새를 맡고 입맛을 다신다고 해야 할까, 그 모습은 마치 유명 셰프가 요리의 간을 보면서 맛을 조절하는 것 같다. 분명 카라얀은 이따금 간을 보면서 클래식 음악이라는 메뉴를 요리하는 데 뛰어난 셰프였다. 말하자면, 헤르베르트 '간' 카라얀이다. 레퍼토리도 넓어서 바흐의 《브란덴부르크 협주곡》부터 20세기 작품들까지 두루 연주했다. 실력보다 과대평가되었다는 비판도 없지 않지만, 그렇다고 너무 깎아내릴 것도 아니다.

세 번째로 소개할 슈트라우스의 음악은《황제 왈츠*Emperor Waltz*》다. 젊은 시절 상당히 진보적 성향을 보였던 슈트라우스였지만 나이가 들면서 정치적으로 점점 보수화되었고, 오스트리아의 지배층 인사들과도 교류를 넓혀 갔다.《황제 왈츠》는 장년의 슈트라우스가 합스부르크 왕가에 바친 왈츠 버전의〈용비어천가〉라고 할 수 있다. 이 곡은 원래 1888년 오스트리아의 프란츠 요제프 1세가 독일 황제 빌헬름 2세의 빈 방문을 기념해 베푼 연회용 음악으로 작곡된 것이다. 곡의 서두를 여는 것은 늠름한 행진곡이다. 마치 의장대를 사열하는, 혹은 연회장으로 입장하는 오스트리아와 독일 양국 황제의 위용을 표현하는 듯하다. 행진곡에 이어 등장하는 왈츠는 화려하면서도 유연하기 짝이 없다.

오스트리아 황제 프란츠 요제프 2세의 노년 모습. 아들이 자살한 뒤 황태자로 임명한 조카마저 암살로 잃고, 1차 세계 대전에 휩쓸려 왕조가 몰락하는 것을 보아야 했던 비운의 군주다. 요한 슈트라우스는 그를 위해《황제 왈츠》를 바친 바 있다.

중간에 한 번, 여전히 왈츠의 리듬이기는 하지만 관악기가 이끄는 팡파르가 터지는데, 그 이후부터 음악은 장중한 분위기로 바뀌어 진행되다가 서정적인 피날레로 마무리된다.

여기서 놀라운 사실 하나,《황제 왈츠》라는 이름은 악보 출판사의 아이디어였고 원래 슈트라우스가 생각했던 제목은 '손에 손잡고'였다고 한다. 즉 슈트라우스는 오스트리아와 독일 두 황제 사이의 협력 관계를 통해 밝은 미래를 기대하는 마음에서 그 곡을 바친 것이다. 잘 아시다시피《황제 왈츠》의 선율에 맞춰 건배를 든 두 황제의 파트너십이 인류사에 가져온 결과는 실로 가공할 만한 것이었다. 1914년 두 황제는 그야말로 '손에 손잡고' 전 유럽을 전쟁의 참화로 몰아넣었다. 다시 말해 《황제 왈츠》는 1차 세계 대전을 예언한 전주곡이 된 셈이다.

이 밖에도 《빈 숲속의 이야기 Tales from the Vienna Woods》《와인, 여성, 노래 Wine, Women and Song》《예술가의 삶 Artist's Life》《봄의 소리 Voices of Spring》《피치카토 폴카 Pizzicato Polka》 등 권하고 싶은 명곡들이 많다. 슈트라우스의 음악에는 와인과 슈니첼의 도시이기도 한 빈의 거리나 공원의 산책로를 연상케 하는 흥취가 있다. 또 음악이 귀에 쏙쏙 들어오는 느낌이 드는 것은 다름 아닌 선율의 힘이다. 그 선율은 처음 들어도 낯설지 않은 친숙함이 있고 몇 번을 들어도 지겹지 않다.

화려한 음악적 성공에 비하면 슈트라우스는 개인적으로 다소 부침이 있는 삶을 살았다. 1878년 사랑하는 아내를 병마로 잃었고, 같은 해 25살 연하인 여배우와 재혼했지만 얼마 가지 못했다. 1887년 세 번째 아내와 결혼해서 비교적 행복한 삶을 보내다 1899년 영면했다. 빈 왈츠의 선율을 전 세계에 알리는 전도사 역할을 했던 요한 슈트라우스는 그렇게 우리 곁을 떠났다.

물론 경음악 클래식의 대가가 슈트라우스만 있는 것은 아니다. 우선 슈트라우스와 동시대 빈에서 독자적인 행보를 벌이며 관객 몰이를 하던 작곡가 주페(Franz von Suppé)를 꼽을 수 있다. 생전에는 인기 오페라 작곡가였던 주페의 오페라와 오페레타 가운데 오늘날까지 살아남은 작품은 거의 없다. 하지만 그 서곡들만은 가벼운 클래식 음악회의 단골 레퍼토리로 자리 잡았다. 《경기병 Light Cavalry》 서곡, 《시인과 농부 Poet and Peasant》 서곡, 《빈의 아침, 오후, 저녁 Morning, Noon, and Night in Vienna》 서곡 등이 그러하다.

프랑스 출신의 오펜바흐(Jacques Offenbach), 발트토이펠(Emile Waldteufel) 등도 슈트라우스와 직접적인 라이벌 관계에 있었다. 특히 오펜바흐는 《호프만의 이야기Les Contes d'Hoffmann》《천국과 지옥Orpheus in Underworld》 등 뛰어난 오페레타로 빈에서 인기몰이를 했으며, 슈트라우스의 《박쥐》는 그에 맞서 대항마로 쓴 작품이다. 발트토이펠은 유명한 《스케이터 왈츠The Ice Skaters》를 비롯해 무도회장에서 춤바람을 일으키기에 딱 맞는 왈츠곡들을 다수 지었다. 슈트라우스의 다음 세대 작곡가로 빈의 댄스 뮤직을 이끈 인물이자 《금과 은의 왈츠Gold and Silver》《즐거운 과부The Merry Widow》로 유명한 레하르(Franz Lehár) 역시 경음악의 대가로 기억될 만하다. 이렇게 19세기의 빈은 요한 슈트라우스의 음악을 선두로 흥겹고 신나는 댄스 음악과 오페레타의 선율이 밤새 흘러 넘치던 향락의 도시였다.

빈 중앙 공원에 있는 요한 슈트라우스 동상. 바이올린은 그의 주력 악기였다.

브람스와 딥 리스닝

당연한 얘기지만 클래식 음악에 경음악, 즉 이지 리스닝 계열만 있는 것은 아니다. '이지'의 반대 음악, 굳이 따지자면 '하드 리스닝'이라고 해야 맞겠지만, 그 표현은 약간 어색하므로 '딥'을 써서 '딥 리스닝(deep listening)'이라고 부르도록 하자. 이를테면 베토벤의 교향곡과 실내악 등은 결코 이지 리스닝이 아니다. 언제나 발랄하고 천진한 모차르트의 협주곡과 소나타 중에도 '모차르트 맞아?' 싶을 정도로 깊은 생각과 정서의 결을 드러내는 작품들이 더러 있다. 예를 들어 모차르트의 《교향곡 40번》은 매우 '딥'한 작품이다. 낭만주의 시대 '이지 리스닝'의 대표 주자가 슈트라우스라면, '딥 리스닝'의 대표 주자는 단연 요하네스 브람스(Hohannes Brahms, 1833~1897)를 꼽을 수 있다. 브람스는 바흐, 베토벤과 함께 클래식 음악의 '쓰리 비(Three B)'로도 불린다. 이는 단지 세 사람 이름에 알파벳 B가 있어서가 아니라 클래식 음악사에서 브람스가 가지는 비중이 적지 않기 때문에 가능한 것이다. 딥 리스닝을 요구하는 그의 음악 세계는 깊고 풍성하다.

브람스는 1833년 독일 함부르크에서 가난한 음악가의 아들로 태어났다. 그의 부친은 함부르크의 악단에서 더블 베이스와 관악기를 연주했다. 어려서 부친에게 음악의 기초를 배운 브람스는 피아노 연주에 두각을 나타내 10세에 공개 연주회를 열었고, 1845년 12세부터 3년간 함부르크의 이름난 피아니스트이자 작곡가였던 마르크센(Eduard Marxsen)에게 음악을 배웠다. 마르크센은 특히 바로크와 고전 시대 음악가들의 작품에 정통했는데, 그 덕분에 브람스 역시 선대 음악가들의 음악 세계와 형식에 눈뜨게 되었다. 브람스는 10대 후반에는 함부르크 항구 근처의 선술집이나 여인숙에서 피아노 연주를 하며 넉넉지 못한

1875년경의 브람스. 평생 결혼하지 않고 독신으로 생을 마감했다.

가계에 생활비를 보태면서 꾸준히 작곡을 연마했다.

1853년, 브람스의 향후 인생 항로를 결정하는 중요한 사건이 일어났다. 선배 음악가 로베르트 슈만(Robert Schumann)과의 만남이 그중 하나다. 슈만은 원래 콘서트 피아니스트가 되려고 했지만 무리한 연습으로 손가락에 부상을 입고 작곡가로 전향한 음악가로, 뛰어난 피아노 독주곡과 교향곡 등을 발표하는 한편 음악 비평에서도 예리한 필봉을 휘둘러 음악계에 큰 영향력을 발휘한 인물이었다. 슈만의 피아노 음악은 쇼팽을 연상케 하는 서정성을 드러내면서도 절제된 흐름을 가지며, 협주곡이나 교향곡에서도 전체 구조의 통일성과 일관성을 이루는 데 공을 들인다. 젊은 브람스를 만나고 깊은 인상을 받은 슈만은 음악 전문지에 우호적인 기사를 쓰는 등 그의 든든한 후견인이 되었다. 이때부터 브람스에게 본격적으로 작곡 의뢰가 쇄도하기 시작했고 악보 판매도 호조를 띠었다.

브람스의 인생에 영향을 끼친 또 다른 사건 역시 슈만과 밀접한 관계가 있는데, 바로 슈만의 아내 클라라(Clara Schumann)와의 만남이었다. 클라라는 슈만이 평생 사랑한 여성이자 영감의 원천이었던 동시에 걸출한 실력의 피아니스트였다. 실제로 슈만이 젊은 시절 피아니스트로 성공해 보려고 안간힘을 쓰던 무렵 이미 클라라(처녀 시절 이름은 클라라 비크)는 피아니스트로 상당한 명성을 누리고 있었다. 브람스가 그녀를 만나자마자 한눈에 사랑에 빠졌는지는 확실치 않지만, 자신보다 14살 연상이었던 클라라에게 특별한 감정을 품은 것은 분명하다. 슈만과의 첫 만남 이후 슈만의 집을 오가게 되면서 브람스는 클라라와 가까워졌다. 하지만 1856년 슈만이 죽고 두 사람 사이가 그 이상으로 진전되는 일은 없었다. 두 사람은 일생 동안 가까운 친구로 남았다. 일종의 플라토닉 사랑이었던 셈이다. 브람스는 평생 결혼하지 않았다. 우리에게 친숙한 브람스의 용모는 거의 산타클로스를 연상케 하는 수염이 인상적인 말년의 모습이지만, 그의 젊은 시절 초상화를 보면 상당한 '훈남'이다. 그 정도의 용모와 음악가로서의 명성을 누리면서도 평생 독신으로 산 것은 역시 클라라의 존재를 빼놓고는 설명이 힘들다.

19세기 중엽 독일 음악계는 낭만주의 음악에서 더욱 극적이고 폭발적인 음향을 끌어내리던 급진파와 이러한 경향에 대한 비판적 성찰에 무게를 둔 신중파의 두 유파로 나뉘어 있었다. 슈만은 신중파의 대표

독일 낭만주의를 대표하는 음악가 로베르트 슈만(왼쪽)과 클라라 슈만의 초상(오른쪽). 슈만은 브람스의 재능을 일찍이 알아보고 후견인을 자처했고, 그의 아내 클라라는 당대 최고의 피아니스트로 브람스와는 평생 좋은 친구 관계를 유지했다.

적 인물이었다. 그는 낭만주의 음악이 지나치게 자유롭고 감정적으로 흘러 절제와 구조의 미학이 무시된 즉흥곡과 광시곡(광시곡이라는 장르가 탄생한 것이 낭만주의 시대다)만이 판치게 될 상황을 우려했다. 브람스가 음악계의 신성으로 등장했을 때는 이 두 유파의 갈등이 점점 첨예해지던 시기였는데, 브람스는 슈만의 진영에 합세했다. 이는 자신을 끌어 준 슈만에 대한 의리 때문이라기보다는 브람스 본인의 음악적 취향과 훈련의 결과이기도 했다. 게다가 슈만이 사망하면서 브람스는 슈만에서 시작된 보수주의 음악 운동의 계승자이자 완성자로 자리매김했다.

그러한 패러다임 속에서 만들어진 브람스 음악은 과연 어떤 모습을 하고 있을까? 알고 보면 별 거 아니다. 이 말은 브람스의 음악이 범작이라는 뜻이 아니라 뭔가 복잡하고 어려울 듯하지만 정작 들어 보면 꽤 들을 만하다는 뜻이다. '신독일 음악파(New German Music School)'와 '신고전주의자(neoclassicists)'의 대결, 혹은 당대 음악의 급진주의와 보수주의가 충돌하는 가운데 탄생한 미학적 고민의 결정체 운운하는 수식어를 모두 떼고 그냥 들어도 브람스의 음악은 흥미진진하다. 그리고 그것은 여전히 낭만주의 음악이다. 브람스의 음악 철학을 조금 거칠게 표현하자면 '아무리 낭만이 좋다 한들 그 속에서도 정신줄을 완전히 놓아 버리지는 말자.' 정도로 정리할 수 있지 않을까 싶다. "숙련된 기술 없이는 영감이란 바람에 흔들리는 갈대에 불과하다."라는 브람스의 말 또한 그의 음악관을 잘 표현하고 있다.

브람스의 《하이든 주제에 의한 변주곡Variations on a Theme by Haydn》은 비록 하이든 합창곡의 한 대목에서 주제를 가져오긴 했지만, 그렇다고 브람스가 시계를 거꾸로 돌려 하이든이나 모차르트를 연상케 하는 복고풍 음악을 쓰고자 했던 것은 아니다. 《하이든 주제에 의한 변주곡》은 제1번 변주부터 하이든의 합창곡 변주라고는 믿기 힘들 만큼 과격하게 다른 선율과 화음을 들려준다. 또한 그것은 분명 새로운 시대의 사운드다. 하이든 얘기가 나왔으니 말이지만, 마르크센과 슈만 외에도 브람스가 평생 스승으로 모신 인물이 하이든과 베토벤이었다. 물론 두 사람 모두 브람스가 태어나기 전에 사망했지만 브람스는 평생 이 두 음악가를 정신적 스승으로 시봉했다.

《하이든 주제에 의한 변주곡》이 하이든 음악에 대한 브람스의 낭만주의적 명상이라면, 그의 《교향곡 1번 Symphony No. 1 in C Minor Op. 68》은 작곡 내내 베토벤의 '영적 지도'를 받은 흔적이 역력하다. 어느 정도인가 하면, 나는 이 곡을 처음 들었을 때, 정확히는 4악장을 들으면서 브람스가 상당히 뻔뻔하다는 생각을 했다. 시작부터 베토벤의 《합창》 4악장을 연상케 하는 선율이 마구 터져 나왔기 때문이다. 이건 거의 표절이 아닌가! 그런데 알고 보니 이 곡의 별명이 다름 아닌 '베토벤의 교향곡 10번'이었다. 그만큼 브람스는 《교향곡 1번》을 쓰는 내내 교향곡 형식의 완성자였던 베토벤의 《합창》을 의식했으며, 또 그런 사실을 굳이 숨기지 않았다. 브람스가 이 곡을 쓴 해는 1876년으로 그의 나이 43세 때였다. 젊은 혈기에 남들 다 하니까 덩달아 쓴 교향곡이 아니라는 뜻이다. 그의 음악에서는 본격적인 낭만주의 시대에 접어들면서 다소 홀대받은 교향곡 장르를 다시 부활시켜 보겠다는 결기조차 느껴진다. 브람스의 《교향곡 3번 Symphony No. 3 in F Major Op. 90》도 좋다. 내친김에 4번까지 들어 볼까? 그러고 보니 브람스는 평생 4편의 교향곡밖에 쓰지 않았다.

멘델스존의 음악 역시 종종 신고전주의로 정의되지만, 멘델스존과 브람스 사이에는 엄연한 차이가 있다. 브람스보다 한 세대 앞서 활동한 멘델스존은 고전주의 음악의 마지막 숨결, 그 황혼의 빛을 머금은 듯한 상태에서 낭만주의 음악의 언어로 이동했다. 따라서 그의 음악에서 느껴지는 고전주의는 음악적 진화 과정에서 이전 시대가 남긴 흔적 기관과 비슷하다. 반면 브람스의 음악과 고전주의 시대 사이의 관계는 다분히 작곡가 자신의 의식적인 행보, 말하자면 '지적 설계'의 결과다. 또한 멘델스존이 섬세한 수채화가 혹은 공예가라면, 브람스는 과감하게 붓끝을 휘두르는 유화 전문 화가 혹은 조각가에 가깝다. 브람스의 음악은 촘촘하고 섬세한 멘델스존에 비해 선이 굵다. 오케스트라의 음향 역시 브람스의 음악은 각 악기의 특성에 초점을 맞추기보다는 이들이 총체적으로 만들어 내는 음향에 더 초점을 맞추고 있다.

브람스는 1863년 빈으로 근거지를 옮겨 정착했다. 빈으로 옮긴 이후 가끔 합창단이나 오케스트라의 지휘를 맡는 것 외에는 대중의 관심에서 한 발짝 떨어져 작곡에만 전념하는 삶을 살았다. 그런 은둔형 삶에도 불구하고 그의 명성은 해가 갈수록 높아져 독일뿐 아니라 전 유럽에 퍼졌다.

브람스의 지지자들과 후원자들은 자신들을 '브라만(Brahmans)'이라고 불렀다. 물론 브람스의 이름에서 따온 것이지만, 브라만은 지혜를 책임졌던 고대 인도의 사제 계급을 일컫는 용어이기도 해서 그들이 브람스의 음악과 자신들을 어떻게 생각했는지 짐작할 수 있다. 모르긴 해도 자신들이 음악 감상에 있어 최고 엘리트 집단이라고 생각했을 것이다. 청소년 시절 팝 음악 가운데서도 하드 록이나 프로그레시브 록을 들으며 목에 힘주었던 친구들과 비슷한 느낌이랄까. 그런데 정작 브람스는 대학은커녕 당대 음악가들이 흔히 수학하는 음악원도 다닌 적이 없었다. 모차르트나 베토벤 역시 거창한 학위가 있어서 그렇게 위대해진 것은 아니지만, 클래식에서도 '딥 리스닝' 계열의 대표 주자로 이지적인 음악을 쓴 작곡가치고는 조금 의외다. 하기는 역대 미국 소설가 중에서 가장 난해하고 이지적인 문장을 구사했다고 평가받는 윌리엄 포크너도 대학을 가지 않았다. "학교가 내 교육을 망치도록 결코 허락하지 않았다."고 능청을 떤 미국 작가 마크 트웨인도 정규 교육은 10세 때까지가 전부다. 즉 학력과 지력은 반드시 함께 가는 것이 아니다.

물론 브람스에게 학력 콤플렉스 따위가 있었을 리는 없었다. 1876년 영국 케임브리지 대학의 명예 박사 학위 제의를 받고도 영국까지 가는 게 내키지 않은 데다 학위 수여와 관련된 여러 의전 등이 거추장스럽다며 정중히 거절할 정도였다. 하지만 브람스는 수년 뒤인 1880년 독일의 브레슬라우 대학이 명예 철학 박사 학위를 제안했을 때는 심경의 변화가 일어났는지 흔쾌히 수락했다. 그는 이때 감사의 뜻으로 서곡 한 편을 써서 대학에 헌정했는데, 그게 바로 유명한 《대학 축전 서곡 Academic Festival Overture》이다. 브람스 자신의 주제에 더해 당시 독일 대학가에서 학생들이 즐겨 부르던 노래들의 선율을 가져와 재구성한 이 곡은 웅장하면서도 흥겨운 분위기 속에서 뛰어난 관현악 기법을 감상할 수 있는 걸작 서곡 가운데 하나다. 브람스는 자신의 학위 수여식 때 이 곡을 직접 지휘했다.

브람스는 말년까지 작곡가로서의 원숙함과 자신감을 드러내는 실내악 곡들을 쓰는 등 왕성한 창작 활동을 펼치다 1897년 64세의 나이에 간암으로 세상을 떠났다. 그의 평생의 동지이자

브람스 가곡 선집 표지. 브람스는 기악곡뿐 아니라 뛰어난 성악곡도 여럿 남겼다.

낭만주의 음악의 전개 7th Brunch Time 275

사랑이었던 클라라 슈만은 이미 한 해 전인 1896년에 사망한 뒤였다.

　빈에 정착한 뒤에 브람스가 평생의 지기로 삼았던 음악가가 한 명 있었다. 두 사람은 개인적으로 친한 데다 서로의 음악에 대해 더할 나위 없는 존경심과 애정을 가지고 즐겼다. 그 친구의 이름은 다름 아닌 요한 슈트라우스 2세다. 다시 말해 이지 리스닝의 거장과 딥 리스닝의 거장은 절친한 친구 사이였다. 이 두 사람의 교우가 시사하듯 훌륭한 음악에 우열 관계란 없다. 천하의 카라얀 역시 여가 시간에는 재즈를 들었고, 평생 클래식과 재즈, 팝 사이를 자유롭게 오가며 청중을 매료시켰던 번스타인은 말할 것도 없다. 어제는 슈트라우스의 왈츠를 따라 흥얼거렸다가 오늘은 소파 깊숙이 몸을 묻고 브람스의 실내악에 귀를 기울인다거나, 어느 날은 비지스의 디스코 가락을 즐기다가 어느 날은 메탈리카의 폭발적 사운드에 매료되고, 또 어느 날에는 빙 크로스비의 달콤한 음색에 빠져드는 것도 좋다. 이지와 하드, 셀로우와 딥이 공존하는 세계는 아름답다.

말년의 브람스. 음악가라기보다는 산타클로스 내지 산신령 비슷한 분위기다.

낭만주의 음악의 풍운아들

파가니니, 바이올린의 악마

후기 바로크 시대, 이탈리아에서 활동한 타르티니(Giuseppe Tartini)라는 뛰어난 바이올리니스트 겸 작곡가가 있었다. 타르티니는 어느 날 밤 홀연히 나타난 악마에게 영혼을 파는 계약을 맺었다. 그러자 악마는 그가 원하는 것은 무엇이든 바로 대령했다. 혹시나 싶어 타르티니는 악마에게 바이올린을 건네주며 한번 연주해 보라고 했다. 그러자 악마는 타르티니가 이전에 한 번도 들어 본 적 없는 놀랍도록 아름다운 선율을 연주하는 것이 아닌가! 한참 악마의 놀라운 솜씨에 경탄하던 타르티니가 문득 정신을 차려 보니 그 모든 것이 한바탕의 꿈이었다. 타르티니는 곧장 바이올린을 집어 들고 꿈속에서 악마가 들려준 선율을 떠올리며 소나타곡을 완성했으니, 이것이 그 유명한 《악마의 트릴 소나타Devil's Trill Sonata》다. 실제로 이 곡은 오늘날까지도 인기리에 연주되고 있으며 트릴, 더블 스톱, 음 사이의 빠른 전환 등 그 '악마적인'

고난도 테크닉으로 현대의 내로라하는 바이올리니스트들까지 쩔쩔매게 만드는 작품이다.

그런데 꿈속에서 바이올린을 연주해 타르티니를 놀라게 했던 바로 그 악마가 현실에 나타난 듯 경이로운 바이올린 음악을 펼친 인물이 있었다. 바로 니콜로 파가니니(Nicolo Paganini, 1782~1840)였다. 그의 실력이 어느 정도였는가 하면, 실제로 그를 지옥에서 바이올린을 들고 나타난 악마라고 믿은 사람들도 적지 않았을 정도였다. 게다가 파가니니는 그러한 소문을 즐기기까지 했다. 어쩌면 그런 소문을 만들어 낸 것은 파가니니 본인이었을지도 모른다. 그리고 보니 타르티니의 《악마의 트릴 소나타》에 대한 일화도 파가니니가 말하고 다니면서 유명해졌다는 일설도 있다.

파가니니는 1782년 이탈리아의 항구 도시 제노아에서 태어났다. 무역업자이자 아마추어 음악가였던 부친에게 파가니니가 처음 바이올린을 배운 것은 7세 때였는데, 다른 음악가들에 비하면 빠른 시작이라고

꿈속에서 악마의 연주를 듣고 감동하는 타르티니. 그의 후계자라고 할 파가니니는 악마로부터 음악을 전수받았다는 정도가 아니라 아예 스스로 바이올린의 악마를 자처했다.

는 할 수 없었다. 하지만 파가니니의 재능이 드러나는 데는 오랜 시간이 걸리지 않았고, 18세 무렵부터 크고 작은 규모의 바이올린 공연을 통해 상당한 수입을 올리기 시작했다.

파가니니는 처음에 연주 레퍼토리를 다른 음악가들의 작품으로 짰는데, 이때 청중의 호응은 그저 그런 정도였다. 그러다가 한 연주회에서 자작곡을 연주하자 청중의 반응이 열렬해진 것을 눈치챈 파가니니는 그때부터 자신의 실력을 가장 잘 드러낼 수 있도록 작곡한 '맞춤형' 음악과 즉흥 연주로 프로그램을 꾸며 갔고, 이는 파가니니 신드롬을 일으키는 원동력이 되었다. 곧이어 그의 이름은 이탈리아 북부를 넘어 반도 전역으로 퍼져 갔다. 특히 1813년 밀라노에서 연 대규모 연주회가 센세이션을 불러일으키면서 이탈리아를 넘어 전 유럽에서 유명 인사가 되었다.

파가니니는 클래식 음악사 최초의 슈퍼스타 연주자라고 할 수 있다. 아무리 뛰어난 재능을 지녀도 기껏해야 왕가나 귀족이 부리는 하인이거나 잘해야 프리랜서 기능인에 불과했던 전통적인 음악가의 패러다임에서 벗어나 파가니니는 단순한 대중적 인기를 넘어 거의 숭배에 가까운 존경을 받는 아티스트로서 위상을 확립했다. 오늘날 음악의 스타덤은 이러한 파가니니의 활약에 큰 빚을 지고 있다.

파가니니의 성공은 재능과 행운만이 아니라 고도로 계산된 연출에 따른 결과이기도 했다. 예를 들어 파가니니는 공연 횟수를 제한하는 동시에 입장료는 다른 음악가들보다 5배, 심지어 10배까지 비싸게 받으며 콧대를 세우기도 했는데, 이러한 행보는 대중의 분노를 사기는커녕 그의 특출한 재능을 감상하는 데 따른 프리미엄으로 여겨졌다. '신비주의+고가 마케팅' 전략이 성공을 거둔 것이다. 사람들 사이에서 그의 초인적인 연주 실력이 악마와 거래한 결과라는 둥, 그가 악마의

고전주의 화풍을 대표하는 앵그르가 그린 젊은 시절 파가니니 초상. 파가니니의 친구이자 상당한 수준의 바이올리니스트이기도 했던 앵그르는 파가니니의 초상을 여러 점 그렸다.

분신이라는 둥의 괴담이 퍼지자 파가니니는 오히려 이를 적극 활용했다. 원래도 큰 키의 마른 체격에 검은 머리, 검은 눈썹의 외모를 지녔던 파가니니는 검은색 연미복에 검은 외투를 즐겨 입었고, 그것도 모자라 흑마 2마리가 모는 검은색 마차를 타고 다녔다. 이쯤 되면 거의 뱀파이어 백작 내지는 악마의 사제를 연상케 하기에 충분하다.

나아가 파가니니는 신기의 바이올리니스트라는 명성을 더욱더 강화하기 위해 이런저런 꼼수까지 동원했다. 그는 더 명료하고 날카로운 음색을 얻기 위해 바이올린에 특수 제작한 현을 감았고, 일부러 거의 닳은 현을 감고 연주를 시작했다. 그러다 연주 중에 현이 끊어지면 아무 일 없었다는 듯이 태연하게 남은 세 현, 심지어 두 현만 가지고도 연주를 마무리 짓곤 했다. 그럴 때마다 청중은 거의 광란의 도가니에 빠졌다. 현악기의 특성상 바이올린은 같은 음을 복수의 현으로 연주할 수 있다. 하지만 말이 쉽지 공연 중 현이 끊어진 상태에서 남은 현으로 계속 연주를 한다는 것은 보통의 재능으로는 불가능한 일이다.

파가니니는 주로 아무도 볼 수 없고 들을 수 없는 완전히 밀폐된 공간에서 연습했고, 공연 리허설에서도 오케스트라 단원들에게 악보를 직접 나누어 주었다가 연주가 끝나면 바로 회수하는 수고를 마다하지 않았다. 심지어 자신의 솔로 파트는 아예 리허설에서 건너뛰기를 밥먹듯이 했다. 경쟁 관계에 있는 바이올리니스트들이 자신의 음악과 테크닉을 모방할 여지를 최대한 차단하기 위해서였다. 작곡 역시 어떻게 하면 바이올리니스트로서의 기량을 최대한 발휘할 수 있느냐에 초점을 맞추었다.

작곡가로서 파가니니의 대표작으로 가장 먼저 꼽을 수 있는 작품은 《24개의 카프리스 24 Caprice Op. 1》다. 총 24곡으로 구성된 이 작품은 들러리 반주 없이 바이올린의 솔로 연주로만 이루어지며, 곡마다 바이올린의 다양한 기술이 동원되는 최고의 기교 연습곡이라고 할 수 있다. 하지만 쇼팽의 연습곡이 단순한 피아노 연습곡이 아니었듯 파가니니의 이 연습곡 역시 단순한 기교를 넘어 개성 있는 선율과 에너지로 충만한 바이올린 곡이었다. 아마도 바흐의 《무반주 파르티타》 이후 무반주 바이올린 곡으로서 최고의 걸작이 아닐까 싶다. 바흐의 《무반주 파르티타》에는 경건함과 우아함, 평화가 느껴지는 반면, 파가니니의 《24개의 카프리스》에는 불길한 마성이 느껴진다. 역시 파가니니의 신비주의 마케팅은 오늘날에도 여전히 효력이 있는지 그의 악마적 예술성에 한번 고정관념이 생기면 아무리 그것이 연출된 광기라고 해도 그 이미지가 기억에 남는다. 기술적인 난도 면에서도 바흐의 《무반주 파르티타》보다 한 발짝 더 나아가 있다.

놀랍게도 파가니니의 작품 가운데 그의 생전에 출판된 것은

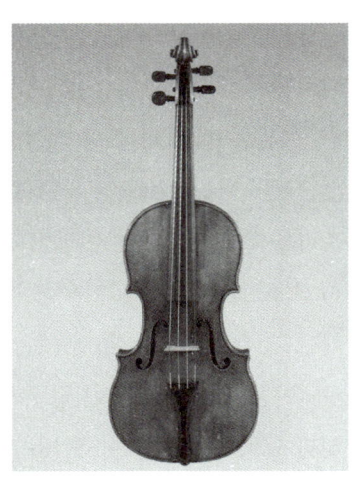

1694년 제작된 스트라디바리우스 바이올린. 파가니니는 스트라디바리우스 바이올린과 비올라를 즐겨 연주했다.

이 카프리스 모음이 유일하다. 영업 비밀을 지키려던 결벽증이 그의 작곡과 악보 출판에도 영향을 미쳤던 탓이다. 총 6편에 달하는 파가니니의 협주곡 가운데 그의 생전에 출판된 것은 단 한 곡도 없다. 다른 바이올리니스트들이 너도나도 연주하게 되면 정작 자신의 공연 수입이 줄어들지 모른다는 우려 때문이었다. 파가니니의 협주곡들은 결국 그의 사후에 출판되었지만, 대부분 파가니니의 연주를 들었던 음악가들이 기억에 의존해 복기하거나, 운좋게 보존된 그의 친필 원고나 필사본 조각들을 사람들이 정리해 복원한 것들이었다. 따라서 정확히 어디까지가 진짜 파가니니의 음악인지는 확실치 않다. 하지만 그의 협주곡 가운데 가장 널리 알려진 《바이올린 협주곡 1번 Violin Concerto No. 1 in G Minor Op. 26》과 《바이올린 협주곡 2번 Violin Concerto No. 2 in B Minor Op. 7》에서는 분명 파가니니라는 불세출의 바이올리니스트의 손길이 음표마다 느껴진다. 그런 만큼 이 곡들은 가장 유명하면서도 가장 인기 있는 곡이기도 하다.

파가니니의 협주곡을 두고 오케스트라의 역할이 너무 평면적이고 바이올린 독주자와의 긴장 관계가 잘 형성되지 않는다는 비판도 있지만, 이는 다소 초점을 벗어난 비판이라는 생각이 든다. 쇼팽의 피아노 협주곡과 마찬가지로 파가니니는 자신의 바이올린 협주곡에서 오케스트라를 띄워 줄 생각 따위는 애초부터 없었다. 당연히 그의 협주곡에서 스포트라이트는 바이올린 독주 파트에 집중되어야 했고, 오케스트라는 그저 반주 기능에 머무는 것이 이상적이었다.

파가니니의 《바이올린 협주곡 1번》은 1811년 그의 나이 29세에 완성된 곡이다. 1악장은 소나타 형식이다. 오케스트라의 웅장하고도 힘찬 서주를 시작으로 제1 바이올린이 경쾌한 동기를 제시한다. 이어 등장하는 독주 바이올린은 이 동기를 단순히 건네받기보다는 상당히 날카로운 모양으로 재가공하여 펼쳐 보인다. 갑자기 고음부로 치솟는 도약과 빠른 하강은 거의 불협화음을 듣는 듯한 인상과 함께 바이올리니스트의 다음 행보를 궁금하게 하며 주의를 환기한다. 서정적인 선율로 가득한 2악장이 끝나면 론도의 3악장이 시작된다. 3악장에서 바이올린의 선율은 마치 노래를 듣는 듯한 기분이 들게 한다. 바이올린은 매우 대채로운 음색을 만들어 내는데, 조금 복잡하기는 하지만 여전히 서정적이고 잔잔한 선율이 이어지다가 이윽고 현악기의 스타카토 반주 속에서 빠른 스케일로 변신하는 화려한 면모를 보여 주면서 대미를 장식한다.

전문가들은 《바이올린 협주곡 1번》이 바이올리니스트로서의 진기명기를 선보이는 것에 집중한 데 비해 《바이올린 협주곡 2번》은 작곡가로서의 파가니니의 면모가 잘 드러난 작품이라고 평한다. 《바이올린 협주곡 2번》의 작곡 시기는 1826년인데, 이미 중년에 접어든 파가니니로서는 더 이상 바이올린 진기명기 곡예만 할 군번도 아니었던 터라 바이올린의 기술적 측면보다는 곡 자체의 완성도와 예술성에 더 신경썼을지도 모른다. 확실히 1번보다 안정적인 흐름이 느껴지지만, 그렇다고 두 협주곡 사이에 우열을 정할 수 있을 것 같지는 않다. 파가니니는 평소 이탈리아 오페라의 열렬한 애호가이기도 했는데, 《바이올린 협주곡 2번》에서는 그 영향이 많이 느껴진다. 특히 1악장 곳곳에서는 이탈리아의 오페라 작곡가 로시니의 서곡 분위기가 감돈다. 바이올린 독주 또한 매우 서정적인 선율을 강조한 대목이 두드러지는데, 그 서정성은 아다지오의 2악장에서 더욱 두드러져 그야말로 바이올린 버전으로 편곡된 오페라 아리아를 듣는 듯하다. 이 2악장 d장조의 아름답고 차분한 선율을 '파가니니의 로망스' 혹은 '파가니니의 세레나데'라고 이름 붙여도 좋을 것 같다. 3악장은 아마도 오늘날 가장 유명한 파가니니의 선율 가운데 하나일 것이다. 이 곡에는 이탈리아어로 작은 종을 뜻하는 '라 캄파넬라La Campanella'라는 별명이 붙어 있는데, 실제로 오케스트라 반주에서 트라이앵글이나 종소리가 연달아 들린다. 바이올린 주제 자체는 집시 음악풍으로 시작해서 후반부로 갈수록 흥겨운 이탈리아 민요 같은 선율로 변하는 등 매우 다채롭다.

파가니니를 논하면서 빠트릴 수 없는 것이 그의 기타 음악이다. 바이올린에 더해 뛰어난 기타리스트이기도 했던 파가니니는 기타곡 역시 상당수 남겼다. 그의 기타곡들을 들어 보면 바이올린 곡보다 훨씬 부드럽고 따뜻하다. 파가니니에게 바이올린은 '밥벌이'였던 반면 기타는 여가용이었던 것 같다. 실력 과시용인 바이올린 음악을 만들 때와는 다르게 다소 여유를 가지고 부담 없이 써 내려간 인상이 역력하다. 파가니니는 바이올린 연주에서 반주자로 피아니스트 대신 기타리스트를 선호했고, 이따금 흥겨우면 아예 반주자에게 바이올린을 맡기고 자기가 기타를 들고 직접 연주하기도 했다.

파가니니의 기타곡으로는 기타 소나타, 기타가 포함된 현악 4중주, 기타와 바이올린을 위한 소나타 등 다양하지만, 내가 특히 좋아하는 작품은 《기타와 바이올린을 위한 대 소나타Grand Sonata, for Guitar & Violin in A Major MS 3》다. 이 곡은 그의 바이올린 협주곡이나 카프리스에만 익숙한 사람이 들으면 정말 파가

중년의 파가니니. 젊은 시절보다 더욱 뱀파이어 같은 분위기가 풍긴다.

니니의 작품이 맞는지 의심이 들 정도다. 제목에 들어간 '대' 자에서도 짐작되듯이 이 작품은 파가니니의 기타곡 가운데서도 가장 긴 축에 속한다(연주 시간은 약 25분). 곡은 3악장으로 이루어져 있는데 모두 한결같이 정겹다. 원래 찰현 악기인 바이올린과 탄현 악기인 기타는 현악기 듀엣으로 거의 찰떡궁합이다. 이때 음색이 분명한 바이올린이 멜로디를 주도하고 기타가 반주를 맡는 경우가 많은데, 드물게 기타에 중점을 두는 작품도 있다. 파가니니의 대 소나타가 그렇다. 이 작품은 바이올린과의 2중주보다 기타 솔로로 더 자주 연주되는 곡이기도 하다. 거꾸로 바이올린이 주역을 맡고 기타가 받쳐 주는 곡으로는 《바이올린과 기타를 위한 소나타 Sonata for Violin and Guitar No. 6 in E Minor Op. 3》가 일품이다.

평생을 바이올린의 마왕으로 부와 명예를 누리면서 갖가지 화젯거리를 몰고 다니던 파가니니였지만, 말년에는 그의 운도 다했던 모양이다. 중년에 접어들어서부터 계속 건강이 악화된 파가니니는 1834년 무대 은퇴를 선언했는데, 문제는 은퇴 후 노후 설계 및 재테크 계획이었다. 그동안 번 돈만으로 편안한 여생을 보냈을 수 있었을 텐데, 파가니니는 거기서 만족하지 못하고 새로운 사업을 구상했다. 바로 자신의 이름을 딴 카지노를 여는 것이었다. 평생 도박을 즐겼던 파가니니는 1836년 파리에 '카지노 파가니니'라는 도박장을 열었다가 얼마 지나지 않아 파산하고 말았다. 이때 상당한 재산을 날린 파가니니는 이후 유럽의 몇몇 도시를 전전하다가 결핵 증세가 악화되면서 1840년 프랑스 니스에서 사망했다.

파가니니가 죽자 가톨릭교회는 한동안 교회식 매장을 불허했다. 평생 악마와 거래한 예술가, 악마의 화신이라는 소문이 따라다녔던 그였던 만큼 소문을 사실로 믿는 사람들도 적지 않았는데, 가톨릭 사제들조차 장례식을 집전했다가 악마의 사제처럼 비칠 것을 염려했다. 이는 어찌 보면 파가니니 자신이 그런 소문을 오히려 조장하기까지 했으니 자업자득일 수도 있다. 파가니니의 유해는 사후 5년 뒤에야 고향 제노아로 돌아가 정식 가톨릭 의식을 거쳐 매장될 수 있었다.

파가니니는 말년에 두어 명의 제자를 두었지만 모두 얼마 견디지 못하고 떠났고, 그가 죽은 뒤에도 그의 바이올린 스타일을 본받은 후계자는 한동안 나타나지 않았다. 우선 그의 초인적인 연주 실력은 아무나 흉내 내거나 모방할 수 있는 성질의 것이 아니었다. 이는 단지 음악적 재능의 문제뿐 아니라 신체적 문제이기도 했다. 파가니니는 신체적으로 돌연변이에 가까웠다. 그의 손은 엄지에서 소지까지의 길이가 40센티미터를 넘었다고 한다. 현존하는 바이올리니스트 가운데 '큰 손'으로 이차크 펄만(Itzhak Perlman)을 들지만, 그조차도 파가니니와 견주면 작은 편이다. 그런 큼직한 손을 이용한 운지가 당연히 보통 연주가들과 같았을 리 없다. 게다가 파가니니의 손가락은 기형적으로 가늘어 거리가 먼 음 사이를 넘나드는 빠른 연주뿐 아니라 촘촘한 음들 사이를 바쁘게 오가는 테크닉에도 용이했다고 한다. 그야말로 신의 손, 즉 '신(혹은 악마)이 내려준 손'이었다고 하겠다.

파가니니가 죽고 오랫동안 바이올리니스트들 사이에서 파가니니는 잊힌, 아니 잊고 싶은 인물이었다. 그가 작곡한 곡들 역시 오랫동안 연주되지 않았는데, 기술적으로 난곡들이다 보니 바이올리니스트들이 연주 도중 실수하는 '굴욕'을 당하지 않을까 두려워했기 때문이다. 세월이 흘러 20세기 초 음반 녹음 기술이 도입된 뒤에도 파가니니의 작품, 특히 그의 《24개의 카프리스》는 누구도 감히 녹음을 시도하지 못할 정도였다. 게다가 파가니니의 진정한 후계자는 바이올린이 아니라 오히려 피아노 쪽에서 먼저 나왔다. 이제 그 후계자를 만나볼 차례다.

건반의 마법사, 리스트

파가니니가 제시한 슈퍼스타형 연주자의 모델을 다시 한 단계 업그레이드한 인물은 헝가리 출신 피아니스트 프란츠 리스트(Franz Liszt, 1811~1886)였다. 리스트는 초인적인 피아노 실력에 더해 깎아 놓은 듯한 외모와 세련된 무대 매너로 연주회마다 청중, 특히 여성들을 '광란의 도가니'로 몰아넣은 당대 최고의 엔터테이너였다. 그뿐만이 아니었다. 리스트는 음악이란 단순히 듣는 것만이 아니라 보는 것이기도 하다는 평범한 사실을 특화시킨, 말하자면 음악의 '비주얼/비디오적' 요소를 집중 공략해 새로운 예술의 지평을 열어 보인 위대한 예술가였다.

리스트는 1811년 오스트리아 제국 헝가리령 도보르안에서 태어났다. 부친 아담 리스트는 헝가리의 유력 귀족 에스테르하지 가문의 관리이자, 상당한 실력을 갖춘 아마추어 음악가로 이따금 에스테르하지 가문의 악단에서 첼로를 연주하기도 했다. 아담은 5살짜리 아들에게 재미 삼아 피아노를 가르쳤는데, 곧 아들에게 재능이 있음을 눈치챘다. 그 실력이 일취월장해 9세 때 이미 정식 연주회를 열 정도였다. 리스트는 헝가리 귀족들의 후원금을 받아 어린 나이에 빈으로 유학해서 체르니와 살리에리 등 당대 유명한 스승들에게 조기 교육을 받기도 했다.

아들의 피아노 실력이 돈벌이가 될 것이라고 확신한 아담은 아예 직장을 휴직하고 가족을 데리고 파리로 갔다. 그리고 당시 11세의 리스트를 앞세우고 베를린을 시작으로 유럽의 도시들을 돌며 순회공연을 다니기 시작했다. 아담의 예상대로 연주회마다 성공하며 상당한 수입을 거두었고, 소년 피아니스트로서의 리스트의 명성 역시 갈수록 올라갔다. 하지만 불행히도 1826년 남프랑스 공연에 동행했다가 아담이 풍토병에 걸려 사망하면서 리스트의 행보에 제동이 걸렸다.

리스트는 부친의 사후 순회공연을 그만두고 파리에 정착했다. 이 무렵 리스트는 자신에게 레슨을 받던 카롤리나 드 상 크리크라는 여성과 사랑에 빠졌다. 하지만 카롤리나의 부친은 프랑스 정부의 고위 관료를 지낸 명문가 출신이었고, 신분도 다른 외국인 음악가와 딸의 교제를 극구 반대했다. 부친의 사망에 이어 사랑하는 여인과 헤어져야 했던 리스트는 하마터면 부친의 뒤를 따를 정도로 건강이 악화되었고, 너무 상심한 나머지 속세를 떠나 가톨릭 사제가 될까를 신중하게 고민하기도 했다. 건강을 회복한 뒤에도 그는 한동안 슬럼프에 빠져 피아노를 만지지도 않았다.

이토록 방황하던 리스트가 새로운 전기를 맞은 것은 바로 1832년 파리에서 열린 파가니니의 연주회를 통해서였다. 당시 객석에서 파가니니의 연주를 감상하던 리스트에게 말하자면 '유레카'가 터진 것이다. 리스트는 바이올린이라는 악기가 가진 모든 가능성을 샅샅이 탐색 혹은 탐닉하는 듯한 파가니니의 치밀한 음악에 깊은 인상을 받았고, 그러한 접근법을 피아노에 응용할 것을 결심했다. 그뿐만 아니라 파가니니의 광기 어린(그렇게 보이도록 다소 연출된) 연주 모습과 무대 매너를 보면서 한 가지 중요한 사실을 깨달았다. 그것은 바로 음악이 단순히 소리로만 이루어지는 것이 아니라는 깨달음이었다. 공연에 온 청중은 당연히 연주자가 만들어 내는 소리뿐 아니라 연주자의 외모와 연주 자세, 몸짓 등도 같이 감상하게 된다. 연주회에 와서 눈을 감거나 연주자에게 등을 돌리고 음악을 듣는 사람은 아무도 없듯이 말이다. 그렇다면 연주자가 연주 외적인 요소로도 관객을 즐겁게 할 수 있지 않을까? 한 발 더 나아가 연주회 자체를 하나의 퍼포먼스 예술로 만들 수 있지 않을까? 리스트는 그때부터 파가니니의 음악과 무대 매너를 철저히 벤치마킹했고, 그 결과는 가히 핵폭탄급이었다.

공연장으로 복귀한 리스트는 더 이상 예전의 피아노 잘 치는 깡마른 미소년이 아니었다. 그는 연미복 위에 긴 망토를 걸치고 흰 장갑을 끼기도 하고, 때로는 허리에 장검을 차기도 했다. 무대에 오른 리스트는 천천히 망토를 벗고 다시 또 엄청 뜸들이며 장갑을 벗은 뒤에야 피아노 앞에 앉았다. 이런 코스프레 역시 파가니니가 처음 개척한 것이었지만, 리스트

20대의 리스트. 순정만화에서 튀어나온 듯한 외모다.

가 창조한 시각 효과는 파가니니와는 차원이 달랐다. 파가니니는 약간은 무섭고 날카롭게 생긴 외모 탓에 검은 옷을 입으면 으스스한 분위기가 났고, 또 그런 식의 '악마' 마케팅을 즐겼다. 관객들은 파가니니의 연출에서 오싹함과 카리스마를 동시에 느꼈다. 반면 리스트는 잘생긴 외모와 훤칠한 몸매 덕분에 마치 그리스 신화의 남신 혹은 유럽의 어느 왕국에서 온 왕자 같은 기운이 감돌았다. 놀랄 것도 없이 리스트의 뛰어난 외모와 신비스러운 분위기는 관객들, 특히 여성들의 마음을 강력하게 사로잡았다.

공연장에서 리스트의 연주는 열정적이다 못해 때로 광폭하기까지 했다. 얼마나 건반을 힘차게 두드려 대는지 피아노 줄이 매인 나무틀이 연주 중 부서지는 일이 비일비재했다. 피아노 제작자들이 나무틀을 철골 구조로 본격적으로 대체하기 시작한 것은 바로 그 때문이었다. 한번은 무대에 피아노 3대를 미리 가져다 놓고 공연한 적이 있다. 한 피아노를 연주하다가 나무틀이 부서지거나 건반이 떨어져 나가면 곧

장 다음 피아노로 옮겨 연주를 계속하는 식의 퍼포먼스를 펼친 것인데 대단한 쇼맨십이 아닐 수 없다.

기록에 따르면 여성 관객들의 반응은 광란 자체였다. 리스트의 공연 현장에서는 20세기의 엘비스 프레슬리나 마이클 잭슨, 요즘 한류 스타의 공연에서 여성들이 보이는 것과 비슷한, 혹은 그보다 한술 더 뜨는 장면들이 속출했다. 연주 내내 객석에 앉은 소녀들과 귀부인들의 비명 소리와 한숨 소리가 이어졌고, 리스트가 공연장에 두고 떠난 손수건이나 장갑, 심지어 그가 반쯤 마시다 남긴 물잔이나 담배 꽁초를 차지하기 위해 여성들 사이에서 난투극이 벌어지기 일쑤였다. 리스트의 공연을 둘러싼 숭배자들의 열정이 너무 극성스럽다 못해 그의 이름에 광기를 뜻하는 '-mania'를 붙인 '리스토마니아(Lisztomania)'라는 용어가 만들어질 정도였다.

연주자로서의 경이적인 성공은 그렇다고 하고, 작곡가로서의 리스

피아노 치는 리스트를 묘사한 프랑스 조각가 장 피에르 당댕의 부조. 리스트는 파가니니를 본받아 단순한 피아니스트를 넘어 퍼포먼스 아티스트로서의 변신을 꾀했다.

트는 어떨까? 종종 극도로 고난도 기교를 요구하는 그의 피아노곡들은 오늘날 연주자들에게 엄청난 도전이다. 슬쩍 악보만 봐도 눈알이 돌아갈 것 같은 리스트의 곡들을 제대로 연주하려면, 즉 기교만 쫓는 데 급급하지 않고 음의 흐름을 장악하면서 내적인 서정성을 펼쳐 보이기 위해서는 엄청난 재능과 훈련을 필요로 했다. 게다가 리스트의 작품은 연주자는 물론 듣는 사람까지 부담스럽게 만든다. 우선 그가 남긴 연습곡들은 《바이엘》이나 《체르니》와는 전혀 성격이 다르다. 그의 연습곡 중 가장 유명한 곡으로 〈라 캄파넬라La Campanella〉를 꼽을 수 있다. 이 작품은 그의 우상 파가니니에 바친 오마주라고 할 《파가니니에 의한 대 연습곡Grandes études de Paganini S. 141》의 전 6곡 중 3번째 곡이며, 말할 나위도 없이 파가니니의 《바이올린 협주곡 2번》 3악장의 주제를 가져와 피아노곡으로 재해석한 것이다. 게다가 한 옥타브 이상 떨어져 있는 건반 사이를 재빨리 이동하는 타건 기술을 익힐 수 있도록 한다는 이 연습곡의 목적 또한 바이올린 현 위에서 저음과 고음 사이를 전광석화처럼 드나들던 파가니니의 전설적 테크닉을 연상시킨다.

　리스트는 파가니니를 비롯해 다른 작곡가들의 음악에서 아이디어를 가져오거나 심지어 관현악 작품을 통째로 가져다 피아노곡으로 편곡하는 데도 관심이 많았다. 유명한 교향곡이나 서곡 등을 피아노곡으로 바꾸는 것은 당시 악보 출판사들이 일반 대중을 대상으로 흔히 제작하던 상품이었다. 이는 아직 녹음 기술이 없던 시절 사람들이 공연장에 가지 않고도 집에서 피아노로나마 유명한 음악의 선율을 맛볼 수 있도록 하려는 목적이었다. 이 곡들의 편곡은 오른손은 원곡의 주제가 되는 음을 짚고, 왼손은 적당한 아르페지오로 화음을 넣는 식으로 피아노 고수가 아닌 사람도 부담 없이 연주할 수 있도록 하는 것이 기본이었다. 하지만 리스트의 편곡은 전혀 달랐다. 리스트는 원곡을 쉽고 가벼운 버전으로 바꾸기보다는 될 수 있는 한 원곡의 모든 음향적 효과와 뉘앙스를 그대로 피아노로 재현하려 했다. 즉 원곡을 그대로 축소 복원한 정교한 미니어처를 만듦과 동시에 피아노를 일종의 원맨 오케스트라로 확장하는 것이 목적이었다. 예를 들어 리스트는 베토벤 교향곡 전곡을 피아노 독주곡으로 편곡했는데, 이 작품들은 오늘날까지도 피아니스트들 사이에 난곡 중의 난곡으로 통한다. 어느 정도냐 하면 연주 중 손가락에 부상을 입을 수 있을 정도다.

리스트 음악의 트레이드마크인 박력과 스케일을 보여 주는 예로 우선 《피아노 협주곡 1번Piano Concerto No. 1 in E-flat Major S. 124》을 꼽을 수 있다. 1악장은 오케스트라가 짧게 제시한 동기를 건네받은 피아노가 순전히 겹화음으로 프레이즈(악구)를 형성하며 한동안 진행되는데, 여기서 발생하는 음향적 힘은 놀라울 정도다. 또 그 도입부 뒤에는 거의 쇼팽이 연상될 만큼 서정적인 피아노 선율과 오케스트라의 앙상블이 따른다. 이 작품은 형식적으로는 4악장으로 이루어져 있지만, 각 악장은 끊김 없이 계속 이어지면서 1악장의 주제가 줄곧 곡 전체를 다양한 형태로 지배하는 것이 인상적이다.

리스트의 또 다른 대표작으로는 《헝가리 광시곡Hungarian Rhapsodies》을 꼽을 수 있다. 리스트는 자신이 헝가리 출신이라는 것을 평소 적극 홍보하고 다녔다. 지정학적으로 이슬람 세력으로부터 유럽을 방어하는 최전선에 있었던 헝가리는 당시 주류 유럽인들에게는 다소 신비스러운 이미지가 있었다. 이런 미지의 땅에서 온, 동화 속 왕자 같은 외모를 지닌 천재 피아니스트라는 포지셔닝은 매우 매력적이었다. 비록 정서적, 문화적으로 독일인에 가까웠고 헝가리어도 서툴렀지만, 헝가리에 대한 애정과 자부심만은 남달랐던 리스트는 예술적으로도 헝가리 민요, 특히 집시들의 음악에서 많은 영향을 받았다. 《헝가리 광시곡》은 헝가리 집시 음악에서 힌트를 가져온 것으로, 제목 그대로 매우 자유로운 형식으로 이루어져 있다. 집시 음악적인 주요 동기를 변주, 해체, 결합하며 건반 악기의 현란한 테크닉을 펼치는 걸작이다. 리스트는 총 19곡의 《헝가리 광시곡》을 썼는데, 그 작곡 시기는 1847년부터 노년인 1885년까지 넓게 퍼져 있다. 즉 리스트는 생애 후반기 내내 헝가리 집시 음악이라는 화두를 가지고 씨름했다. 이 19곡 가운데 가장 유명한 2번째 곡은 가장 짜임새 있는 구성을 가진 곡 가운데 하나로, 느린 박자의 웅장한 전반부와 빠른 박자의 화려한 피아노 운지법과 함께 민속 음악적인 익살과 위트마저 느껴지는 명곡이다. 《헝가리 광시곡》은 리스트가 말년에 직접 오케스트라 버전으로 편곡한 버전도 있으니 감상자의 취향에 따라 골라 감상할 수 있다. 또한 이 곡들을 브람스가 작곡한 《헝가리 무곡집Hungarian Dances》과 함께 들어도 좋다. 실제로 낭만주의 음악가 가운데도 급진파에 속했던 리스트와 보수의 기수였던 브람스가 헝가리 집시 음악이라는 유사한 주제를 각각 어떤 식으로 해석하고 음향적으로 표현하려 했는지 비교해 보는 재미가 쏠쏠하다.

리스트는 피아노곡뿐 아니라 표제 음악, 특히 교향시 분야에도 열심이었다. 주로 음악 외적인 콘텐츠(문학, 자연, 사랑, 애국심 등)를 음악으로 표현하는 교향시는 낭만주의 음악의 대표적 장르라고 할 수 있는데, 리스트는 이 분야의 개척자이자 옹호자였다. 리스트의 대표적인 교향시로는 《전주곡Les preludes》《프로메테우스Prometheus》《헝가리아Hungaria》《햄릿Hamlet》 등이 있다. 그중 《전주곡》은 리스트 특유의 폭발적인 에너지가 적절한 서정성과 균형 감각으로 잘 다스려진 웅장하고 아름다운 작품이다. 아직 들어 보지 못했다면 꼭 한 번 감상해 보길 권한다.

음악적으로 리스트의 동시대 최대 라이벌은 쇼팽이었다고 봐야겠지만, 이 둘의 관계 정리는 간단하지 않다. 우선 쇼팽과 리스트는 공통점이 많다. 리스트가 한 살 어리긴 했지만 나이대도 비슷했고, 둘 다 유럽의 외곽에 자리한 폴란드와 헝가리 출신이면서 젊은 시절 고향을 떠나 파리에 정착했다. 두 사람은 비슷한 시기에 파리에서 활동했기 때문에 서로 알고 지낸 것은 물론이고, 두 사람이 교류했던 지인들도 한두 사람 건너면 서로 알 정도로 가까웠으며, 두 사람의 거주지 역시 걸어서 몇 분이면 닿을 지척 거리였다. 게다가 둘 다 엄청난 피아노 연주 및 작곡 실력을 겸비한 데다 외모 역시 뛰어났다. 그렇게 공통점이 많았으면서도 두 사람은 또 매우 달랐다.

　쇼팽은 보수적 형식 속에 낭만주의 음악을 담았다. 기본적으로 쇼팽의 피아노 음악은 내용적으로 거의 즉흥곡에 가까운 자유로운 흐름을 보이지만, 그것은 어디까지나 발라드, 왈츠, 스케르초, 폴란드 민속 무곡인 폴로네즈, 마주르카 등 전통적인 양식의 포장과 테두리 속에서 펼쳐진다. 반면 리스트는 피아노로 낭만주의적 정신을 표현하는 동시에(혹은 그 방법의 일환으로) 피아노가 지닌 악기로서의 가능성을 샅샅이 탐색해 극대화했다. 간단한 예로 쇼팽의 연습곡은 그저 '연습곡(Étude)'이라고 불리는 반면 리스트의 연습곡 가운데는 'Études d'exécution transcendante', 즉 '초절 기교 연습곡'이라는 타이틀을 버젓이 단 것도 있다. 쇼팽의 연습곡도 쉽지 않은 판에 리스트의 연습곡, 그것도 보통의 기교를 '초월한' 연습곡이라면 그 난도는 굳이 말할 필요도 없다. 단순히 피아노 음악을 넘어서는 리스트의 다양성과 다작은 쇼팽보다 30년 이상을 장수했던 덕분이기도 하지만, 설령 쇼팽이 리스트만큼 오래 살았다고 해도 그가 과연 피아노 음악 이외의 다른 장르에 얼마나 많은 관심을 쏟았을지는 의문스럽다. 표제 음악도 마찬가지다. 쇼팽이 피아노의 시인이었던 반면 리스트는 '건반의 마법사' 또는 '건반의 흑기사'라고 부를 수 있다.

쇼팽은 다른 음악가들을 벤치마킹하는 데도 인색했다. 그는 과거의 음악가들 가운데 오직 바흐와 모차르트 정도만이 진정한 거장이라고 여겼으며, 동시대 음악가들의 창작 활동에는 큰 관심이 없었다. 대규모 콘서트를 싫어했고, 준수한 외모를 갖추었으면서도 피아노 연주 외에 '비주얼'로 뜨겠다는 생각은 전혀 하지 않았다. 반면 리스트는 콘서트로 전 유럽을 휩쓸었고, 파가니니의 음악과 마케팅 수법을 모델로 삼아 퍼포먼스 예술가로 대성공을 거두면서도 동시대 음악과 음악가들에게 언제나 마음의 문을 열어 놓았다. 하지만 사생활을 중시한 쇼팽은 대인 관계에 소극적이었다. 리스트와도 알고는 지냈지만 마음을 터놓는 사이는 아니었다. 그에 비해 리스트는 남녀를 불문하고 교류의 폭이 넓었던 데다 수입의 상당액을 자선 사업 등에 기부했고 동료 음악가들에게도 물적, 심적 지원을 아끼지 않는 대인배였다. 정리하자면, 놀라운 테크닉과 쇼맨십을 결합한 리스트는 연주자로서는 쇼팽의 2.0+ 버전이라고 할 수 있다. 다만 작곡가로서 두 사람의 우열을 가리

친구들을 위해서 피아노를 연주하는 리스트. 피아노 옆에 서 있는 체르니와 베를리오즈의 모습도 보인다.

는 것 역시 큰 의미가 없어 보인다. 추구하는 예술적 이상이나 스타일이 서로 너무나 달랐기 때문이다.

1847년 리스트는 피아노 연주회에서 영구 은퇴를 선언한 뒤 독일 바이마르 궁정의 음악 감독으로 부임해 오랫동안 작곡과 지휘, 편곡에 몰두하며 예술적으로는 가장 생산적인 시기를 누렸다. 하지만 리스트에게 이 시기는 동시에 위기와 비극의 연속이었다. 리스트는 일생 동안 많은 여성과 염문을 뿌렸는데, 특히 귀족 가문의 유부녀를 유혹하는 데 발군의 실력을 발휘했다. 그 가운데서도 리스트의 삶에 가장 큰 영향을 끼친 여성은 마리 다구 백작 부인이었다. 리스트는 6살 연상인 마리 다구와 5년간(1835~1839) 동거하면서 3명의 자녀를 두었지만 결국 헤어졌다. 게다가 세 자녀 중 아들은 1859년에, 큰딸은 1862년에 사망하고 말았다.

자식들의 연이은 죽음에 큰 충격을 받은 리스트는 수년간 우울증을 앓았고 삶의 의미에 근본적으로 천착하면서 종교 음악을 집중적으로 작곡했다. 어렸을 때부터 종종 사제가 되는 로망에 빠지곤 했던 리스트는 결국 1863년 로마 근교의 한 수도원에서 사제 훈련을 시작해 1865년에는 로마 교황청에서 준사제 서품을 받았다. 이후 로마에서 신앙생활을 하면서 고향 헝가리의 부다페스트와 바이마르를 오가며 후진 양성에도 힘썼다. 그러다 1886년 75세에 독일 바이로

가톨릭 사제 수련을 받던 시기의 리스트. 비록 노년에 접어든 모습이지만, 외모에서 풍기는 강렬한 인상은 여전하다.

이트에서 열린 음악 축제에 참석하던 중 급성 폐렴에 걸려 현지에서 사망했다.

리스트 하면 내가 조건 반사적으로 떠올리는 곡이 《사랑의 꿈Liebesträume》이다. 원래는 가사가 붙은 가곡으로 작곡되었지만, 지금은 피아노 독주곡으로 더 보편화되어 있다. 이 작품은 그 뿌리가 노래인 만큼 리스트의 트레이드마크인 중후장대함보다는 아름다운 선율의 전개가 두드러진 것이 인상적이다. 연주 시간은 5분 남짓. 아르페지오 화음과 함께 시작되는 내림 a단조의 잔잔한 선율은 제목 그대로 사랑의 꿈, 짜릿함, 안타까움, 덧없음을 손에 잡힐 듯 그려 보인다. 평화롭게 흐르던 선율이 중반부에서 잠시 고난도 기교를 요구하는 날선 음향으로 변하는 대목은 마치 사랑의 꿈에 빠져 있다가 불현듯 깨어나 현실로 돌아오는 순간, 혹은 불변이라고 생각했던 사랑이 갑자기 위기를 맞는 순간을 묘사하는 것 같다. 하지만 곡은 다시 최초의 그 평화로운 선율로 돌아가 서서히 힘차고 벅찬 클라이맥스로 내달린다. 나는 이 곡을 저녁보다는 아침에 듣는 것이 더 적격이라고 생각한다. 아침에 눈을 떴을 때 곁에서 잠들어 있는 사랑하는 사람을 바라보며 만약 이것이 꿈이라면 되도록 그 꿈이 오래 지속되기를 바라는 느낌 같다고나 할까.

이 작품을 쓴 1850년 이후 리스트는 36년을 더 살았지만, 나는 《사랑의 꿈》이야말로 리스트가 바이로이트에서 임종하면서 마지막으로 떠올린 작품이 아니었을까 하는 가설을 세워 본다. 리스트의 삶 자체를 상징하는 것 같기 때문이다. 비록 몇 차례 인생의 비극은 있었지만, 우상 숭배에 가까운 대중의 관심을 받았던 피아니스트이자 존경받는 작곡가 겸 지휘자로서 살다가 말년에 성직자로서 여생을 마감하게 된 그에게 결국 인생이란 한 편의 꿈 같은 게 아니었을까? 달콤쌉싸름한 꿈……

프랑스 낭만주의의 본좌 베를리오즈

프랑스 낭만주의의 대표 주자인 헥토르 베를리오즈(Hector Berlioz, 1803~1869)는 프랑스 그르노블 근교에서 의사의 아들로 태어났다. 그의 부친은 음악에도 상당한 조예가 있어서 어린 베를리오즈에게 여러 악기의 개인 교습을 받게 했고, 베를리오즈는 기타, 플루트, 플라지올레트(목관 악기의 일종), 드럼 등을 능숙하게 다루었다. 베를리오즈는 어릴 적 다양한 악기를 배울 수 있었던 것이 후일 관현악 기법을 터득하는 데 큰 도움이 되었다고 술회하기도 했다. 하지만 베를리오즈의 부친은 아들에게 피아노 레슨만은 금지시켰다. 바이올린과 피아노까지 배우면 완전히 음악에 몰두하게 되어 다른 공부를 등한시할 것을 우려했기 때문이었다. 그는 아들이 자신의 뒤를 이어 의사가 되기를 희망했고, 음악은 교양을 쌓는 정도로 그치게 할 생각이었다. 그런 연유로 베를리오즈는 클래식 음악가 가운데서도 피아노나 바이올린을 전혀 배우지 않은 드문 경우에 속한다.

  베를리오즈는 부친의 뜻에 따라 18세에 의학 공부를 위해 고향을 떠나 파리로 유학했다. 하지만 의과 대학은 그에게 지옥 같았다. 해부실에 처음 들어갔을 때 마룻바닥에 떨어진 해부용 시신들의 살점과 혈액 주변으로 쥐들이 기어다니는 것을 보고 경악하다 못해 창문 밖으로 뛰어내렸을 정도다. 결국 베를리오즈는 의학 공부를 포기한 채 대부분의 시간을 오페라 극장에서 보내는가 하면, 파리 음악원 부속 도서관을 들락거리며 음악가들의 악보를 독학하다가 1826년 정식으로 음악원에 등록했다. 부친은 뒤늦게 아들의 행보를 알아차리고 격노한 끝에 의절하다시피 했다고 한다.

  파리 음악원 시절 베를리오즈는 《로브 로이 서곡*Rob Roy Overture*》을 작곡했다. 이 작품은 이후 그의 음악 세계가 어떤 식으로 진행될지를 시사하는, 말하자면 베를리오즈 음악 세계의 서곡이기도 하다. 《로브 로이 서곡》은 스코틀랜드 소설가 월터 스콧이 18세기 귀족들에게 맞선 실존 인물 로브 로이의 활약을 그린 소설을 읽고 그 인상을 묘사한 작품이다. 이 곡 역시 멘델스존의 《한여름 밤의 꿈》 서곡처럼 본편이 없는 서곡이다. 정확히 말하면 작품의 본편은 음악이 아닌 문학 작품인 것이다. 이렇듯 베를리오즈는 낭만주의 음악의 트레이드마크인 표제 음악의 열렬한 지지자이자 선구자였다. 그의 음악은 작품마다 예외 없이 표제가 붙어 있다. 베를리오즈는 작품에서 스코틀랜드 민요의 선율을 차용했는데, 같은 선율이 후기 낭만주의 작곡가 브루흐(Max Bruch)의 작품 《스코틀랜드 환상곡 Scottland Fantasy》에서 재활용되기도 했다.

　1830년 베를리오즈는 프랑스 정부의 국비 장학생에 선발되어 2년간 로마로 음악 유학을 가는 기회를 얻었다. 이를 계기로 베를리오즈는 음악가로서의 미래에 대해 강한 확신을 가질 수 있었다. 또한 같은 해 그의 표제 교향곡 가운데서도 최고 걸작이라고 할 《환상 교향곡 Symphonie fantastique》을 완성했다. "어느 예술가의 삶에 대한 에피소드 Épisode de la vie d'un artiste ... en cinq parties"라는 부제에서도 알 수 있듯이 이 작품은 교향곡의 형식을 빌린 스토리텔링이면서 더불어 사랑의 고백이기도 했다.

삶과 음악을 통해 낭만주의 음악가의 전형을 선보인 프랑스 작곡가 베를리오즈.

이를 설명하기 위해서는 수년 전으로 거슬러 올라가야 한다. 1827년 베를리오즈는 파리에서 연극 〈햄릿〉에 출연한 아일랜드 출신의 셰익스피어 전문 배우 해리엇 스미드슨의 공연을 보고 한눈에 사랑에 빠졌다. 그녀의 환심을 사려고 연주회를 열고 편지를 보내기도 했지만 스미드슨은 그에게 관심을 주기는커녕 파리에서의 공연 일정을 소화한 뒤 바로 런던으로 돌아갔고, 베를리오즈는 크게 상심했다. 즉 《환상 교향곡》은 그녀를 향한 짝사랑의 아픔을 예술적으로 승화시킨 작품이었다. 베를리오즈는 비발디가 《사계》를 쓰면서 시도했듯이 총 5악장으로 이루어진 《환상 교향곡》의 각 악장에 소제목을 달았을 뿐 아니라 상세한 해설을 첨부하는 수고까지 아끼지 않았다. 《환상 교향곡》의 특징을 요약할 때 흔히 '고정 악상(idée fixe)'이라는 표현을 쓴다. 프랑스어로 고정관념, 강박관념 등의 뜻을 가진 이 용어는 심리학 용어로도 쓰일 뿐 아니라 문학 작품에서 주인공이 지닌 강렬한 동기나 집착(복수심, 애증, 탐욕 등), 혹은 음악 작품에서 반복적으로 나타나는 동기(이 경우는 주제가 되는 멜로디)를 지칭하기도 한다. 《환상 교향곡》에서 베를리오즈는 당시 그의 삶을 지배했던, 사랑하지만 자신의 것으로 하지 못한 여인 스미드슨이라는 고정 악상을 작품 도처에 반복되는 주제의 형태로 배치했다. 이 반음계의 선율은 서정적으로 시작되어 잠시 고음부로 올라가는 듯하다가 힘차게 상승하지 못하고 약간 비실거리는 모양으로 저음부로 내려와 머무는 형태의 진행을 보인다. 이는 이상형의 여성을 보고 한눈에 사랑에 빠졌다가 의미 있는 관계의 진전을 보지 못한 음악적 자아인 베를리오즈 자신의 처지를 상징한다. 1악장 〈꿈·열정 *Rêverie, passions*〉의 초반부에서 바이올린의 음색으로 우아하게 모습을 드러내는 주제는 2악장 〈무도회 *Un bal*〉에서 화려한 왈츠, 3악장 〈전원의 풍경 *Scène aux champs*〉에서 평화롭고 목가적인 선율, 4악장 〈단두대로의 행진 Marche au supplice〉에서 참수대에 머리를 얹은 예술가의 머리 위로 들리는 나팔 소리 등 다양한 형태로 나타나며 작품 전체를 지배한다. 어떻게 보면《환상 교향곡》은 베를리오즈의 '고정 악상', 즉 그의 사랑을 주제로 한 거대한 형식의 변주곡이라고도 할 수 있다.

베를리오즈는 5악장 〈마녀들의 밤의 꿈 Songe d'une nuit du sabbat〉에서《환상 교향곡》이 사랑하는 여성에게 거절당한 예술가가 아편을 다량 흡입한 뒤 꾼 악몽이라고 밝히는데, 작곡가 자신의 경험을 털어놓은 것은 아닌지 의심하는 데는 셜록 홈즈급 추리력이 필요치 않다. 낭만주의 시대 동양에서 수입된 아편은 유럽의 예술가들 사이에서 매우 인기가 있었다. 베를리오즈가 탐닉했던 영국 낭만주의 시인들의 시 가운데는 아편을 흡입한 뒤 목격한 환상이나 환청을 그대로 기록한 작품들도 있다. 결국《환상 교향곡》속에 생생하게 그려진 악몽의 현장은 베를리오즈 자신이 아편에 취해 목격했던 환상일 가능성이 높다. 이렇듯 작품의 형식과 성격, 창작 동기 등 모든 면에서《환상 교향곡》은 진정한 최초의 낭만주의 교향곡이라고 할 수 있다. 비록 슈베르트의《미완성 교향곡》이 '최초의 낭만파 교향곡'이라고 불리지만, 문자 그대로 미완성에 그쳤기 때문에 베를리오즈에게 '최초'라는 영예를 얻을 자격이 있다고 해도 논란의 여지는 없어 보인다.

내게 특히 인상 깊은 것은 2악장과 5악장이다. 베를리오즈의 음악을 선율은 없고 분위기와 색채뿐이라고 비판하는 비평가들이 종종 있지만, 2악장의 왈츠는 그런 평가를 무색하게 한다. 아마도 베를리오즈의 음악 가운데 가장 아름다운 선율이 아닐까 싶다. 반면 그레고리안 성가 〈분노의 날 Dies irae〉에서 주제를 가져온 5악장은 우울하고 불길한 분위기가 압권이다. 분명 주인공과 이상형 여인의 해후가 이루어지기는 하지만 예술가의 눈앞에 나타난 그녀는『신곡』의 베아트리체나『파우스트』의 그레첸 같은 순결한 여인이 아니라 악마에게 팔려 간 지옥의 신부다. 일설에 따르면 베를리오즈는 영국으로 돌아간 스미드슨이 매니저와 연인 관계로 발전했다는 소문을 듣고 발끈한 나머지, 5악장에서 이상의 여인(스미드슨)이 악마의 신부가 되는 묘사로 분풀이를 했다고 한다.

그런데 현실은 예상치 못한 반전을 맞이했다. 로마 유학을 마치고 파리로 돌아온 베를리오즈는 마침 스미드슨이 파리로 온 것을 알게 되었고, 정중하게 자신의 음악회에 그녀를 초청했다. 《환상 교향곡》 속에 담긴 광기와 열정에 깊은 인상을 받은 스미드슨은 베를리오즈와 교제를 시작했고, 1833년 두 사람은 결혼에 골인했다. 사랑의 고백, 그 연시가 꼭 예쁘장할 필요는 없는 모양이다. 《환상 교향곡》 같은 섬뜩한 충격 요법 역시 특히 상대가 예술을 이해하는 또 다른 예술가(이 경우 연기자)라면 의외의 성공을 거둘 수 있다.

하지만 《환상 교향곡》의 마지막 악장이 '두 사람은 오래오래 행복하게 살았습니다.'가 아니라 '마녀들의 야회'였기 때문일까? 베를리오즈와 스미드슨의 결혼 생활은 그리 행복하지 못했다. 파리에서 영어로 공연하는 연극에 대한 수요가 급감하면서(애초에 영어로 진행되는 연극이 파리에서 인기를 끌게 된 것 자체가 좀 엉뚱하지만, 영미 문화에 대한 프랑스인들의 이중적 태

스페인 화가 고야의 《마녀들의 야회》. 베를리오즈의 대표작 《환상 교향곡》 마지막 5악장의 마녀들이 펼치는 광란의 향연을 묘사한 것으로 알려져 있다.

도는 어제오늘 일이 아니다) 스미드슨의 인기 역시 덩달아 떨어졌다. 미혼이었다면 영국으로 돌아가 재기를 노릴 만도 했지만, 결혼해서 자식까지 낳은 뒤라 운신이 자유롭지도 못했다. 게다가 결혼할 당시만 해도 신예 음악가에 불과했던 베를리오즈의 명성은 해마다 꾸준히 올라갔고, 스미드슨 자신은 점점 세상의 관심에서 밀려났으니 심사가 편할 리 없었다. 결국 두 사람은 결혼 7년 만에 이혼했다.

해리엇 스미드슨. 탁월한 셰익스피어 전문 배우로 평판이 높았다. 결혼 당시 베를리오즈의 명성은 아내에 비하면 보잘것없었다.

《로브 로이 서곡》부터 시작해 일생 동안 문학 작품에서 받은 인상을 음악적으로 표현하기를 즐긴 베를리오즈의 음악에는 문학 작품에서 가져온 표제가 붙어 있다. 비올라 협주곡(교향곡으로 보기도 한다) 《이탈리아의 헤럴드 공자 Harold in Italy》는 영국 낭만파 시인 바이런의 동명의 장시를 음악적으로 재해석한 곡이며, 오라토리오 《로미오와 줄리엣》은 말할 필요도 없이 셰익스피어의 희곡에서 영감을 받았다.

주로 낭만주의 문학의 본고장이라고 할 영국 문학에서 음악적 아이디어를 취하던 베를리오즈는 그리스 로마 고전으로까지 영역을 넓혀 갔고, 그 결과 탄생한 작품이 오페라 《트로이 사람들 Les Troyens》이다. 《트로이 사람들》은 트로이가 멸망하자 이탈리아 반도로 탈출해 로마를 건국했다는 전설의 영웅 아이네이아스를 주인공으로 한 로마 시인 베르길리우스의 〈아이네이스〉에 기초하고 있다. 베를리오즈의 이름이트로이 전쟁을 다룬 오리지널 서사시라고 할 호메로스의 『일리아스』에 등장하는 트로이의 영웅 헥토르였으니, 그는 천상 《트로이 사람들》을 쓸 운명이었던 것도 같다. 1863년 초연에서 성공을 거둔 이래 《트로이 사람들》은 비제(Georges Bizet)의 《카르멘Carmen》, 샤를르 구노의 《파우스트Faust》 등과 함께 19세기 프랑스 오페라를 대표하는 작품으로 평가받는다.

작곡뿐 아니라 지휘와 편곡, 음악 비평 등 다방면에서 활약한 베를리오즈의 명성은 시간이 갈수록 높아졌다. 하지만 그의 말년은 그리 행복하지 못했다. 비록 이혼했을지언정 여전히 깊은 연민을 가지고 있던 스미드슨이 1854년에 사망했고, 1862년 가수 출신의 두 번째 아내가 세상을 떠났다. 베를리오즈를 닮아 낭만적이고 모험심이 강했던 아들 역시 상선단에 들어가 바다를 누비다가 풍토병에 걸려 불과 33세의 나이에 사망했다. 이처럼 사랑하는 사람들을 먼저 떠나 보낸 베를리오

그랜드 오페라 《트로이 사람들》에서 트로이의 영웅 아이네이아스가 카르타고의 여왕 디도를 만나는 장면. 베르길리우스의 서사시 〈아이네이스〉에 기초한 《트로이 사람들》은 베를리오즈 필생의 역작이다.

즈는 온갖 병치레로 고생하다 1869년 67세로 영면했다.

  독특한 수련 과정, 개인사와 예술적 성취, 장르적 확장과 혁신적인 관현악 기법 및 화성의 활용 등 전통에서 벗어난 다양한 실험으로 점철된 베를리오즈의 음악은 낭만주의 예술론이 현실에서 가장 치열하게 시도된 사례 중 하나다. 다만 그 결과에는 명암이 엇갈린다. 일단 리스트보다도 한 발 앞서 표제 음악을 일회성 이벤트나 깜짝쇼가 아닌 하나의 엄연한 장르 내지 트렌드로 자리 잡게 한 것은 당시로는 획기적인 사건이었다. 하지만 작곡가가 음악 외적인 스토리 라인의 음향적 묘사에 무게를 두게 되면 음악 자체의 조직력이 오히려 빈약해지기 쉽다. 브람스가 표제 음악에 대해 우려했던 것이 바로 이 점이다(브람스의 작품 가운데 표제 음악이 한 곡도 없는 것은 우연이 아니다). 베를리오즈가 이따금 선율의 빈약함을 음색과 음향, 그럴싸한 연출 따위로 덮으려 시도했다는 혐의에서 완전히 자유로울 수 없다.

1850년대 후반의 베를리오즈를 묘사한 캐리커처(왼쪽)와 오케스트라를 지휘하는 베를리오즈를 묘사한 캐리커처(오른쪽). 그림 속 벽에는 그의 작품 제목들로 가득하다. 대포는 웅장하고 강렬한 음향과 음색을 추구했던 그의 음악 스타일을 희화화한 것이다.

베를리오즈의 진면모는 한두 곡의 선율보다는 그 '총체성'에 있다. 그의 음악 전체가 하나의 거대한 작품이며, 그의 존재 자체가 낭만주의, 특히 프랑스적 낭만주의 음악 운동을 대표한다. 베를리오즈는 생전에도 상당한 명성을 누렸지만, 그의 영향력은 사후에도 지속되어 프랑스뿐 아니라 후기 유럽 낭만주의 음악가들에게 큰 영향을 미쳤다.

9th Brunch Time

낭만주의 오페라의 두 거인

이탈리아와 독일 오페라의 전통

1597년의 어느 날 이탈리아 피렌체의 음악가 야코포 페리(Jacopo Peri)는 친구였던 시인 리누치니와 대화를 나누던 중 문득 고대 그리스 비극의 대사가 어쩌면 처음부터 끝까지 노래로 이루어졌을지 모른다는 참신한 가설을 세웠다. 페리는 마침 리누치니가 그리스 로마 신화 속의 요정 다프네와 태양신 아폴론의 이야기를 소재로 완성한 장시 〈다프네〉를 텍스트로 삼아 자신이 상상한 고대 비극 스타일의 재현을 시도했다. 즉 페리는 몇몇 악기의 반주에 맞춰 부르는 여러 편의 노래가 모여 일관된 스토리 라인을 형성하는 독특한 콘텐츠를 만들어 냈다. 비록 소박한 형태였지만, 오페라라는 새로운 음악 장르가 탄생한 순간이었다. 'opera'는 이탈리아어로 작품 혹은 작업이라는 뜻으로, 영어의 'work'와 동의어다.

페리 이후 한동안 상류층 파티의 여흥 내지 이벤트 수준에 머물던 오페라를 극장의 무대로 불러내 정식 예술 장르이자 버젓한 문화 상품으로 발전시킨 인물은 클라우디오 몬테베르디(Claudio Monteverdi, 1567~1643)다. 이탈리아 롬바르디아의 도시 국가 만토바 출신인 몬테베르디는 1607년 《오르페오 Orfeo》를 시작으로 18편의 오페라를 작곡하며 이 신흥 장르의 형식을 완성시켰다. 몬테베르디는 특히 베니스에서 활발히 활동했는데, 그의 오페라 《포페아의 대관 L'incoronazione di Poppea》은 일대 센세이션을 일으키기도 했다. 《포페아의 대관》은 로마의 황제 네로와 연인 포페아의 애정 행각을 다룬 작품이다. 이미 결혼한 몸이었던 네로가 아내를 버리고 포페아를 새 황후로 만들려는 공작이 목적을 이룬다는 줄거리부터 이 작품은 권선징악이나 미덕, 정절 같은 전통적인 가치와는 거리가 멀었다. 특히 네로와 포페아의 두 주인공이 서로를 갈망하며 부르는 사랑의 아리아는 그 음색이나 가사의 내용 등이 당대의 기준으로는 충격적일 만큼 노골적이었다. 관객들은 얼굴이 화끈거리고 가슴이 벌렁거리면서도 무대에 집중할 수밖에 없다.

실제로 네로와 포페아의 스캔들은 근대 유럽에서도 섣불리 무대에 올리기 힘든 민감한 소재였다. 남녀상열지사에 더해 비록 고대의 역사라고는 해

피렌체 전경. 르네상스 예술의 요람이었을 뿐 아니라 오페라라는 양식의 탄생지였다.

도 최고 지배층의 패덕한 행태를 정면으로 다룬 작품이 버젓이 무대에 올려져 일반 대중에게 공개된 것은 역시 왕정이 아닌 공화정이었던 당시 베니스의 문화적 자신감과 관용을 반영한다.

몬테베르디로부터 시작된 이탈리아 오페라는 한동안 이탈리아를 넘어 전 유럽을 휩쓸었다. 이탈리아 오페라가 유럽 각국에서 인기를 끈 데는 여러 이유가 있었다. 우선은 근대 클래식 음악과 관련해 이탈리아가 누렸던 종주국 비슷한 지위 덕분에 오페라 또한 이탈리아어로 이루어져야 한다는 문화적 선입견이 유럽인들 사이에 퍼져 있었기 때문이다. 오랫동안 사랑과 예술의 언어로 알려진 이탈리아어는 오페라 아리아의 가사용으로 가장 적합하다고 여겨졌다. 반면 독일어는 다소 거칠고 투박하다는 이미지가 있었으며, 어휘의 끝에 자음이 유독 많이 달려 있는 영어는 노래와 관련해서는 그야말로 최악의 언어로 취급받았다. 여기에 더해 뛰어난 음악가들이 계속 이탈리아 오페라 신작을 양산해 낸 것 역시 요인 중 하나였다. 비발디, 살리에리, 치마로사(Domenico Cimarosa), 룰리(Jean-Baptiste Lully) 등 내로라하는 이탈리아 출

이탈리아 오페라의 아버지라고 할 수 있는 몬테베르디(왼쪽)와 그의 대표작 《포페아의 대관》의 1651년도 악보 표지(오른쪽).

낭만주의 오페라의 두 거인 9th Brunch Time 309

신 작곡가들이 유럽 각국에서 활약했을 뿐 아니라 헨델, 글루크(Christoph Willibald Gluck), 모차르트 등 독일계 작곡가들 역시 이탈리아어 가사로 된 오페라를 전문적으로 작곡했다.

이런 이탈리아 오페라의 전통은 19세기 초에도 활발하게 이어졌는데, 이탈리아 작곡가 로시니(Gioachino Rossini, 1792~1868)의 활약은 특히 두드러진다. 음악가 집안에서 태어나 14세에 처음 오페라 작곡을 시도할 정도로 조숙했던 로시니는 얼마 가지 않아 이탈리아 여러 극장으로부터 작곡 의뢰를 받기 시작했고, 20대에 당대 이탈리아를 대표하는 오페라 작곡가로 위상을 확립했다. 특히 로시니가 24세에 발표한 《세빌리아의 이발사 Il Barbiere di Siviglia/The Barber of Seville》는 그의 최고 걸작으로 꼽힌다. 이 작품은 프랑스 극작가 피에르 보마르셰의 희곡을 원작으로 하는데, 모차르트의 《피가로의 결혼》보다 시점상 앞서 벌어지는 사건을 다룬, 말하자면 《피가로의 결혼》의 '프리퀄'에 해당한다. 《세빌리아의 이발사》는 탄탄한 스토리와 아름다운 음악이 조화를 이룬 가운데 로시니의 트레이드마크라고 할 특유의 익살과 넉살을 양념으로 즐길 수 있는 즐거운 오페라다. 작품 속에 등장하는 가장 유명한 아리아는 주인공 피가로가 부르는 〈나는 이 마을의 만능 재주꾼 Largo al factotum della città〉과 여주인공이 부르는 〈방금 들린 그대의 음성 Una voce poco fa〉의 두 곡이지만, 이 밖에도 베이스 음역이

19세기 중반 이탈리아 오페라의 인기몰이에 크게 공헌한 작곡가 로시니의 초상. 그의 음악은 귀에 쏙쏙 들어오는 선율과 위트가 특징이다.

맡는 캐릭터 바실리오의 아리아 〈험담은 산들바람La calunnia è un venticello〉 등 주옥같은 명곡이 여럿 포함되어 있다. 이 가운데 〈나는 이 마을의 만능 재주꾼〉의 도입부 가사를 조금 소개한다.

나는야 이 거리의 만능 재주꾼.
새벽 일찍 가게에 도착하지.
아, 뛰어난 이발사에게
인생은 얼마나 멋진 즐거움이람!
아, 브라보, 피가로!
브라보, 좋은지고!

Largo al factotum della citta.
Presto a bottega che l'alba e gia.
Ah, che bel vivere, che bel piacere
per un barbiere di qualita!
Ah, bravo Figaro!
Bravo, bravissimo!

앞서 바로크 음악 편에서 말했듯이 근대 유럽에서 이발사는 단순히 머리만 자르는 것이 아니라 다양한 기능을 책임진 장인이자 팔방미인이었는데, 피가로 역시 이 가사에서 자신에게 "브라보(훌륭해)"를 외치며 자랑이 한창이다.

로시니는 마치 공장에서 물건을 찍어내듯 의뢰를 받는 족족 오페라 작품을 빠르게 대량 생산하는 것으로 유명했다. 하지만 유감스럽게도 《세빌리아의 이발사》를 비롯한 두어 편 정도를 제외하면 그가 남긴 수많은 오페라 가운데 오늘날까지 정기적으로 공연되는 작품은 그리 많지 않다. 워낙 많은 작품을 서둘러 쓰다 보니 전부 다 불후의 명작이 될 수는 없었겠지만, 꼭 그것만이 이유는 아니었다. 로시니의 아리아들은 청중이 듣기에는 정말 즐겁지만 가수에게는 부담이 되는 고난도 곡들이 많았다. 예를 들어 오늘날까지 그 서곡으로 유명한《윌리엄 텔 *Guillaume Tell*》의 경우 1837년 파리에서 질베르 뒤프레(Gilbert Duprez)라는 테너 가수가 공연 도중 고음을 진성으로 부르다가 그만 성대를 다쳐 조기 은퇴하는 사고가 발생했다. 그 사건 뒤《윌리엄 텔》은 성악가들의 기피 대상이 되었고 오랫동안 오페라계에서도 퇴출당하다시피 했다.

이런저런 연유로 로시니의 오페라 대부분은 오늘날 서곡으로만 전해질 뿐 본편은 잘 상연되지 않는다.《윌리엄 텔》을 필두로《도둑 까치 *The Thieving Magpie*》《비단 사다리*Silken Ladder*》《이탈리아의 터키인*Turk in Italy*》 등이 모두 그런 경우다. 주페 정도는 아니지만 로시니 역시 서곡으로 남은 사나이다. 내게 로시니의 음악을 듣는 것은 솜씨 좋은 이탈

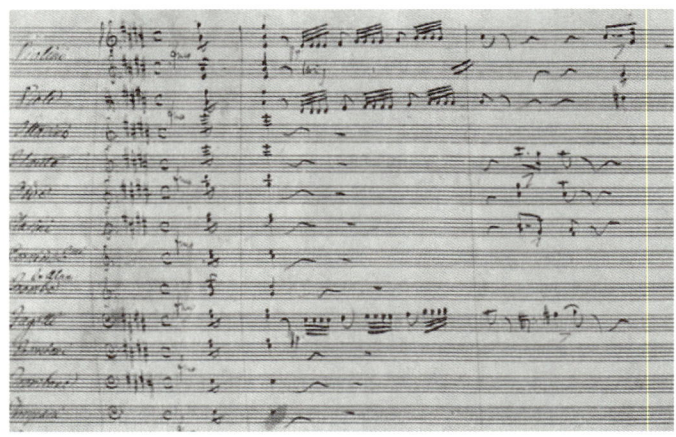

로시니의 대표작《세빌리아의 이발사》서곡의 자필 악보. 모차르트의 오페라《피가로의 결혼》의 '프리퀄'에 해당한다.

리아 요릿집에 가는 것과 비슷한 경험이다. 말이 나온 김에 로시니의 서곡을 몇 편 골라 들으며 집에서도 손쉽게 만들 수 있는 스파게티에 와인을 곁들여 저녁 식사를 즐겨 보는 것은 어떨까.

로시니의 뒤를 이어 이탈리아 오페라를 빛낸 작곡가들로는 아리아 〈남몰래 흘리는 눈물Una furtiva lagrima〉로 유명한 《사랑의 묘약L'Elisir d'Amore》《돈 파스콸레Don Pasquale》 등을 쓴 가에타노 도니체티(Gaetano Donizetti, 1797~1848), 실로 아름답기 짝이 없는 아리아 〈정결한 여신Casta diva〉이 흐르는 《노르마Norma》를 남긴 빈첸초 벨리니(Vincenzo Bellini, 1801~1835) 등이 있다.

이탈리아 오페라의 완성자, 베르디

19세기 전반기 이탈리아 오페라를 로시니와 도니체티, 벨리니의 3인이 떠받쳤다면, 19세기 후반기 이탈리아 오페라는 사실상 주세페 베르디(Giuseppe Verdi, 1813~1901)라는 한 음악가의 원맨쇼였다고 해도 과언이 아니다. 베르디 이전에 활동했던 이탈리아 오페라 작곡가들의 작품 가운데 지금까지 살아남은, 다시 말해 오늘날에도 꾸준히 무대에 오르는 작품은 20편 남짓하다. 반면 베르디 한 사람이 작곡한 오페라 중 오늘날에도 계속 공연되는 작품은 최소 15편에서 최대 20편에 가깝다. 이 글을 쓰는 바로 이 순간에도 세계의 어느 도시에서 베르디의 오페라가 상연되고 있을 확률은 거의 100퍼센트에 가깝다.

베르디는 1813년 이탈리아 북부 파르마 공국의 작은 마을에서 여인숙 주인의 아들로 태어났다. 일찍이 음악적 재능을 보인 베르디는 10대 때부터 성당의 오르가니스트로 활동했고, 개인 교습으로 작곡법을 배워 교회 음악은 물론 교향곡, 행진곡 등을 작곡하기도 했다. 어려서

1870년대 베르디의 초상. 그의 이름은 근대 이탈리아 오페라와 동의어나 마찬가지다.

부터 지역 영재로 이름을 날렸던 베르디는 음악 애호가였던 무역업자 안토니오 바레지의 후원을 받아 당시 로마와 함께 이탈리아 음악의 중심지였던 밀라노로 유학을 정했다. 하지만 베르디가 밀라노 음악원 입학시험에서 떨어지면서 상황이 꼬이고 말았다. 비록 원숭이도 나무에서 떨어질 때가 있는 법이지만, 당시 베르디가 받은 낙방의 충격은 상당했다고 한다.

음악원 낙방을 시작으로 베르디의 20대는 시련과 단련의 시기였다. 베르디는 밀라노 음악계에서 맺은 인맥을 통해 유명한 오페라 극장 '라 스칼라(La Scala)'에서 상연할 신작 오페라 작곡을 의뢰받았는데, 심혈을 기울인 《일일천하Un giorno di regno》가 흥행에 완전히 실패하고 말았다. 이때 베르디는 너무 상심한 나머지 오페라뿐 아니라 아예 작곡 활동 자체를 포기할지를 심각하게 고민했다. 게다가 젊은 나이 탓인지, 아니면 음악원 졸업장이 없는 탓인지, 몇몇 지역 오케스트라의 음악 감독 자리에 지원했지만 번번이 고배를 마셔야 했다. 음악가로서의 경력이 지지부진한 것도 모자라 개인적 불행은 한술 더 떴다. 베르디는 23세에 후원자 바레지의 딸과 결혼했는데, 두 자녀가 어린 나이에 병사하더니 아내마저 병마에 잃는 비극을 겪어야 했다.

하지만 더 이상 방도가 보이지 않을 때 예상치 못한 방향에서 성공의 실마리가 풀리는 것이 인생이다(물론 이보다 더 나빠질 수 있으랴 싶을 때 큰 사고가 한 번 더 일어나는 경우도 있다). 1841년, 라 스칼라의 음악 감독이었던 바르톨로메오 메렐리(Bartolomeo Merelli)는 길에서 우연히 만난 베르디에게 《나부코Nabucco》라는 제목의 오페라 대본을 건넸다. 나부코는 기원전 6세기 바빌로니아 왕국의 군주 네부카드네자르 2세의 이탈리아식 표기다. 네부카드네자르 2세는 예루살렘을 함락시키고 유대인들을 바빌로니아까지 포로로 끌고 갔던 그 유명한 '바빌론의 유수'를 일으킨 장본인이다. 문제의 대본《나부코》는 성경 다니엘서에 묘사된 네부카드네자르 2세의 행적을 각색한 작품으로, 당시 메렐리는 먼저 의뢰했던 작곡가가 중도에 작업을 포기하는 바람에 급하게 대타를 구해야 하는 처지였다. 이렇게 어렵사리 찾아온 패자 부활전의 기회를 베르디는 날려 버리지 않았다.

베르디 자신의 회고에 따르면, 그는 《나부코》의 대본을 받은 뒤에 한동안 책상에 던져두고 펼쳐 보지도 않았다고 한다. 그러던 며칠 뒤 어느 잠 못 이루는 밤에 아무 생각 없이 대본을 펼쳤다가 우연히 다음과 같은 구절과 마주쳤다.

가거라, 내 마음이여, 금빛 날개를 달고
가거라, 곧바로, 구릉과 언덕으로,
따스하고 부드럽고 향기로운
조국의 미풍이 부는 곳으로!

Va, pensiero, sull'ali dorate
va, ti posa sui clivi, sui colli,
ove olezzano tepide e molli
l'aure dolci del suolo natal!

이것은 극 중 예루살렘이 함락되고 바빌로니아를 바라보는 유프라테스 강가까지 끌려온 히브리 노예들이 자신들의 신세를 한탄하며 부르는 노래의 첫 구절이었는데, 베르디는 바로 그 가사에 꽂히면서 창작의 영감에 불이 붙었다고 한다.

이후 약 1년간의 작곡 및 제작 과정을 거쳐 1842년 3월 무대에 오른 오페라 《나부코》는 대성공을 거두며 당시로서는 전대미문인 65회 연속 공연의 기록을 세웠다. 《나부코》의 엄청난 성공은 대략 2가지 요인에 기인했다. 우선은 음악, 특히 베르디가 보고 한눈에 꽂혔다는 가사를 담은 합창곡 〈가라, 내 마음이여 Va, pensiero〉의 인기 덕분이었다. 〈히브리 노예들의 합창〉이라는 이름으로 잘 알려진 이 곡은 오늘날에도 《나부코》 공연이 끝나면 출연자 전원이 무대로 나와 다시 부르며 팬서비스를 하는 것이 관례로 되어 있다. 합창으로 시작해 5단 화음으로 펼쳐진 뒤 다시 오케스트라가 단순한 반주가 아니라 선율에 가까운 전개로 펼쳐지면서 코러스와 사실상의 2중주를 펼치는 대목은 감동 그 자체다. 이 불후의 명곡에 더해 《나부코》의 성공에는 그 무렵 이탈리

영국 화가 에드워드 해리슨이 그린 〈바빌론의 유수〉. 고대 바빌로니아의 군주 네부카드네자르 2세를 소재로 한 《나부코》의 성공으로 베르디는 오랜 슬럼프에서 탈출할 수 있었다.

아가 처한 상황 또한 한몫했다. 당시 이탈리아 반도는 여러 작은 도시 국가, 군소 왕국들로 조각조각 쪼개져 있었고, 특히 밀라노를 포함한 북이탈리아는 오스트리아의 실질적 지배 아래 있었다. 따라서 《나부코》를 본 이탈리아 관객들은 극 중 예루살렘을 빼앗기고 포로가 된 히브리인들의 처지에서 동병상련의 카타르시스를 느꼈던 것이다. 이렇듯 흥미로운 소재와 장대한 스케일 등에도 불구하고 《나부코》에 관해서는 전체적으로 작품이 다이내믹한 오페라 대신 정적인 오라토리오에 가깝다는 비판

통일 이탈리아의 국왕 비토리오 에마누엘레 2세. 베르디의 음악은 이탈리아 통일 운동과 연계되면서 더욱 대중적인 인기를 얻었다.

도 있다. 하지만 그와 같은 여러 예술적 한계조차 결국은 〈히브리 노예들의 합창〉 하나로 거의 용서되는 분위기다.

베르디는 일생 동안 한 가지 방식이나 스타일에 만족하지 않고 계속 자기 변신을 시도하며 수많은 걸작 오페라를 배출했다. 민족주의 성격이 짙게 풍기는 《롬바르디의 첫 십자군 I Lombardi alla Prima Crociata》, 최고 지배층의 횡포라는 민감한 주제를 정면으로 다루면서 등장인물들의 음악적 표현 방식을 혁신시킨 실험적 작품 《리골레토 Rigoletto》, 로시니나 도니체티 같은 방식으로 눈치 보지 않고 철저히 음악적 엔터테인먼트로 일관한 《일 트로바토레 Il trovatore》, 셰익스피어 희곡의 오페라적 재해석을 시도한 《오텔로 Otello》 《팔스타프 Falstaff》 등 그 많은 작품을 일일이 소개하기에는 시간과 지면이 모자라다. 여기서는 그 가운데 단 2편

을 간략하게 언급해 볼까 한다.

먼저 소개할 작품은 베르디의 중기 대표작이라고 할 《라 트라비아타 La Traviata》다. 오페라의 제목은 이탈리아어로 '길 잃은 여성' 혹은 '타락한 여자'라는 뜻으로, 여자 주인공의 기구한 삶을 상징한다. 베르디는 1852년 파리 체류 당시 현지에서 소설과 연극으로 큰 인기를 끌던 알렉산더 뒤마 2세의 『춘희』를 보고 큰 감명을 받은 끝에 오페라화를 결정했다. 이 작품은 파리 상류층 남성들을 상대하던 고급 매춘부 비올레타가 알프레도라는 귀족 청년을 만나며 진정한 사랑을 경험하지만 안타깝게도 폐결핵으로 짧은 생을 마감한다는 내용인데, 뒤마의 소설 역시 미모와 지성으로 파리 화류계를 평정했지만 결핵에 걸려 불과 23세의 나이로 사망한 마리 뒤플레시를 실제 모델로 했다.

《라 트라비아타》는 일단 그 시간적 배경이 현대(베르디가 살던 시대)라는 것이 독특하다. 당시까지 절대다수의 오페라가 고대(《세르세》《나부코》), 중세(《리날도》《윌리엄 텔》《롬바르디의 첫 십자군》), 혹은 시대를 명확히 알 수 없는 배경(《마술 피리》《리골레토》)이 정석처럼 되었음에도 베르디는 동

《라 트라비아타》 중 파티 장면. 매춘부 비올레타와 청년 알프레도의 사랑을 다룬 곡으로, 그 소재부터 당시 전통 오페라에서는 볼 수 없는 파격적인 것이었다.

알프레도와 비올레타가 함께 부르는 〈축배의 노래〉의 첫 부분. 《라 트라비아타》는 〈언제까지나 자유롭게〉〈알프레도, 나를 사랑해 주세요〉〈행복한 지난 날이여, 안녕〉 등 주옥같은 아리아로 가득하다.

시대의 파리를 배경으로 하는 모험을 감행한 것이다. 《라 트라비아타》 속에는 뛰어난 아리아들이 대거 포진해 있다. 알프레도와 비올레타가 처음 만난 자리에서 함께 부르는 〈축배의 노래 Libiam o ne'lieti calici〉는 그 선율이 워낙 유명하고 아름다워 지금도 여러 음악회의 단골 레퍼토리다. 비올레타가 알프레도에게 호감을 가지면서도 지금까지 누려온 생활을 포기할 수 없다며 노래하는 〈언제까지나 자유롭게 Sempre libera〉, 비올레타가 알프레도 부친의 호소에 못 이겨 그의 곁을 떠나기로 마음먹은 뒤 영문을 모르는 알프레도를 끌어안고 슬픔을 삭이며 부르는 〈알프레도, 나를 사랑해 주세요 Amami, Alfredo, amami quant'io t'amo〉 등도 무척 아름답다.

《라 트라비아타》의 초연은 베니스에서 있었지만, 당시 청중의 반응은 그리 호의적이지 않았다. 가장 큰 문제는 프리마돈나에 있었다. 초연에서 비올레타 역을 맡았던 가수는 살비니 도나텔리라는 소프라노였는데, 38세로 당시로서는 비교적 고령이었던 데다 상당히 비만했다. 그래서는 파리 상류층을 넋 나가게 할 정도의 매력을 지닌 젊디젊은 고급 창녀를 연기하기에는 어려움이 따랐다. 심지어 공연 중 객석에서는 웃음소리에 야유까지 나왔다고 한다. 그렇게 초연은 실패했지만 《라 트라비아타》는 1854년에 재공연되어 큰 성공을 거두었고, 그 여세를 몰아 원작의 고향 파리에서도 큰 인기를 누렸다.

두 번째로 언급할 베르디의 작품은 《아이다Aida》다. 솔직히 이 순간 개인적으로 가슴이 두근거리기까지 한다. 그만큼 《아이다》는 내가 가장 좋아하는 베르디의 오페라, 아니 내가 가장 좋아하는 전 세계 오페라 중 탑 3에 든다. 《아이다》는 고대 이집트를 배경으로 파라오의 사윗감인 장군 라다메스와 에티오피아 출신 노예 아이다 사이에 금단의 사랑을 그린 초호화 스펙터클 오페라다. 1869년 수에즈 운하의 역사적인 개통을 기념해 이집트의 수도 카이로에 세워진 오페라 극장은 개관 기념 작품을 당대 최고의 흥행 작곡가 베르디에게 의뢰하면서 고대 이집트를 배경으로 하는 작품이어야 한다는 조건을 내걸었다. 베르디는 이 난제를 오히려 열정적으로 수락한 뒤, 고대 이집트의 역사와 문화에 대한 개인 교습을 받는가 하면 고대 이집트 벽화에 등장하는 악기들을 복원시켜 오페라에 이용할 방법을 강구하기까지 했다. 그러나 걸작을 만들어야 한다는 강박관념 때문인지 작곡 일정이 늦어진 데다 파리에서 제작해 카이로까지 운송한 무대 장치와 소품 등이 마침 발발한 프로이센-프랑스 전쟁(보불 전쟁)의 여파로 발이 묶이는 등 여러 곡절 끝에 《아이다》는 예정보다 한 해 늦은 1871년 카이로에서 초연이 이루어졌다.

총 4막으로 이루어진 《아이다》는 기본적으로 멤피스의 궁전과 신전, 지하 묘지 등을 재현한 대규모 세트에 최소 수백 명의 코러스와 엑스트라가 동원되는 등 일단 볼거리부터가 어마어마하다. 거기에 더해 베르디의 레퍼토리 가운데서도 최고 수준에 가까운 여러 곡의 아리아와 합창곡, 행진곡, 춤곡 등 갖가지 아름답고 웅장한 음악의 향연이 펼쳐진다. 극의 1막 초반에 라다메스는 조만간 벌어질 에티오피아와의 전쟁에 자신이 지휘관으로 차출되기를 기원하면서 전쟁에서 이기고 오면 승리의 영광을 돌릴 대상은 신도 파라오도 아닌 사랑하는 노예 처녀 아이다라고 고백한다. 이런 라다메스의 심중을 드러내는 노래 〈천상의 아이다Celeste Aida〉에는 다음과 같은 가사가 있다.

> 천상의 아이다, 성스러운 모습,
> 광채와 꽃들이 이룬 신비의 화환이여,
> 그대는 내 생각을 지배하는 여왕이요,
> 그대는 내 삶의 빛이로다.
>
> Celeste Aïda, forma divina,
> Mistico serto di luce e fior,
> Del mio pensiero tu sei regina,
> Tu di mia vita sei lo splendor.

몇 년 전 샌프란시스코 오페라좌가 올린 《아이다》를 감상했던 기억이 떠오른다. 이런저런 사정으로 차일피일 미루다가 결국 시즌 마지막 일요일에 공연을 보러 갔다. 그런데 당일 막이 오르기 전 극장 지배인이 무대에 올라 공지 사항을 발표했다. 급한 사정으로 라다메스의 역이 바뀌었으니 관객들의 양해를 바란다는 것이었다. 원래 가수는 꽤 지명도 있는 이탈리아 출신의 테너였는데, 그의 대타는 공교롭게도 신아무개라고 하는 한국인 테너였다. 그때 지배인이 가수의 한국식 이름을 제대로 발음하지 못해 몇 번씩 고쳐 말했던 것이 기억난다(영미인들은 유난히 한국 이름과 중국 이름을 부르는 데 취약하다).

드디어 막이 오르고 '대타' 라다메스가 등장했다. 그런데 문제의 한국인 테너는 다소 아담한 체구에 약간 통통한 용모였다. 그런 외양에 투구를 쓰고 갑옷까지 입혀 놓으니 늠름한 이집트 영웅의 위용이 아니라 우리나라 민간 설화 속 '아기 장수' 같은 귀여운 느낌이 나는 것 아닌가. 상황이 그런지라 좀처럼 배역에 감정 이입이 되지 않았다. 종합 예술인 오페라에서는 음악뿐 아니라 볼거리 내지 비주얼의 중요성도 매우 높다. 따라서 고대 이집트군의 지휘관 역할에는 그에 필적하는 외모가 웬만큼 받쳐 주는 것이 분명 도움이 된다. 체격과 체구마다 맞는 배역이 따로 있다. 물론 오페라의 설정 자체가 주인공을 '언더독'으로 만든 경우라면 왜소한 체격이 오히려 어울릴 수 있다. 하지만 라다메스는 아무래도 다소 덩치가 필요한 배역이다. 어찌 됐든 모처럼 한국인 성악가의 등장에 반갑기보다는 다소 실망도 되고 제대로 역을 소화할 수 있을까 반신반의했던 것이 사실이다.

이렇게 감정 이입이 되지 않은 사이에 극은 흘러 우리의 아기 장수, 아니 라다메스 장군이 〈천상의 아이다〉를 부를 시간이 왔다. 그런데 노래가 시작되자마자 '아' 하는 탄성이 절로 나왔다. 테너 신 아무개는 발성부터 보통 솜씨가 아니었다. 그렇게 청아하게 부르는 〈천상의 아이다〉를 라이브로 들을 수 있다는 것은 정말 값진 경험이었다. 우렁찬 소리로 고음을 길게 끌고 가야 하는 클라이맥스에서도 조금의 머뭇거림이나 흔들림이 없었다. 노래가 끝나자마자 우레와 같은 박수가 극장을 메웠음은 말할 것도 없다. 나중에 오페라가 끝나고 나갈 때 보니까 벽에 대타 가수의 프로필이 걸려 있었는데, 이미 뉴욕 메트로폴리탄에서도 여러 오페라 배역을 소화한 베테랑이었다.

오페라를 잘 모르는 현대 대중에게도 가장 익숙한 《아이다》 속의 선율은 단연 2막 2장에 등장하는 〈개선 행진곡 *Triumphal March*〉일 것이다.

그런데 알고 보면 '딴딴' 하는 트럼펫의 음향과 함께 시작되는 그 유명한 〈개선 행진곡〉은 전쟁에서 승리하고 돌아온 라다메스의 개선을 축하하는 장엄한 합창곡 〈이집트에 영광 있으라 Gloria all'Egitto〉의 한 대목일 뿐이다. 합창의 첫 가사는 다음과 같다.

이집트와 그 성스러운 땅을 보우하는
이시스 여신께 영광 있으라.
비옥한 삼각주를 다스리는 파라오께 영광 있으라.
우리는 축제의 노래를 부르노라.

Gloria all'Egitto e ad Iside
Che il sacro suol protegge;
Al Re che il Delta regge
Inni festosi alziam!

그랜드 오페라 《아이다》의 이집트 군대 개선 장면을 연출한 스케치. 이 장면에서 울려 퍼지는 〈개선 행진곡〉은 현대 대중에게도 친숙한 선율이다.

이렇게 이집트 백성들과 신전의 사제들이 함께 부르는 찬가 '영광송(실제로 가사 속에 '영광'을 뜻하는 이탈리아어 'Gloria'가 여러 번 등장한다)'에 이어 트럼펫 팡파레와 함께 전쟁에서 승리하고 돌아온 이집트군의 개선 행진이 본격적으로 시작된다. 늠름한 이집트 군단의 위용에 이어 전리품으로 챙겨온 보물과 포로들로 이어지는 행진이 끝나면 승리를 축하하는 무희들의 춤판이 벌어진다. 이국적이고 관능적인 가락 속에서 펼쳐지는 이 군무 장면은 오페라 감독의 재량에 따라 다양한 연출이 가능하다. 그런데 라다메스와 이집트인들은 눈치채지 못했으나 잡혀 온 포로들 틈에는 바로 에티오피아 왕이자 아이다의 부친인 아모나스로가 섞여 있었다. 이렇게 《아이다》의 이야기는 베르디의 빼어난 음악에 실려 점점 종반부의 비극을 향해 치달아 간다.

전원 생활을 꿈꾸던 베르디는 1848년 고향 근처에 대규모의 농장을 구입하고 30대에 은퇴를 시도했다. 하지만 음악계는 위대한 오페라 작곡가가 평화롭게 농경지나 일구는 삶을 허락할 수 없었고, 베르디는 극장주와 흥행사들의 간청에 못 이겨 평생 동안 여러 번의 은퇴와 복귀를 반복해야 했다. 그럼에도 베르디는 정체되지 않고 계속 변화와 발전을 추구해 말년까지도 완성도 높은 걸작 오페라를 꾸준히 양산해냈다. 게다가 매 작품 곡만 쓴 것이 아니라 오케스트라의 리허설, 배역 선정, 무대 장치 등 오페라 제작의 전 과정을 챙기는 등 완벽주의자로서의 면모를 과시했다. 베르디는 1901년 87세의 나이로 밀라노에서 사망했다. 그의 영결식에는 수십만 명의 군중이 모여들어 국장을 방불케 했고, 〈히브리 노예들의 합창〉이 우렁차게 울려 퍼지며 위대한 작곡가를 추억했다.

독일 오페라의 차원 이동, 바그너

이탈리아 오페라의 기세가 등등한 와중에도 유럽 각국에서는 자국어를 이용한 오페라에 대한 수요 역시 꾸준히 증가했다. 프랑스에서는 장 필리페 라무가 일찌감치 프랑스어 오페라의 터전을 닦았고, 영국에서는 헨리 퍼셀의 활약에 이어 상류층 문화를 정면으로 풍자한 《거지의 오페라》가 폭발적인 인기를 얻으며 이탈리아 오페라를 사실상 퇴출시키기까지 했다.

오스트리아에서도 정부 차원에서 독일어 오페라인 징슈펠의 육성을 국책 사업으로 전개했고, 그런 분위기를 타고 모차르트는 징슈펠에서도 이탈리아 오페라와 마찬가지로 발군의 기량을 발휘하여 《후궁의 도주》《마술 피리》 등의 걸작을 남겼다. 반면 그 위대한 베토벤조차 《피델리오 Fidelio》라는 단 1편의 오페라를 남겼고, 하이든은 상당한 숫자의 오페라를 썼음에도 오늘날까지 공연되는 작품은 전무하다.

고전 시대에 이어 낭만주의 독일 오페라의 문을 연 인물은 카를 마리아 폰 베버(Carl Maria von Weber, 1786~1826)였다. 그의 대표작은 4년간의 작곡 기간을 거쳐 1821년 무대에 올린 《마탄의 사수 Der Freischütz》다. 악마로부터 백발백중 마법의 탄환을 건네받는 사수에 관한 독일 민간 전설에서 플롯을 가져온 이 오페라는 1821년 베를린 초연

영국 작곡가 헨리 퍼셀. 이탈리아 오페라의 공세 속에서 영어 오페라의 전통을 수호한 인물이다.

에서 엄청난 성공을 거두면서 독일에서 이탈리아 오페라를 몰아내는 일등공신 역할을 했다. 《마탄의 사수》를 계기로 독일인들은 굳이 해외로 눈을 돌릴 필요 없이 독일의 전설과 역사 속에서도 오페라를 위한 소재가 차고 넘친다는 것, 그리고 그런 독일적 콘텐츠를 표현하려면 당연히 이탈리아어나 프랑스어가 아닌 독일어로 가사를 짓는 것이 가장 적합하다는 사실을 새삼 깨달았다. 같은 맥락에서 《마탄의 사수》는 당시 여전히 나폴레옹 전쟁의 충격에서 헤어나오지 못하고 있던 독일과 오스트리아에서 민족주의적 색채를 띤 낭만주의 예술 운동이 본격적으로 시작되는 기폭제 역할을 했다. 특히 《마탄의 사수》 가운데서도 서곡이야말로 독일 낭만주의 운동의 시발점이라고 단정하는 평론가들도 많다. 이 작품 하나로 베버는 독일에서 명실공히 국민 작곡가로서의 위상을 확립했다. 베버는 《마탄의 사수》 외에도 감칠맛 나는 소리로 만들어 낸 뮤직비디오라고 할 수 있는 피아노곡 《무도회의 초대 Invitation to the Dance Op. 65》 등 여러 편의 뛰어난 음악을 남겼다.

독일 낭만주의 음악의 개척자로 불리는 카를 마리아 폰 베버(왼쪽)와 그가 활동했던 드레스덴 오페라 극장(오른쪽).

1826년 런던 체류 중에 때 이른 죽음을 맞은 베버의 뒤를 이어 독일 오페라의 진정한 영광, 그 절정의 순간을 이룩할 숙명을 지니고 등장한 음악가가 바로 리하르트 바그너(Richard Wager, 1813~1883)다. 바그너의 오페라를 감상한다는 것은 그 자체로 매우 독특한 체험이다. 일단 바그너의 음악은 매혹적이다. 그의 음악은 마치 신비한 불꽃으로 휩싸인 듯하다. 연주가 끝나고 나서도 그의 음악은 한동안 귓전에 맴돈다. 뒷맛의 여운이 긴 커피나 잔향이 은은하게 남는 명품 쿠바산 시가를 소비한 느낌이라고 할까.

이렇게 바그너의 예술에 휩싸여 있다가 음악이 멈춘 자리에서 문득 정신을 차려 보면 매우 유감스럽고도 난처한 현실에 직면한다. 그토록 마술적인 음악이 어떤 미지의 존재가 인류에게 준 선물이 아니라 바그너라는 사람의 머리에서 나온 산물이라는 사실이 우리를 당혹스럽게 한다. 나로 말하면 평소 예술은 예술 자체로 평가해야 한다고 생각하지만, 가끔은 예술과 그 예술을 만든 창조자 사이의 괴리가 지나치게 심해 충격을 받을 때도 있다. 바그너의 경우가 바로 그렇다. 바그너는 평생을 이기적인, 말하자면 전갈 같은 존재로 살았다. 다시 말해 일생을 주변 사람들에게 상처를 입히고 괴롭히면서 자기가 원하는 바를 철저하게 챙긴 인물이다. 책임 의식이나 죄책감도 없었다. 자신처럼 뛰어난 예술가는 당연히 남들의 보살핌과 숭배를 받아야 한다는 확신에 차 있었다. 여자관계 또한 복잡하기 짝이 없어 혼외정사로 낳은 자식이 몇 명인지 정확히 모를 정도다.

바그너는 동시대 음악가들에 대한 질투심도 대단했다. 그는 멘델스존을 "음악으로 독일인 행세를 잘하는 유대인"이라고 불렀다. 브람스도 싫어해서 심지어 브람스가 길고양이들을 잡아다 죽이면서 그 마지막 외마디 소리를 들으며 작곡의 영감을 얻는다는 괴담을 퍼트렸다.

만약 사실이라면 바그너는 거의 제정신이 아니라고 봐야 할 것이다. 게다가 그가 평소 자신을 칭할 때 3인칭을 즐겨 사용했다는 대목에 이르면 할 말을 잃게 된다. 바그너의 삶을 들여다보면 볼수록 음악가로서 그에게 품게 되는 존경심과 동시에 그의 파렴치한 인간성 사이에서 난처해진다. 영화 〈아마데우스〉에서 살리에리의 대사를 빌리자면 "어쩌자고 신은 그런 인간을 자신의 뮤즈로 고르셨는가."라는 탄식이 나올 정도다.

'문제적 인간' 바그너는 1813년 라이프치히의 공무원 카를 프리드리히 바그너의 아들로 태어났다. 바그너의 부친이 그의 출생 후 6개월 만에 사망하자 모친은 마치 기다렸다는 듯이 루트비히 가이어라는 연극인과 재혼했다. 모친은 오래전부터 남편의 눈을 피해 가이어와 연인 관계에 있었기 때문에 바그너의 친부가 프리드리히인지 가이어인지는 확실히 알 길이 없다. 이는 바그너 본인 역시 날카롭게 의식했던 문제이며, 실제로 '출생의 비밀' 혹은 '금지된 비밀'은 훗날 바그너가 여러 작품 속에 즐겨 응용하는 설정이 되었다. 바그너는 어려서부터 연극에 관심을 보였고 글재주도 좋았을 뿐 아니라 10대 초반부터 피아노 레슨을 받으면서 음악적 재능을 드러냈다. 바그너는 이 무렵부터 당대 여러 음악가의 악보를 독학하면서 음악적 내공을 길렀다.

바그너의 젊은 시절은 빚과 가난에 쪼들리면서도 자신의 오페라 작품을 무대에 올릴 흥행사를 찾아 런던, 파리 등 유럽의 여러 도시를 전전하는 정처 없는 시련과 훈련의 시간이었다. 그러면서 1836년에는 결혼까지 해서 아내마저 집도 절도 없는 떠돌이 생활을 해야 했다. 바그너는 1843년 30세가 되어서야 드레스덴 오페라 극장의 지휘자 자리를 얻으며 수년간 비교적 안정적인 생활을 할 수 있었는데, 이 시기의 대표작이 《탄호이저*Tannhäuser*》와 《로엔그린*Lohengrin*》이다. 중세 튜링겐을 배경으로 하는 《탄호이저》는 전설적인 음유 시인 탄호이저를 주인공으로 내세워 감각적 쾌락과 육체적 사랑에 대한 정신적, 영적 결합의 승리를 묘사하고 있다(물론 바그너의 실제 삶과는 전혀 관계없는 얘기다). 비록 초연 당시 흥행에 큰 성공을 거두지 못했지만 《탄호이저》는 그 자체로 뛰어난 오페라일 뿐만 아니라 향후 바그너 음악이 어떻게 진화해 갈지에 대한 여러 시사점을 던져 주기도 한다. 《탄호

중년의 바그너 초상. 온갖 개인적 단점에도 불구하고 독일 오페라의 차원 이동을 이룩한 위대한 음악가다.

이저》는 바그너가 자기 작품의 소재로 독일 전설과 서사시에 천착하게 된 시발점이며, 아리아와 중창을 중심에 두고 스토리를 구성하는 전통적 오페라 기법에서 벗어나 음악과 가사, 스토리 전개 사이에 좀 더 긴밀한 연계를 시도하는 실험성을 내세운 작품이기도 하다.

《탄호이저》에서 유명한 부분은 극 중 메인 이벤트이기도 한, 기사들의 가창 경연 대회가 열리는 바르트부르크 성의 대전당에서 선남선녀들이 무리지어 입장하는 장면이다. 이때 흐르는 노래가 트럼펫의 낭랑한 신호와 함께 시작되는 합창 〈기사들의 입장 행진곡과 합창 *Freudig begrüssen wir die edle Halle*〉인데, 이 대목은 《아이다》의 개선 행진 장면과 비교할 만하다. 둘 다 장엄하고 아름답지만, 베르디가 《아이다》를 지은 것은 그의 창작 활동의 원숙기였다. 반면 《탄호이저》는 바그너의 초기 작품임에도 귀에 착착 감기는 호소력은 베르디의 위엄에 전혀 뒤떨어지지 않는다. 오히려 베르디의 것보다 시기적으로도 20년 가까이 먼저

작곡되었음에도 19세기 당시 기준으로 보면 더욱 현대적이다. 여기서도 바그너가 얼마나 시대를 앞서간 인물인지 알 수 있다. 《탄호이저》의 이야기는 이 가창 경연 대회에 참가한 탄호이저가 다른 참가자들이 부르는 다소 위선적이고 내숭적인 사랑의 찬가들을 비웃다가 마치 악령에 휩싸인 듯 자신의 진심을 털어놓으면서 본격적인 위기 국면으로 치닫는다.

《탄호이저》와 마찬가지로 중세 시대의 기사 전설에서 아이디어를 가져온 《로엔그린》은 백조의 기사 로엔그린과 그가 가진 비밀에 관한 이야기다. 브라반트 공국의 왕위 계승권자인 동생을 살해했다는 누명을 쓴 공녀 엘사는 고발자와 결투를 벌여 자신의 결백을 하늘에 증명해 줄 기사가 나타나게 해달라고 기도한다. 그 기도에 답하여 나타난 것은 백마, 아니 백조들이 모는 배를 타고 나타난 백조의 기사다. 기사는 엘사의 요청을 들어주는 대신 조건을 내건다. 절대로 자신의 이름이나 출신지를 물어보지 말라는 것(우리는 오페라 제목을 통해 그의 이름을 알

《탄호이저》의 유명한 장면을 묘사한 삽화. 기사들의 노래 경연 대회에 참가한 탄호이저는 노골적으로 자신의 음탕한 생각을 노래하여 좌중을 경악시킨다.

고 있으니 이미 스포일러는 주어져 있는 것이나 마찬가지다). 엘사가 맹세하자마자 백조의 기사는 텔라문트 백작을 물리친다.

엘사와 기사는 사랑에 빠져 결혼까지 이르지만 행복은 잠시뿐, 엘사는 남편의 정체가 궁금해 견딜 수 없다. 요즘 말로 하면 '신상털이'를 해보고 싶은 것이다. 이 '자기 파괴적인 호기심'은 성경 창세기에 등장하는 금단의 과실과 롯의 아내, 그리스 신화 속 판도라, 오르페우스와 에우리디케, 프랑스 전래 동화 『푸른 수염』에 이르기까지 시대를 초월하여 변주되어 온 서구 문명의 오랜 주제다. 평론가들은 이러한 설정을 바그너 자신의 '출생의 비밀'에 대한 질문의 변주로 보기도 하는데, 가장 단순한 수준에서 보면 외박을 밥먹듯이 하는 바그너에게 그의 첫 아내가 가졌을 법한 궁금증을 상징한다고 볼 수도 있다. 바그너는 분명 아내에게 그 수많은 혼외정사에 관한 질문("당신 어젯밤에 어디 갔었어요?")을 '금단의 질문'으로 만들고 싶었을 테니까 말이다.

반전에 반전을 거듭하는 줄거리를 통해 바그너가 스토리텔러로서의 솜씨를 과시한 《로엔그린》은 바그너 오페라 가운데서도 클래식 초보자가 즐길 수 있는 몇 안 되는 입문용 작품이다. 물론 그렇다고 이 작품의 예술성이 부족하다는 것은 전혀 아니다. 동시대 다른 작곡가들과 비교해서 서곡에 유달리 공을 들였던 완벽주의자 바그너의 특징이 잘 드러나는 《로엔그린》의 서곡도 그렇지만, 백조의 기사와 엘사의 결혼식 음악은 그야말로 장엄하다. 결혼식보다는 말을 달리는 기사들의 돌격을 묘사하는 듯한 관현악의 힘차게 몰아치는 전개가 예식의 시작을 알리면, 이윽고 바그너의 음악뿐 아니라 클래식 음악 가운데 유명하기로 상위를 다툴 선율이 등장한다. 바로 〈혼례의 합창 The Bridal Chorus〉이다. 지금도 전 세계 많은 나라의 결혼식에서는 이 곡의 선율 속에서 신부 입장이 이루어진다. 그뿐만 아니라 텔라문트 백작의 아내 오르트루드가

《로엔그린》의 실황 장면. 백조의 기사 로엔그린이 아내 앞에서 자신의 정체를 털어놓고 있다.

백조의 기사에게 패한 남편의 복수를 기원하며 부르는 〈모독당한 신들이여!*Entweihte Götter!*〉는 모차르트의 《마술 피리》 속 〈밤의 여왕의 아리아〉를 연상케 할 만큼 섬뜩하다. 그런가 하면 백조의 기사가 자신의 정체를 밝히는 아리아 〈머나먼 나라에서*In fernem Land*〉는 《로엔그린》뿐 아니라 바그너의 유작이 된 《파르지팔*Parsifal*》과의 연결성 때문에도 중요한 의미가 있다.

바그너는 1853년경부터 필생의 대작인 《니벨룽겐의 반지*Der Ring des Nibelungen*》를 쓰기 시작했다. 완성하는 데 거의 사반세기가 걸린 이 작품은 총 4편의 오페라로 이루어진 연작으로, 영미권에서는 《반지 연작 *The Ring Cycle*》이라고 부른다. 《니벨룽겐의 반지》의 개별 작품들은 다음과 같다.

라인의 황금
발퀴레
지크프리트
신들의 황혼

Das Rheingold

Die Walküre

Siegfried

Götterdämmerung

제목만 훑어봐도 분위기가 심상찮다. 《니벨룽겐의 반지(이하 반지 연작)》는 중세 독일 서사시 〈니벨룽겐의 노래〉를 기본 뼈대로 범 게르만 족에 속하는 북유럽 원주민들의 전승 신화의 핵심 내용을 절묘하게 연결한 장대한 이야기다. 《반지 연작》에서 바그너는 단지 작품의 스케일과 분량만 늘린 것이 아니라 《탄호이저》와 《로엔그린》 등을 거치면서 점진적으로 시도해 가던 장르적, 음악적 실험을 더욱 강화했다. 바그너는 이미 30대에 '총체 예술(Gesamtkunstwerk)'이라는 개념을 제시했으며, 전통 오페라에서 한 발짝 더 나아간 새로운 예술 양식의 개척에 몰두했다. 오늘날 바그너의 오페라를 '악극(music drama)'이라고 부르는 것은 그런 연유에서다. 바그너의 악극은 스토리, 음악, 노래, 가사, 연기, 무대 장치, 소품이 모두 완벽한 조화를 이루며 적재적소에서 각자의 기능을 더욱 빛나게 하여 최고도의 미학적 경험을 창출하는 종합 예술을 지향했다. 음악만을 놓고 보면 바그너는 어떤 특정한 주제나 등장인물의 특징, 행위 등을 상징하는 주제, 흔히 우리말로는 '주도 동기'라고도 번역되는 '라이트모티프(leitmotif)'의 역할을 강화하여 음악이 무대 위에서 벌어지는 상황과 더욱 유기적으로 연결되도록 시도했다. 이 라이트모티프는 음악적으로는 베를리오즈의 《환상 교향곡》을 통해 유명해진 '고정 악상'과도 통하는 점이 있으며, 현상과 본질의 관계를 설파한 그리스 철학자 플라톤의 사상과도 통한다. 바그너는 관현악 기법에서도 오케스트라의 규모를 더욱 키우는 동시에 각 악기 및 악기의 역할을 더욱 정밀하게 구분하고 분배하는가 하면 몇몇 악기는 작품의 묘사에 어울리도록 개조하는 시도까지 벌였다.

《반지 연작》은 결코 감상이 쉽지 않다. 오페라는 입문자들은 물론이거니와 클래식 음악을 좀 안다는 사람들에게도 부담스럽기는 마찬가지다. 스토리가 워낙에 복잡해서 따라가기 쉽지 않다거나, 많은 사람에게 다소 생소한 게르만과 북유럽 전설에 기초한 스토리나 등장인물에 감정 이입이 어렵다거나 하는 문제를 떠나 일단 물리적으로도 힘겹다. 바그너가 《반지 연작》에 붙인 정식 명칭은 《3일과 그 전야에 걸치는 무대 축제극 '니벨룽겐의 반지'*Ein Bühnenfestspiel für drei Tage und einen Vorabend "Der Ring des Nibelungen"*》인데, 명칭 그대로다. 《반지 연작》을 다 보려면 꼬박 나흘 밤이 걸린다(첫날 밤은 전야제). 네 작품의 총 상연 시간을 합치면 15시간 안팎. 이는 마치 셰익스피어의 4대 비극을 나흘 연

용을 처단하는 지크프리트. 바그너는 《반지 연작》을 통해 친숙한 게르만 전설을 창조적으로 재해석했다.

속으로 관람하는 것과 비슷한데, 일단 우리네 같은 일반인들은 매일 공연을 감상하고 있을 만큼 금전적, 시간적 여유가 없다. 게다가 바그너는 《반지 연작》을 감상하기 위한 최상의, 아니 유일한 방법은 자신이 《반지 연작》의 상연을 위해 특수 설계한 무대가 있는 바이로이트 축제 극장에서 공연을 보는 것뿐이라고 주장했다. 작곡가의 의도를 존중한다면 어쩌면 우리는 평생 《반지 연작》과는 인연이 없을 수도 있다. 나 역시 바이로이트 극장 순례는 기회만 살필 뿐 좀처럼 쉽게 행동에 옮기지 못하고 있다. 그러면서도 내가 살고 있는 샌프란시스코의 오페라좌에서 올린 야심작 《반지 연작》은 어딘지 부족한 구석이 있는 듯한 인상 때문에 아예 보지 않기로 결정했으니, 결국 바그너에게 세뇌된 불쌍한 클래식 음악팬에 불과하다고 할까.

하지만 비록 바그너의 뜻을 거역하더라도 일상생활에서 조금은 《반지 연작》의 마력을 향유할 수 있다고 본다. 예를 들어 연작의 2번째 작품 《발퀴레》에 등장하는 〈발퀴레의 기행 Ride of the Valkyries〉을 먼저 들어 보면 어떨까? 이 곡은 3막의 시작과 함께 발큐레 요정들이 천마를 타고 죽은 전사들을 신들의 낙원 발할라로 실어 나르는 장면에서 울려 퍼진다. 칼날의 섬광처럼 예리한 현악기의 선율이 선도하는 가운데 펼쳐지는 관악기의 단순하면서도 확고한 움직임은 단박에 듣는 사람을 압도한다. 저승사자의 출현에 반주가 필요하다면 바로 이 음악이 적격이다. 아닌 게 아니라 프란시스 포드 코폴라 감독의 영화 〈지옥의 묵시록〉에서 명배우 로버트 듀발이 연기하는 전쟁광 킬고어 중령은 베트콩들이 은닉했다는 정보가 있는 촌락을 쑥대밭으로 만들기 위해 자신의 기마군단(헬리콥터 공중 기갑 여단)을 이끌고 출동하면서 이 음악을 스피커로 크게 튼다. 4번째 작품 《신들의 황혼》에 등장하는 〈지크프리트의 장례 행진곡 Siegfried's funeral march〉을 골라 듣는 것도 좋다. 음악을 들으면서 전율을 느끼는 경험을 하기란 쉽지 않은데, 이 곡이 바로 그런 경우다. 마치 깊디깊은 심연 속에서 뽑아 올린 것 같은 초반부의 불길한 진동의 소용돌이가 귓전을 파고들면 우리는 점차 공포와 희열이 묘하게 교차하는 시간의 중심에 서게 된다. 또한 이에 뒤따르는 관악기의 명료한 음색은 영웅의 죽음, 그 죽음이 촉발시킨 신들과 낙원의 장엄한 몰락을 암시한다.

《반지 연작》에 한창 몰두하던 1855년경 바그너는 베센동크라는 유부녀와의 뜨거운 로맨스(외도)를 예술적으로 '승화(?)' 했다. 그 작품이 바로 《트리스탄과 이졸데 *Tristan und Isolde*》다. 트리스탄은 중세 영국의 아서왕과 원탁의 기사 전설 속에 등장하는 기사로, 그의 영웅담이나 무용담보다는 아일랜드의 왕녀 이졸데와의 금지된 사랑으로 유명한 인물이다. 진정한 사랑은 오직 죽음을 통해 완성된다고 주장하는 《트리스탄과 이졸데》의 메시지를 게르만적 자멸 충동으로 보아야 할지, 기독교적 순교와 구원의 변형으로 보아야 할지 헷갈린다. 아마 반반이라고 해야 하지 않을까 싶다. 《트리스탄과 이졸데》의 음악은 반음계 기법을 극대화한 것으로도 유명하다. 바그너는 깊이 있고 다양한 색채를 부여하는 반음계 화음들을 거의 '남용'하다시피 하여 극도로 복잡하고 신비스러운 음향을 창조해 냈다. 니체가 《트리스탄과 이졸데》를 "모든 예술 가운데 진정한 형이상학적 작품"이라고 부르고, 그 서곡으로부터 "지속적인 환희의 느낌"을 느꼈다고 표현했을 때 분명 그는 반음계 화음으로부터 파생된 효과를 지적했던 것으로 보인다.

여러 면에서 《트리스탄과 이졸데》는 바그너 당대에서 최소 사반세기 가량을 앞서간 전위 음악이자, 사실상 현대 음악에 가깝다. 서곡도 서곡이지만, 특히 〈사랑과 죽음 *Liebestod*〉이라는 이졸데의 마지막 아리아는 소름 끼칠 정도로 아름답다. 그런 인연으로 《트리스탄과 이졸데》

는 전통적인 조성 구조에서 벗어나고자 다양한 시도를 벌였던 현대 음악의 선구자 내지 예언자 격인 작품으로 평가받기도 한다.

한마디로 바그너 이전까지 서구 문명 세계는 그토록 독특하고 놀라운 음악을 알지 못했다. 재능 있는 음악가들이 넘쳐난 클래식 음악사에서조차 바그너 같은 마성의 귀재는 극히 드물다. 물론 아무리 귀재라도 알아주는 사람이 없다면 소용이 없다. 바그너의 음악은 동시대를 앞서간 전위 예술이었고, 당연히 당대의 많은 사람은 그 진가를 제대로 이해하지 못했다. 바그너의 음악 활동은 소수의 열정적인 추종 세력이 있었기에 가능했다. 그 가운데서도 특히 4명의 인물은 단순한 팬이나 후원자 정도가 아니라 말 그대로 바그너의 '봉'이었는데, 이들 덕분에 바그너는 자신의 예술적 이상을 현실과 타협하지 않고 그대로 성취할 수 있었다. 하지만 '인간 전갈'이었던 바그너는 이 봉들에게 은혜를 갚기는커녕 깊은 상처만 남겼다. 그들 중에는 바그너 때문에 아예 인생이 파멸한 이도 있었다. 하지만 바그너가 후원을 강요한 것도 아니고, 바그너의 음악에 사로잡힌 나머지 행한 자발적인 선택이었으니 그들의 업보라고 할 수밖에 없다.

바그너의 첫 번째 봉은 한스 폰 빌로(Hans von Bülow)다. 당대에 뛰어난 지휘자 겸 피아니스트이자 비평가였던 빌로는 일찍이 바그너 음악의 가치를 알아보고 그의 음악을 무대에 올리기 위해 헌신했다. 물론 바그너는 빌로에게 감사하기는커녕 자신 같은 위대한 음악가를 위해 당연한 일을 했다고 여겼다. 그뿐만 아니라 바그너는 빌로의 아내 코지마를 연인으로 삼기까지 했다. 빌로는 그런 와중에도 바그너 음악을 제작, 지휘하는 데 열성이었다. 이쯤 되면 예술의 가치를 위해 자존심을 희생했다고 해야 할지, 그냥 '쪼다'라고 봐야 할지 헷갈린다. 언젠가 바그너는 빌로에게 이렇게 감사(?)의 뜻을 전했다고 한다. "자네는

바그너와 코지마. 바그너는 뷜로의 아내이자 리스트의 딸이었던 코지마를 연인으로 삼은 뒤 결국 아내로 삼았다.

(극장의) 지휘대에서, 자네 아내는 침대 위에서 나를 모셔야 한다구."

바그너의 두 번째 봉은 리스트다. 건반의 마법사 프란츠 리스트와 동명이인이 아니라 바로 그 리스트다. 뷜로와 마찬가지로 바그너 음악의 가치를 일찌감치 간파한 리스트는 바그너의 열렬한 지지자이자 후원자를 자처했다. 바그너는 그의 호의에 리스트의 딸을 연인으로 삼는 것으로 보답(?)했다. 뷜로의 아내 코지마는 바로 리스트의 막내딸이었던 것이다. 말년에 아들과 큰딸을 잃은 리스트가 하나 남은 혈육 코지마를 얼마나 애지중지했을지는 짐작이 간다. 뷜로는 리스트의 수제자였고 딸의 남편감으로 리스트가 점찍었던 인물이었다. 그런데 바그너는 유부녀 코지마를 유혹해 연인으로 삼고 뷜로의 암묵적 동의하에 수년간 코지마와 동거하다가 각자의 배우자와의 이혼 수속을 마친 뒤 결혼했다. 당시 바그너는 57세로 코지마보다 24살이나 연상이었다. 자기보다 불과 2살 어린 새 사위를 맞는 황당한 상황에서 리스트가 받은 개인적 충격은 당연히 엄청났다. 아마 속이 시꺼멓게 타들어 갔을 것이다. 하지만 자식 이기는 부모 없다고, 리스트는 딸의 행복을 위해서라도 바그너를 더욱 밀어주어야 했다. 스펙터클한 음악만큼 평소 씀씀이도 스펙터클했던 바그너는 항상 돈에 쪼들렸고 채무자들과 숨바꼭질을 벌이는 처지였는데, 궁지에 몰린 그가 항상 막판에 찾아갔던 사람이 바로 '장인어른' 리스트였다.

바그너의 세 번째 봉은 철학자 프리드리히 니체다. 니체는 21세에 바그너의 작품 《트리스탄과 이졸데》를 보고 매우 감동한 나머지 이후 10여 년간 바그너 찬양의 나팔수를 자처했다. 니체는 자신의 저서 『비극의 탄생』에서 바그너를 오랫동안 잊혔던 고대 그리스 비극의 디오니소스적 정신을 독일 문명의 맥락에서 부활시킨 인물로 극찬해 마지않았다. 여러모로 『비극의 탄생』은 바그너와 그 음악에 대한 찬양서에 가깝다. 이를테면 다음 문장을 살펴보자.

비예술적이며 동시에 생기마저 고사시키는 소크라테스적 낙관주의의 본성은 신화를 상실한 우리 존재의 추상적 성격, 그리고 개념들에 인도받는 삶 속에서뿐 아니라 한낱 오락으로 전락한 오페라라는 예술 양식에서도 스스로를 드러내고 있다.

하지만 다행히 이 모든 상황에도 불구하고 마치 근접할 수 없는 심연으로 가라앉아 잠들어 있는 기사처럼, 훼손되지 않은 독일 정신이 놀랍도록 건강하게, 심오하게, 디오니소스적 저력을 간직한 채 꿈꾸며 휴식을 취하고 있다는 징조가 있다. 이 심연으로부터 디오니소스의 노래가 솟아오르고 독일 정신은 (…) 조만간 깊은 잠에서 깨어나 신선한 아침을 맞을 것이다. 그때 독일 정신이라는 기사는 용가리를 처치하고, 교활한 난쟁이들을 박멸하고, 브륀힐데를 깨울 것이다. 그러면 심지어 보탄 신의 창날조차 그 길을 막아설 수 없을지니!

In the opera as well as in the abstract character of our myth-deprived existence, in an art which has sunk down to mere entertainment as well as in a life guided by concepts, that inartistic and equally life-draining nature of Socratic optimism stands revealed.

For our consolation, however, there are indications that in spite of everything the German spirit rests and dreams in magnificent health, its profundity and Dionysian power undamaged, like a knight sunk down in slumber in an inaccessible abyss. And from this abyss, the Dionysian song rises up (…) the German spirit will find itself awake in all the morning freshness of an immense sleep. Then it will kill dragons, destroy the crafty dwarf, and awake Brunnhilde—and even Wotan's spear itself will not be able to block its way.

심연으로부터 솟아오른 디오니소스의 노래, 바로 바그너의 오페라다. 참고로 인용문에 등장하는 용가리, 교활한 난쟁이, 브륀힐데, 보탄 신 등은 모두 《반지 연작》 4부작에 등장하는 캐릭터들이다. 니체에 따르면 바그너야말로 깊은 잠에 빠진 독일 정신을 깨울 '백조의 기사'다. 한동안 니체는 바그너의 홍보 요원을 자처했는데, 자만심이라면 누구에게도 지지 않은 바그너 본인조차 "나에 대한 자네의 지식은 도대체 어디서 온 건가?"라고 물으며 어리둥절해할 정도였다. 니체는 기독교적 구원의 문제에 관심을 가지기 시작한 바그너의 말년 행보에 실망해 결별할 때까지 오랫동안 바그너의 예술을 사상적으로 측면 지원하는 역할을 기꺼이 수행했다.

이렇듯 폰 뷜로, 리스트, 니체 등 당대의 쟁쟁한 인물들이 쏟은 헌신과 지원도 인상적이지만, 바그너가 잡은 봉 중의 봉, 최고의 봉으로는 바바리아의 국왕 루트비히 2세를 꼽아야 한다. 왕세자 시절부터 군왕 수업보다는 예술과 문학에 관심이 많았던 루트비히 2세는 15세 때 《로엔그린》을 관람한 뒤 바그너의 예술에 완전히 매료되었다. 부왕의 갑작스러운 서거로 1864년 불과 18세의 나이에 즉위한 루트비히 2세는 시급한 주의가 요구되는 국가 대사를 모두 제쳐두고 자신의 '아이

돌' 바그너와의 회동부터 추진했다. 당시 51세의 바그너를 뮌헨의 궁전에서 직접 만난 루트비히 2세는 그때부터 부국강병이나 보국안민이 아니라 바그너가 꿈꾸는 예술적 비전이 실현될 수 있도록 물심양면으로 지원하는 것을 평생의 목표로 삼았다. 바그너로서는 하늘에서 복이 떨어진 셈이었다. 당시 바그너는 빗발치는 채권자들의 독촉에 숨이 턱밑까지 찬 상태였는데, 바로 그 순간 그냥 후원자도 아닌 일국의 군주가 도움을 자청하고 나섰으니 이거야말로 로또 당첨이 아니고 무엇이겠는가. 게다가 당시 바바리아는 미약한 소국이 아니라 19세기 독일의 여러 군주국 가운데서도 프로이센 다음가는 권력과 위상을 자랑하던 나라였다.

루트비히 2세가 바그너에게 쏟은 후원은 일반적인 상식을 넘어서는 것이었다. 그는 《트리스탄과 이졸데》를 시작으로 여러 오페라의 제작 비용은 물론 바그너가 《반지 연작》을 자신의 비전대로 연출할 수 있도록 맞춤 설계된 공연장 건설도 적극 지원했다. 준공까지 총 4년이 걸린 바이로이트 축제 극장이 바로 그것이었다. 1876년 개장 기념으로 《반지 연작》이 초연된 이래 이 축제 극장은 오늘날 전 세계 바그너 팬들에게는 평생 꼭 한 번은 방문해야 하는 순례지가 되었다. 그런가 하면 루트비히 2세는 바바리아 남부의 깎아지른 듯한 벼랑 위에 막대한 비용을 들여 그야말로 동화 속에나 나올 법한 아름다운 성을 짓고 '노이슈반슈타인 성(Schloss Neuschwanstein)', 즉 '백조의 성'이라고 이름 지었다. 노이슈반슈타인 성은 그 이름에서 알 수 있듯이(백조→백조의 기사→로엔그린) 루트비히 2세가 바그너의 음악 세계를 건축적, 미술적으로 표현하려고 시도한 프로젝트다. 건물 경내는 각 방의 명칭과 벽화, 장식까지 바그너 음악의 오마주로 가득하다. 현재 독일 최고의 관광 명소 중 하나일 뿐 아니라 월트 디즈니의 〈잠자는 숲속의 미녀〉의 궁전

모델이 되는 등 이후 전 세계 예술가, 건축가, 어린이, 흥행사들에게 영감을 준 장소가 되었다.

국왕이 바그너에게 빠져 오랫동안 정사를 돌보지 않으니 나라가 제대로 돌아갈 리는 만무했다. 루트비히 2세는 많은 정적을 만들었고 국민의 지지도도 땅에 떨어졌다. 게다가 루트비히 2세가 노이슈반슈타인 성을 비롯해 자신의 동화적, 낭만적 상상력을 위한 대규모 토목 사업을 나라 곳곳에서 벌이면서 국가 재정까지 휘청거렸다. 결국 1886년 루트비히 2세는 그의 통치력에 의문을 품은 귀족들의 쿠데타에 의해 퇴위당했다. 쿠데타의 주도 세력은 루트비히 2세가 국왕의 임무를 수행할 수 없는 금치산자라는 진단서를 의사로부터 받아낸 뒤 그를 유폐시켰고, 수개월 뒤 루트비히 2세는 의문사했다(공식 발표는 자살). 그러고 보면 바그너와 관계한 인물들 가운데 말년이 좋았던 경우는 거의

바바리아의 젊은 군주 루트비히 2세(왼쪽)와 그가 바그너의 예술적 비전을 현실로 재현하기 위해 건설한 백조의 성(오른쪽). 루트비히 2세는 바그너의 음악에 매혹되어 국사를 소홀히 한 끝에 비극적인 최후를 맞았다.

친구들을 위해 악극 《파르지팔》의 주제를 연주하는 바그너. 파르지팔은 중세 성배 전설에서 중요한 역할을 한 기사다.

없는데, 이는 한 나라의 국왕조차도 예외가 아니다. 이쯤 되면 바그너를 '음악계의 라스푸틴'이라고 불러도 손색이 없겠다.

1876년 필생의 역작 《반지 연작》 4부작을 바이로이트의 무대에 올린 바그너는 이후 수년간 새로운 악극 《파르지팔》의 작곡에 전념했다. 《파르지팔》은 중세 독일 시인 볼프람 에셴바흐의 서사시 〈파르지팔〉을 뼈대로 삼아 중세의 성배 전승에서 중요한 위치를 차지하는 기사 파르지팔의 행적을 다룬다. 현대의 평론가들은 《파르지팔》을 가사와 음악, 극의 전개가 거의 무결점으로 완벽하게 조화를 이룬 걸작이라고 평가하지만, 감상이 결코 쉽지 않으며 다소 수수께끼 같은 구석도 적지 않다. 파르지팔은 명색이 기사라고는 하지만, 《탄호이저》나 《로엔그린》처럼 화끈한 액션이 벌어지지도 않는다. 음악 역시 극도로 절제되어 잔잔하면서도 충만하다.

실제로 바그너의 예술적 이데올로기를 단순화하자면 반지와 성배의 대결이라고도 할 수 있지 않을까. 그의 작품 활동을 총괄해 보면 게르만과 북유럽 신화를 열심히 버무린 《반지 연작》에서 드러나는 파멸적, 비관적 영웅주의와 《탄호이저》 《로엔그린》 《파르지팔》로 이어지는 그리스도교적 구원 개념이 서로 치열하게 각축을 벌인 흔적이 보인다.

바그너가 사망했을 당시 기거한 베니스의 로레단 궁전. 그의 유해는 바이로이트로 이송되어 성대한 장례식 속에 매장되었다.

《파르지팔》의 초연을 지켜본 바그너는 겨울을 보내기 위해 베니스로 갔다가 현지에서 심장마비로 사망했다. 유해는 곧 바이로이트로 보내졌고, 그의 영결식에서 울려 퍼진 음악은 아니나 다를까 《신들의 황혼》의 〈지크프리트의 장례 행진곡〉이었다.

분명 인간 바그너는 괴물에 가까운 존재였지만, 다행히 그 '인간'과 우리 사이에는 이미 150년이라는 시간의 강이 놓여 있으니 '괴물 출현'을 걱정할 필요는 없다. 바그너에게 온갖 피해와 모욕을 당한 여러 동시대인조차 순전히 그의 예술 때문에 그를 용서하고 이해하려 했음을 떠올리면 도대체 얼마나 대단한 음악인지 궁금해서라도 한번 들어보고 싶어질 지경이다. 바그너의 음악은 사람들에 따라 호불호가 엇갈리기도 하지만, 자기가 '바그너 체질'인지 아닌지를 판단하기 위해서라도 일단은 감상해 볼 것을 권한다.

베르디 vs. 바그너

낭만주의 오페라의 양대 산맥인 베르디와 바그너를 비교 분석해 보자. 이 두 인물 사이는 바흐와 헨델, 혹은 쇼팽과 리스트만큼이나, 아니 그 이상으로 흥미롭다. 먼저 공통점이 많다. 일단 둘 다 1813년생 동갑내기다. 또한 이들이 나고 자란 이탈리아와 독일도 서로 상당히 닮은 꼴이었다. 당시만 해도 이탈리아와 독일은 지리적, 문화적 개념이었을 뿐, 정치적으로는 많은 도시 국가, 군소 왕국으로 쪼개진 상태에서 서서히 통일 국민 국가를 지향하는 과정에 있었다. 두 사람 모두 생전에 조국의 통일을 목격하는 감격을 누렸다. 둘 다 비교적 대기만성형이었던 것도 비슷하다. 베르디의 20대는 실패의 연속이었다. 바그너 역시 무대에 올린 첫 오페라 《금지된 사랑》이 흥행에 실패한 것을 시작으로 경제 문제, 가정 문제, 예술가적 슬럼프 등으로 점철된 젊은 시절을 보냈다. 둘 다 제대로 된 엘리트 음악 교육을 받지 못했지만, 음악적 재능과 비전만은 타의 추종을 불허할 수준이었으며, 오페라라는 분야에서 성공을 거둔 '스페셜리스트'들이었다. 또 작곡뿐 아니라 자기 작품의 모든 부분에 꼬치꼬치 관여했고, 작품의 제작과 공연 전 과정에서 이전 오페라 작곡가들은 꿈도 꾸지 못한 자율권과 권위를 행사했다.

하지만 이런 몇몇 공통점을 한 꺼풀 벗겨내고 나면 이 둘은 너무나 대조적이다. 베르디의 오페라는 관객을 즐겁게 하고(그의 작품은 대부분 비극이지만, 아리스토텔레스식으로 말하면 카타르시스도 분명 일종의 즐거움이다), 바그너의 악극은 관객을 압도한다. 선율의 기세를 앞세운 베르디의 음악은 귀에 쏙쏙 들어온다. 반면 바그너의 음악은 감상자의 의식 전체를 자극한다. 그의 악극은 단순한 한두 개의 선율이 아니라 정교하게 설계되고 계산된 음향의 총체로 인식된다. 베르디와 바그너의 음악적 대비를 느낄 수 있는 쉬운 예로 오페라에서 서곡을 다루는 방식을 들 수 있다. 베르디에게 오페라의 서곡은 본편에서 등장할 대표적인 아리아의 선율을 엄선해 관현악곡의 형태로 조금씩 맛보기로 들려주는 팬 서비스적 성격이 강하다. 반면 바그너의 오페라 서곡들은 단순히 본편이 시작되기 전에 제공되는 시식 코너가 아니다. 이 곡들은 그 자체로 충만한 양식이며, 본편의 몇몇 장면에 관한 맛보기라기보다는 본편에 대한 오리엔테이션 내지 시놉시스에 가깝다. 다시 말해 베르디의 서곡은 아리아의 발췌인 반면, 바그너의 서곡은 전체 오페라의 압축이다. 당연히 연주 시간도 베르디보다 바그너 쪽이 훨씬 길다.

베르디는 기본적으로 주문형 작곡가였다. 《나부코》는 라 스칼라 오페라 지배인의 의뢰로 쓴 작품이었고, 《아이다》는 카이로 오페라 극장의 의뢰로 썼으며, 다른 여러 대표작도 마찬가지였다. 경영학 용어를 쓰자면 베르디는 '마켓 풀(market-pull)'형, 즉 시장이 원하는 제품을 최고의 질로 만들어 제공하는 공급자였다. 그는 활동 초기에 당대 이탈

오케스트라를 지휘하는 베르디(왼쪽)와 1880년대 초반의 바그너(오른쪽). 19세기 유럽 오페라를 지배한 두 인물은 여러 공통점과 동시에 극명한 차이점을 보였다.

리아 국민의 민족주의와 애국주의를 반영한 작품을 많이 썼고, 명성이 높아진 뒤에는 전 유럽을 상대로 오페라 팬들이 원하는 작품을 계속 만들었다. 소재 선택에서도 고대 중동, 중세 유럽, 현대 파리, 셰익스피어의 문학 세계 등 거침없는 융통성을 발휘했다.

한편 바그너는 시장의 요구와는 상관없이 항상 내면의 창조적 충동과 예술적 비전에 따라 작업해 간 인물이다. 소재 역시 게르만 신화와 중세 기사의 무용담에 집중하는 경향을 보인다. 다시 말해 바그너는 마켓풀이 아닌 '마켓 푸시(market-push)'형에 해당한다. 경영학에서 마켓 푸시는 복사기, 스마트폰, 온라인 경매 시장, SNS 등 기존에는 존재하지 않았던 제품이나 서비스를 만들어 아예 새로운 시장을 창출하는 전략을 일컫는다. 바그너는 기존 오페라의 전통과 내용상의 특징을 뛰어넘어 악극이라는 새로운 양식을 세계 예술사에 추가시켰고, 그 과정에서 자신의 음악을 단지 음악으로 소비하는 것이 아니라 마치 새로운 세계관과 비전을 제시하는, 음향으로 이루어진 철학 내지 매니페스토처럼 여기는 열정적인 애호가들을 대거 만들어 냈다. 이들을 영어로는 '바그너리안(Wagnerian)' 또는 '바그너라이트(Wagnerite)'라고 부른다.

문학으로 치면 베르디는 톨스토이를 닮았고, 바그너는 얼핏 도스토옙스키가 떠오른다. 미술사에서 비슷한 예를 찾자면 베르디는 마티스, 바그너는 피카소, 영화로 치자면 베르디는 〈벤허〉의 거장 윌리엄 와일러를 닮았고, 바그너는 팀 버튼 혹은 리들리 스콧과 비슷한 인상이다. 베르디의 음악에 평론가가 낼 수 있는 의견은 제한적이며, 또 예측 가능하다. 예를 들어 아리아의 선율이 아름답다/아니다, 스토리가 흥미롭다/밋밋하다, 관현악 편성이 뛰어나다/단조롭다 등이다. 반면 바그너의 음악에 대한 의견은 100명에게 물으면 100명의 의견이 모두 다를 것이다. 바그너 음악에 대해 그의 동시대, 혹은 후대의 음악가, 작가, 사상가들이 내놓은 의견을 읽다 보면 그의 음악이 얼마나 다채로운 방식으로 사람들의 의식과 정서를 흔들어 놓았는지 짐작할 수 있다.

앞서 말했듯 오페라의 성공으로 막대한 부를 쌓았으면서도 베르디는 기본적으로 이탈리아 촌놈이었다. 그는 자신을 전원의 사나이, 농민의 아들이라고 생각했고 인기의 절정에서도 오로지 은퇴해 자신의 전원에서 유유자적하게 사는 이른바 귀농을 꿈꾸었다. 물론 바그너는 그런 소박한 정서와는 거리가 멀었다. 그는 자신을 농민이라고 생각하기는커녕 오히려 주변 사람들을 모두 자기를 위해 봉사하는 농노 정도로 여겼다. 경제 개념은 또 극도로 빈약해서 해마다 상당한 수입을 올리면서도 늘 파산 직전에 몰리곤 했다.

베르디와 바그너는 서로의 음악에 대해 어느 정도 알고 있었다. 그다지 놀랍지도 않지만, 바그너는 베르디의 오페라를 전형적인 이탈리아식 소일거리로 폄하했다. 반면 베르디는 바그너의 오페라 가운데 《트리스탄과 이졸데》는 상당히 높이 평가했지만, 《로엔그린》은 약간 유치하다고 평가했다. 특히 백조가 이끄는 배를 타고 나타나는 기사라는 콘셉트가 장엄하고 낭만적이기는커녕 우스꽝스럽다고 생각했다.

바흐와 헨델과 마찬가지로 베르디와 바그너는 평생 한 번도 서로 만난 적이 없다. 둘 다 일정이 바쁘고 지리적으로도 떨어져 있었던 데다 자존심이 하늘을 찌른 탓에 한쪽에서 먼저 만나자고 할 생각조차 없었을 것이다. 어쩌면 둘이 만나지 않은 것이 서로를 위해서나, 또 각자의 팬들을 위해서나 좋은 일이 아니었나 싶기도 하다.

베르디가 끼친 후대의 영향은 음악, 특히 오페라에 한정되어 있다. 반면 바그너의 영향력은 오페라의 장르를 뛰어넘은 광범위한 것이었다. 그의 음악은 19세기 말 후기 낭만주의 음악에 엄청난 그림자를 드리웠고 나아가 전통적인 조성 기법을 뛰어넘으려고 한 모더니스트들에게까지 자극을 준 격려의 음악이 되었다. 음악가들뿐 아니라 니체를 필두로 오스카 와일드, 알베르트 슈바이처, T. S. 엘리어트에 이르기까지 19~20세기 서구 지성계의 여러 스타에게도 영감을 제공했다. 최근 작고한 영국의 천체 물리학자 스티븐 호킹 또한 열렬한 바그너의 팬이었다.

바그너의 음악과 사상에 자극을 받은 역사상 인물 가운데 가장 두드러지는, 동시에 가장 유감스러운 인물로는 아돌프 히틀러를 꼽아야 할 것이다. 바그너의 음악은 히틀러에 의해 나치당과 제3 제국 독일의 공식, 비공식 주제가로 채택되었다. 음악뿐 아니라 히틀러와 바그너의 교감은 게르만 민족주의 및 반유대주의와도 통한다. 바그너는 나이가 들면서 점점 독일 민족주의에 빠지는 동시에 반유대주의 경향을 노골

《아이다》가 초연된 카이로 오페라 극장(위)과 《반지 연작》이 초연된 바이로이트 축제 극장(아래). 베르디가 이탈리아뿐 아니라 당대 전 문명 세계에 걸맞는 오페라를 꾸준히 써 내는 사이 바그너는 가장 독특한 독일적 예술 양식의 완성에 몰두했다.

적으로 표현하기도 했다. 1883년《파르지팔》의 초연은 루트비히 2세가 특별히 바이로이트까지 보내준 왕실 전속 악단에 의해 진행되었는데, 당시 악단의 지휘자는 헤르만 레비(Hermann Levi)라는 유대인 음악가였다. 이때 바그너는 레비에게《파르지팔》의 악보에 손을 대기 전에 그리스도교 세례를 받는 게 어떠냐고 제안해서 주변을 경악시켰다고 한다. 당연히 레비는 말이 안 되는 소리라고 거절했는데, 바그너는 후원자인 루트비히 2세 때문에 차마 지휘자를 갈아치우지는 못했다고 한다.

그런가 하면 바그너는 말년에《영웅주의와 기독교》라는 에세이를 통해 다른 모든 인종이 유인원으로부터 진화한 생명체인 반면 오직 백인종만이 신의 직접적인 창조물이라는, 실로 어안이 벙벙한 주장을 태연히 펼친 바 있는데, 이런 난센스가 히틀러와 나치 당원들에게는 어쩌면 그의 음악보다도 더 아름답게 들렸을 법도 하다. 또한 히틀러는 2차 세계 대전 말 베를린의 지하 벙커에서 자살하기 직전 독일의 모든 기간 산업 시설을 파괴하라는 명령을 내린 바 있다. 흔히 역사가들이 '네로의 명령'이라 부르는 이 지시는 다행히 그의 사후 참모들에 의해 무시되었지만, 그런 결정의 배경에도 얼핏 바그너의 그림자가 어른거린다. 독일 민족이 연합군에 굴복할 바에는 차라리 그 미래까지 완전히 파멸시켜야 한다던 히틀러의 확신과《신들의 황혼》에 묘사된 낙원 발할라의 멸망 사이에 접점이 보이는 듯하기 때문이다.

베르디와 바그너의 비교를 통해 어느 쪽이 더 우월한지를 따질 의도는 없다. 단지 선택과 이해를 돕는 차원에서의 비교다. 요약하자면, 근대 서구 문명이 내놓은 가장 뛰어난 예술 양식이라고 할 오페라, 그리고 그 속에 담긴 음악이 얼마나 아름답고 호소력을 가질 수 있느냐를 알고 싶다면 베르디의 음악을 찾아 들을 일이다. 만약 오페라를 현실을 초월한 환상의 세계를 엿보는 기회로, 더 나아가 세계의 비밀을 파악할 수 있는 하나의 상징 부호로, 그리고 그 속에 담긴 음악을 그 비밀의 문을 여는 주문으로 생각한다면(적어도 그런 식의 인상 속에 잠시라도 자신을 노출시키고 싶다면), 바그너의 음악은 그런 기대를 배신하지 않는다. 어느 쪽이든 우리에게 주어진 가장 소중한 자원인 시간을 투자할 만한 가치가 충분하다.

Chapter
4
전환기의 클래식, 또 그 너머

메인 브런치
· 세기말 유럽 음악의 풍경
· 러시아 음악의 뒷심
· 미국의 클래식

세기말 유럽 음악의 풍경

민족주의 음악의 스타들

19세기 초 서구에서 시작된 낭만주의 음악 사조는 세기말까지도 그 동력을 잃지 않고 작곡가들의 영감을 자극했다. 음악사가들은 1850년부터 1차 세계 대전 발발 직전인 1910년 초반까지를 이전과 구분하여 '후기 낭만주의 시대(Late Romantic Era)'라고 부른다. 이 시기는 낭만주의라는 용어 하나로 포섭하기에는 너무 다양한 음악 양식과 정서가 만개한 시기이기도 했다. 이른바 '국민주의 음악'이라고도 불리는 '민족주의 음악 운동(musical nationalism movement)'은 후기 낭만주의 음악 사조의 주요 흐름이었다. 민족주의 음악이란 19세기 후반 자국의 자연과 문화, 역사, 국민적 기질 등을 표현하는 데 관심을 두었던 음악가들의 작품 활동과 이들이 생산한 일군의 작품들을 일컫는다. 어느 음악가가 쉽게 조국을 잊겠느냐마는, 그 시절 음악으로 애국심과 애향심을 표현하는 데 유달리 관심을 가진 일군의 음악가들이 있었다.

역사가들은 19세기를 흔히 '국민국가/민족국가(nation state)'의 시대로 정의한다. 민족국가란 국민이 자신이 속한 국가의 정체성과 그 속에서 자신의 역할에 대해 분명한 각성을 이룬 상태를 일컫는다. 다시 말해 민족국가의 성원들은 국가를 단지 영토나 거주지의 개념으로서만이 아니라 언어와 역사, 전통 등을 공유하는 하나의 단결된 문화 및 정서 공동체로서 분명하게 의식하기 시작했다는 것이다. 이러한 민족주의 의식이야말로 19세기 후반 수 세기 동안 분열되어 있던 독일과 이탈리아의 통일 국가 운동을 촉발시킨 동력이었다. 민족주의 의식은 통일뿐 아니라 분열의 에너지로도 작용했다. 독일과 이탈리아에서 통일 운동이 한창일 때 동유럽의 체코슬로바키아와 보스니아, 세르비아 등지에서는 민족주의 운동의 불길이 거세게 번지면서 오스트리아-헝가리 제국의 영향력에서 벗어나려는 움직임이 노골화되었다. 이러한 움직임은 러시아의 입김 속에서 자유롭지 못했던 폴란드와 핀란드를 비롯한 북유럽 국가들 역시 마찬가지였다.

민족주의 음악가들은 민족국가의 확립과 민족주의의 부상이라는 문명사적 특성을 다른 예술가들보다 더욱 민감하게 인식하고 그에 대한 정서를 자신의 작품 속에 반영한 인물들이었다. 남녀의 사랑놀이나 아득한 과거에 대한 향수, 혹은 미적 가치에 대한 감상만이 낭만주의의 소재는 아니었다. 벅차게 끓어오르는 애국심, 압제의 사슬을 끊고 해방과 독립을 쟁취하려는 열정 역시 낭만주의적 감정일 수 있다.

유럽의 대표적 민족주의 음악가로 우선 체코가 낳은 위대한 두 음악가 베드르지흐 스메타나(Bedřich Smetana, 1824~1884)와 안토닌 드보르자크(Antonín Dvořák, 1841~1904)를 꼽을 수 있다. 체코 민족주의 운동의 열기가 드높았던 시기에 생의 대부분을 보냈던 스메타나는 시대적 추세에 적극 호응하여 민족적, 애국적 색깔이 짙은 작품들을 대거 써냈다.

그의 대표작 제목이 《나의 조국*Má vlast/My Homeland*》인 것은 단지 우연이 아니다. 6편의 연작 교향시 모음인 《나의 조국》은 곡마다 체코 보헤미아 지역 고유의 지명과 전설, 역사 등을 묘사하고 있다. 그 가운데 지금까지 가장 대중적인 사랑을 받는 곡은 2번째 곡인 〈몰다우*The Moldau*〉다. 이 곡은 체코의 젖줄이라고 할 최대 하천인 블타바강을 묘사한 것으로 '몰다우'는 이 블타바의 독일어식 표현이다. 몰다우강이 시작되는 수원지에서 흘러내리는 작은 냇물을 묘사하는 듯한 플루트의 서정적인 선율은 프라하를 흐르는 큰 강이 되는 시점에서 오케스트라 전체가 빚어내는 웅장한 화음으로 빛난다. 참고로 《나의 조국》을 작곡할 무렵 스메타나는 베토벤처럼 완전히 귀가 먼 상태였다.

체코의 대표적인 민족주의 작곡가 베드르지흐 스메타나. 말년에 베토벤처럼 청력 상실로 고초를 겪었다.

다뉴브강 너머에서 본 19세기 프라하 전경. 스메타나는 《나의 조국》을 통해 다뉴브강을 비롯해 조국 체코의 자연을 애정 깊게 묘사했다.

〈몰다우〉 외에 지금까지 사랑받는 스메타나의 음악으로는 《팔려간 신부*Prodaná nevěta*》 서곡을 들 수 있다. 비록 오늘날 그의 오페라 작품들이 체코 밖에서 연주되는 일은 많지 않지만, 이 《팔려간 신부》 서곡만큼은 언제 어디서나 인기 만점이다. 《나의 조국》의 웅장면서도 서정적인 분위기와는 달리, 《팔려간 신부》 서곡은 처음부터 끝까지 한결같이 흥겨움과 익살로 넘친다. 〈몰다우〉에만 익숙한 사람이라면 약간은 의외라고까지 느낄 만한 곡이다. 그럼에도 《팔려간 신부》는 당시 이탈리아와 독일 오페라가 판을 치는 프라하에 체코 오페라의 전통을 세우려고 스메타나가 야심 차게 기획했던 작품이었으니만큼 민족주의 음악의 족보에 든다.

또 다른 체코 출신 작곡가 드보르자크는 국민음악파의 일원이기는 하지만 스메타나보다 훨씬 세계적인 음악 색깔을 보인 인물이었다. 오르간 연주자를 꿈꾸다가 작곡으로 선회해 큰 성공을 거둔 드보르자크의 대표작으로는 브람스의 《헝가리 무곡집》의 영향을 받은 《슬라브 무곡*Slavonic Dances*》 《현을 위한 세레나데*Serenade For Strings in E Major Op.22*》 등이 있다. 총 5악장으로 구성된 현악 합주곡인 《현을 위한 세레나데》는 2악장이 가장 유명하지만, 다른 악장들도 저마다 독특한 매력을 발산하는 명곡이다.

체코의 작곡가 드보르자크. 흔히 민족주의 음악가로 분류되지만, 그의 음악은 글로벌한 매력을 가졌다.

드보르자크는 유럽에서의 성공에 힘입어 1892년부터 3년간 미국 뉴욕의 국립 음악원 초빙 교수로 초청받기도 했는데, 당시 뉴욕 필하모닉 오케스트라의 위촉으로 교향곡 한 편을 작곡했다. 스스로 '신세계로부터From the New World'라는 부제를 붙인 이 교향곡은 초연부터 대성공을 거두며 드보르자크의 대표작으로 자리매김했다. 우리가 《신세계 교향곡Symphony No. 9 in E Minor Op. 95 "From the New World"》이라고 부르는 바로 그 작품이다. 드보르자크의 마지막 교향곡이기도 한 《신세계 교향곡》은 20세기 초까지만 해도 드보르자크의 '교향곡 5번'으로 불렸으나 2차 세계 대전 직후 그의 미발표 교향곡 4편이 한꺼번에 발견되면서 '교향곡 9번'이 되었다. 《신세계 교향곡》은 드보르자크가 미국에 대한 인상을 음악으로 표현한 작품으로 알려져 있다.

대서양을 건너 신대륙에 당도한 동유럽인 드보르자크가 말 그대로 '신세계로부터' 찾아낸 음악적 메시지는 오케스트라의 박진감 넘치는 음악적 전개, 그 속에서 귀뿐 아니라 손에까지 잡힐 듯 흐르는 담대한 에너지의 소용돌이라고 표현될 만하다. 호방하고 장쾌하기 그지없는 1악장, 흑인 영가에서 영감을 가져온 것으로 알려진 라르고의 2악장, 춤곡과 광시곡의 분위기가 골고루 느껴지는 스케르초의 3악장, 극적인 도입부로 유명한 4악장 등 《신세계 교향곡》은 어느 하나 무시할 만한 악장이 없다. 내가 들어본 가운데 굳이 《신세계 교향곡》의 명반을 꼽으라면 이탈리아 출신 지휘자 카를로 마리아 줄리니(Carlo Maria Giulini)가 로스앤젤레스 필하모니 관현악단과 함께 녹음한 버전을 들고 싶다. 줄리니는 절제된 지휘 스타일로 유명한데, 드보르자크의 곡이 품고 있는 고유의 에너지와 극적 긴장을 과장 없이 청중에게 전달하는 데는 줄리니의 접근 방식이 효과적일 수 있다.

잠깐 쉬어가는 얘기로, 드보르자크는 천성이 매우 과묵했다고 한다. 어느 날 드보르자크가 마차를 타고 여행할 때의 일이다. 그와 동행했던 친구가 모기들이 자꾸 창문으로 날아든다고 불평했지만, 드보르자

드보르자크가 활동했던 프라하의 오페라하우스(왼쪽)와 그가 미국 아이다호 주에 체류 중에 기거했던 건물(오른쪽).

크는 아무런 대꾸도 하지 않았다. 그로부터 한참 뒤 마차는 점심식사를 위해 어느 마을에 정차했다. 일행과 함께 식당에 들어가 음식을 주문한 뒤에야 드보르자크는 친구에게 이렇게 말했다. "늪 때문일세." 습한 늪지대를 지난 탓에 모기가 많다고 설명한 것인데, 이쯤 되면 과묵함을 넘어 거의 '뒷북' 수준이다. 다행히 드보르자크의 작품 활동은 그의 말만큼이나 뜸하지 않아 상당수의 작품을 남겼다. 그의 작품들은 19세기 낭만주의가 보헤미아 민족주의 기질과 만나 이루어진 눈부신 음악의 향연이다.

　모차르트를 소개할 때 언급한 바 있는 노르웨이 작곡가 그리그(Edvard Hagerup Grieg, 1843~1907) 또한 유럽 민족주의 음악의 대표 주자로 거론된다. 노르웨이의 민속 무용과 민요, 문학 작품 등에서 작품의 소재를 즐겨 찾았던 그리그는 "내 음악에는 분명 대구 냄새가 난다."라고 농담을 하기도 했다. 대구는 연어, 고등어 등과 함께 대표적 노르웨이산 생선이다. 즉 그리그는 자신의 음악 속에 담겨 있는 노르웨이의 냄새, 그 정체성을 사람들이 인식해 주기를 바랐다. 현대 클래식 콘서트의 대표 레퍼토리 중 하나인 그리그의 대표작 《페르 귄트 모음곡Peer Gynt Suite》은 노르웨이 출신 극작가 입센의 동명 연극을 위한 음악으로 작곡되었다. 〈아침 기분Morning Mood〉을 시작으로 〈아니트라의 춤Anitra's Dance〉 〈산의 마왕의 궁전에서In the Hall of the Mountain King〉, 그리고 마지막 곡인 〈솔베이지의 노래Solveig's Song〉까지 《페르 귄트 모음곡》의 곡들은 오늘날까지 영화나 TV쇼의 타이틀 음악, 광고 음악 등으로 사용될 만큼 여전히 사랑받고 있다.

노르웨이의 작곡가 그리그. 북유럽의 정취를 음악적으로 포착하는 데 능했다.

그리그의 또 다른 대표작으로 《피아노 협주곡 a단조Piano Concerto A Minor》가 있다. 뛰어난 피아니스트이기도 했던 그리그는 1868년 이탈리아를 방문했을 때 당시 로마에 체류 중이던 리스트를 만날 기회가 있었다. 그리그가 리스트에게 협주곡 초고를 보여 주자, 리스트는 바로 그 자리에서 악보를 연주해 본 뒤 크게 칭찬하며 젊은 작곡가의 미래를 축복했다고 한다. 실제로 이 작품은 20대의 작곡가가 쓴 작품이라고는 믿기지 않는 깊이와 성숙한 음색을 자랑한다. 타악기의 울림과 함께 피아노의 힘찬 겹화음으로 시작되는 1악장은 아니나 다를까 리스트의 음악에서 영향을 받은 게 느껴진다. 요컨대 리스트가 마음에 들어 했던 이유가 있었던 셈이다. 반면 아다지오의 2악장은 격렬한 1악장을 떠올리기 힘들 만큼 잔잔한 오케스트라의 선율에 이어 서정적인 피아노 독주부가 인상적이다. 3악장은 1악장 못지않은 격렬함이 잠시 이어지다가 갑자기 플루트가 주도하는 평화로운 휴지기에서 숨을 고른 뒤 다시 화려한 기교와 함께 웅장한 클라이맥스에 다다르며 종반부로 치닫는다.

핀란드의 국민 작곡가 얀 시벨리우스(Jean Sibelius, 1865~1907)도 민족주의 음악의 판테온에 빠질 수 없는 인물이다. 그의 대표작인 교향시 《핀란디아Finlandia》는 그야말로 민족주의라는 용어가 주는 원래의 인상(애국, 애족, 저항, 독립 등)에 가장 가까운 예다. 핀란드는 '핀란드화(Finlandization)'라는 정치학 용어가 따로 있을 정도로 기구한 지정학적 숙명을 가진 나라다. 중세 이래 스웨덴의 영향력 아래 있다가, 스웨덴이 러시아와의 전쟁에서 패한 뒤에는 러시아의 속국 신세가 되었다. 군주도 러시아로부터 책봉받는 등 국가 자치를 보장받는 대신 러시아의 이런저런 내정 간섭을 상당 부분 견뎌야 했다. 핀란드화란 이렇게 국체를 보존하기 위해 인근 강대국과의 타협, 양보, 때로 격렬한 저항을 전략적으로 구사해야 하는 약소국의 행보를 일컫는다. 사정이 이렇다 보니 핀란드 국민 사이에서는 러시아에 대한 반발심이 일어나지 않을 수 없었다. 《핀란디아》역시 1900년 시벨리우스가 한층 엄격해진 러시아의 검열 정책에 항의해서 일어난 핀란드 언론인들의 언론 자유 운동에 대한 지지를 음악적으로 표현한 작품이다.

음악으로 어떤 분명한 메시지를 전달하려 할 때 최악의 시나리오는 음악이 내러티브에 완전히 종속되어 그에 대한 음향적 묘사로 전락하는 것이다. 한국인 작곡가 안익태(1906~1965)의 《한국 환상곡Symphonic Fantasy Korea》(1938)도 그런 예로 볼 수 있다.

핀란드의 작곡가 얀 시벨리우스. 《핀란디아》 외에도 뛰어난 작품을 다수 남겼다.

비록 현재 대한민국 국가인 〈애국가〉의 기원이 되었지만, 나는 이 작품을 그리 높게 평가하지 않는다. 《한국 환상곡》은 다소 1차원적 음악이다. 그 이유는 특정한 메시지를 전달하려는 작곡가의 의도가 음악적, 미학적 감각을 압도했기 때문이라고 생각한다. 식민지 시대에 지식인이 잃어버린 조국에 대해 지녔던 부채 의식을 탓할 수야 없겠지만, 어쨌거나 그 결과물은 조금 유감스럽다. 《한국 환상곡》은 '평화로운 백의민족 → 외세의 침입에 의한 혼돈과 불안 → 새로운 시작 → 우리나라 만세, 만세, 만세'라는 너무도 예측 가능한 평면적인 내러티브의 음향적 표현이다. 시벨리우스의 《핀란디아》 역시 그러한 신파 애국 패턴에서 완전히 자유롭지 못하다. 하지만 뛰어난 몇몇 주제를 적재적소에 효과적으로 배치하고 전혀 예상치 못한 대목에서 재등장시켜 변주하는 작곡가의 솜씨는 "나의 조국 핀란드에 영광 있으라."라는 애국적 메시지를 전달하는 방식에서 분명 새로운 차원의 음악적 어법과 구성을 펼쳐 보였다.

《핀란디아》는 말 그대로 시벨리우스가 한순간 애국심이 복받친 감정을 그대로 악보에 담은 곡이지만, 정작 본인은 핀란드인들이 《핀란디아》를 자신의 대표작으로 생각하는 것을 그리 탐탁지 않게 여겼다고 한다. 《핀란디아》 외에 시벨리우스가 남긴 걸작으로 《바이올린 협주곡 d단조 Violin Concerto in D Minor Op. 47》가 있다. 원래 시벨리우스는 젊은 시절 바이올리니스트로 대성하는 게 꿈이었다. 하지만 무대에만 서면 얼굴이 빨개지는 수줍은 성격 탓에 결국 연주자의 길을 포기하고 작곡에 몰두했다. 그랬던 만큼 이 《바이올린 협주곡 d단조》에는 바이올린에 대한 그의 애정이 물씬 담겨 있다. 시벨리우스는 92세까지 장수를 누렸지만, 60세 이후부터 사실상 작곡 활동을 중단하고 은퇴했다. 로시니처럼 일찌감치 할 수 있는 건 다 하고 여생을 유유자적 놀면서 보

에드워드 엘가. 바로크 시대의 인물인 헨리 퍼셀 이후 가장 뛰어난 토종 영국 음악가로 평가받는다.

내고 싶었던 모양이다.

 영국 민족주의 음악가로 거론되는 에드워드 엘가(Edward Elgar, 1857~1934)의 음악은 유럽 대륙의 낭만주의 음악 전통을 충실히 따르고 있어 《핀란디아》나 《나의 조국》이 지닌 노골적인 애국적 색채를 찾기 어렵다. 그럼에도 엘가는 그 존재 자체로 영국 민족주의를 대표할 수밖에 없는 운명이었다. 영국은 엘가에 이르러서야 헨리 퍼셀 이후 장장 200년 가까이 계속되던 토종 클래식 작곡가의 기근을 면할 수 있었기 때문이다. 엘가의 음악에서는 영국인 특유의 위트와 여유, 기품이 느껴진다. 대중들에게 사랑받는 엘가의 작품으로는 졸업식이나 시상식 등에서 배경 음악으로 종종 사용하는 《위풍당당 행진곡Pomp and Circumstance Marches》 시리즈, 그가 아내에게 바친 것으로 알려진 바이올린 소품 《사랑의 인사Salut d'Amour》,

엘가의 《위풍당당 행진곡》 1번의 친필 악보. 현대의 대중에게도 매우 친숙한 선율을 담은 곡이다.

정교한 관현악 편성이 돋보이는 총 14곡 가운데서도 특히 구약 성경에 등장하는 사냥꾼 〈님로드Nimrod〉라는 별명을 가진 9번 곡이 유명한 《수수께끼 변주곡Enigma Variations》 등을 꼽을 수 있다.

인상주의 음악의 거장들

19세기 말 프랑스를 휩쓴 미술 사조를 가리키는 인상주의(impressionism)는 19세기 말에서 20세기 초 프랑스를 중심으로 일었던 클래식 음악의 경향을 지칭하기도 한다. 이 인상주의 음악의 대표 주자로 우선 클로드 드뷔시(Claude Achille Debussy, 1862~1918)를 꼽을 수 있다. 드뷔시는 학창 시절 파리 음악원에서 작곡과 피아노를 배울 때부터 이미 기존의 음악 문법과는 상당히 이질적인 음악을 구상하기 시작했다. 동시대 활약했던 프랑스 인상파 화가들이 빛에 따른 변화무쌍한 색감을 화폭에 도입해 회화 세계를 풍성하게 했듯이, 드뷔시 또한 독특한 조성 기법을 동원해 기존의 음악과는 차원을 달리하는 새로운 경지를 펼쳐 보였다.

잡힐 듯 말듯 아련한 선율과 독특한 화성으로 진행되는 드뷔시 음악의 또 다른 특징은 '열림'이라고 할 수 있다. 기본적으로 전통적인 음악의 형식은 닫힌 구조다. 제아무리 날고 기는 작곡가들이라고 해도 그들의 작품은 '도입부 – 전개부 – 클라이맥스 – 피날레'로 이어지는 구조에서 크게 벗어나지 못했다. 그런데 드뷔시는 달랐다. 마치 한 번 움직이기 시작하면 멈출 줄 모르는 영구 운동 기계처럼, 드뷔시의 음악은 한 번 그 음향적 표현이 시작되면 거기에 선율과 리듬, 변조 등 다양한 방식이 덧씌워지면서 우리가 인식하는 시공간 속을 무한히 치고 나간다. 물론 현실에서야 드뷔시의 음악에도 끝은 있다. 하지만 그

19세기 말 파리의 전경. 프랑스뿐 아니라 전 유럽 문화의 수도로 재능과 야심이 넘치는 수많은 예술가와 작가를 끌어들였다.

것은 단지 물리적 시간적 제약에 의한 것일 뿐, 본질적 차원에서 보자면 드뷔시의 음악은 음악이 끝난 뒤에도 여전히 그 열림 혹은 펼침을 계속한다.

이 같은 드뷔시 음악의 특징이 가장 잘 드러나는 작품이《목신의 오후에의 전주곡 Prélude à l'aprèsmidi d'un faune / Prelude to the Afternoon of a Faun》이다. 이 곡은 프랑스에서 미술 및 음악의 인상주의와 깊은 관련이 있는 상징주의 문학 운동의 대표 시인 말라르메가 쓴 동명의 시에서 영감을 받았다. 〈목신의 오후〉는 난해하기로 악명 높은 시인데, 드뷔시의 음악은 그 어떤 문학 평론가의 해석보다 뛰어나게 작품의 본질을 꿰뚫었다고 할 수 있다. 《목신의 오후에의 전주곡》은 플루트가 인도하는 잔잔하면서도 신비스러운 선율로 시작해 곧이어 오케스트라 전체가 물결이 흐르듯, 때로는 밤하늘에서 쏟아지는 별빛처럼 아름답게 음향적 공간을 다층적으로 열어간다. 마치 말라르메의 시 속에서 화자인 목신이 나른한 잠에서 깨어나 님프들의 발랄한 움직임을 바라보며 정신과 육체, 감각, 인식을 아우르는, 도무지 끝날 것 같지 않은 명상의 독백을 이어가는 것과도 비슷하다. 이렇게 언어가 지닌 모든 가능성을 샅샅이 탐색해 전통적인 정형시나 서정시와는 전혀 다른 새로운 시학을 성취하려 했던 상징주의 시인들처럼, 드뷔시 역시 기존의 조성 어법과 화성 구조를 뛰어넘는 다양한 실험을 통해 새로운 음악적 체험의 비전을 제시했다.

드뷔시 음악의 특징을 나타내는 또 다른 작품으로 피아노곡 《베르가마스크 모음곡Suite bergamasque》을 들 수 있다. 제목의 '베르가마스크'는 이탈리아에서 유래한 광대들의 춤을 뜻한다. 작품은 〈프렐류드Prélude〉 〈미뉴에트Menuet〉 〈달빛Clair de lune〉 〈파스피에Passepied〉의 4악장으로 구성되어 있으며, 이 가운데 〈달빛〉은 오늘날 드뷔시 음악의 트레이드마크가 된 곡이다. 〈달빛〉은 초반에 소개되는 다소 단순한 동기를 다채로운 음색이 휘감으면서 평온하면서도 야릇하기 짝이 없는 분위기를 연

발레 〈목신의 오후〉를 위한 의상 스케치. 드뷔시가 작곡한 《목신의 오후에의 전주곡》에 따라 러시아의 전설적인 발레리노 니진스키는 혁신적인 발레 작품을 기획했다.

1902년경 드뷔시. 유럽 음악의 관습을 뛰어넘은 새로운 세계를 열어 보인 인물이다.

출한다. 〈달빛〉은 오케스트라로도 종종 연주되지만 역시 피아노 원곡의 깔끔함에 더 마음이 끌린다. 〈달빛〉의 분위기는 드뷔시의 또 다른 대표작 《아라베스크 1번 *Arabesque No. 1 in E Major L. 66*》과도 비슷하다. 한편 〈달빛〉의 뒤에 이어지는 〈파스피에〉에서도 드뷔시의 독특한 음악 양식이 잘 드러난다. '파스피에'는 바로크 시대의 프랑스 춤 양식의 하나인데, 드뷔시의 곡은 건반을 콕콕 찍는 스타카토식 타건에 집중하면서 단순하고 발랄하게 펼쳐진다. 개인적으로 〈파스피에〉에서 내가 느끼는 인상은 춤곡보다는 어항이나 수족관에서 보는 물고기들의 단순하면서도 유연한 움직임이다. 《베르가마스크 모음곡》은 엄청난 피아노 기교를 요구하는 난곡이나 대곡은 아니지만, 드뷔시가 음표들 사이에 숨겨 놓은 서정성과 위트를 포착하기 위해서는 상당한 표현력이 요구되는 까다로운 작품이기도 하다.

  드뷔시가 기존 음악계에 끼친 영향을 생각하면, 인상이라는 어휘가 지닌 '인상'과 드뷔시 음악의 '본질'이 반드시 동일한 것은 아니다. 문학의 상징주의자들이 어떤 대상을 '상징'하는 언어의 기능을 통해 자신의 역할을 드러내는, 다시 말해 그들이 정교한 은유의 기교에 머물고자 한 것은 아니었듯이, 드뷔시의 인상주 역시 어떤 대상에서 포착한 인상을 단지 음향으로 묘사하려는 것은 아니었다. 드뷔시의 인상이란 새로운 '인식'의 지평을 여는 출발점의 다른 표현이었다고 할 수 있다. 드뷔시 본인도 생전 인상주의 음악가라고 불리는 것을 거의 병적으로 싫어했다고 하는데, 아마도 그 어휘가 지닌 피상성에 대한 우려 때문이었을 것이다(실제로 미술의 인상주의 역시 그리 긍정적인 의도로 만들어진 용어는 아니다).

드뷔시와 쌍벽을 이루는 프랑스 인상주의 작곡가는 모리스 라벨(Maurice Ravel, 1875~1937)이다. 드뷔시가 기존의 음악 언어를 뛰어넘는 활약을 펼쳤다면, 라벨의 음악은 낭만주의적 전통에 더욱 가까이 촉수를 대고 있다. 굳이 정의해 보자면 라벨은 낭만적 인상파 음악가라고 할 수 있지 않을까 싶다. 마치 브람스가 낭만주의 속에서 고전주의를 지향했듯이, 라벨 역시 인상주의로 일컬어진 새로운 시대의 음악 언어를 받아들이면서도 그것을 낭만주의적 틀 속에서 가져가려고 했던 음악가였다. 드뷔시와 라벨의 음악은 종종 신비롭게 들린다. 하지만 드뷔시 음악의 신비성은 그가 전통적 조성 문법에 새로운 응용을 시도하면서 파생된 일종의 부수 효과 내지 보너스다. 한편 라벨 음악의 신비성은 처음부터 그와 같은 음향 효과를 연출하려는 의도가 다분하지 않았나 하는 인상이 든다(개개인에게 다가오는 '인상'이 아니라면 인상주의의 존립 근거란 무엇이란 말인가).

피아노를 연주하는 라벨. 드뷔시와 쌍벽을 이루는 프랑스 인상주의 음악가다.

라벨 음악의 특징을 잘 나타내는 작품으로 《죽은 왕녀를 위한 파반느 Pavane pour une infante défunte》를 꼽을 수 있다. '공작'을 뜻하는 스페인어 '파본(pavón)'에서 유래한 파반느는 르네상스 시대 유럽 궁정에서 유행한 춤곡이었다. 라벨은 이 곡을 스페인 출신 화가 디에고 벨라스케스가 그린 〈마르가리타 테레사 공주의 초상〉 시리즈에서 얻은 '인상'(다시 나왔다. 문제의 인상!)을 음악적으로 표현한 것이라고 스스로 밝힌 바 있다. 벨라스케스는 마르가리타 왕녀의 유년 시절부터 성숙한 처녀로 성장할 때까지 여러 편의 초상화를 그렸는데, 그중 3세 무렵의 마르가리타 왕녀가 시녀들 사이에 둘러싸인 광경을 묘사한 〈시녀들〉이라는 작품이 있다. 라벨의 음악은 이 그림과 특히 잘 어울린다.

이 곡은 제목에 나온 '파반느'라는 춤곡으로는 부적격하다. 일단 박자부터가 춤을 추기에는 적합한 속도가 아니다. 느리기 짝이 없는 박자 속에서 펼쳐지는 몽환적이며 애수에 젖은 주제는 저녁 안개처럼 막연하면서도 동시에 궁전의 대리석 기둥처럼 확고하다. 라벨의 스승이

스페인 화가 벨라스케스의 〈마르가리타 테레사 공주의 초상〉. 라벨의 음악 《죽은 왕녀를 위한 파반느》에 영감을 준 그림으로 알려져 있다.

었던 가브리엘 포레(Gabriel Fauré)의 작품《파반느Pavane Op. 50》와 비교해 들으면, 포레와 라벨 사이의 한 '세대'에 걸치는 거리가 아니라 두 개의 다른 '시대'를 보는 것 같다. 포레의《파반느》는 원래의 정의에 충실한 르네상스 시대 춤곡의 복원판인 반면, 라벨의《죽은 왕녀를 위한 파반느》는 춤곡의 탈을 쓴 명상곡에 가깝다.

라벨의 스승 포레의 초상. 후기 낭만주의를 대표하는 음악가다.

라벨의 음악 중 대중적인 가락에 몸을 맡기고 들썩거릴 만한 진짜 춤곡을 고르라면《볼레로Boléro》를 꼽을 수 있다. 원래 볼레로는 3박자로 된 스페인 전통 춤곡을 뜻한다. 모친이 스페인과 프랑스 양쪽에 연고가 있는 바스크족 출신이었던 탓에 어려서부터 스페인 음악을 듣고 자란 라벨의 스페인 사랑은 잘 알려져 있는 사실이다. 여러 악기가 가담하면서 음향적 강도가 점점 세진다는 것을 제외하면, 단순한 주제가 약 15분간에 걸쳐 반복되는《볼레로》의 신비하고 강렬하면서도 동시에 직설적인 호소력은 오늘날까지도 음악회의 인기 레퍼토리이자 영화나 TV 드라마 등에서도 자주 활용되며 사랑받는 곡이 된 원동력이다.

라벨의 작품 중《왼손을 위한 피아노 협주곡Piano Concerto for the Left Hand in D Major》이라는 독특한 곡이 있다. 이 곡은 오스트리아 출신 피아니스트 파울 비트겐슈타인(Paul Wittgenstein)의 위촉을 받아 만든 작품이다. 비트겐슈타인은 원래 뛰어난 피아니스트였지만, 1차 세계 대전에 참전했다가 러시아 전선에서 오른팔을 부상으로 잃는 좌절을 겪었다. 하지만 불행 중 다행으로 상당한 재산가였던 비트겐슈타인은 라벨을 포함해 당대의 여러 유명 작곡가에게 왼손으로만 연주할 수 있는 피아노곡들을 의뢰했다. 라벨이 비트겐슈타인을 위해 쓴 이 협주곡은 그런 배경을 모르고 들으면 독주 부분이 왼손으로만 연주된다는 사실을 눈치채기 어려울 정도로 화려한 기교를 자랑한다. 다시 말해 라벨은 한 손을 묶고 피아노를 치는 식의 '진기명기'형 작곡이 아니라 그 자체로 고도의 완성도를 자랑하는 협주곡을 만들어 낸 것이다. 비록 작품의 기본 조성은 d장조지만, 이 곡은 장조다운 밝음이나 흥겨움보다는 다소 우울하며 때로 랩소디적인 광기가 느껴지는 대목을 자주 접하게 된다. 게다가 낭만주의풍과는 상당히 이질적인 전위적 음향을 선보이는 비선형적인 화성 전개에 더해 재즈적인 요소까지 담겨 있다.

라벨은 작곡가치고는 과작(寡作)에 속한다. 워낙 완벽주의자였던 탓에 새로 음악을 쓰기보다는 이미 쓴 음악을 계속 고쳐 다시 쓰는 데 많은 시간을 기울인 탓이다. 말년에 들어서 라벨 자신도 그렇게 열심히 개작만 할 게 아니라 창작에 더 힘을 쏟았으면 좋았을 것이라고 후회했다고 한다. 하지만 그랬던 만큼 소수정예인 라벨의 곡들은 20세기 초 프랑스 음악이 남긴 빛나는 보물들이다.

모더니즘의 기수

드뷔시와 라벨이 전통적인 조성 음악을 최대 한계점까지 밀어붙였다면, 그 경계선(혹은 사람들이 그렇게 믿었던) 자체를 훌쩍 뛰어넘어 피안의 저편에서 완전히 새로운 음악을 시도한 음악가는 아르놀트 쇤베르크(Arnold Schoenberg, 1874~1951)다. 오스트리아 빈의 유대계 가정에서 태어난 쇤베르크는 9세에 첫 작곡을 시도할 정도로 음악적 재능을 발휘했지만, 척박한 가정 환경 탓에 정규 교육을 받지 못하고 독학으로 음악을 공부했다. 10대 때 작은 신발가게를 경영했던 부친이 사망한 뒤부터 쇤베르크는 은행 사환으로 일하면서 관현악단에서 첼로를 연주하기도 했는데, 첼로 역시 독학으로 터득했다고 한다. 그의 음악 수업이 정확히 어떻게 이루어졌는지는 상당 부분 미스터리지만, 현대 음악의 사상적 기반을 혼자 구축하다시피 한 인물이 당시 제도권 음악 교육에서 한 걸음 떨어져 '혼자 놀았다'는 것은 꽤 시사적이다. 비록 자신은 독학파였지만, 쇤베르크는 후일 수많은 추종자와 제자를 두었다. 평

오스트리아 출신 작곡가 쇤베르크. 조성 음악, 무조 음악, 12음 기법 등 다양한 실험을 통해 모더니즘 음악의 문을 연 인물로 평가받는다.

론가들은 쇤베르크와 그의 수제자들인 알반 베르그(Alban Berg), 안톤 베베른(Anton Webern) 등이 결성한 그룹을 '2차 빈 악파(Second Viennese School)'라고 부른다. 빈에서 클래식 음악의 황금기를 열었던 모차르트, 하이든, 베토벤의 활약(1차 빈 악파)에 비견하여 '2차'라고 부른 것이다.

초창기까지만 해도 후기 낭만주의 및 인상주의 음악을 썼던 쇤베르크가 급진적이고 실험적인 방향으로 돌아선 것은 1908년 《현악 4중주 2번 String Quartet No. 2 in D Major》과 1909년 《3개의 피아노 소품 Three Piano Pieces Op. 11》 등을 발표하면서부터였다. 쇤베르크는 이들 작품을 통해 이른바 '무조 음악(atonal music)'을 당당하게 선보였다. 무조 음악이란 으뜸음, 3화음, 딸림 화음, 버금 딸림 화음 등으로 이루어진 전통 화성 구조를 따르지 않고 장조와 단조의 구분 역시 허용하지 않은 채, 완전히 새로운 방식으로 작곡된 음악이었다. 쇤베르크가 1912년에 발표한 《달에 홀린 피에로 Pierrot Lunaire》 역시 무조 음악의 대표작이다. 상징주

의 시인 알베르 지로의 동명 시를 가사로 삼아 소프라노와 작은 오케스트라의 연주로 펼쳐지는 《달에 홀린 피에로》는 무조 음악인 동시에 표현주의 사조의 간판 작품으로 꼽힌다.

처음 쇤베르크의 음악을 들었을 때, 정확히 말하면 《달에 홀린 피에로》를 듣고 헛웃음만 나왔던 기억이 있다. 도대체 뭐하자는 건지 싶었달까. 아무리 그의 심오한 예술 세계를 이해하려고 해도 그럴 여지나 단서가 도무지 손에, 아니 귀에 잡히지 않았다. 이처럼 쇤베르크의 음악은 특히 초보자들에게는 영문을 알 수 없는 음향의 조합이다. 마치 스핑크스의 말없는 얼굴을 바라보고 있는 듯한 느낌이랄까. 《달에 홀린 피에로》의 초연 당시 관객들은 상당히 차분한 반응을 보였다고 하는데, 그것은 음악 팬들의 식견이 세련되어서라기보다는 나처럼 기가 막혔거나 혹은 어떤 반응을 어떻게 보여야 할지 감조차 잡을 수 없었다고 하는 쪽이 더 정확할 것 같다.

그런데 청중이 그런 식의 음악을 접하고 당혹해하리라는 것은 다른 사람도 아닌 작곡가 쇤베르크가 가장 잘 알고 있었던 모양이다.

> 어떤 작품이 예술이라면 모든 사람이 다 좋아할 리 없고, 모든 사람이 다 좋아한다면 (그 작품은) 예술이 아니다.
> If it is art, it is not for all, and if it is for all, it is not art.

쇤베르크가 남긴 위와 같은 말에는 평생 대중이나 평단과 애증 관계를 유지해야 했던 대 음악가의 소회가 담겨 있다. "조성은 그 자체로 목적이 아니라 수단에 불과하다."고 갈파하기도 했던 쇤베르크는 전통적인 조성을 해체 또는 초월해서 얻어 내는 새로운 음향의 조합으로 이루어진 음악을 만들려고 시도했다. 개념상 조성 음악의 반대는 무조 음악이지만, 쇤베르크는 '무조'라는 말이 풍기는 '무정부'적인 인상 때문인지 '범조(pantonality)'라는 용어를 좋아했다. 즉 모든 조성을 아우른다는 뜻이다. 실제로 쇤베르크의 무조 음악은 단순한 소리의 무작위적 모음이 아니라 오히려 상당히 정교한 방법론을 따른다. 그도 그럴 것이, 영감이나 악흥을 통해 얻은 악상에서 출발해 선율과 화음의 그물을 짜 가는 전통적인 작곡 방식을 벗어나 한 음 한 음을 인공적으로 혹은 의식적으로 제작하다 보니 손품도 많이 갈 수밖에 없다.

후일 쇤베르크는 무조 음악에서 한 걸음 더 나아가 '12음기법(dodecaphony)'이라는 새로운 작곡 방식을 창안했다. 12음기법이란 간단히 설명해서 전통적인 온음과 반음 전체(그래서 12음)를 인위적으로 조작해 음악을 만드는 작곡법이다. 그 실행에는 여러 변형이 있는데, 그중에는 12음기법에서 어떤 음을 골라 한번 시작하면 나머지 11음을 연달아 사용해야 하는 공동 운명체로 만드는 방식이 있다. 이것을 음의 민주주의라고 해야 할지 집단주의, 전체주의라고 해야 할지는 잘 모르겠다. 이렇게 음을 인위적으로 배열하다 보면 자연스럽게 떠오르는 선율이나 화성과는 전혀 다른 특이한 음의 조합이 이루어진다. 우리는 과연 그렇게 만들어진 소리를 즐겁게 감상할 수 있을까?

쇤베르크 본인은 자신의 음악이 '불협화음의 해방(The emancipation of the dissonance)'을 가져올 것이라고 주장했다. 쇤베르크는 불협화음이 협화음보다 열등한 것이 아니라 그저 사람들에게 익숙하지 않은 것, 혹은 협화음에서 계속 뻗어 나가면 불가피하게 도달하는 다음 단계라고 봤다. 그렇다면 불협화음 역시 협화음으로 간주되는 음향들과 동등한 위치라고 주장할 권리가 있지 않을까? 글로 읽거나 말로 들으면 그럴듯한 얘기지만, 실제로는 공들여 이룬 탑이 어떤 모양을 하고 있는지가 중요하다. 왜냐하면 예술가는 결과로 말해야 하기 때문이다. 조성으로부터의 해방을 부르짖은 쇤베르크의 영향을 받은 또 다른 오스트리아 출신 작곡가 크레네크(Ernst Krenek)는 아예 12음기법을 통해 "음악가들이 영감의 압제로부터 벗어났다."고 선언했다. 하지만 문제는 그 '해방'을 통해 '압제'에서 벗어나 영광스럽게 다다른 신세계가 음향의 젖과 꿀이 흐르는 낙원이 아니라 방향조차 감 잡을 수 없는 망망대해라는 것이다. 쇤베르크와 그의 추종자들이 그토록 공들여 만든, 장조와 단조의 치우침에서 벗어나 모든 음역에 동등한 지위를 부여하며 한 땀 한 땀 지어낸 그 소리는 균형 감각이나 평안함을 준다기보다는 오히려 혼돈과 불안의 이미지를 선사한다. 다시 말해 조성 음악, 즉 코스모스(cosmos)의 경계를 초월하고자 시도한 음악이 도리어 코스모스 이전의 상태인 카오스(chaos)로 돌아가 버린 셈이다.

만약 쇤베르크의 예술이 1차 세계 대전을 전후해 유럽인, 특히 유대계 오스트리아인이 겪어야 했던 혼돈과 불안, 공포, 정체성 혼란, 나아가 우리네 삶 자체에 깃든 불확실성을 환기하려는 의도였다면 어느 정도 성공을 거두었다고 할 수 있다. 하지만 예술의 주된 목적이랄까, 예술의 기능이란 오히려 그러한 불완전함 속에서도 잠시나마 완벽함과

노르웨이 출신 화가 뭉크의 〈절규〉. 미술뿐 아니라 모더니즘 음악이 주는 인상을 표현할 때 종종 언급되는 그림이다.

조화를 꿈꾸고 그러한 상상과 가능성을 인간에게 환기하는 것이 아닐까? 그런 의미에서 쇤베르크의 시도는 한 번, 혹은 단기간의 실험으로 그쳤어야 한다. 말하자면 예술가라는 본연의 의무에서 일탈해 한눈을 팔았던 것인데, 문제는 그 뒤 다시 제자리로 돌아가야 할 시점을 잃고 영영 가출해 버린 데 있다.

그렇다고 쇤베르크가 재능의 부족을 희한한 발상의 전환을 통해 만회해 보려 했던 얼치기 예술가였던 것 같지는 않다. 쇤베르크 역시 초기에는 조성 음악의 영역에서 시작했는데, 이 무렵의 작품들은 상당히 인상적이다. 1907년 작품인 교향시 《펠리아스와 멜리상드 Pelleas und Melisande》는 바그너가 5년쯤 더 살았더라면 썼을 것이라고 여겨질 만큼 후기 낭만주의 분위기와 세기말적 감각이 절묘하게 교차하는 걸작이다. 쇤베르크의 또 다른 초기 대표작이라고 할 현악 6중주곡 《정화된 밤 Transfigured Night》은 1902년 초연되었는데, 반음계와 불협화음, 다조성 등 후기 낭만주의 음악 문법을 정교하게 구사한 걸작이다.

초기에 채택했던 음악 언어와 작곡 기법에서 한계를 느꼈던 쇤베르크가 무조 및 12음기법으로 나아간 것은 어쩌면 자연스러운 행보라고 보는 평론가도 많다. 하지만 나로서는 그가 10년 정도 더 참을성 있게 조성 음악의 영역에 머물렀다면 기억에 남을 걸작들을 더욱더 많이 남기지 않았을까 하는 아쉬움이 든다. 어쩌면 쇤베르크는 기존의 전통 음악에 머무르는 데 조바심을 느끼고 뭔가 새로운 기회를 노리다가 그만 길을 잘못 든 음악가일지 모른다. 다시 말해 음악적 돌파구를 찾으려다 오히려 막다른 골목에 도달한 경우랄까.

쇤베르크의 음악은 엄격하게 말하면 '음악(音樂)'이라는 명칭이 어울리지 않는다. 그의 음악은 소리가 주는 즐거움이 아니라 '음고(音苦)', 즉 소리조차 고생한다는 의미에서 고난에 가깝기 때문이다. 듣는 사람도 괴로울 뿐 아니라 음악을 만든 사람도 고생스럽게 만들었으리라는 확신이 든다. 그야말로 음악이 아니라 '음악(音惡)'이다. 조성을 포기한 채 음악을 만들려는 시도는 비유하자면 요리사가 인간의 기본 식재료를 죄다 포기하고 나무껍질과 조개 껍데기 등으로 요리를 만들겠다는 시도와 비슷하지 않을까?

쇤베르크의 음악은 마치 빵점짜리 답안지 같다. 정답을 알고 있으면서도 일부러 정답을 모조리 피해 버린 엉터리 답안지 말이다. 물론 인상주의를 대표하는 드뷔시의 음악 역시 정답을 적어 낸 시험지는 아니다. 하지만 쇤베르크와의 차이점이라면 드뷔시는 모범 답안을 적어내는 대신 문제를 낸 선생조차 예상하지 못한 완전히 새로운 관점의 답안을 제출한 경우라고 할 수 있다.

한때 쇤베르크의 불협화음에 대한 집착을 일종의 강박증, 심지어 인간의 본성에 역행하는 변태 성향으로까지 봤던 과거에 비하면 그의 음악에 대한 나의 태도는 많이 너그러워진 편이다. 하지만 그것은 그가 왜 이와 같은 음악적 발상에 이르렀는지를 이해한다는 뜻이지 쇤베르크의 팬이 되었다는 뜻은 아니다. 쇤베르크 일파는 조성 음악에서 무조 음악으로의 이동을 예술적 진일보라고 생각했는지 모르지만, 내게는 오히려 혼돈으로의 퇴행으로 보인다. 사실상 선율의 논리적 전개와 화성을 제거하고 단지 음향의 이동 경로만 남긴 결과를 미래 지향적 음악이라고 볼 논리적, 미학적 근거를 찾기 어렵기 때문이다. 전통적인 조성 체계를 초월하는 새로운 소리의 조합을 찾는다는 것은 분명 매력적인 아이디어다. 하지만 그것은 아름다운 노랫소리로 뱃사람을 유혹해 배를 난파시켰던 사이렌의 노랫소리와 같은 파멸적인 유혹이었고, 쇤베르크와 그를 뒤따른 많은 음악가를 예술적, 창조적 침몰로 이끌었다는 것이 쇤베르크의 무조 음악에 대한 내 잠정적 결론이다.

혹시라도 쇤베르크와 그의 추종자들이 만들어 낸 음악(음고)을 듣고자 한다면 말릴 이유가 전혀 없다. 예술적 체험이란 지극히 개인적인 것이고, 어떤 사람에게 횡설수설 같은 것이 다른 누군가에게는 미학적 복음이 될 수도 있다. 쇤베르크보다 한 세대 이후의 독일 음악가인 슈토크하우젠(Karlheinz Stockhausen)은 '전자음악(electronic music)'의 선구자로 꼽히는데, 그의 음악은 아예 무조 음악 혹은 12음기법조차도 아닌 기계로 창출해 낸 기괴한 음향의 연속체에 불과하다. 그런데도 그 사운드가 좋다면 그 역시 본인의 선택이다.

쇤베르크의 제자로 모더니즘 음악의 족보를 이은 안톤 베베른. 쇤베르크를 정신적 지주로 하는 이른바 '2차 빈 악파'의 일원이다.

2차 빈 악파의 전통을 계승한 미국의 12음기법 작곡가 밀턴 배빗(Milton Babbitt)은 "당신이 듣겠다는데 누가 상관하랴?(Who cares if you listen)"라는 유명한 말을 남긴 바 있다. 그 말이 맞다. 굳이 쇤베르크를 필두로 한 모더니즘 일파의 음악이 좋다면 누가 상관하랴.

이탈리아 오페라 최후의 영광

베르디가 음악계에서 은퇴한 1890년대 이후 이탈리아 오페라는 한동안 '베리스모(verismo)', 우리말로는 '사실주의'라고 번역되는 작품들이 주목을 끌었다. 베리스모 스타일은 고대나 중세의 영웅담, 낭만적인 사랑 같은 주제가 아니라 현실에 밀착된 보통 사람들의 생활과 감정을

피에트로 마스카니(왼쪽)와 《카발레리아 루스티카나》의 무대 구상도(오른쪽). 마스카니는 이 단막극 한 편으로 놀라운 명성을 얻었다.

반영하는 이야기를 노래로 표현한 예술이었다. 베리스모 오페라의 대표작으로는 피에트로 마스카니(Pietro Mascagni, 1863~1945)의 《카발레리아 루스티카나 Cavalleria Rusticana》와 루제로 레온카발로(Ruggero Leoncavallo, 1858~1919)의 《팔리아치 Pagliacci》가 있는데, 이 작품들은 오늘날까지도 대중의 사랑을 받고 있다.

레온카발로의 초상. 마스카니와 비슷하게 오페라 《팔리아치》로 이름을 날렸다.

한편 베리스모 오페라에 낭만주의 오페라 전통을 절묘하게 결합해 이탈리아 오페라의 영광을 이어간 작곡가는 바로 자코모 푸치니(Giacomo Puccini, 1858~1924)다. 베르디가 입학시험에서 떨어졌던 밀라노 음악원에서 공부한 푸치니의 음악은 선율에 대한 뛰어난 감각, 동서양과 고금을 넘나드는 소재의 다양성, 극적 긴장 조성의 탁월함 등을 특징으로 하고 있다.

푸치니의 오페라는 통속성의 승리이기도 하다. 사실 오페라만큼 통속적인 장르도 없다. 역사적으로 오페라 작품의 절대다수가 다루는 주제는 말 그대로 '남녀상열지사'다. 주인공이 왕이든 귀족이든 전쟁 영웅이든, 심지어 신이든 상관없다. 오페라 플롯의 기본 구조는 등장인물 사이에서 펼쳐지는 애정과 갈등, 오해, 증오의 이야기다. 당연히 아리아의 가사도 엄청나고 심오한 철학적 메시지가 아니라 애타는 사랑 타령이 대부분이다. 오히려 어설프게 인문학 흉내를 냈다가는 이야기 전개가 상당히 괴상해지기 일쑤다. 그 대표적인 예가 바로 모차르트의 《마술 피리》다. 하지만 《마술 피리》는 워낙에 음악이 풍부한 덕분에 다른 모든 게 용서되는 예외에 속한다. 푸치니는 이런 오페라 고유의 통속성을 더욱 가열차게 밀어붙였다.

진정으로 사랑하는 남성과 물질적 안정을 주는 남성 사이에서 양다리를 걸치려다 파멸하는 여인을 그린 《마농 레스코 *Manon Lescaut*》, 자유분방한 예술가들이 모여 사는 19세기 파리를 배경으로 가난한 시인 루돌포와 결핵에 신음하는 재봉사 여인 미미가 펼치는 가슴 저린 사랑 이야기 《라 보엠 *La bohème*》, 인기 여가수와 그녀가 사랑하는 화가 그리고 그녀를 탐하는 경찰 총감 사이의 갈등과 파국을 다룬 《토스카 *Tosca*》, 미 해군 장교와 사랑에 빠지지만 결국 버림받는 일본인 현지처의 기구한 신세를 그린 《나비 부인 *Madama Butterfly*》 등 푸치니의 오페라들은 대중의 입맛을 사로잡는 소재와 플롯을 특징으로 한다. 하지만 푸치니의 음악은 거의 신파 내지 막장 드라마에 가까운 스토리를 탄탄하게 받친다. 그의 아리아들은 오페라 등장인물의 성격을 극적이고 아름다운 선율로 묘사해 극장에 들어온 관객들의 마음을 사로잡는 힘이 있다. 걸작 아리아만 해도 《마농 레스코》의 〈한 번도 본 적 없는 여인 *Donna non vidi mai*〉, 《라 보엠》의 〈그대의 찬손 *Che gelida manina*〉 〈내 이름은 미미 *Si*,

1900년대의 푸치니. 그가 남긴 여러 걸작은 이탈리아 오페라 전통의 마지막을 장식하는 광채라고 할 만하다.

mi chiamano Mimi〉〈나 혼자서 길을 걷노라면*Quando m'en vo'*〉,《토스카》의〈별은 빛나건만*E lucevan le stelle*〉,《나비 부인》의〈어떤 개인 날*Un bel di, vedremo*〉〈허밍 합창*Coro a bocca chiusa*〉등 열 손가락이 모자랄 정도다. 푸치니의 아리아는 베르디와 마찬가지로, 어떤 면에서는 그보다 더 강도 높게 선율과 가사가 전달하는 정서의 일체감을 통해 청중의 극 중 몰입도를 극대화한다. 푸치니 오페라에서 주인공 남녀는 예외 없이 테너와 소프라노의 차지다. 푸치니는 맑고 힘찬 고음으로 청중의 음악적 감성에 즉자적으로 호소하는 테너와 소프라노의 아리아를 오페라의 중심에 놓고 다른 요소들은 이를 돋보이게 하는 보좌역으로 만들었다. 따라서 푸치니 오페라에서 바리톤과 메조소프라노 등의 '성격파' 가수들이 활약할 공간은 제한적이다. 내가 알기로 푸치니는 바리톤용 독창 아리아를 단 한 곡도 남기지 않았다.

골초였던 푸치니는 후두암에 걸려 고생하다가 1924년 66세의 나이로 세상을 떠났는데, 그의 유작이 된 작품이《투란도트*Turandot*》다. 푸치니가 3년간 붙잡고 심혈을 기울인《투란도트》는 중세 페르시아의 서사시를 원전으로 하지만 정작 배경은 고증이 전혀 불가능한 과거 중국의 수도 페킹(베이징)이다. 이 작품은 페킹의 궁전에 사는 냉혹한 '얼음 공주' 투란도트와 그녀를 배필로 삼으려는 오랑캐족 칼라프 왕자의 밀고 당기는 고도의 심리전을 그리고 있다. 이야기 속 투란도트는 자신에게 접근하는 구혼자들에게 수수께끼를 내서 맞추지 못하면 참수형에 처하는 극단적인 인물이다. 하지만 칼라프가 투란도트에게 도전장을 내밀면서 새로운 국면이 펼쳐진다.

투란도트가 칼라프에게 세 가지 수수께끼를 내는 장면은 작품의 1차 클라이맥스에 해당한다. 칼라프가 기지를 발휘해 수수께끼를 모두 풀었음에도 투란도트는 여전히 그에게 마음을 열지 못한다. 그러자 칼라프는 공주가 동이 틀 때까지 자신의 이름을 알아낸다면 그녀의 처분에 따르겠다고 약속한다. 칼라프는 이제 날이 밝기를 기다리며 공주를 배필로 삼으리라는 확신과 희망에 찬 노래를 부른다. 그 노래가 바로 〈네순 도르마Nessun dorma〉, 우리에게는 '공주는 잠 못 이루고'로 잘 알려진 곡이다. 노래는 다음과 같은 가사로 시작된다.

아무도 잠들지 말라! 아무도 잠들지 말라!
당신도, 공주여,
그대는 차가운 침실에서,
별을 보시오
사랑과 희망에 전율하는!

Nessun dorma! Nessun dorma!
Tu pure, o Principessa,
nella tua fredda stanza,
guardi le stelle
che tremano d'amore, e di speranza!

칼라프 왕자는 죽었다 깨어나도 투란도트가 자기 이름을 알아낼 수 없을 거라는(하기야 붙잡아 고문이라도 하지 않은 다음에야 하룻밤 사이에 전혀 연고가 없는 이방인의 이름을 알 수 있는 방법이 있을까) 자신감에 차서 노래를 마무리한다.

물러가라, 밤이여!
사라져라, 별들이여!
사라져라, 별들이여!
새벽 밝아오면, 나 이기리라!
이기리라! 이기리라!

Dilegua, o notte!
Tramontate, stelle!
Tramontate, stelle!
All'alba vincerò!
Vincerò! Vincerò!

이 곡은 g장조의 곡으로 최고 음역은 온음 B(시)까지 올라갔다가 A(라)로 마무리되는 난곡이다. 오페라 팬들 사이에서는 오랫동안 인기곡이었지만 일반 대중에게는 생소했던 〈네순 도르마〉가 세계적인 인기를 얻게 된 것은 1990년 이탈리아 월드컵을 전후한 무렵이었다. 이탈리아 출신의 테너 루치아노 파바로티(Luciano Pavarotti)가 〈네순 도르마〉를 월드컵 중계방송의 타이틀 음악으로 채택하면서 클래식 애호가를 넘어 전 세계인들 사이에서 그 지명도를 높였다. 또 월드컵 결승전 전날 파바로티와 더불어 '세계 3대 테너(The Three Tenors)'로 불리던 플라시도 도밍고(Plácido Domingo), 호세 카레라스(José Carreras)가 고대 로마의 유적지 카라칼라 욕장에서 펼친 콘서트에서 〈네순 도르마〉를 함께 불러 더욱 유명해지게 되었다.

3대 테너라고는 하지만 파바로티와 도밍고, 카레라스를 동렬에 놓을 수는 없다. 냉정하게 평가하자면, 도밍고는 자신이 테너라고 우기는 바리톤 가수이며, 카레라스는 자신이 테너라고 굳게 믿고 있는 바리톤 가수다. 도밍고는 애초에 바리톤 가수였다가 훈련을 통해 테너로 전향했기 때문에 엄밀히 따지면 그의 음역은 바리톤과 테너의 중간 영역인 바리 테너에 가깝다. 카레라스 역시 고음에서 유독 약하다. 다만 도밍고

《라 보엠》의 무대 구상도(왼쪽 위). 《토스카》의 무대가 된 성 안젤로 교회(오른쪽 위). 《나비 부인》의 주연으로 포즈를 취한 두 미국인 성악가(왼쪽 아래). 1989년 파리에서 공연된 《투란도트》의 클라이맥스 장면(오른쪽 아래). 푸치니는 자신의 오페라에 동양과 서양, 고대와 현대를 아우르는 다양한 배경과 소재를 활용했다.

와 카레라스는 발성의 한계를 빼어난 외모와 여타 장점들로 만회하며 세계적 스타로 롱런해 왔다.

하지만 파바로티는 이들과 차원이 다르다. 도밍고와 카레라스에 비하면 파바로티는 내세울 만한 외모는 못 된다. 또 원래 테너 가수가 육중한 몸집을 지닌 것은 드문 일도 아니지만, 파바로티의 경우는 늘어나는 체중 때문에 1980년대 후반부터는 오페라 출연을 줄이고 콘서트와 녹음에만 집중해야 했다. 하지만 비주얼의 한계에도 불구하고 그의 테너로서의 재능은 타의 추종을 불허한다. 일단 파바로티는 평소 대화할 때의 목소리와 노래할 때의 음색이 거의 차이가 없다. 즉 별다른 훈련 없이 저절로 득음한, 테너의 소리를 타고난 인물이다. 파바로티의 발성은 꽉 차 있으면서도 동시에 그지없이 맑다. 그에 비해 도밍고의 발성은 맑지만 다소 가볍고, 카레라스는 가볍지 않은 대신 조금 탁하다. 다시 말하지만 3대 테너라고 해도 다 같은 수준은 아니다.

20세기 초의 전설적 성악가 카루소. 베르디와 푸치니 전문 오페라 가수로 명성을 날렸다.

오늘날에도 뛰어난 기량의 테너 가수들이 꾸준히 등장하고 있지만, 파바로티처럼 충만하면서도 명료한 음색을 내는 이는 찾기 힘들다. 젊은 시절 학교 선생이었던 파바로티는 성악가로의 전문 트레이닝을 비교적 늦게 시작한 편이었다. 그래서 악보도 잘 읽을 줄 몰랐다. 하지만 그가 가진 맑고 기름진 목소리는 제아무리 뛰어난 독보력을 가진 성악가도 쉽게 넘볼 수 없는, 하늘이 내린 명기였다. 이따금 파바로티보다 뛰어난 테너로 20세기 초 유럽과 미국에서 엄청난 인기를 누렸던 엔리코 카루소(Enrico Caruso, 1873~1921)가 언급되곤 한다. 카루소는 특히 베르디와 푸치니 오페라의 주역으로 독보적인 존재감을 과시했지만, 그가 과연 파바로티를 능가하는 테너였는지 나로서는 확신을 가질 수 없다.

오랫동안 파바로티의 대표곡이었던 〈네순 도르마〉는 요즘 들어 테너 가수의 능력을 평가하는 표준 내지 통과 의례 비슷하게 인지되어 버렸다. 게다가 이 노래는 성악가들의 콘서트뿐 아니라 영화와 광고, 심지어 TV 장기자랑 쇼에도 종종 등장한다. 하지만 〈네순 도르마〉의 진정한 감동은 《투란도트》라는 오페라에서, 목숨을 걸고 사랑과 영광을 쟁취하기 일보 직전까지 다가선 주인공의 설렘과 희망이라는 맥락 속에서만 비로소 완전해진다고 생각한다.

11th Brunch Time

러시아 음악의 뒷심

러시아 음악계의 5인조

유럽과 아시아의 특성을 겸비한 러시아는 역사와 전통에 걸맞게 음악에서도 독특한 일가를 이루었다. 일단 러시아는 중세 이래 슬라브 민족 특유의 민요와 무곡, 러시아 정교의 송가 등 풍요한 음악적 자산이 있었다(예를 들어 추억의 비디오 게임 '테트리스'의 배경 음악은 러시아 보부상들의 민요다). 러시아는 17세기 말부터 18세기 초까지 피요트르 대제가 유럽화 정책을 적극적으로 추진하는 과정에서 슬라브족의 음악적 정서에 유럽 클래식 음악의 언어를 더했고, 그 결과 새로운 차원의 음악을 맞이했다. 하지만 공식적으로 러시아 음악이 유럽 클래식 음악의 전통 속에 정식으로 가입한 시기는 전 유럽을 휩쓸었던 민족주의적 자각이 러시아로까지 전이된 19세기 중반이라고 볼 수 있다.

러시아 클래식 음악의 시조 비슷한 대접을 받는 인물은 러시아어 오페라 《루슬란과 류드밀라 Ruslan and Lyudmila》의 작곡가 미하일 글린카

(Mikhail Glinka, 1804~1857)다. 로시니나 주페의 작품들과 마찬가지로 《루슬란과 류드밀라》는 서곡으로만 기억되는 편이지만, 그 흥겨운 가락은 러시아 음악이 가진 잠재력을 과시하기에 충분하다. 글린카에 이어 이른바 '러시아 5인조(The Mighty Five)'라고 불리는 5명의 음악가가 만든 슬라브적 선율과 유럽적 음악 어법을 조화시킨 작품들은 러시아 음악을 한 단계 성숙하게 만드는 역할을 했다. 이들은 작곡에만 몰두하지 않고 마치 조폭처럼 당대 음악계를 누비고 다니며 음악적 담론을 주도하는 등 러시아 클래식 음악의 형성에 적극적으로 기여했다. 밀리 발라키레프(Mily Balakirev, 1837~1910), 체자르 큐이(César Cui, 1835~1918) 알렉산드르 보로딘(Alexander Borodin, 1833~1887), 모데스트 무소륵스키(Modest Mussorgsky, 1839~1881), 니콜라이 림스키코르사코프(Nikolai Rimsky-Korsakov, 1844~1908)가 다름 아닌 그 5인조다. 특히 이들 가운데 보로딘, 무소륵스키, 림스키코르사코프의 3인은 지금까지도 전 세계 음악 팬들의 사랑을 받고 있다.

먼저 보로딘은 음악가이기 전에 당대의 저명한 화학자였고, 작곡은

제정 러시아 시대 문화 및 사교의 중심지였던 상트페테르부르크의 19세기 말 모습.

여가 시간에 하는 취미였다. 그는 종종 화학 실험과 작곡을 함께 진행했는데, 이를테면 실린더에 각종 물질을 넣고 불을 붙인 뒤 용액이 끓어오를 때까지 잠깐의 틈을 이용해서 악보를 쓰다가 용액이 끓어 넘치면 부랴부랴 불을 끈 뒤 악보를 치우고 실험 일지를 펼쳐드는 식이었다. 보로딘의 대표작으로는 교향시 《중앙 아시아의 초원에서In the Steppes of Central Asia》와 《현악 4중주 2번String Quartet No. 2》이 있다. 특히 《현악 4중주 2번》의 3악장은 여러 영화에서 배경 음악으로 쓰일 만큼 호소력 있는 선율이 일품이다.

보로딘이 심혈을 기울인 필생의 역작으로 오페라 《이고르 공Prince Igor》을 꼽을 수 있다. 《이고르 공》은 타타르족 정벌에 나섰다가 포로로 잡히는 곡절을 겪은 12세기 러시아의 지배자 이고르 공의 모험을 그린 장대한 스케일의 오페라다. 보로딘은 장장 18년간 이 작품을 붙잡고 있었으면서도 결국 사망할 때까지 완성하지 못했다. 현재 세계 오페라 극장에서 종종 공연되는 《이고르 공》은 러시아 국민악파의 최후의 대가 글라주노프(Alexander Glazunov)와 림스키코르사코프의 손길이 많이

'러시아 5인조'의 일원이었던 작곡가 보로딘의 초상(왼쪽)과 그의 《현악 4중주 2번》 3악장 '야상곡'의 악보(오른쪽). 낭만주의 음악 언어 속으로 러시아적 정서가 자연스럽게 감지되는 작품이다.

들어간 버전이다. 1881년 보로 딘이 심장마비로 급서한 뒤 그의 유품을 정리하던 중 《이고르 공》의 미완성 원고를 발견한 글라주노프와 림스키코르사코프는 그 초고에 근거해 오케스트레이션을 입히고, 서곡을 비롯한 몇몇 음악은 보로딘이 생전에 잠깐씩 들려 주었던 선율을 떠올리며 창작하는 등 동료의 유작에 새 생명을 불어넣는 데 정성을 기울였

보로딘의 필생의 역작 《이고르 공》의 초판 악보 표지.

다. 그 결과 탄생한 《이고르 공》은 러시아 음악의 걸작으로 오늘날까지 사랑받는다.

《이고르 공》은 서곡도 유명하지만, 가장 인지도 높은 곡은 3막에 등장하는 〈폴로베츠인의 춤Polovtsian Dance〉이다. 이 곡은 단순한 춤곡이 아니라 관현악이 적절하게 조화를 이루는 합창곡에 가까운데, 제1 주제는 신비하면서도 서정적이고, 제2 주제는 넘치는 박력과 에너지로 슬라브적 기질을 남김 없이 드러내는 동시에 관능미까지 뽐낸다. 특히 제1 주제는 〈낙원의 이방인Strangers in Paradise〉이라는 팝송으로 리바이벌되는가 하면 경음악풍으로 편곡된 버전도 있으니 장소와 분위기에 따라 골라 들어도 좋다.

보로딘의 활약도 인상적이지만, 러시아 5인조 가운데서도 순수 음악적 재능으로만 보면 무소륵스키가 가장 뛰어났다. 부유한 대지주의 아들로 태어난 무소륵스키는 9세 무렵에 리스트의 연습곡을 별 어려움 없이 쳤다고 하니, 그의 재능이 어느 정도였는지 충분히 짐작할 수 있

다. 탁월한 음악적 재능에도 불구하고 무소륵스키는 음악원이 아니라 사관학교를 다녔고, 졸업 후 수년간 군 복무를 했다. 그는 1858년 군대를 떠나 음악에 전념했지만, 1861년 농노 해방으로 급작스럽게 집안의 가세가 기울면서 생활고에 시달렸다. 그로부터 4년 뒤 모친을 잃고 그 슬픔을 이기려고 술에 의존하기 시작했다. 생활고를 해결하기 위해 공무원으로 취직한 무소륵스키는 바쁜 공직 생활 중에도 작곡가의 꿈을 버리지 않고 꾸준히 작품을 발표했지만 큰 성공을 거두지는 못했다. 잇따른 좌절감과 스트레스에 그의 알코올 의존증은 더욱 심해졌고 결국 생계용이었던 직장에서도 중증 알코올 중독으로 해고되기에 이르렀다. 이후 무소륵스키는 알코올 중독에 따른 발작과 정신병 증세까지 보이다가 결국 42세라는 젊은 나이에 사망했다.

바쁜 공직 활동에 더해 개인 시간의 절반 이상을 술독에 빠져 살았던 탓에 무소륵스키의 음악은 미처 마무리 짓지 못하고 미완성으로 끝난 작품이 상당수다. 사관학교 졸업 후 수개월간 러시아 5인조의 두목 격인 발라키레프에게 작곡 지도를 받은 것이 정식 음악 교육의 전부였던 무소륵스키의 음악은 관현악 기법에서 정교함이 떨어지는 등 종종 기술적으로 다듬어지지 않은 민낯을 드러냈다. 하지만 그의 음악이 가진 본질적 특징이라고 할 극적 긴장 조성의 탁월함과 생생한 표현력은 다른 옥에 티를 모두 덮고도 남았다.

무소륵스키의 음악적 표현력(구체적으로는 시각적 대상의 에센스를 음향적으로 포착하는 능력)이 유감없이 발휘된 작품으로는 단연 《전람회의 그림 Pictures at an Exhibition》을 꼽을 수 있다. 친구였던 건축가이자 화가 하르트만이 사망한 뒤 열린 유작 전람회에서 본 그림들의 인상을 표현한 《전람회의 그림》은 무소륵스키 음악의 입문작으로 손색이 없을 뿐 아니라 피아노 음악의 새로운 경지를 이룬 걸작이기도 하다. 실제 하르트만의 전람회에는 스케치와 유화, 설계도면 등 수백 개의 작품이 진열되었는데, 무소륵스키는 그중 10개의 그림을 엄선해 음악적으로 표현했다. 《전람회의 그림》은 총 15개의 악장으로 이루어져 있다. 이는 10개의 그림을 묘사한 본 악장에 더해 전람회를 감상하는 방문객의 동선과 심리 상태 등을 다섯 차례에 걸쳐 소개하는 이른바 〈산책Promenade〉이라는 서주 및 간주곡을 포함한 것이다. 작품의 시작인 〈산책〉은 전람회에 도착한 방문객이 곧 감상할 그림들에

러시아 5인조 가운데서도 가장 뛰어난 음악적 재능을 보였던 무소륵스키. 하지만 불운과 자기 파멸이 겹쳐 비극적으로 생을 마감했다.

대한 기대를 품고 천천히 전시장으로 발걸음을 옮기는 모습을 표현하고 있다(그런 식으로 들린다).

〈산책〉의 여유롭고 발랄한 선율이 다소 급작스럽게 첫 번째 그림 〈난쟁이Gnomus〉에 대한 묘사로 이어지면서 《전람회의 그림》은 본격적으로 시작된다. 다시 말하지만 이 작품의 감상 포인트는 제목 그대로 각 그림의 특징을 음악적, 음향적으로 묘사한 데 있는데, 몇 번 듣다 보면 각자 마음에 드는 곡이 생기게 마련이다. 나는 힘겹게 달구지를 끄는 소를 묘사한 제4곡 〈비들로Bydlo〉가 가장 인상적이며, 제5곡 〈껍질을 덜 벗은 햇병아리들의 발레Ballet of unhatched fledglings〉도 기억에 남는다. 이 곡은 제목처럼 알에서 막 나온 병아리들이 달걀 껍데기를 머리에 붙인 채 아장아장 걸어 다니는 장면을 실제로 보는 듯하다. 마지막 곡 〈키예프의 대문The Heroes' Gate at Kiev〉 역시 훌륭하다. 이 곡은 키예프의 경계에 새로 세울 관문의 디자인 콩쿠르에 응모했던 하르트만의 디

자인 스케치를 표현한 것인데, 장엄하게 고조되는 겹화음의 진행은 마치 음향으로 이루어진 3차원 시뮬레이션처럼 힘차게 솟아오른 건축물의 위용을 절묘하게 그려 낸다.

한편 관현악 버전으로 듣는 《전람회의 그림》은 원곡인 피아노곡과는 또 다른 매력이 있다. 오늘날 가장 보편적으로 연주되는 관현악 《전람회의 그림》은 다른 사람도 아닌 모리스 라벨의 편곡 버전이다. 라벨 얘기가 나왔으니 하는 말인데, 프랑스 인상주의 음악은 무소륵스키에게 진 빚이 적지 않다. 라벨뿐 아니라 드뷔시 역시 자타가 공인하는 무소륵스키의 팬으로 그의 음악을 즐겨 연주한 바 있다. 아직 《전람회의 그림》을 감상한 적이 없는 이들에게는 원곡인 피아노곡을 먼저 권한다. 이 곡은 베버의 《무도회의 초대》와 마찬가지로 피아노라는 악기가 지닌 폭넓은 표현력을 새삼 느낄 수 있는 좋은 기회이기도 하다.

《전람회의 그림》을 조금 독특한 흥취로 감상하려면 중국의 베이징 전통 악단이 연주한 버전도 추천할 만하다. 《전람회의 그림》을 처음

무소륵스키의 대표작 《전람회의 그림》 초판본. 화가 하르트만의 유작 전람회에 소개된 그림들의 인상을 음악으로 표현한 걸작이다.

들었을 때, 특히 〈산책〉은 왠지 중국적 분위기가 느껴졌는데, 그것은 비단 나 혼자만의 느낌은 아니었던 모양이다. 애초 누구의 기획이었는 지는 모르겠지만, 중국의 전통 악기들로 연주한 《전람회의 그림》은 무소륵스키의 표현력을 새로운 각도로 조명한 독특한 시도다. 다만 마지막 곡인 〈키예프의 대문〉에서는 중국식 악기만으로 그 대상이나 음악 자체에 반영된 장대한 스케일을 표현하기에는 역부족인 감이 있다. 마지막 곡만큼은 역시 간결한 음색으로 상상력을 자극하는 피아노 원곡이나, 장쾌한 음향을 뿜어내는 정통 클래식 오케스트라의 연주 쪽에 손을 들어 주어야 할 것 같다.

《전람회의 그림》을 비롯해 뛰어난 피아노곡들을 작곡하는가 하면, 틈틈이 성악가들의 반주를 하며 용돈을 버는 등 수준급 피아니스트였던 무소륵스키의 평생 로망은 오페라였다. 무소륵스키는 특히 푸시킨의 희곡을 원작으로 16세기 말 러시아를 배경으로 한 대작 오페라 《보리스 고두노프 Boris Godunov》를 무대에 올리기 위해 혼신의 노력을 기울였다. 유감스럽게도 이 작품은 무소륵스키 생전에는 큰 주목을 받지 못했다가 사후 재평가를 받았고, 지금은 러시아 오페라 역사상 최고의 걸작이 되었다. 정교하면서도 확신에 찬 듯 서서히 솟구치는 힘찬 선율의 짧은 전주곡으로 시작되는 오페라는 3시간여에 걸쳐 극적인 권력 투쟁의 궁정 드라마를 후기 낭만주의 스타일로 펼쳐 보인다. 장대한 스케일과 음향에 압도되고 싶다면 《보리스 고두노프》가 좋겠지만, 음악이 얼마나 맛깔나게 현실계의 대상을 표현할 수 있는지를 경험하고 싶다면 《전람회의 그림》을 권한다.

무소륵스키가 5인조 가운데 음악적으로 가장 뛰어난 재능을 지녔다면, 그들 가운데 가장 완성도 높은 음악을 작곡한 사람은 단연 림스키코르사코프였다. 5인조의 다른 멤버들처럼 림스키코르사코프 역시 오

림스키코르사코프. 5인조 가운데 가장 정교하고 세련된 음악을 펼쳤다.

랫동안 음악은 취미로 그쳤고, 해군사관 학교를 마치고 수년간 해군 장교로 근무했다. 림스키코르사코프는 1862년부터 약 3년간 군함을 타고 세계 일주를 하게 되는데, 이 시기의 경험은 그가 음악가로서 크게 성숙하는 계기가 되었다. 그는 항구에 배가 정박할 때마다 연주회를 찾아가고 현지 음악가들의 악보를 구해 연구하는가 하면, 여가 시간에는 작곡 이론을 독학하면서 점점 자신의 재능과 열정이 작곡에 있다는 확신을 품었다.

러시아 5인조로서 림스키코르사코프의 공적은 우선 자신보다 먼저 세상을 떠난 동료 음악가들의 유작을 정리하고 집대성한 것을 들 수 있다. 보로딘이 10년 이상 붙잡고 있었으면서도 완성하지 못한 《이고르 공》을 마무리 짓는가 하면, 무소륵스키의 《보리스 고두노프》의 조악한 관현악 편성을 깔끔하게 정리하는 등 여러 작품을 손보았다. 그 과정에서 무소륵스키 음악 고유의 '야성'이 많이 사라졌다는 비판도 받았지만, 역시 큰일을 벌이는 사람 뒤에는 항상 불평불만의 뒷말이 따르는 법이다.

림스키코르사코프의 음악 가운데 지금까지 대중적으로 사랑받는 작품으로는 먼저 교향악 조곡 《세헤라자데 Scheherazade》를 꼽을 수 있다. 《세헤라자데》는 중동의 설화집 『아라비안나이트』에서 왕에게 밤마다 이야기를 들려주는 아름답고 지혜로운 여성의 이름으로, 실제로 음악은 세헤라자데와 왕의 대화를 묘사한 도입부에 이어 『아라비안나이트』의 에피소드에 기초한 4편의 곡이 펼쳐진다. 림스키코르사코프 음악의 특징 가운데 하나는 풍부한 색채감이다. 오케스트라의 각 악기가 가진 독특한 음색에 정통했던 림스키코르사코프는 음악의 주제와 선율에 가장 알맞은 악기를 적재적소에 배치해 다채로운 사운드를 만들어 냈다. 분명하고 확고한 주제(동기)를 정하고 다른 모든 음향적 기능을 주제의 전개와 강화에 종속시켰던 무소륵스키나 보로딘의 접근과는 다른 기술적(창조적이 아니라면)으로 한 차원 높은 방식이었다. 특히 그는 관현악 기법에서 프랑스 낭만주의의 선봉 베를리오즈로부터 많은 영향을 받았는데, 그렇다고 베를리오즈처럼 이따금 빈약한 선율을 색채와 분위기로 슬쩍 덮어 가는 꼼수를 쓰지 않는다. 다시 말해 《세헤라자데》의 각 악장은 분명한 동기가 제시된 뒤 발전되는 형식을 취하며, 관현악의 다양한 음색에만 의존하는, 즉 부실한 식재료를 양념으로 버무려 버리는 식은 분명 아니라는 것이다.

보로딘과 무소륵스키와 마찬가지로 림스키코르사코프의 음악 역시 오리엔탈리즘의 그림자가 짙게 드리워져 있다. 다만 그의 오리엔탈리즘은 훨씬 세련된 관현악 언어로 쓰여 있기 때문에 깔끔하고 우아하다. 림스키코르사코프의 또 다른 대표작으로는 13세기의 전설적인 러시아 음유시인을 주인공으로 내세운 오페라 《사드코Sadko》가 있다. 《사드코》에서 가장 사랑받는 곡은 합창곡 〈인도의

중동의 설화집 『아라비안나이트』에 등장하는 현명한 여인 세헤라자데. 림스키코르사코프는 그 이름을 딴 교향악 조곡 《세헤라자데》로 유명하다.

노래Song of India〉다. 나 또한 처음 들었을 때 그 신비스러운 선율에 잠시나마 취했던 게 기억난다.

러시아 5인조의 음악에 오리엔탈리즘 색채가 드러워진 것은 단지 우연이 아니다. 서유럽인들에게 러시아는 동방에 위치한, 유럽과는 다른 다소 신비로운 이미지를 간직한 나라였고, 5인조는 이런 러시아의 지정학적 위치와 특유의 유라시아적 문화를 음악적으로 표현하는 데 주저하지 않았다. 그뿐만 아니라 19세기 러시아는 세계열강의 일원으로 대접받기를 기대하며 육지와 바다 양쪽에서 세계 곳곳을 분주히 간섭하고 다녔다. 1856년 크림 전쟁의 패전으로 서방과 남방으로의 확장이 용이하지 않게 되자, 러시아는 동방에 오랫동안 정성을 쏟았다. 러일 전쟁으로 이어지는 조선 반도에 대한 관심 또한 그러한 동방 정책의 일환이었다. 이렇듯 19세기 말 제정 러시아의 팽창주의는 결국 부국강병과 영토 확장을 꾀하는 민족주의의 변주라고 할 수 있다. 5인조의 음악에 깃든 오리엔탈리즘 역시 넓은 세계로 뻗어 나가려던 당시 제정 러시아의 집단적 욕망이 예술 속에 반영된 것이라고 보아도 무리는 아닐 듯하다.

차이콥스키와 라흐마니노프, 서정성의 승리

19세기 말 러시아 음악은 독학으로 작곡 기법을 익히고 음악을 민족정신과 정체성의 표현을 위한 매개체로 인식하던 '5인조'로 대표되는 민족주의 계열의 러시아 국민악파와, 상트페테르부르크 음악원이나 모스크바 음악원에서 정통 유럽식 음악 교육을 받은 제도권 음악파가 서로 대립하는 양상이었다. 19세기 러시아가 낳은 가장 위대한 작곡가라 할 표트르 일리치 차이콥스키(Pyotr Ilyich Tchaikovsky, 1840~1893)는 인적 교류에서나 음악 예술에서나 두 세력 사이의 균형을 잡으려고 노력했고, 그 과정에서 슬라브적 영감과 세련된 유럽식 음악 언어가 절묘하게 어우러진 불후의 명곡들을 대거 배출했다.

차이콥스키는 러시아 북부에서 광산 개발 엔지니어의 아들로 태어났다. 음악에 상당한 조예가 있었던 그의 부모는 어려서부터 차이콥스키에게 피아노를 가르쳐 음악에 대한 감각을 기르도록 했다. 특히 10세 때 모친과 함께 보았던 모

30대의 차이콥스키. 제정 러시아가 낳은 가장 위대한 작곡가다.

차르트의 오페라《돈 조반니》는 차이콥스키에게 큰 영향을 주었다. 하지만 아들이 법률가로 성공하기를 원했던 부친의 뜻에 따라 법률학교를 졸업한 뒤 수년간 법무성에서 근무했다. 그는 관직 생활을 하면서도 음악 공부를 이어 나가다 상트페테르부르크 음악원에 입학했다. 이때부터 차이콥스키의 음악 실력은 일취월장해 수년 뒤에는 모스크바 음악원에 교수로 초빙되기에 이르렀다. 활동 초기 그는 러시아 5인조와 친밀한 교류를 맺었지만, 곧이어 그만의 색깔을 드러내기 시작했다.

차이콥스키는 러시아 5인조가 지녔던 한계, 즉 보로딘의 아마추어리즘, 무소륵스키의 부족한 세련성, 림스키코르사코프의 예측 가능성 등을 모두 극복하는 동시에, 당대 서유럽의 음악 전통에 경도된 러시아 강단 음악파의 교조성과도 차원을 달리하는 독창적인 예술 세계를 구가했다.《백조의 호수 Swan Lake》《호두까기 인형 The Nutcracker》 등의 발레 음악,《교향곡 6번 '비창' Symphony No. 6 in B Minor Op. 74 "Pathétique"》《교향곡 3번 '폴란드' Symphony No. 3 in D Major Op. 29 "Polish"》《이탈리아

1982년 파리에서 공연된 《백조의 호수》의 한 장면.

기상곡Capriccio Italien》, 〈안단테 칸타빌레Andante Cantabile〉라는 2악장으로 잘 알려진 《현악 4중주 1번String Quartet No. 1 in D Major Op. 11》《현을 위한 세레나데Serenade for Strings Op. 48》 등의 실내악은 물론 오페라 《예프게니 오네긴Eugene Onegin》《스페이드의 여왕The Queen of Spades》에 이르기까지 차이콥스키의 음악은 장르를 망라하는 방대한 분량에 더해 완성도와 세련성에서도 동시대 다른 러시아 음악가들을 압도한다.

차이콥스키의 음악은 어떤 작품을 들어도 기본 이상이지만, 입문자들에게 권하고 싶은 것은 그의 서곡과 협주곡이다. 그중에서도 러시아 5인조의 가슴까지 적신 《서곡 1812년Overture Solennelle "1812" Op. 49》은 어떨까. 제목에서 알 수 있듯이, 이 작품은 1812년 러시아를 침공한 나폴레옹의 대군과 러시아군의 보로디노 대회전 70주년이 되는 1882년에 작곡된 것이다. 톨스토이의 소설 『전쟁과 평화』의 후반부 하이라이트이기도 한 보로디노 전투는 프랑스군이 전술적으로 승리한 싸움으로, 당시 러시아군은 막대한 피해를 입고 패퇴했다. 하지만 보로디노 전투에서 결정적인 승리를 잡지 못한 나폴레옹은 더욱 깊숙이 러시아를 침투했고, 결국 러시아의 초토화 작전에 말려들어 식량과 보급품

부족을 겪은 끝에 철수하기에 이르렀다. 즉 보로디노 전투는 나폴레옹에 대한 러시아의 승리를 위한 교두보가 마련된 사건이었다. 차이콥스키는 역사적인 보로디노 전투를 기리는 이 작품 속에 자신의 주제뿐 아니라 러시아 민요, 프랑스 국가 〈라 마르세예즈 La Marseillaise〉, 러시아의 황제 찬가인 〈신께서 차르를 보우하사 God Save the Tsar〉 등의 가락을 솜씨 있게 배치하는가 하면, 피날레에서 대포가 터지도록 하는 등 푸짐한 들을 거리를 제공해 애국주의와 엔터테인먼트, 예술성을 조화시켰다.

차이콥스키의 1869년 작품 《로미오와 줄리엣 환상 서곡 Overture-Fantasy "Romeo and Juliet"》의 매력 또한 만만치 않다. 서곡이라고 불리기는 하지만, 연주 시간이 20분 가까이 달하는 사실상의 교향시다. 이 곡은 그 자체로 아름다울 뿐 아니라 비교적 긴 차이콥스키의 교향곡 시리즈 감상을 위한 오리엔테이션도 된다. 클라리넷과 바순이 이끄는 도입부로 시작해 매우 잔잔하고 정제된 흐름으로 이어지는 음악은 갑자기 로미오와 줄리엣 두 연인 앞에 놓인 고난과 위기, 몬터규와 캐풀렛 가문의 갈등을 상징하듯 어둡고도 힘차게 몰아치는 선율로 변한다. 이후 잠시 숨을 고른 뒤 오케스트라는 서서히 그 유명한 사랑의 주제를 이끌어 낸다. 클라리넷과 플루트가 소개하는 사랑의 테마는 '선율의 제왕'이라는 불리는 차이콥스키의 선율 가운데서도 각별한 호소력이 있다. 이 사랑의 주제는 작품의 후반부에서 다시 등장하는데, 이때 오케스트라 전체가 동원되어 불멸의 사랑, 죽음조차 넘어서는 사랑의 승리를 상징하듯 찬란하고 장엄하게 펼쳐지며 듣는 이의 가슴을 오롯이 적신다. 정말이지, 연인과 손을 꼭 잡고 들어 볼 만한 곡이다.

특히 1악장 도입부가 유명한 차이콥스키의 또 다른 대표작 《피아노 협주곡 1번 Piano Concerto No. 1 in B-flat Minor Op. 23》은 알고 보면 러시아뿐 아니라 미국과도 인연이 깊은 곡이다. 차이콥스키는 자신의 첫 피아노 협주곡이기도 한 이 작품을 당대 러시아 최고의 피아니스트이자 그의 멘토였던 니콜라이 루빈시테인(Nikolai Rubinshtein)에게 헌정하려고 했다. 그런데 악보를 본 루빈시테인은 혹평을 마구 쏟아냈다. 그는 이 협주곡을 '연주 불가'로 규정하는가 하면 몇몇 소절을 제외하고는 아예 처음부터 다시 쓸 것을 제안했지만, 차이콥스키는 이를 거부했다. 마음 같아서는 직접 무대에 서고 싶었겠지만, 기술적으로 대가급 피아니스트의 실력에 못 미쳤던 차이콥스키는 루빈시테인 대신 독일 출신의 피아니스트 겸 지휘자인 한스 폰 뷜로에게 초연을 의뢰했다. 뷜로가 누구였냐고? 바로 바그너의 '봉', 제 마누라까지 바그너에게 뺏긴 한스 폰 뷜로다. 하지만 바그너의 음악을 일찌감치 높이 평가한 데서도 알 수 있듯이 음악적 식견만은 탁월했던 뷜로는 차이콥스키 협주곡의 가치를 바로 간파하고 흔쾌히 연주를 응낙했다. 다만 당시 뷜로는 마침 미국 순회공연 일정을 시작하기 직전이어서, 차이콥스키의 피아노 협주곡은 공교롭게도 러시아 땅이 아니라 미국의 보스턴에서 초연되는 운명을 맞았다. 그리고 그 결과는 대성공이었다. 미국에서의 성공에 이어 유럽 전역에서도 작품의 인기는 빠르게 상승했고, 급기야 차이콥스키와 잠시 척을 졌던 루빈시테인조차 수년 뒤 자신의 견해를 수정하고 직접 곡을 연주했다.

한스 폰 뷜로의 미국 초연 이후 《피아노 협주곡 1번》이 미국과 새로운 인연을 맺은 것은 20세기 중반이었다. 당시는 미국과 러시아 간의 냉전 구도가 극에 달한 때로, 양국이 군사와 경제는 물론 모든 분야에서 자존심을 걸고 무한 경쟁을 벌이던 시기였다. 1958년 러시아는 모스크바에서 제1회 차이콥스키 콩쿠르를 개최했는데, 이때 모두의 예상을 뒤엎고 23세의 미국인 피아니스트 반 클라이번(Van Cliburn)이 우승을 하면서 차이콥스키 협주곡의 인지도는 새로운 차원으로 올라갔다. 사실 당시 콩쿠르에서 우승이 예상됐던 인물은 소련 공산당이 후원하던 러시아 출신 피아니스트였고, 외국 출신 참가자들은 행사를 빛내기 위한 들러리 역할에 그치도록 각본이 짜여 있었다. 그런데 콩쿠르에 등장한 클라이번은 뛰어난 연주와 곡 해석은 물론 잘생긴 용모와 세련된 무대 매너로 청중의 열렬한 반응을 끌어냈을 뿐 아니라, 마침 콩쿠르가 러시아 전역에 생중계되면서 불과 몇 시간 만에 러시아 최고의 인기 스타가 되었다. 상황이 그렇게 되자 당시 심사위원을 맡았던 소비에트 출신의 세계적 피아니스트 스비아토슬라프 리히터(Sviatoslav Richter)와 에밀 길렐스(Emil Gilels)가 귀빈석에 앉아 있던 공산당 지도자 흐루쇼프에게 건의한 끝에 클라이번을 우승자로 선정했다. 서슬퍼런 냉전 시대에 최대 라이벌인 미국 출신 연주자의 손을 들어준 당대 음악인들과 공산당 간부들의 대인배적 행보는 참으로 인상적이다.

러시아도 러시아지만, 미국은 반 클라이번의 우승 소식에 그야말로 발칵 뒤집어졌다. 당시 미국은 러시아가 자국보다 먼저 최초의 인공위성 스푸트니크 발사에 성공한 탓에 국가적 자존심에 큰 상처를 입은 상태였다. 그런 상황에서 텍사스 출신의 젊은이가 러시아의 심장 모스크바에서, 그것도 러시아 작곡가를 기념하는 콩쿠르에서 우승하는 이변이 생겼으니, 거국적으로 흥분할 만도 했다. 미국으로 돌아온 클라이번을 위해 마치 개선장군 같은 카퍼레이드가 열렸고 그의 콘서트 실황 앨범은 클래식 음반 사상 최초로 100만 장 이상이 팔려 나갔다.

참고로 이 《피아노 협주곡 1번》 속 주제의 연주 시간—호른의 힘찬 인도로 오케스트라가 피아노의 겹화음을 배경 삼아 연주되고, 다시 피아노가 그것을 이어 받아 재연하는—은 전부해서 4분이 채 되지 않는다. 그뿐 아니라 도입부를 제외하면 주제가 다시 등장하지도 않는다.

애초에 도입부가 그토록 유명해질 줄 차이콥스키 자신도 미처 몰랐던 것인지 모르겠지만, 그 대목에만 익숙한 사람이 처음 1악장 전체를 들으면 좀 어리둥절할 정도다. 따라서 실제로 협주곡을 다 들어 보면 그 느낌은 매우 신선하다. 1악장에 차이콥스키 특유의 서정성이 장엄하게 표현되어 있다면, 2악장은 노래의 선율을 그대로 연주하듯 잔잔하게 시작했다가 전혀 예상하지 못한 시점에서 갑자기 리스트의 광시곡을 방불케 하는 격렬한 스케일로 돌변하고, 3악장은 독특한 리듬감과 박진감이 넘친다.

차이콥스키의《바이올린 협주곡 d장조 Violin Concerto in D Major Op. 35》는 그가 결혼에 실패한 뒤 그 충격에서 벗어나기 위해 스위스에서 휴양 중이던 1878년에 쓴 곡이다. 차이콥스키는 이 곡을 저명한 바이올리니스트 레오폴드 아우어(Leopold Auer)에게 헌정하고 초연을 맡아 달라고 부탁했지만 거절당했다. 결국 작품은 작곡된 지 3년 만에 러시아 바이올리니스트 아돌프 브로드스키(Adolph Brodsky)의 연주로 빈에서 초연되었는데, 이때도 평단의 반응은 그리 좋지 않았다. 니콜라이 루빈시테인도 그렇고, 차이콥스키 음악에는 당대 러시아의 제도권 음악계가 마음에 들어 하지 않는 어떤 요소들이 있었던 듯하다.

오케스트라 도입부에 이어 바이올린 솔로가 본격적으로 소개하는 1악장의 주제는《피아노 협주곡 1번》의 초반부 선율만큼이나 유명하다. 귀에 착착 감기는 선율을 듣다 보면 왜 차이콥스키가 지금까지도 가장 대중적인 러시아 작곡가인지를 새삼 깨닫게 된다. 2장 역시 차이콥스키 스스로 '소곡(Little Song)'이라는 뜻의 이탈리아어 '칸초네타(Canzonetta)'를 붙인 것에서 알 수 있듯이 서정적이며, 3악장은 마치 집시 음악적인 흥겨운 주제가 바이올린 독주에 실려 박자감 있게 흘러간다. 차이콥스키의《바이올린 협주곡 d장조》는 내로라하는 바이올리니스트들의 명반도 많지만, 러시아 출신 바이올리니스트 야샤 하이페츠(Jascha Heifetz)의 연주를 권하고 싶다. 하이페츠의 차이콥스키를, 그것도 스테레오 음반이 아닌 모노로 들은 지 어느덧 30년이 가까워지지만, 그 연주는 여전히 선명하게 기억에 남아 있다. 통제력을 잃지 않는 1악장의 빠른 패시지는 물론이거니와 3악장에서 군더더기 없이 깔끔하고 과감하게 활을 켜 나가는 솜씨는 그저 감탄스럽기만 했다.

20세기 전반기 가장 위대한 바이올리니스트 중 한 명인 야샤 하이페츠의 젊은 시절. 그가 연주한 차이콥스키 바이올린 협주곡은 전설적인 명반이다.

차이콥스키의 삶에서 흥미로운 것은 귀족 출신의 부유한 미망인 폰 메크 부인의 역할이다. 1876년부터 시작된 폰 메크 부인의 재정적 후원 덕분에 차이콥스키는 음악원 교수 자리를 그만두고 창작 활동에 몰두할 수 있었다. 또한 독일 바이로이트 축제 극장에서 열린 바그너의《반지 연작》초연과 파리에서 열린 작곡가 비제의 오페라《카르멘 Carmen》초연을 보면서 세련된 선진 음악의 감각을 연마할 수 있었다. 그렇게 창작에 몰두한 차이콥스키는 1880년경에는 이미 유럽과 미국에서까지 인기를 누리는 작곡가가 되어 있었다. 흥미로운 것은 무려 13년간 차이콥스키를 후원했음에도 폰 메크 부인은 단 한 번도 차이콥스키를 직접 만나지 않았다는 사실이다. 대신 두 사람은 1,000통이 넘는 편지를 교환하며 긴밀한 관계를 유지했고, 차이콥스키는 그녀에게 음악적 의견뿐 아니라 개인적인 고민과 감정까지 털어놓으며 정신적으로 크게 의지했다.

폰 메크 부인은 왜 차이콥스키를 만나지 않았을까? 폰 메크 부인에게 대인 기피 성향이 있었던 것도 아니다. 그녀는 차이콥스키뿐 아니라 여러 예술가를 동시에 후원했고, 파리에 머물 때는 다른 사람도 아닌 인상주의 작곡가 드뷔시에게 딸들의 음악 교육을 맡겼고 종종 함께 실내악 연주를 즐기기도 했다. 따라서 폰 메크 부인이 왜 차이콥스키와의 만남을 거부했는지에 대해서는 여러 추측이 따른다. 비록 후원자에게 직접 감사를 표할 기회는 없었지만, 차이콥스키로서는 후원자의 눈치를 볼 필요 없이 오랫동안 막대한 액수의 지원을 받았으니, 어떻게 생각하면 하이든이나 바그너 정도는 못 되더라도 억세게 재수 좋았던 음악가라고 해도 좋겠다.

차이콥스키는 직접 지휘한 《교향곡 6번 '비창'》의 초연을 마치고 얼마 지나지 않아 1893년 11월 상트페테르부르크에서 사망했다. 오랫동안 차이콥스키의 죽음은 공연에 대한 부정적인 평을 받고 침울해하다가 부주의하게 끓이지 않은 물을 마신 뒤 콜레라에 걸려 사망한 것으로 알려져 있었다. 그런데 최근 들어서 단순 병사가 아닌 자살, 그것도 강요된 자살이라는 주장이 상당히 설득력을 얻고 있다. 차이콥스키는 동성애자(그래서 당연히 결혼도 실패)였고 시대가 시대였던 만큼 커밍아웃을 하지 못하고 숨어서 연애를 했는데, 그만 말년에 애정 행각을 들키고 말았다. 당시 러시아에서 동성애는 사형에 해당하는 범죄였다. 게다가 발각 당시 관계를 맺었던 젊은 남성이 제정 러시아 고관의 인척이었고, 이 소문은 러시아 정계 곳곳에 포진해 있던 차이콥스키의 법률학교 동문들에게까지 퍼졌다. 상황이 이렇게 되자 차이콥스키를 구제하기 위해 동문들이 백방으로 뛰어다녔다고 말하고 싶지만, 현실은 정반대였다. 이들은 이 사건이 큰 스캔들로 번져 학교와 동문의 명예를 더럽힐 것을 우려해 이른바 비공식적 '명예 재판(court of honour)'을 열어 차이콥스키에게 자살을 명령했고, 그로부터 며칠 뒤 차이콥스키는 음독자살했다. 만약 이 주장이 사실이라면 가혹하기 짝이 없지만, 콜레라 사망설보다는 금지된 애정 행각을 벌이다가 맞이한 최후라는 시나리오가 차이콥스키 음악의 극적인 특징에 더 어울리는 죽음 같기도 하다.

러시아 화가 쿠즈네초프가 그린 말년의 차이콥스키 초상. 《교향곡 6번 '비창'》 초연 직후 닥친 그의 갑작스러운 죽음에 관해서는 오늘날까지도 논란이 분분하다.

차이콥스키가 한창 창작의 물이 올라 있던 1873년에 러시아 북부 노브고로드의 귀족 가문에서 출생한 세르게이 라흐마니노프(Sergei Rachmaninoff, 1873~1943)는 여러 면에서 차이콥스키 음악의 계승자라고 할 수 있다. 일단 라흐마니노프는 모스크바 음악원 재학 당시 본격적으로 작곡 활동을 시작하면서 초기 차이콥스키의 스타일을 의식적으로 모방했다. 그는 차이콥스키와 림스키코르사코프 등 선배 대가들로부터 획득한 후기 낭만주의 음악의 어법에 지극히 충실했던 반면, 당시 서구 음악계를 휩쓸었던 모더니즘적 실험에는 거의 관심을 두지 않았다. 그렇다고 해서 라흐마니노프의 보수적인 음악 성향을 단순히 예술적 퇴행이나 수구적 자세로 볼 수는 없다. 오히려 라흐마니노프는 누가 시키지 않았는데도 전통 조성 음악에 남아 있던 가치와 잠재력을 주목하고, 그 개발을 위해 전력하면서 자신만의 독특한 스타일을 구축했다.

물론 라흐마니노프는 건반의 사나이였다. 다만 쇼팽이 피아노의 시인, 리스트가 건반의 마법사였다면, 라흐마니노프는 명실공히 피아노의 대공(차르가 등장하기 전에 러시아는 여러 대공이 다스리는 크고 작은 공국들의 연합체였다)이라고 부를 수 있지 않을까? 최고 수준의 비르투오소 피아니스트였던 라흐마니노프는 화려한 피아노 기교와 서정적인 선율이 절묘하게 어우러져 시너지가 극대화된 피아노곡을 대거 작곡했다. 이 부분에서 선율의 제왕인 차이콥스키와 라흐마니노프 사이의 접점이 이루어진다. 비록 피아노에 무게 중심이 옮겨 가 있기는 했지만, 아름다운 선율의 개발과 활용에 주목했다는 점에서 라흐마니노프는 가장 확실하게 차이콥스키의 계보를 이은 러시아 음악가이자 후기 낭만주의 음악의 강력한, 어쩌면 진정한 최후의 수호자였다.

라흐마니노프의 대표작으로는 우선 《피아노 협주곡 2번 Piano Concerto No. 2 in C Minor Op. 18》과 《피아노 협주곡 3번 Piano Concerto No. 3 in D Minor Op. 30》을 꼽아야 할 것이다. 둘 다 뛰어난 작품이지만, 나는 특히 《피아노 협주곡 2번》에 각별한 애정이 있다. 이 작품은 1901년 라흐마니노프가 한동안 우울증으로 고생하다 정신과 치료까지 받은 뒤에 그 여세를 몰아 작곡했다. 하지만 그 배경을 알지 못한다고 해도 작품 속에 흐르는 대담무쌍함, 애써 회복한 자신감을 감지하기는 그리 어렵지 않

동료 음악가들과 함께한 라흐마니노프(가운데). 탁월한 피아니스트이자 러시아 낭만주의 전통을 20세기에 계승한 작곡가였다.

다. 곡의 조성은 내림 c단조지만, 그것은 애처롭거나 연약한 감상이 아니라 과감성이 넘쳐 흐르는 단조다. 1악장은 전통적인 협주곡의 형식과는 달리 피아노 단독의 겹화음으로 시작된다. 곧이어 피아노 스케일에 맞춰 이어지는 오케스트라의 주제는 다시 피아니스트의 손끝에서 더욱 서정적인 선율로 변해 듣는 이의 귀를 감싼다. 아름답고 여유로운 선율이 유달리 돋보이는 2악장에 팔려 정신줄을 놓는 사이, 작품은 어느새 3악장으로 향한다. 3악장은 1악장의 주제를 새로운 방식으로 다시 소개하며 서서히 최후의 클라이맥스로 나아간다. 피아노와 오케스트라의 절묘한 호흡 속에 진행되는 피날레를 듣다 보면 그야말로 가슴이 벅차오르다 못해 터질 듯한 압도감에 사로잡힌다.

들으면 들을수록 놀라운 이 작품은 피아니스트 사이에서도 넘기 힘든 산으로 인식되며, 라흐마니노프 자신이 "오직 코끼리 같은 피아니스트만이 제대로 연주할 수 있다."고 말한 것처럼 웬만한 기교와 음악성만으로는 소화하기 힘든 작품이다. 여러 피아니스트가 연주한 《피아노 협주곡 2번》을 감상했지만, 그중에서도 호소력 강한 연주를 꼽자면 러시아 출신 스비아토슬라프 리히터의 내공이 주목된다. 또한 차이콥스키 콩쿠르 이후 러시아 음악 전문 피아니스트로 자리 잡은 반 클라이번이 소비에트 시대의 명 지휘자 키릴 콘드라신(Kirill Kondrashin)과 협연한 연주도 추천할 만하다. 클라이번의 깔끔한 타건과 극적 조성에 탁월한 콘드라신의 오케스트라가 어우러지며 최상급의 연주를 선사한다. 《피아노 협주곡 3번》의 연주로는 지금까지도 아르투르 루빈슈타인과 블라디미르 호로비츠의 양대 산맥을 뛰어넘을 연주를 찾기는 힘들다. 다만 《피아노 협주곡 3번》은 피아노의 기교가 약간은 부담될 정도로 화려하고 압도적이라 《피아노 협주곡 2번》에 비해 친숙해지는 데 조금 더 시간이 걸리는 작품이다.

피아노와 오케스트라의 절묘한 호흡이 인상적인 라흐마니노프의 또 다른 작품으로 《파가니니 주제에 의한 광시곡Rhapsody on a Theme of Paganini Op. 43》이 있다. 라흐마니노프가 1934년에 발표한 이 작품은 전설적인 악동 바이올리니스트 파가니니의 《24개의 카프리치오》의 주제를 가져다 다양한 형태로 재해석한 변주곡이다. 파가니니의 《24개의 카프리치오》는 이전에 이미 리스트와 브람스 등에 의해 피아노곡으로 재탄생한 바 있었지만, 원곡의 뉘앙스를 보전하면서도 독창적인 변형을 다채롭게 펼친 라흐마니노프의 솜씨는 각별하다. 이를테면 전체 작품 가운데서도 가장 유명한 18번째 변주는 파가니니의 오리지널 선율을 완전히 뒤집은 뒤 라흐마니노프만의 특유의 색채를 부여한 것으로, 그 서정성은 차이콥스키를 뛰어넘는 듯한 새로운 경지에 다가가 있다.

라흐마니노프는 러시아에 공산 정권이 들어서자 가족을 이끌고 미국으로 건너가 여생을 보냈다. 피아노곡뿐만 아니라 교향곡과 교향시, 가곡 등 다양한 장르의 작품을 상당수 남겼는데, 그 모두를 관통하는 일관된 흐름은 노래하는 듯한 서정적인 선율을 솜씨 있는 화음으로 지원하는 가장 고전적인 방식이었다.

라흐마니노프 하면 떠오르는 곡이 하나 있다. 바로 《바르샤바 협주곡Warsaw Concerto》이라는 단악장의 피아노 협주곡이다. 이 곡은 라흐마니노프가 아니라 영국 작곡가 리처드 애딘셀(Richard Addinsell)의 작품이지만, 두 사람 사이에는 인연 아닌 인연이 있다. 귀에 착착 감기는 선율의 명수로서 라흐마니노프가 가진 재능은 일찌감치 영화계에도 알려졌다. 1941년, 영국 영화 〈위험한 달빛〉의 제작진은 라흐마니노프에게 영화 음악의 작곡을 의뢰하려다가 비용 문제로 포기하고, 라흐마니노프 대신 애딘셀에게 의뢰했다. 이때 내건 조건이 바로 라흐마니노프 풍의 음악이어야 한다는 것이었다. 애딘셀은 그런 요구에 자존심이 상하기는커녕 주문에 맞춘 피아노 협주곡을 작곡했다. 그것이 바로 《바르샤바 협주곡》이다. 이 작품은 문자 그대로 클래식과 팝 사이의 딱 중간에 걸려 있는, 크로스오버형 명곡이다. 라흐마니노프풍의 피아노 원곡으로 들어도 좋고, 영국의 대중 가수 매트 먼로(Matt Monro)가 부른 〈소중한 순간들Precious Moments〉이라는 노래 버전으로 들어도 좋다. 매트 먼로는 워낙에 맑고 안정적인 보컬을 자랑하는 가수라 어떤 노래를 불러도 깔끔하다. 악기로 치면 클라리넷의 소리를 연상케 한다.

1970년대에서 1980년대 초 큰 인기를 끌었던 미국의 싱어송라이터 에릭 칼멘(Eric Carmen) 역시 라흐마니노프와 인연이 있다. 칼멘의 히트곡 2곡이 모두 라흐마니노프의 음악에 줄을 대고 있기 때문이다. 우선 올드 팝을 좋아하는 중장년 한국인들에게도 익숙할 발라드곡 〈올 바이 마이셀프All By Myself〉가 다름 아닌 라흐마니노프의 《피아노 협주곡 2번》의 2악장에서 주제를 따온 작품이다. 그런가 하면 칼멘의 또 다른 히트곡 〈네버 고너 폴 인 러브 어게인Never Gonna Fall in Love Again〉 역시 라흐마니노프의 《교향곡 2번Symphony No. 2 in E Minor Op. 2》 1악장의 선율을 채용한 곡이다. 클래식 음악을 솜씨 있게 활용한 칼멘의 안목도 안목이지만, 이는 시대와 장르를 초월한 라흐마니노프의 음악이 가진 폭넓은 재능에 대한 증거이기도 하다. 팝 가수도 주목한 라흐마니노프의 음악이라면 부담 없이 클래식 음악에 발을 디디려는 초보 입문자에게도 좋은 경험이 되지 않을까 싶다.

스트라빈스키와 러시아 음악의 혁명

이고르 스트라빈스키(Igor Stravinsky, 1882~1971)는 러시아의 공산 혁명보다도 수년 앞서 일어난 러시아 음악 혁명의 주역이다. 상트페테르부르

스트라빈스키. 러시아뿐 아니라 20세기 가장 위대한 음악가의 한 명으로 평가받는 인물이다.

크 근교에서 오페라 가수의 아들로 태어난 스트라빈스키는 일찍부터 음악에 재능을 보였지만, 차이콥스키와 마찬가지로 부모의 권유에 따라 법률학교에 입학해 법률가가 될 예정이었다. 그러다 1902년 당대 최고의 러시아 작곡가였던 림스키코르사코프와의 만남을 계기로 그의 음악에 대한 열정은 다시 불타올랐다. 청년 스트라빈스키의 재능을 바로 알아본 림스키코르사코프는 그에게 직접 작곡법을 가르쳤는데, 이 무렵 스트라빈스키의 부친이 사망하면서 림스키코르사코프는 그에게 제2의 아버지 같은 존재가 되었던 것으로 보인다. 두 사람의 우정은 림스키코르사코프가 사망한 1908년까지 계속되었다. 스트라빈스키는 림스키코르사코프에게 비단 작곡 이론뿐 아니라 러시아 민담과 전설에 대한 관심, 오리엔탈리즘, 깔끔한 관현악 기법 등 상당한 음악적 자산을 물려받았다.

20세기 초 상트페테르부르크에서는 아방가르드 예술을 추구하는 일군의 예술가들이 활발하게 활동 중이었는데, 이 중 일부는 발레의 잠재력, 발레와 음악 사이의 창조적 시너지에 새삼 주목했다. 사실 이것은 그리 새로운 발상도 아니다. 우선 발레는 어떤 의미에서 클래식 음악의 산파 역할을 했다. 프랑스의 절대 군주 루이 14세는 발레를 너무 사랑한 나머지 스스로 무용수가 되어 무대를 누비는 창작 무용극을 만들어 밤마다 신하들 앞에서 공연하곤 했다. 루이 14세의 '태양왕(Sun King)'이라는 별명은 그가 춤판을 벌일 때 태양의 마스크를 썼기 때문에 붙은 것이다. 루이 14세는 자신의 무용에 걸맞은 다양한 종류의 음악을 작곡할 것을 궁정 악사들에게 요구했는데, 이것이 발레 음악의 효시이자 클래식 음악의 주요 기반이 되었다.

  이후 발레는 특히 19세기 오페라에서 중요한 역할을 했다. 일단 공연 시간이 길고 스케일이 큰 그랜드 오페라에서 발레 장면을 넣는 것은 당대 오페라 작곡가들에게 선택이 아니라 필수였다. 이때 발레는 극 중 분위기를 돋우는 감초 역할을 했을 뿐 아니라 오페라의 주요 후원자들이었던 귀족과 부호들이 잠시 오페라 공연에서 주의를 돌려 가벼운 기분으로 술과 다과를 즐기는 휴식 시간을 제공하는 기능도 했다. 이렇게 한동안 오페라의 더부살이 신세였던 발레가 독자적인 예술 장르로 전환하게 된 데는 바로 차이콥스키의 공로가 컸다. 차이콥스키는 《백조의 호수》를 필두로 오페라의 곁다리가 아니라 그 자체로 일정한 스토리 라인을 따라가는 발레 공연을 위한 부수 음악을 여럿 남겼다. 이 전통을 이어 스트라빈스키는 1910년부터 1913년 사이 3편의 발레 음악을 작곡했다.

  당시 상트페테르부르크에서 활동하던 예술가와 지식인들은 자신들을 세계 시민이라고 여기는 동시에 서방에 러시아 예술과 문화가 잘 알려지지 않은 것을 유감으로 여기며 러시아 예술의 전파 방안을 모색하는 등 개방성과 보수성을 동시에 지니고 있었다. 그리고 이 가운데 세르게이 디아길레프(Sergei Diaghilev, 1872~1929)라는 걸출한 인물이 관여하면서 이들이 내걸었던 비전이 단지 예술가들의 공허한 탁상공론에 그치지 않고 실제로 실현되는 계기가 되었다.

  디아길레프는 상트페테르부르크 음악원에서 작곡을 공부한 뒤 '예술 세계'라는 뜻을 지닌 잡지 〈미르 이스쿠스트바〉의 창설 멤버가 되어 예술 평론가 및 공연 기획자로 활동했다. 〈미르 이스쿠스트바〉는 당대 러시아 문인과 예술가들에게 자신들의 견해를 펼칠 수 있는 장을 제공했는데, 예술사가들은 잡지 이름을 따 그들의 활동을 '예술 세계 운동'이라고 부르기도 했다. 카리스마 넘치고 아이디어가 풍부했던 디아길레프는 곧 예술 세계 운동의 지도자로 부상했고, 특유의 친화력으로 러시아 상류층 인사들로부터 후원을 받아 각종 공연과 예술 행사를 여는 등 활발하게 활동했다.

디아길레프는 여기에서 그치지 않고 해외로 눈길을 돌려 유럽 고급 문화의 심장이라고 할 파리에서 1905년 러시아 회화전을 개최했다. 이 이벤트가 예상을 뛰어넘는 성공을 거두며 파리에서 러시아 예술에 대한 관심이 뜨겁게 타오르는 계기가 되었다. 디아길레프는 회화전에 이어 림스키코르사코프와 무소륵스키를 비롯한 러시아 음악가들의 연주회를 개최해 다시 성공을 거두었다. 이에 고무된 디아길레프는 러시아 예술의 우수성을 유럽 주류 사회에 결정적으로 각인시킬 기회를 엿보다가 발레에 주목했고, 이는 디아길레프를 단장으로 한 전설적인 '발레 뤼스(Ballets Russes)', 우리말로 '러시아 발레단'이 탄생하는 배경이

디아길레프(오른쪽). 러시아 발레단을 창단하고 스트라빈스키를 발굴하는 등 20세기 초 서구 문화계를 휩쓴 인물이다.

되었다. 1909년에 발족한 발레 뤼스는 20세기 가장 영향력 있는 발레 공연단이라는 명성에 걸맞게 파리에서의 성공에 이어 유럽뿐 아니라 미국 순회공연을 절찬리에 완수하며 발레와 음악, 무대 디자인 등 여러 장르에 걸쳐 전 세계 예술계에 큰 자취를 남겼다.

디아길레프는 발레 뤼스만의 새로운 창작 작품을 유럽 관객에게 선보일 계획을 세우고 발레 음악을 위한 작곡가를 물색하기 시작했다. 그러던 중 1910년 상트페테르부르크에서 열린 스트라빈스키의 연주회에 참석했다가 깊은 인상을 받고 그에게 발레곡 작곡을 의뢰했다. 당시 28세의 스트라빈스키는 거의 무명에 가까운 존재였다. 몇몇 유명 작곡가의 샘플 음악에 만족스러운 결과를 얻지 못했던 디아길레프는 이 신참에게 기회를 주기로 한 것이다. 타고난 재능도 중요하지만 이를 알아보는 재능 역시 중요하기는 마찬가지다. 스트라빈스키는 자신에게 신뢰를 준 의뢰인의 기대를 저버리지 않고 그의 생애 최고의 걸작 3편을 연달아 작곡했다.

스트라빈스키가 발레 뤼스를 위해 처음 작곡한 작품은 러시아 고전 민담을 모티프로 한 《불새 L'oiseau de feu》다. 《불새》는 왕자 이반이 카스체이라는 불사신 요괴와 대결을 벌여 공주를 구출한다는 러시아 전래동화의 플롯을 충실히 따른다. 제목의 불새는 이반 왕자가 숲속에서 사냥을 하다가 잡은 신비한 존재로, 카스체이가 영생을 누리는 비밀의 열쇠를 쥐고 있었다. 불새는 이반이 자신을 살려준 것에 대한 보답으로 그가 위기에 처할 때마다 나타나 도움을 준다. 그런데 이처럼 예측 가능한 전개를 타고 흐르는 스트라빈스키의 음악은 전혀 예측 가능하지 않다. 앞서 소개한 드뷔시처럼 스트라빈스키는 문제를 제출한 선생조차 예상치 못한 놀라운 답을 내놓는 학생과도 같았다. 아마 작곡을 위촉했던 디아길레프 또한 그런 음악이 나오리라고는 전혀 예상하지 못했을 것이다. 시종일관 변화무쌍한 선율과 리듬이 전개되는 《불새》를 통해 스트라빈스키는 러시아적 정서와 후기 낭만주의 음악의 전통을 절묘하게 융합한 뒤 그만의 색깔을 부여한 끝에 독특하면서도 견고하고 신선하면서도 신비로운, 또 우아하면서도 동시에 힘찬 음악적 경험을 창출해 냈다.

작품은 이반 왕자가 숲속 깊숙이 들어가면서 그의 머리 위로 드리워지는 어둠을 표현하는 듯한 관악기의 신비스럽고도 불길한 겹화음과 함께 시작된다. 도입부도 그렇지만 특히 왕자가 불새를 발견하는 장면, 그리고 불새가 숲속을 노니는 장면을 묘사하는 관악기와 현악기의 정교하고도 유연한 전개에서는 당대 러시아에서 관현악 편성의 최고 고수였던 림스키코르사코프의 그림자가 느껴진다. 다만 그 속에서 펼쳐지는 리듬감과 선율의 독특한 움직임은 림스키코르사코프의 영역을 초월한 스트라빈스키 고유의 내공이다.

1910년 《불새》 공연을 위한 댄서들의 스틸 사진. 스트라빈스키는 유럽 무대 진출을 준비하는 발레 뤼스를 위해 러시아 민담을 소재로 독특하기 짝이 없는 사운드를 창안했다.

곡 전체에서 가장 놀라운 부분은 뒤에 등장한다. 카스체이의 포로로 잡힌 공주를 발견한 왕자가 사랑에 빠지는 장면의 묘사도 러시아풍의 서정성 덕분에 인상적이지만, 카스체이의 부하들이 총출동해 군무를 펼치는 〈지옥의 춤Infernal Dance〉의 리듬과 섬뜩한 선율은 놀라운 호소력을 지닌다. 불새의 도움으로 마침내 카스체이를 처치한 왕자와 공주의 해피엔딩을 묘사하는 장엄한 피날레 또한 독창적이다. 이처럼 막강한 스트라빈스키의 음악에 힘입어 파리에서 초연된 《불새》는 곧 큰 파장을 불러일으켰다. 이국의 땅 러시아에서 온 스트라빈스키라는 음악가가 만들어 내는 굵은 선율과 박력 있는 리듬에 파리지앵들은 열광했고, 음악뿐 아니라 극 중 발레리나가 입었던 의상이나 무대 디자인까지 유행할 정도였다.

《불새》로 하루아침에 당대 러시아를 대표하는 음악가로 발돋움한 스트라빈스키는 1911년 다시 발레 뤼스를 위해 신작 《페트르슈카*Petrushka*》를 선보였다. '페트르슈카'는 못생긴 광대 인형의 이름인데, 1830년대 상트페테르부르크 광장 장터를 배경으로 사육제 기간에 벌어진 이야기를 다룬다. 상인과 행인들이 모인 흥겨운 장터에는 가설 극장이 세워져 있고, 무대 한쪽에는 광대 인형 3개가 축 늘어진 채 놓여 있다. 그때 갑자기 인형의 주인인 마법사가 나타나 인형에 생명을 불어넣으면서 인형들의 흥겨운 춤사위가 시작된다. 세 인형의 이름은 흑인 무어, 여성 발레리나, 그리고 광대 페트르슈카다. 페트르슈카는 발레리나를 사랑하지만 발레리나는 무어를 사랑한다. 질투를 느낀 페트르슈카가 무어와 싸움을 벌이고 결국 이 인형들 사이의 삼각관계는 비극으로 치닫게 된다.

인형에 생명을 불어넣는다는 설정은 그리스의 피그말리온 전설이나 피노키오 이야기 등 고대로부터 내려온 익숙한 내러티브지만, 여기서 주목할 점은 딱히 독창적이지 않은 설정의 이야기를 가로지르는 스트라빈스키 음악의 독창성이다. 《불새》가 러시아 전설에 기초한 신비주의로 일관하면서 다소 묵직한 인상을 주는 반면, 《페트르슈카》는 밝고 경쾌하다. 일단 스토리의 배경이 도회지인 만큼 스트라빈스키는 상트페테르부르크를 비롯해 대도시 지역의 노동자들이나 상인들 사이에 전승되던 민요의 가락을 수집해 작품 곳곳에 배치했다. 또한 《페트르슈카》에서는 단독 선율이 아닌 다중 선율이 서로 다른 시차로 울려 퍼지면서 음향적 입체감을 조성한다. 이는 스트라빈스키가 전통적인 대위법 또는 다성적 전개를 자신의 스타일대로 약간 뒤튼 것인데, 복수의 선율이 겹치는 그 절묘한 타이밍은 그 둘이 연달아, 또는 동시에 연주되는 것과는 전혀 다른 독특한 조성감과 박자감, 리듬감을 창출한다.

《페트르슈카》는 이른바 '페트르슈카 코드(Petrushka Codes)'로도 유명하다. 페트르슈카 코드는 실제 발레에서 주인공 페트르슈카가 등장할 때마다 사용되어 이름 붙여진 것인데, 예를 들어 c장조와 올림 f장조 구성의 트라이어드(3화음)가 함께 연주되거나, 혹은 c장조의 트라이어드가 몇 마디 펼쳐지다가 그것을 받는 겹화음이 올림 f장조가 되면서 조성적으로 예정된 궤도를 벗어나기도 한다.

하지만 스트라빈스키의 이러한 다조성(polytonality)은 쇤베르크의 무조성, 아니 그가 부득부득 우겼던 용어를 따르자면 범조성과는 전혀 다르다. 쇤베르크 일파의 무조/범조 음악이 전통적인 조성의 경계를

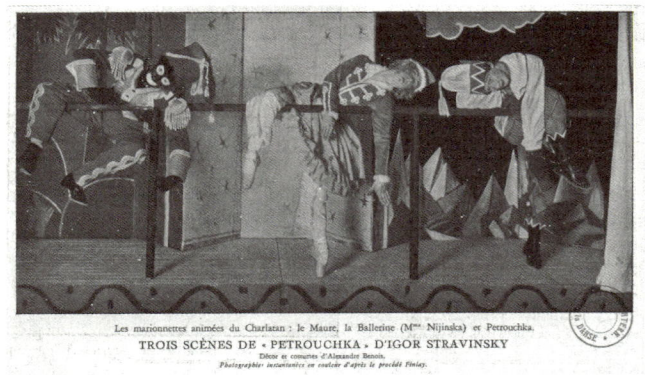

마술의 힘을 생명을 얻은 인형들의 사랑과 갈등을 그린 발레 〈페트르슈카〉의 1922년 파리 공연 포스터. 음악은 스트라빈스키, 안무는 니진스키가 담당했다.

벗어나 미지의 프론티어를 찾아간 반면, 스트라빈스키의 다조성은 여전히 조성 질서 안에 머무르면서도 그 관례와 법칙을 새로운 방식으로 뒤틀어 기존과는 전혀 다른 독특한 음향을 달성했다. 미술에 비유하자면 쇤베르크와 그 추종자들의 음악은 칸딘스키의 추상화를 닮았고, 스트라빈스키의 《불새》와 《페트르슈카》는 피카소나 샤갈의 구상 미술과 닮았다.

《페트르슈카》는 평생 이 곡만 집중 연구하는 음악 이론가들이 있을 정도로 기존 클래식 음악에서는 볼 수 없었던 여러 새롭고 대담한 음악적 실험의 자취로 가득하다. 설명만 들으면 무슨 예술적 돌연변이 같은 느낌이겠지만, 이 곡의 내적 구조를 파헤치는 것은 전문가들에게 맡겨 두고 우리는 《페트르슈카》의 그 멋지고 날렵한 외양, 즉 음악과 그에 맞춘 발레를 감상하면 된다. 축 늘어졌던 인형이 마법사의 주문으로 살아나듯 스트라빈스키의 음악은 우리 내면에 잠들어 있는 미적 감각을 고스란히 일깨우는 마법의 사운드다.

1913년 스트라빈스키가 발레 뤼스를 위해 쓴 세 번째 작품 《봄의 제전 Le Sacre du Printemps》이야말로 음악의 혁명이라는 표현이 어울리는 작품이다. 《봄의 제전》이 당대 서구 음악계 및 지식 사회에 가한 충격은 가히 놀라운 것이었다. 실제로 작품이 초연된 파리의 샹젤리제 극장에서는 음악에 흥분한 관객들 사이에서 상당한 소요와 난투극이 벌어지기까지 했다. 《봄의 제전》에서 스트라빈스키는 머나먼 과거, 즉 동방 정교가 러시아에 도달하기도 전인 슬라브 문명 초기에 있었음직한 이교도 부족의 제례를 묘사하고 있다. 작품의 플롯은 스트라빈스키가 어느 날 꾼 악몽에서 비롯되었다. 그 내용은 이교도들이 가을의 풍년을 기원하며 어느 봄날 대지의 신에게 처녀를 제물로 바치며, 이때 선택된 처녀는 죽을 때까지 격렬한 춤을 멈추지 않는다는 것이었다. 스

공연을 위해 분장한 니진스키. 러시아 발레단의 수석 발레리노로 전무후무한 활약을 펼쳤다.

트라빈스키는 극의 이미지를 염두에 두며 1911년부터 꾸준히 작업을 계속했고, 마침내 1913년 5월 디아길레프의 기획과 당대 최고의 발레리노 니진스키의 안무로 초연을 성사시켰다.

《불새》와 《페트르슈카》에서도 감지되듯이 스트라빈스키의 재능 가운데서도 가장 괄목할 만한 요소는 바로 리듬감이다. 스트라빈스키 이전에는 그토록 확신에 가득찬 리듬을 거의 들을 수 없었다. 스트라빈스키가 현대 음악에 제공한 가장 큰 기여 역시 바로 리듬감(리듬의 '신분 상승'이라고 할까)이다. 종전의 음악에서 리듬은 선율과 화음에 종속되어 있었다. 그런데 스트라빈스키는 《봄의 제전》에서 그 주종 관계를 완전히 뒤엎어 리듬 뒤에 선율과 화음을 종속시키는 음향의 반란을 일으켰다. 이는 그야말로 노예의 반란, 노예의 혁명이 아니고 무엇이겠는가.

신비롭고 잔잔한 1막의 서주가 끝나자마자 아무런 사전 통고나 낌새도 없이 현악기 4도 겹화음이 밀어붙이는 박진감은 작품이 쓰인 지 100여 년이 지난 지금 들어도 여전히 충격적이다. 그 원초적인 음색(프랑스 시인 장 콕토는 《봄의 제전》을 "선사 시대를 위한 전원곡"이라고 불렀다)과 폭발적인 리듬 사이로 간헐적으로 울려 퍼지는 관악기는 마치 종횡하는 탱크나 장갑차의 거대한 소음 사이로 들려오는 비명과 절규를 방불케 한다. 다소 표현이 무시무시해진 감이 있지만, 분명 그 음악이 지닌 본질은 인간적이라기보다는 다분히 기계적, 기능적인 것이 사실이다. 후일

스트라빈스키는《봄의 제전》에 관해 "한마디로 자기 성찰의 여지는 없다."고 말했을 정도로, 이 곡에서는 낭만주의 음악에서 익숙한 정서적 잔재, 감정적 집착의 흔적이 전혀 보이지 않는다. 다시 말해 음악은 이교도의 인신 공양이라는 논리는 찾아볼 수 없이 우둔하고 비정하기 짝이 없는 원래의 주제를 충실히 견지하고 있다. 그리고 그것이야말로 관습을 뛰어넘은 스트라빈스키의 가장 빛나는 아이디어와 창조성의 결과다.

초연 당시 극장에서 벌어진 상황을 참석자들의 증언과 신문 기사 등으로 종합해 보면, 연주 시작부터 가벼운 웅성거림이 있었고 무대의 막이 오르고 본격적으로 발레가 시작되면서 일부 청중이 야유를 보내자 공연을 감상하려던 관객들이 조용히 하라는 경고를 보내면서 이들 사이의 신경전이 몸싸움으로까지 번졌던 것으로 보인다. 급기야 객석에서의 소요 때문에 무대에 선 무희들이 음악을 제대로 듣지 못할 지경에 이르자, 안무를 담당했던 니진스키가 큰소리로 박자를 외치며 무용이 계속 진행되도록 했다고 한다.

《봄의 제전》이 초연 당일 그토록 격렬한 청중의 반응(혹은 반발)을 불러일으킨 데는 프로그램의 편성 문제도 있었다. 본 공연에 앞서 맛보기로 소개된 발레 음악은 다름 아닌 피아노의 시인 쇼팽의 여러 선율을 관현악곡으로 편곡한 일종의 쇼팽 메들리였다. 그렇다 보니 파리의 관객들에게는 이미 익숙한 쇼팽의 아름다운 선율과 우아한 발레가 펼쳐진 뒤에 등장한 본편《봄의 제전》은 그 대조성을 더욱 강하게 했고, 몇몇 관객에게는 충격으로까지 다가갔던 것이다. 스트라빈스키의 음악을 타고 펼쳐진 춤사위 또한 기존의 예쁘장한 발레의 상식적 움직임과 전혀 달랐다. 당시 공연에 참여했던 한 발레리나의 표현에 따르면 '인간새'라는 별명을 가진 전설적인 발레리노 니진스키의 안무는 "점프를 했다가 땅에 떨어질 때면 오장육부가 출렁거리는 듯한 느낌"을 받을 정도로 격렬한 것이었다고 한다.

이렇게 초연은 겉보기엔 '참사'로 끝났지만, 이 작품을 통해 스트라빈스키는 비단 러시아뿐 아니라 유럽 전체를 대표하는 신세대 작곡가로서의 위상을 확립했다. 스트라빈스키의 《봄의 제전》은 직간접적으로 영향을 받지 않은 작곡가를 찾아보기 힘들 정도로 이후 음악계에 큰 영향을 미쳤다. 여기서 영향이란 스트라빈스키가 시도한 실험을 충실히 모방하려는 1차원적 노력도 포함되지만, 동시에 모든 혁명적 생각이 그렇듯이 발상의 전환, 즉 '상자 밖에서 생각하기(out of box thinking)'의 모범 사례다. 이렇듯 《봄의 제전》은 예쁘장하고 아름다운 선율 혹은 서정성을 다루는 음악만이 음악은 아니라는 새로운 인식의 지평을 제공했다.

《봄의 제전》이 발표된 시점은 문명사적 관점에서도 절묘한 순간이었다. 1913년은 유럽 열강의 제국주의 경쟁의 판도가 거의 완성된 시점으로, 이미 발 빠르게 전 세계의 노른자 땅들을 식민지로 차지하고 앉은 영국과 프랑스를 향한 독일, 러시아 등 신흥 강국들의 불만이 고조되었던 동시에, 오스트리아-헝가리 제국의 통제력이 약화되면서 발칸반도가 민족 갈등의 화약고로 폭발 직전이었던 무렵이었다. 그 시기를 화려하게 수놓은 다양한 예술 경향과 작품들 가운데서도 《봄의 제전》만큼 다가올 세계적 파국의 그림자를 예술적으로 형상화(음향화)한 걸작은 드물었다. 요한 슈트라우스의 원무곡 《황제》가 미래를 장밋빛으로 칠한 오스트리아와 독일 황제들 간의 경음악이라면, 《봄의 제전》은 1차 세계 대전의 공포를 새로운 예술 언어로 예견한 전주곡이었다. 참고로 전쟁 발발 당시 제정 러시아는 별다른 준비도 없이 분위기에 끌리듯 엉겁결에 1차 세계 대전에 참전해 연전연패의 늪에 빠졌으며, 그 여파는 국내 혼란으로 연결되어 결국 공산 혁명의 발발로 이어졌다.

스트라빈스키는 《봄의 제전》 발표 후에도 거의 60년 가까이 더 살았다. 1차 세계 대전 발발 시 스위스로 피신해 있었던 그는 종전 뒤에도 러시아로 돌아가지 않고 파리와 뉴욕, 로스앤젤레스 등을 오가며 꾸준히 작곡 활동을 펼쳤다. 1920년대에는 바로크 작곡가들의 음악을 골라 자신의 방식으로 재해석하는가 하면, 재즈의 리듬을 적극 채용하고 12음기법을 활용한 음악을 작곡하는 등 당시까지 알려진 모든 음악적 기법으로 창작과 실험을 계속했다. 물론 이 가운데 주목할 만한 작품도 많지만, 그럼에도 역시 스트라빈스키의 진정한 영광은 그가 젊은 시절 창조한 《불새》《페트르슈카》《봄의 제전》으로 이어지는 3편의 춤곡 속에 깃들어 있다고 생각한다. 즉 스트라빈스키 음악의 본질과 위대성은 이 3편의 춤곡에서 모두 찾을 수 있다. 비록 발레를 위한 춤곡들이었지만, 춤의 여부와 관계없이 이 곡들이 전하는 강렬한 음악적 메시지는 그 자체로 자족적인 미학적 체험이 된다.

스트라빈스키 음악의 연주는 명반이 많다. 하지만 내가 10대가 끝나갈 무렵 지인의 집에서 우연히 접했던 유진 오르먼디(Eugene Ormandy)가 지휘하는 필라델피아 오케스트라의 《불새》와 《페트르슈카》를 뛰어넘는 연주는 지금까지도 좀처럼 만나기 쉽지 않다. 지금도 그때의 충격을 잊을 수 없다. 그런 식의 음악적 표현이 가능하다는 사실이 경악스러웠다. 온몸을 휘감는 기분 좋은 전율을 느꼈다고나 할까. 당시 나는 한창 차이콥스키의 음악에 빠져 있었는데, 그의 예쁘장한 발레 음악에 비하면 스트라빈스키의 음악에는 격렬하면서도 마술적인 매력이 있었다. 《봄의 제전》은 말할 것도 없다. 러시아 음악이 차이콥스키의 편안하고 감미로운 신파에서 스트라빈스키의 다차원적 음향에 도달하기까지는 한 세대가 조금 더 걸린 셈이다.

소비에트 삼총사

예술 양식이 인간의 역사를 문헌보다 더 진실되게 반영한다고 믿었던 독일의 사상가 테오도르 아도르노는 조성 음악, 특히 20세기 초에 유행했던 음악을 부르주아 자본주의의 문화적 복제 및 상징으로 평가절하했다. 반면 아도르노는 쇤베르크 일파가 주도한 무조 음악 및 12음 기법 음악을 새로운 시대의 도래를 알리는 전위 음악이자 부르주아적 문화 질서로부터 자유로워진 예술 정신의 구현으로 보았다. 그의 주장은 안팎으로 문제점이 많지만, 가장 아이러니한 것은 정작 현실의 역사에서 자본주의의 대안이라는 명분을 걸고 등장한 사회주의 국가에서는 전통적인 조성을 벗어난 쇤베르크풍의 음악적 실험이 전혀 권장되지 않았다는 사실이다.

러시아에서는 소비에트 연방 체제가 성립되면서 이른바 사회주의 리얼리즘을 표방했다. 따라서 모든 예술가와 예술 양식, 예술 작품은 전 세계의 공산 혁명과 민중 교화에 봉사하는 도구로 여겨졌다. 이런 분위기 속에서 쇤베르크의 음악을 포함한 20세기에 극성이던 모더니즘 예술의 실험은 끼어들 여지가 없었다. 자본주의보다 진보적이라고 주장한 사회에서 보수적인(아도르노식 관점에서는 거의 퇴화된) 예술 양식과 기법이 권장되었다는 것은 아이러니하다.

이는 공산화 이후의 중국이나 북한도 마찬가지여서 그곳의 음악가들은 철저하게 조성 문법을 따른다. 미술에서도 정통 사회주의 리얼리즘에 입각한 작품은 극사실주의나 역사화 정도지 추상 미술이 들어설 자리는 거의 없었다. 다시 말해 20세기를 풍미한 전위 예술은 사회주의 리얼리즘과 그리 친하지 않았다.

한국이 낳은 세계적인 현대 음악가 윤이상(1917~1995)은 그런 의미에서 시사적이다. 그는 해방 이후 베를린으로 넘어가 평생 독일을 근거지로 활동했다. 그러면서 북한을 여러 차례 방문해 김일성과 회견하기도 했고, '범민족 통일 음악제'라는 남북한 합동 공연을 성사시키기도 했으며, 북한에서 영웅 대접에 훈장까지 받았다. 그런 인연으로 북한은 지금까지도 윤이상 음악 연구소를 운영하고 있다. 하지만 만약 윤이상이 북한에서 태어난(혹은 월북한) 음악가였다면 어땠을까? 오늘날 극소수의 마니아와 전문가들 외에는 듣는 사람이 거의 없는 그의 현대 음악이 과연 북한 땅에서 마음껏 작곡될 수 있었을지는 지극히 의문스럽다. 김일성은 고사하고, 생전에 상당한 예술적 식견이 있었다고 알려진 김정일조차도 윤이상의 음악을 일부러 찾아 들으며 여가를 보냈으리라고는 상상조차 되지 않는다.

그런 맥락에서 러시아 혁명으로 수립된 소비에트 공산 정권 치하에서 활약한 세르게이 프로코피예프(Sergei Prokofiev, 1891~1953), 드미트리 쇼스타코비치(Dmitri Shostakovich, 1906~1975), 아람 하차투리안(Aram Khachaturian, 1903~1978), 이 세 음악가의 행적을 살펴보는 것은 의미 있는 일이다. 사회주의 리얼리즘을 공식 강령으로 삼아 예술가들을 통제하던 공산 정권 아래서 그들이 자신의 예술 세계를 다듬어 나간 여정, 고민과 투쟁, 체제에 대한 협력(정도의 차이는 있을지언정 이들은 모두 사회주의 예술관에 기본적으로 동조했던 것으로 보인다)의 흔적은 어떻게 음악에 반영되어 있을까? 과연 자의 반 타의 반으로 전통적인 음악 어법에 머물 수밖에 없었던 이들의 음악은 동시대 서구 음악들에 비해 열등했을까?

이 3인방 가운데 맏형 격이라고 할 프로코피예프는 상트페테르부르크 음악원에서 제정 러시아 시대의 전형적인 엘리트 음악 교육을 받은 인물로 (혹은 그래서인지) 그 이력의 시작은 다소 과격했다. 20대 시절 프로코피예프는 당시 유럽에서 유행하던 무조 음악에 심취해 그쪽 계열의 작품을 다수 작곡했는데, 특히 그의 《피아노 협주곡 2번*Piano Concerto No. 2 in G Minor Op. 16*》은 초연 당시 스트라빈스키의 《봄의 제전》에 대한 청중의 반응을 방불케 하는 물의를 불러일으켰다. 이후 프로코피예프는 한동안 러시아를 떠나 뉴욕, 파리 등에서 콘서트와 작곡 활동을 병행하며 음악가로서의 성공을 추구했지만, 유감스럽게도 그의 진가를 평가받을 기회를 제대로 얻지 못했다. 결국 프로코피예프는 가족과 함께 1935년 러시아로 귀국한 뒤 소비에트를 대표하는 작곡가로 남았다.

프로코피예프는 먼저 영화 음악으로 성공을 거두었다. 그리 놀랄 것도 없이 사회주의 국가에서 영화는 매우 중요한 이데올로기 전파 수단이었다. 프로코피예프는 〈키제 중위*Lieutenant Kije*〉와 〈알렉산드르 네프스키*Alexander Nevsky*〉 등 2편의 영화 음악을 작곡해 명성을 얻었다. 〈키제 중위〉는 18세기 러시아 왕정의 관료주의를 비판한 내용이며, 〈알렉산드르 네프스키〉는 13세기 노브고로드 공국의 지도자였던 알렉산드르 네프스키 대공과 독일 기사단이 얼어붙은 호수에서 벌인 역사적 전투를 극화한 것이다. 프로코피예프의 음악은 각 영화의 서사에 어울리는 적절한 음악적 효과를 제공하는 동시에 단순히 영화의 부속품 내지 들러리에 그치기를 거부하고 자족적인 예술적 성취를 이루어 냈다. 〈알

한자리에 모인 소비에트 음악계의 3인방. 왼쪽부터 프로코피예프, 쇼스타코비치, 하차투리안.

렉산드르 네프스키〉는 러시아의 전설적인 영화감독 세르게이 에이젠슈테인이 감독한 작품으로, 이후 두 사람의 파트너십은 계속 이어져 프로코피예프는 에이젠슈테인의 필생의 역작이라고 할 영화 〈이반 뇌제Ivan the Terrible〉의 음악도 담당했다.

영화 〈알렉산드르 네프스키〉와 오페라 《전쟁과 평화》의 음악을 수록한 음반 표지. 프로코피예프는 영화, 발레, 오페라, 교향시 등 다양한 장르를 넘나들며 뛰어난 음악을 창작했다.

프로코피예프는 공산당과의 관계도 비교적 원만하게 유지했다. 하지만 1948년 비평가들과 당 지도급 인사들에게 형식주의에 빠져 있다는 비판을 받았다. 그의 음악이 사회주의 리얼리즘, 즉 혁명 이념과 혁명 영웅들을 찬양하고 노동 계급의 이해를 반영하는 작업을 소홀히 한 채 음악 자체의 미학을 추구하는 데 빠져 버렸다는 것이었다. 이에 대해 프로코피예프는 소비에트 작곡가 연맹에 일종의 해명서를 제출했는데, 이 글에서 그는 자신이 창작 과정에서 선율을 중요시했지만, 때로 제 흥에 겨워 지나치게 세련되고 복잡한 선율을 만들어 인민의 취향과 동떨어진 작품을 만드는 우를 범한 적도 없지 않았으리라는 식의 자아비판을 시도했다. 이 일화를 보더라도 사회주의 국가에서 예술성과 정치성의 균형을 추구해야 하는 음악가의 삶은 그리 만만치 않았다는 점이 느껴진다. 프로코피예프는 영화 음악 외에도 어린이들을 위한 교향시 《피터와 늑대Peter and the Wolf》, 〈기사들의 춤Dance of the Knights〉으로 유명한 발레 조곡 《로미오와 줄리엣Romeo and Juliet》, 그 외 교향곡과 협주곡 등 탁월한 작품을 많이 남겼다.

프로코피예프의 음악은 그의 생전에 철의 장막을 넘어 특히 서유럽과 미국 등지에서 큰 인기를 끌었고, 지금까지도 현대의 고전으로 사랑받고 있다. 탁월한 관현악 기법 속에서도 명료하게 드러나는 선율의 전개가 돋보이는 프로코피예프의 솜씨는 그가 동시대 소비에트는 물론 오늘날까지도 세계적으로 대중적 인기를 누리는 요인이다. 또한 그의 음악에는 지적인 재치가 있다. 그 재치란 하이든처럼 이벤트성 위트가 아니라 화성의 구조와 선율 속에 자연스럽게 녹아들어 듣는 이의 감성을 자극하는 음악 자체의 내재적 양식을 통한 것이다. 예를 들어 《교향곡 1번 Symphony No. 1 in F Minor Op. 10》의 감칠맛 나는 선율의 흐름도 그렇고, 영화 〈키제 중위〉에서 러시아 민속 음악풍의 리듬감과 여러 악기 고유의 음색을 적극 활용한 뛰어난 관현악 기법은 지금까지도 듣는 이의 어깨를 절로 들썩이게 한다. 또한 《로미오와 줄리엣》에서 두 어린 연인이 사랑에 눈뜨는 장면의 음악은 차이콥스키의 동명 서곡 《로미오와 줄리엣》의 장엄하고 극적인 사운드와는 달리 무척 정교하면서도 아기자기하고, 때로 익살스럽기까지 하다.

프로코피예프 작곡의 《로미오와 줄리엣》의 공연 장면.

한편 젊은 시절을 서유럽과 미국에서 보낸 프로코피예프와는 달리 12세 때 러시아 혁명을 맞았던 쇼스타코비치는 그야말로 '토종' 소비에트 음악가라고 할 수 있다. 평소 콘서트 피아니스트를 꿈꾸었던 쇼스타코비치는 한동안 피아니스트와 작곡가의 커리어 사이에서 고민하다 결국 작곡으로 선회했다. 페트로그라드 음악원 졸업 무렵에 작곡한 《교향곡 1번 '고전'Symphony No.1 in D Major Op. 25 "Classical"》이 큰 성공을 거두며 쇼스타코비치는 소비에트의 신예 작곡가로서 각광받기 시작했다. 하지만 '토종'이라 해도 쇼스타코비치가 조국에서 탄탄대로를 걸었던 것은 아니다. 실제로 쇼스타코비치는 공산당 당국과 평생 껄끄러운 관계를 가졌던 것으로 유명하다. 그의 고난은 스탈린 정권에서 시작되었다.

쇼스타코비치는 1934년 《므첸스크의 맥베스 부인Lady Macbeth of Mtsensk》이라는 오페라로 러시아는 물론 전 유럽에서 호평을 받았는데, '호사다마'라고 작품이 너무 성공을 거둔 것이 결국 사달이 났다. 작품에 대한 소문은 당시 소비에트의 독재자였던 스탈린의 귀에까지 들어갔고, 내용이 궁금해진 스탈린은 직접 극장을 찾았다. 그러나 그는 공연이 끝나기도 전에 자리를 떠나 버렸고, 며칠 뒤 공산당 기관지 〈프라우다〉는 사설을 통해 "음악이라기보다는 난장판"이라며 혹평했다. 이렇게 한번 찍히고 나자 쇼스타코비치가 발표하는 작품마다 당 고위 인사들의 비판이 이어졌고, 그의 《교향곡 4번Symphony No. 4 in C Minor Op. 43》은 타락한 서구 음악 스타일의 무분별한 차용이라는 비판을 받다 못해 1936년 작곡가 스스로 초연을 포기하는 사태가 벌어졌다.

이런 상황에 대응해 1937년 쇼스타코비치는 《교향곡 4번》보다 훨씬 보수적인 스타일로 쓴 《교향곡 5번Symphony No. 5 in D Minor Op. 47》을 발표했다. 그로서는 '죽느냐 사느냐' 하는 기로였는데, 이 작품은 다행히 초연에서 관객의 열광적인 환호를 끌어낸 데 이어 평론가와 당국으로부터 상당한 호평을 받으며 작곡가로서 재기하는 계기가 되었다. 하지만 쇼스타코비치 스스로 "정당한 비판에 대한 소비에트 예술가의 창조적인 대응"이라고 정의했던 《교향곡 5번》이 (예술적이 아니라) 정치적 위기에 빠졌던 쇼스타코비치를 구하는 결정적 계기가 된 이유가 구체적으로 무엇인지는 확실하지 않다. 다만 《교향곡 5번》에서 쇼스타코비치는 러시아 민속 음악의 가락을 몇 개 집어넣었는데, 아무래도 평소 익숙한 선율에 사람들이 호의적인 반응을 보였다고 할 수 있다. 잘 찾아보면 스탈린의 고향인 그루지야 지방 민요의 선율이 섞여 있을지도 모른다.

《교향곡 5번》에서 가장 유명한 부분은 명료하고 서정적이며 애상이 스며든 듯한 선율이 주도하는 라르고의 3악장인데, 초연 중 이 대목에서 객석 곳곳에서 울음이 터져 나왔다는 에피소드가 있다. 어쩌면 스탈린의 대숙청으로 가족이나 동료를 잃었던 관객들이 자신들의 기구

1942년 쇼스타코비치의 모습(왼쪽)과 레닌그라드 전선으로 접근하는 소비에트 병사들(오른쪽). 나치 독일에 맞선 소비에트 민중의 투쟁을 묘사한 그의 《교향곡 5번》은 평단과 청중으로부터 열화와 같은 환영을 받았다.

한 신세를 선율에 연결시키며 일종의 집단 카타르시스를 일으킨 것일지도 모른다. 또한 3악장 못지않게 유명한 4악장이야말로 공산당 인사들이 찾던 사회주의 리얼리즘의 이상에 딱 들어맞는 음악이지 않았을까 싶다. 4악장은 시종 힘과 자신감에 넘치며 폭발적인 음향과 빠른 진행으로 청중을 쉴새 없이 몰아붙이다가 잠시 숨을 고른 뒤 이윽고 최후의 장엄한 피날레로 달려간다. 마치 사회주의자로 전향한 차이콥스키가 살아서 러시아 혁명 기념작을 썼다면 이런 느낌이 아니었을까 하는 인상마저 준다.

《교향곡 5번》에 이어 쇼스타코비치는 스스로 '레닌그라드Leningrad'라고 이름 붙인 《교향곡 7번Symphony No. 7 in D Minor Op. 60》으로, 소비에트를 대표하는 작곡가로서의 명성을 반석에 올렸다. 1941년 상호 불가침 조약을 일방적으로 깨고 소련을 기습 공격한 독일군은 한동안 국경을 넘어 파죽지세로 진격했다. 전쟁 당시 레닌그라드에 머물던 쇼스타코비치는 수개월 뒤에야 모스크바로 피난할 수 있었다. 독일은 러시아군의 처절한 저항에 부딪혀 레닌그라드와 스탈린그라드, 모스크바 등 거점 도시들을 점령하는 데 실패하면서 장기전의 수렁에 빠져 막대한 피해를 입었는데, 이는 2차 세계 대전의 전세가 바뀌는 계기를 제공했다. 쇼스타코비치의 《교향곡 7번》은 독일과 처절한 전쟁을 치르던 당시의 소비에트에 대한 묘사, 사회주의 전쟁 영웅의 비전을 음악적으로 제시했다는 평을 받으며, 러시아뿐 아니라 전 세계적으로 큰 성공을 거두었다.

쇼스타코비치는 평생 총 15편의 교향곡을 썼지만, 그것이 전부가 아니다. 교향곡과 협주곡에 더해 어린이들을 위한 애니메이션 음악을 쓰는 등 여러 방면에서 20세기 러시아 음악을 풍성하게 가꾼 인물이었다. 오랫동안 서구 음악계에서는 쇼스타코비치를 가리켜 후기 낭만주의의 피상적 모방이라는 혹평과 소비에트의 차이콥스키라는 찬사를 함께 보냈다. 하지만 오늘날까지도 그의 여러 작품이 전 세계 교향악단의 레퍼토리에 포함된다는 사실만 보더라도 쇼스타코비치에 대한 어느 쪽 평이 더 부합한지는 자명하다고 하겠다. 만약 쇼스타코비치의 음악에 관해 잘 모르는 초보자라면 교향곡보다는《타히티 트롯Tahiti Trot》이나《축제 서곡Festive Overture in A Major for orchestra》등 다소 가볍고 경쾌한 느낌의 곡들을 권하고 싶다.

세 번째로 소개할 소비에트 음악가는 그루지야 출신의 아람 하차투리안이다. 하차투리안의 음악적 성장은 탄탄한 엘리트 음악 교육을 받은 프로코피예프와 쇼스타코비치와는 경로를 달리했다. 러시아의 소수 민족 아르메니아인 혈통의 하차투리안은 어릴 때부터 고향의 전통 음악을 듣고 자라면서 취미 삼아 아르메니아 민속 악기를 몇 가지 다룰 줄 알았을 뿐 10대 후반까지 정식 음악 교육을 받지 못했다. 그러다가 1921년 18세에 형의 권유로 그네신 음악원에 응시해 합격하면서 하차투리안은 생의 전기를 이루었다. 그때부터 하차투리안은 첼로를 배우기 시작했는데 곧 놀라울 정도로 실력이 늘었고, 작곡 수업을 듣기 시작하면서 여러 편의 실내악과 독주곡을 작곡하기도 했다. 그 여세를 몰아 1929년 26세에 모스크바 차이콥스키 음악원으로 옮겨 작곡과 관현악법을 배웠다. 만학도였던 하차투리안의 음악 실력은 빠르게 성장했고, 평생에 걸쳐 작곡과 지휘 등의 분야에서 활약하며 빼어난 업

장년의 하차투리안. 음악가보다는 소비에트 공산당 고위 관료의 느낌이 짙다.

적을 남겼다.

하차투리안은 소비에트 작곡가 삼총사 가운데서도 공산당 및 사회주의 이데올로기에 대한 충성도가 가장 높았던 음악가였고, 소수민족 출신이었던 만큼 음악적 재능을 발판 삼아 사회주의 체제에서 정치적으로 성공하려는 의지가 강했던 인물로 여겨진다. 아닌 게 아니라 하차투리안은 1957년 소비에트 작곡가 연맹 서기장으로 선출된 뒤 1978년 사망할 때까지 그 자리를 유지했다. 하차투리안의 음악은 어려서부터 영향을 받은 아르메니아 민속 음악의 색채가 특징이라 할 수 있는데, 그런 이유로 '유럽물' 먹은 부르주아 냄새가 난다는 비판을 받았던 프로코피예프나 쇼스타코비치보다 훨씬 쉽게 소비에트 음악의 이상—러시아 민중 음악의 유산을 세련된 음악적 테크닉으로 포장해 전통문화의 수호자로서 당의 이미지에 기여하는 것—에 봉사하는 이미지를 구축할 수 있었다. 하차투리안은 특히 러시아 음악의 중요한 전통이라고 할 발레 음악 쪽에서 발군의 실력을 발휘했다. 그의 음악 가운데 지금까지도 큰 대중적인 인기를 누리는 두 작품이 모두 발레 음악이다. 1942년에 발표된 《가야네*Gayane*》는 집단 농장을 배경으로 공동체의 구성원들 사이에 벌어지는 협력과 배신, 갈등, 사랑, 우정 등을 통해 이상적인 소비에트 시민상을 그린, 다시 말해 노골적인 공산주의 선동극에 가깝다. 하지만 그 뻔하디뻔한 플롯과 무용수들의 몸짓 위를 수놓는 하차투리안의 음악은 전혀 뻔하지 않다. 《가야네》는 타악기가 주도하는 박진감 넘치는 리듬감이 일품인 〈칼춤*Sabre Dance*〉으로 유명하지만, 사실 작품 속 음악이 모두 뛰어나다. 힘찬 리듬감으로 말하면 가장 첫 곡인 〈전주곡〉도 〈칼춤〉에 못지않으며, 주인공 가야네가 연인과 추는 〈사랑의 2중주*Duet*〉는 제정 러시아의 엘리트 작곡가 차이콥스키의 《로미오와 줄리엣》 속 〈사랑의 테마〉에 대한 소비에트 아르메니아적 대답이다.

    흥미롭게도 하차투리안은 《가야네》의 내용을 1954년에 대폭 수정했다. 사실 수정 정도가 아니라 원작과는 전혀 다른 스토리 라인을 따라 음악을 재배치하고 추가한 것인데, 이 수정판은 중세를 배경으로 코카서스 처녀 가야네, 아르메니아인 촌락을 착취하는 폭군에 맞서는 청년 아르멘, 폭군의 아들 긴코 사이의 삼각관계와 갈등을 묘사한다. 1942년 원작에서 가야네는 유부녀였고 아르멘은 가야네의 오빠였다. 〈칼춤〉도 원작에서는 집단 농장의 성원들이 불에 탄 창고 건물을 새로 재건한 뒤 잔치를 벌이며 추는 축하의 군무지만, 수정판에서는 아르멘과 긴코가 둘 중 누가 가야네를 차지하느냐를 놓고 벌이는 결투의 음악으로 나온다. 오히려 원작보다 음악이나 분위기가 어울리다 보니 수정판이 하차투리안이 원래 생각했던 플롯에 더 가깝지 않았을까 하는 추측이 불가피할 정도다. 작품이 처음 발표된 1942년은 독일과의 전쟁이 한창이었던 시기였으니 충성스러운 사회주의자였던 하차투리안 역시 전쟁 중인 국민의 사기 진작에 일조할 목적으로 조금 억지스러운 플롯을 채택했던 것이 아니었을까(아니면 당국의 '권유'가 있었을지도 모른다)? 시기적으로 수정판을 낸 1954년이 스탈린이 사망한 바로 다음 해라는 것도 공교롭기는 마찬가지다.

    하차투리안의 1956년 작품인 《스파르타쿠스Spartacus》는 로마 공화정 말기 대규모 노예 반란을 주도하여 로마인들의 간담을 서늘하게 했던 검투사 출신의 반란군 지도자 스파르타쿠스의 활약을 그린 발레 음악이다. 고대 세계의 최강 국가 로마에 항거한 피지배 계급의 대규모 봉기였다는 역사적 상징성 때문에 스파르타쿠스 반란은 근대 서구의 사회주의자와 공산주의자들 사이에서도 특별한 위치를 차지했다. 이렇듯 《가야네》와 《스파르타쿠스》의 두 작품은 사회주의 대의에 봉사하는 소재와 내용을 다루고 있다. 하지만 동시에 이 작품들을 관통하는 음악은 이데올로기적 장벽을 초월하는 아름다움을 표상한다. 이를테면 《스파르타쿠스》 속 '사랑의 테마'로 불리는 유명한 〈스파르타쿠스와 프리기아의 아다지오*Adagio of Spartacus and Phrygia*〉는 사회주의뿐 아니라 모든 이데올로기를 초월해 인간이 경험하는 가장 원초적인 감정을 그 이상 서정적일 수 없는 선율로 묘사하고 있다.

하차투리안의 발레 음악은 냉전 시대에도 철의 장막을 넘어 자유 민주 진영의 음악 애호가들에게 크게 사랑받았던 대표적인 러시아 음악이며, 그 인기는 지금도 여전하다. 그의 음악은 선율의 호소력이 선명한 탓에 서방 영화인들이 즐겨 차용했는데, 〈2001 스페이스 오디세이〉 〈에일리언〉 〈칼리굴라〉 등 여러 영화의 배경 음악으로 사용되었다.

결과만 놓고 본다면, 소비에트 음악가들이 처했던 상황이 완전히 부정적이었던 것만은 아닌 듯하다. 분명 창작 활동은 물론 일상생활의 모든 부분에 정치적 해석이 가해지는 사회주의 체제 상황 때문에 때로는 적잖이 스트레스를 받기도 했겠지만, 한편으로 이들은 체제의 보호를 받으며 당대 대다수 인민이 누리기 힘든 안락한 물질적 생활을 향유했다. 비록 자의 반 타의 반으로 전통적 조성 음악의 영역에서 창작 활동을 전개했지만, 그 때문에 이들의 예술이 동시대 서구 음악가들에 비해 음악적 질이 떨어진다는 흔적은 찾기 힘들다. 사회주의 리얼리즘의 교조성이 기존의 조성 음악 전통 속에 남아 있던 잠재력을 일깨워 역설적으로 새로운 창조적 성과를 거두게 하는 계기를 만들었다고도 볼 수 있다. 당대 서구의 클래식 음악계가 천착한 수수께끼 같고 공허한 음향의 미궁을 떠올리다 보면, 러시아 공산당 당국이 이들에게 가했던 유무형의 압박이 어쩌면 긴 안목에서는 후대에 축복이지 않았나 하는 다소 발칙한 생각까지 든다. 본인들은 어떻게 생각했을지 모르겠지만, 이 탁월한 작곡가들에게 가해진 표현의 자유를 둘러싼 제약은 어쩌면 불행의 탈을 쓴 행운이지 않았을까.

12th Brunch Time

미국의 클래식

미국 클래식 음악 소사

비록 짧은 역사이기는 하지만 미국에서도 나름의 음악적 전통이 이어져 왔다. 넓은 의미에서 보면, 전 세계 대중음악의 흐름을 상당 부분 주도하고 있는 팝 뮤직 역시 미국 클래식 음악에 뿌리를 대고 있다고 해도 아주 틀린 말은 아니다.

  엄격한 청교도 사회였던 아메리카 식민지가 종교적 경직성에서 풀려나 근대 자본주의 사회로 발전하면서 미국에서는 종교 음악을 넘어 대중의 세속적 기호에 맞는 음악이 발전했으며, 부르주아 계급 또한 수준 높은 음악적 소양을 갖추게 되었다. 1770년대 영국의 지배에 맞서 독립운동을 주도했던 '건국의 아버지들(Founding Fathers)' 가운데서도 뛰어난 음악적 취향과 재능을 지닌 인물들이 적지 않았다. 조지 워싱턴은 춤곡을 좋아했고, 벤저민 프랭클린과 프란시스 홉킨슨은 아마추어 작곡가였다. 특히 독립 선언서의 저자이자 미합중국 3대 대통령

미국 3대 대통령 토머스 제퍼슨의 초상(왼쪽). 음악에도 조예가 깊었던 제퍼슨은 자택 몬티첼로(오른쪽)의 도서관을 유럽 클래식 음악 악보로 채웠다.

을 역임한 토머스 제퍼슨은 수준급의 바이올리니스트로, 비발디와 바흐를 포함한 방대한 악보 컬렉션을 보유하기도 했다.

건국 초창기를 넘어 19세기 미국 음악을 논할 때 빠질 수 없는 인물은 토머스 제퍼슨이 사망하던 해에 태어난 스테판 콜린스 포스터(Stephen Collins Foster, 1826~1864)다. 그에게는 '미국 음악의 아버지(Father of the American Music)'라는 수식어가 붙는다. 바흐의 경우도 그렇고 역시 '아버지'라는 타이틀이 붙을 때는 그만한 이유가 있다. 미국 동부 피츠버그 출신인 포스터는 뉴욕에서 38세의 나이로 사망할 때까지 《오, 수잔나 Oh! Susanna》《금발의 제니 Jeanie with the Light Brown Hair》《스와니강 Swanee River》《켄터키 옛집 My Old Kentucky Home》 등의 걸작을 작곡하며, 19세기 미국 음악의 레퍼토리를 풍성하게 만들었다. 특히 당시 흑인들의 정서와 애환을 서정적으로 표현하는 노래를 다수 남겼다.

포스터가 미국식 가곡의 아버지라면 미국식 기악곡의 아버지라고 할 만한 인물은 존 필립 수자(John Philip Sousa, 1854~1932)다. 사실 그의 별명은 아버지가 아니라 '왕'이다. 평생 136곡의 행진곡을 작곡한 수자에게는 '행진곡의 왕(March King)'이라는 영예로운 호칭이 따라다닌다. 워싱턴 D.C.에서 해병 군악대 트롬본 연주자였던 부친 덕분에 어려서부터 여러 악기를 다루며 자란 수자는 1880년 부친의 뒤를 이어 해병 군악대에 들어가 12년간 재직하면서 여러 행진곡을 작곡했다. 해병 군악대 시절 그의 작품으로는 지금까지도 미 해병대의 공식 행진곡이며 라틴어로 '언제나 충성'이라는 뜻을 지닌 《샘페르 피델리스 행진곡Semper Fidelis March》, 박력 있는 리듬과 음향 효과 덕분에 명성을 얻은 《뇌신 행진곡The Thunderer March》, 〈워싱턴 포스트〉로부터 청소년 에세이 공모전 수상식 의전용으로 의뢰받은 《워싱턴 포스트 행진곡The Washington Post March》 등을 꼽을 수 있다. 이 곡들은 아마 클래식 음악에 관심이 없었던 독자라고 해도 여러 경로를 통해 어디에선가 한 번쯤 들어봤을 것이다.

1892년 해병 군악대 단장에서 퇴직한 수자는 직접 꾸린 사설 악단을 이끌고 미국 전역을 돌며 활동했다. 그러던 중 수자는 1896년 아내와 함께 유럽 휴가를 마치고 돌아오는 여객선에서 새로운 행진곡을 작

미국 작곡가 포스터(왼쪽)와 그의 대표곡 《켄터키 옛집》 악보(오른쪽). 포스터는 흑인 영가로부터 영향받은 미국적 선율에 바탕을 둔 뛰어난 가곡을 다수 남겼다.

미국의 클래식 12th Brunch Time

'행진곡의 왕'으로 불리는 작곡가 수자(왼쪽)와 미국 해병대 군악단(오른쪽). 수자는 오랫동안 해병대 군악 단장을 역임했다.

곡했다. 그 작품이 바로 수자의 행진곡 중 최고 걸작이라고 일컬어지는 《성조기여, 영원하라The Stars and Stripes Forever》다. 필라델피아 초연에서 관중의 폭발적인 반응을 이끈 이 곡의 인기는 곧 미국 전역으로 퍼져 갔다.

《성조기여, 영원하라》는 수자 행진곡의 매력을 모두 담고 있다. 귀에 쏙쏙 들어오는 매력적인 선율, 어깨가 들썩이고 발을 구르게 만드는 리듬감에 더해 수자 행진곡의 또 다른 특징은 절묘한 대위법이다. 수자의 행진곡에서는 중간에 주선율과 함께 경쟁하는 듯한 새로운 곡조가 나란히 연주되면서 입체적인 진행이 이루어지는데, 그 부분을 감상하는 재미가 각별하다. 《성조기여, 영원하라》에서도 수자의 대위법적인 테크닉은 여지없이 빛을 발한다. 이 곡은 5개 파트로 나눌 수 있다. 웅장하면서도 화려한 도입부 파트를 지나면 그 유명한 주요 주제가 등장하는 제2 파트가 이어지고, 다시 장중한 저음으로 하강하는 단조로 바뀌며 숨고르기를 한다. 그 뒤 음악은 다시 주요 주제를 가져와서 클라리넷이 저음으로 주요 주제를 연주하는 동안 피콜로가 주제의 변주를 고음으로 연주하며 절묘한 대비를 이루어 낸다. 관악기의 주도로 앞서 나왔던 단조의 조정기가 잠시 이어진 뒤 곡은 드디어 장쾌한 클라이맥스로 향한다. 1987년 미국 의회는 《성조기여, 영원하라》를 미 합중국의 공식 행진곡으로 선언했다. 이렇듯 수자의 음악은 미국의 민족주의, 애국주의와 떼려야 뗄 수 없는 연결 고리를 가지고 있어서 외국인들의 입장에서는 약간 거부감이 들 수도 있다. 하지만 《서곡 1812년》 《핀란디아》를 감상하는 데 꼭 러시아 사람이거나 핀란드 사람일 필요는 없듯이 《성조기여, 영원하라》를 감상하는 데 꼭 미국인이거나 친미주의자여야 할 필요는 없을 것이다.

포스터와 수자의 뒤를 이은, 엄밀히 따지면 이들보다 한 차원 높은 클래식 음악의 경지를 개척한 미국 음악가는 찰스 아이브스(Charles Edward Ives, 1874~1954)다. 그의 음악과 예술의 전모를 제대로 포착하는 것은 쉬운 작업이 아니다. 아이브스는 그가 살았던 당대 미국인들이 감당하기 버거울 정도로 고도의 실험을 펼쳐 보였다. 그와 동시에 아이브스는 정서적으로 매우 미국적인, 정확히 말하면 그가 평생을 보낸 미국 동부 뉴잉글랜드 지역의 역사와 지리적 전통, 자연에 밀착된 감성을 음악적으로 풀어내기를 멈추지 않았다.

아이브스의 부친 조지 아이브스는 미 육군 군악대의 단장을 지낸 인

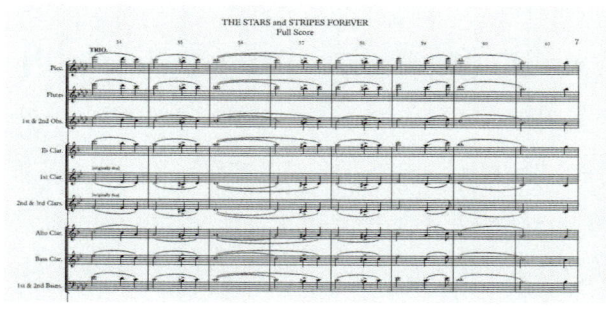

수자가 작곡한 《성조기여, 영원하라》의 악보. 현재 미합중국의 공식 행진곡이다.

물로, 수자와 마찬가지로 아이브스 역시 아버지에게 음악의 기초를 배웠다. 또 수자처럼 군가와 행진곡의 선율을 들으며 성장했는데, 가장 보수적인 예술이라고 할 군대 음악의 영향이 그의 급진적인 음악 세계에 남긴 자취는 의외로 가볍지 않다. 또한 어려서부터 교회에서 오르가니스트로 활동하기도 했던 만큼 그의 음악에는 전통적 교회 음악의 자취도 깊게 남아 있다.

이와 같은 아이브스의 배경은 그의 음악을 유럽의 모더니즘과 차별시키는 분리점이 되었다. 유럽의 모더니즘 음악은 기존의 음악 언어, 그리고 그것이 대변하는 문명적 전통을 거부하거나 초월하려는 음향적, 미학적 시도였고, 그래서 다소 아나키스트적인 태도를 보인다. 반면 아이브스는 전통, 종교, 고향 등 그에게 이미 익숙한 것들의 본질을 음악적으로 표현하기에 적합한 도구를 찾으려는 시도와 새로운 음악 문법의 실험에 몰두했다. 아이브스의 음악이 지닌 독특함이 바로 여기에 있으며, 이는 그가 미국을 대표하는 작곡가 중 한 명으로 평가받는 이유이기도 하다.

아이브스는 같은 뉴잉글랜드 출신인 19세기 미국 철학자 랠프 월도 에머슨이 주도한 '초월주의(transcendentalism)' 사상에 깊은 영향을 받은 것으로 알려져 있다. 독일 관념론의 영향을 받은 초월주의는 집단보다는 개인의 독립적 사고와 영적 개발에 초점을 맞추었으며, 구원이란 제도권 종교 기구의 독트린을 맹종하기보다 개개인의 영적 자각, 즉 현상을 초월하려는 부단한 노력을 통해 이루어진다고 보았다. 따라서 아이브스가 자신의 음악을 초월주의 수련을 위한 일종의 매체 내지 방편으로 삼았으리라고 보는 것은 단순한 억측이 아니다. '불협화음의 해방'을 추구했던 쇤베르크가 정작 해방된 불협화음의 목적이 무엇인지에 대한 인식은 부실했던 데 비해 기존의 음악 언어를 초월하려는 아이브스의 실험은 초월주의를 둘러싼 그의 사상적 편력과 맥을 같이 하는 분명한 지향성이 있었다.

흥미롭게도 아이브스는 대학을 졸업한 뒤 전업 작곡가가 되는 대신 보험 영업사원으로 사회에 발을 내디뎠는데, 업무 능력이 어찌나 출중했던지 머잖아 자신의 이름을 딴 보험사를 차릴 정도로 성공했다. 그런 와중에도 그는 퇴근 후나 주말을 이용해 작곡 활동에도 힘썼다. 평생 바쁜 사업과 작곡 활동을 병행했지만, 그의 음악은 단순한 비즈니스맨의 여가 선용 내지 자아실현의 시도 정도로 끝나지 않았다. 그렇기는커녕 아이브스는 비전통적인 악기들의 조합, 불협화음의 차용, 다성 구조, 비대칭적 선율 진행, 반음을 다시 한 번 쪼갠 4분음(quarter tone)의 활용 등 당대 전업 음악가들에게조차 까다로울 정도로 다양한 기법을 통해 미국 음악에 새로운 차원을 더하는 작업을 추구했다.

아이브스의 음악은 난해하기로 이름났는데, 그나마 그의 작품 가운데 표제 음악이 적지 않다는 것은 불행 중 다행(?)이다. 《뉴잉글랜드의 세 장소Three Places in New England》《어둠 속의 센트럴 파크Central Park in the

남북 전쟁 당시 최초로 조직된 흑인 연대와 이를 지휘한 쇼우 대령을 기념한 부조. 아이브스의 대표작 《뉴잉글랜드의 세 장소》의 첫 번째 곡은 보스턴에 있는 이 기념비에 관한 인상을 담았다.

Dark》《휴일 교향곡A Symphony; New England Holidays》 등의 표제들은 난해한 그의 음악 속에서 어떤 논리성이나 방향성을 더듬을 수 있는 최소한의 단서를 제공한다.

아이브스 음악의 입문으로 추천할 만한 곡은 《대답 없는 질문Unanswered Questions》이다. 이 작품은 아이브스가 젊은 시절 겪은 종교적, 실존적 위기를 표현했다고 알려져 있다. 현악기가 연출하는 신비스러운 조성의 숲을 뚫고 홀연히 울려 퍼지는 트럼펫의 무조성 음향은 내적 번민에 사로잡힌 젊은 영혼을 상징하는 듯하다. 또한 전통적 음악 언어에 만족하지 않고 새로운 방식을 찾으려던 아이브스의 지적 탐색 과정을 표현했다고 볼 수 있다. 《대답 없는 질문》, 철학이 근본적인 질문을 다양한 방식으로 제시하는 학문이듯, 그다지 친절하지 않은 음악을 통해 아이브스가 던지는 질문에 대한 답은 음악을 듣는 사람 각자의 몫이다. 아이브스의 《교향곡 2번Symphony No. 2 in B Minor》도 추천할 만하다. 이 작품은 그가 극도로 난해한 실험으로 옮겨 가기 전, 여전히 조성 음악의 구조 속에서 새로운 가능성을 모색하던 시기의 소중한 결실을 보여 준다.

아이브스의 음악은 그가 작곡가로 활발히 활동하던 시절에는 세간의 관심에서 멀어져 있었다. 이를테면 1906년에 작곡된 《대답 없는 질

작곡가 찰스 아이브스의 초상이 담긴 우표. 고향 뉴잉글랜드 지역의 정서를 실험적인 음악 언어로 표현한 아이브스의 작품들은 지금 들어도 놀랍도록 혁신적이다.

문》만 해도 초연된 것은 1943년이었다. 하기야 지금 듣기에도 어려운 음악을 1900년대 초 미국 사람들이 굳이 찾아 들으려고 하지는 않았을 것이다. 하지만 아이브스는 살아생전에 자신의 음악이 서서히 전문 음악가와 평론가들을 중심으로 재발견되고 재평가되는 행운을 누릴 수 있었고, 그 여세로 말년인 1947년에는 퓰리처상까지 받았다.

오늘날 아이브스에 대한 평가는 미국 클래식 음악사에 혜성같이 나타난 조용한 혁명가에 가깝다. 후대 평론가들은 아이브스의 음악이 당대 미국의 기준으로 얼마나 전위적이었는지에 놀라며, 동시에 그의 작품들이 당대 유럽의 모더니즘 음악가들처럼 막다른 골목에 다다른 절박한 인상과는 또 다른 명료한 목적의식과 방향 감각을 보여 주는 데 감탄한다. 아이브스의 아내 이름이 하모니(Harmony Twichell Ives)라는 것도 인상적이다. 음악가, 그것도 조성의 경계를 넘나드는 실험을 펼친 선구적 음악가의 배우자 이름으로 그보다 더 적합한 이름이 있을까?

아이브스의 뒤를 이어 미국의 클래식 음악을 짊어진 음악가로는 애런 코플런드(Aaron Copland, 1900~1990)를 꼽을 수 있다. 뉴욕 출신인 코플런드는 평생 재즈부터 12음기법까지 온갖 음악 양식을 오가며 왕성한 작곡 활동을 펼쳤다. 장르 역시 피아노곡부터 교향시, 협주곡, 실내악, 성악, 발레 음악을 망라한다. 이처럼 전통과 전위 사이를 태연하게 오간 코플런드의 음악 가운데 오늘날까지도 매우 인기 있는 작품으로 《엘 살롱 멕시코El Salón México》를 먼저 꼽을 수 있다. 1936년에 작곡한 이 곡은 코플런드가 멕시코를 방문했을 때 멕시코 시티의 댄스홀에서 받은 인상을 음악으로 풀어낸 것인데, 멕시코 춤곡의 선율을 차용해 라틴 음악 특유의 흥겹고 발랄한 흥취를 선사한다. 그런가 하면 코플런드는 1930년 작품인 《피아노 변주곡Piano Variations》에서 바흐의 《평균율 클라비어》 4번 푸가의 주제를 가져다 완전히 해체시킨 뒤 다시 무조 음악으로 재조립했다. 이 두 작품을 연달아 들어 보면 두 곡이 같은 사람의 머리에서 나온 것이라는 사실이 믿기지 않을 정도다. 그는 1950년에 12음기법을 활용한 《피아노 4중주Piano Quartet》와 미국 전통 민요들을 편곡해 수록한 《미국의 옛노래들Old American Songs》을 발표했는데, 같은 시기에 완전히 다른 양식의 음악을 작곡했다는 사실이 놀랍다.

《엘 살롱 멕시코》와 더불어 대중적으로 유명한 코플런드의 음악으로 1942년에 작곡한 《보통 사람을 위한 팡파르Fanfare for the Common Man》가 있다. 타악기 연주자들의 힘찬 타격으로 시작해 트럼펫 연주자들이 제시하는 주제에 호른 연주자들이 합류하면서 펼쳐지는 이 곡은 한결같은 잔잔한 박자로 진행되지만, 결코 늘어진다는 인상 없이 자신감과 박력이 전해진다. 마치 삶의 온갖 다사다난함을 묵묵히 헤쳐 나가는 '보통 사람'의 꿋꿋한 발걸음처럼. 코플런드는 나중에 이 작품에 대해 "직설적이고 힘차면서도 동시대의 음향을 담은 전통적인 팡파르"를 만드는 것이 상당히 힘든 작업이었다고 술회했다. 원래 이 곡은 2차 세계대전에 참전한 미국 병사들의 노고와 용기를 기리는 의미에서 신시내티 심포니가 1942년 시즌 개막곡으로 쓰기 위해 코플런드에게 의뢰한 것이었다. 그런데 마침 라디오에서 당시 미국 부통령이었던 헨리 월레

파리 유학 시절 스승 나디아 블랑제를 비롯해 동기들과 함께한 코플런드(가운데). 코플런드는 조성 음악과 무조 음악을 자유롭게 넘나들며 폭넓은 음악 세계를 펼쳤다.

스가 전쟁 후의 시대는 "보통 사람의 세기(the century of the common man)"가 될 것이라고 한 연설을 듣고 깊은 인상을 받아 작품 제목을 《보통 사람을 위한 팡파르》라고 지었다고 한다. 트럼펫을 전면에 내세운 그의 또 다른 관현악곡 《조용한 도시 Quiet City》 또한 《보통 사람을 위한 팡파르》와 한 쌍으로 들을 만하다. 1939년 소설가이자 극작가 어윈 쇼의 동명 연극을 위해 작곡한 이 곡은 뉴욕의 밤 풍경을 묘사하고 있다. 여기서 코플런드가 소리로 그리는 뉴욕은 '결코 잠들지 않는 도시(The City That Never Sleeps)'라는 별명을 지닌 에너지 넘치는 세계 경제의 중심지 뉴욕의 인상과는 전혀 다르다.

  기본적으로 코플런드는 미국과 그 나라의 미래에 대해 낙관적인 비전을 가진 인물로, 미국의 개척 정신을 찬양한 《애팔라치아의 봄 Appalachian Spring》, 오케스트라의 반주 속에 링컨 대통령의 여러 어록을 낭독하도록 만든 《링컨의 초상 Lincoln Portrait》 등 애국적인 음악도 많이 남겼다. 이와 같은 코플런드의 행적은 미국 소설가 존 스타인벡과 겹친다. 스타인벡은 예술과 삶에서 사회 정의를 주장하는 진보적 입장을 줄곧 지지했지만, 동시에 그의 글에는 언제나 미국과 미국인에 대한 깊은 애정과 이해가 흐른다. 그래서일까? 나는 코플런드의 음악을 들을 때면 종종 스타인벡의 산문집 『아메리카와 아메리카인』 『찰리와 함께한 여행』의 몇몇 문장들이 떠오른다. 포스터나 수자 등에 의해 소박하게 시작해서 아이브스에 의해 최고의 지적 수준까지 올라갔던 미국의 본격 클래식 음악을 코플런드는 가장 균형 있게 펼쳐 보였다. 그런 그를 두고 '미국식 민족주의자' 또는 '국민 음악의 완성자'라고 불러도 좋을 것 같다.

진정한 미국의 사운드

1970~1980년대 미국의 팝 음악이 대중음악계를 주도하는 중에도 한국에서 신중현, 나훈아, 조용필, 김현식 등 토종 아티스트들이 꿋꿋이 자신들의 음악 세계를 이룩해 나갔듯이, 19세기 미국에서는 유럽 음악의 거센 입김 아래서도 토종 음악이 서서히 싹을 터 나갔다. 어쩌면 아메리카 대륙의 진정한 토종 음악은 엄밀한 의미에서 유럽의 청교도들이 건너오기 전 아메리카 원주민들의 음악을 생각해 봐야 할 것이다. 실제로 인디언 부족들 사이에서 상당히 정교한 민속 음악이 발달하기는 했지만, 유감스럽게도 이들의 음악은 인디언 보호 구역이 따로 존재하듯 미국 음악의 주류와는 다른 경로를 밟았다.

미국 토종 음악의 뿌리라면 우선 여러 민요와 찬송가 등을 꼽을 수 있다(포스터 역시 그 영향 아래 있었다). 남북 전쟁 당시 남부에서 큰 인기를 끌었던 민요풍의 군가 《딕시스 랜드Dixie's Land》, 원래 찬송가로 작곡되었다가 북군의 군가로 쓰인 《내 눈으로 영광을 보았다네Mine Eyes Have Seen the Glory》 등은 이미 클래식 음악의 지위를 획득한 지 오래다. 이들과 함께 미국 음악의 중요한 갈래를 이룬 것은 단연 흑인 음악, 특히 흑인 영가(Negro spirituals)의 전통이다. 아프리카에서 끌려온 1세대 흑인 노예들이 기억하고 있던 아프리카 민속 음악, 여기에 노예 생활 중 백인 목회자들로부터 접한 찬송가의 가락이 절묘하게 뒤섞여 탄생한 흑인 영가는 흑인들의 타고난 음악성을 보여 줄 뿐 아니라 포스터와 같은 백인 음악가들에게도 상당한 영감의 원천이 되었다. 수년간 미국에서 활약했던 드보르자크도 미국식 클래식 음악은 이미 존재하는 풍성한 흑인 음악의 선율을 정교한 교향악적 음악 언어로 다듬기만 하면 충분하다고 주장하기도 했다.

19세기 말, 이 흑인 영가의 전통에 다이내믹한 리듬감이 더해지면서 탄생한 것이 이른바 '래그(rag)' 또는 '래그타임(ragtime)'이라고 불리는 음악이다. 영어의 rag는 헝겊, 천 조각을 뜻하는데, 마치 천 조각들을 이어 붙인 듯 선이 굵은 리듬의 음악이라는 메시지를 담은 것으로 보인다. 래그의 가장 기본이자 핵심이 되는 특징은 이른바 '싱코페이션(syncopation)'이라고 불리는, 연하게 늘어지다가 휙 하고 당겨 주는 긴장이 조화를 이루는 리듬 패턴이다. 이 래그타임의 완성자로 꼽히는 인물이 바로 스콧 조플린(Scott Joplin, 1868~1917)이다.

텍사스에서 해방 노예의 아들로 태어난 조플린은 일찍이 그의 음악적 재능을 일찍 알아본 모친 덕분에 당시 흑인으로는 드물게 피아노 지도를 받으며 자랐다. 또한 조플린은 줄리어스 웨이스(Julius Weiss)라는 음악가의 눈에 띄어 무료로 작곡의 기초를 교육받는 행운을 누리기도 했다. 청년이 된 조플린은 1891년에 기차로 이동하며 연주를 펼치는 순회공연단에 참여해 미국의 여러 도시를 방문하며 음악을 연주했고, 이를 각 지역 고유의 음악적 색깔에 대한 감각을 익히는 기회로 삼

래그 음악의 개척자 스콧 조플린(왼쪽)과 그의 음악 세계를 표현한 아칸소주 텍사카나의 벽화(오른쪽). 조플린은 재즈의 전신 격인 래그 음악을 세련된 고급 예술의 경지로 끌어올렸다.

으면서 싱코페이션 리듬을 활용한 자신만의 래그타임 양식을 다듬어 갔다. 조플린의 순회공연단은 1893년 시카고에서 열린 세계 박람회에서 연주할 기회를 얻었는데, 바로 이때 연주한 음악이 큰 인기를 끌면서 래그 음악은 미국 전역에서 크게 유행하게 되었다.

조플린이 일생 동안 작곡한 40여 편의 래그 음악 가운데 아마도 오늘날 가장 유명한 곡이라면 역시 《엔터테이너The Entertainer》를 꼽아야 할 것이다. 1902년에 발표된 《엔터테이너》는 조플린 생전에는 큰 인기를 끌지 못했지만, 20세기 후반 그의 래그 음악이 재조명되면서 오늘날 조플린의 대표작으로 자리 잡았다. 조플린의 생전에 가장 큰 성공을 안겼던 작품으로는 《단풍잎 래그Maple Leaf Rag》《이지 위너스The Easy Winners》 등이 있다. 워낙 유명한 곡들이라 어디선가 한 번쯤 들어 봤을 텐데, 연주 시간이 4~5분 정도로 짧아서 부담도 없다. 개인적으로 내가 좋아하는 《엘리트 싱코페이션Elite Syncopations》도 조플린의 래그 음악으로 추천할 만하다. 래그 음악을 작곡한 음악가가 조플린만은 아니지만, 그의 피아노곡들은 모두 듣자마자 "아, 조플린!" 하고 외칠 만큼 독특한 고유의 색깔이 있다. 흥겹고도 때로 폭발적인 리듬감과 서정적인, 심지어 우아하기까지 한 선율이 그토록 자연스럽게 서로 조화를 이루며 공생하는 음악이란 분명 매우 독특한 현상이다.

《엔터테이너》의 1902년판 악보 표지. 한동안 잊혔다가 1970년대 할리우드 영화 음악으로 사용되면서 전 세계적인 인기를 끈 곡으로, 오늘날 조플린의 대표작이 되었다.

그런데 조플린의 진정한 위대

함과 비극에 관한 이야기는 이제부터다. 조플린이 평생 동안 추구했던 음악적 목표는 아기자기한 래그 음악이나 만들어 돈도 벌고 공연도 하는 수준이 아니었다. 그의 꿈은 다름 아니라 오페라 작곡가로서 성공하는 것이었다. 순회공연을 정리한 조플린은 신작 오페라《트리모니샤 *Treemonisha*》를 무대에 올려 줄 흥행사를 찾기 위해 1907년 뉴욕으로 향했다.《트리모니샤》는 텍사스 북부의 한 흑인 공동체를 배경으로 마을 사람들의 미신과 무지를 이용하려는 사기꾼들에 맞서 젊은 처녀 트리모니샤와 그의 남자 친구가 공동체를 계몽하고자 한다는 내용이다. 얼핏 일제 강점기 시절의 이광수나 심훈 등이 시도했던 계몽 문학의 플롯이 떠오르는데, 오늘날의 현실과 무척 동떨어진 이야기지만 그렇다고 19세기 말의 미국, 특히 흑인 사회의 현실과 아주 동떨어진 것은 아니었다. 비록 노예 해방으로 자유의 몸이 되기는 했지만 절대다수가 빈곤과 무학의 질곡에 있던 흑인들 사이에는 흑마술을 비롯해 온갖 미신과 괴담 등이 횡행했다. 따라서 의식 있는 흑인(혹은 백인)이라면 그런 상황에 문제의식을 느끼고 해결책을 모색하는 것이 당연했다.

어쨌든 이런 스토리를 뼈대로 조플린은 3막 오페라를 작사 작곡한 뒤 이를 뉴욕의 무대에 올리기 위해 백방으로 뛰어다녔다. 그러나 유감스럽게도《트리모니샤》는 뉴욕에서 공연되지 못했고, 불과 12명의 악단으로 이루어진 뉴저지의 조그마한 지역 극장에서 의상과 무대 장치도 없이 딱 한 번 공연되었을 뿐 그 이상의 진전을 보지 못했다. 그 원인을 생각해 보면, 일단 당대 미국의 사회적 분위기상 조플린의 시도 자체가 무리수였다. 당시 뉴욕 상류 사회와 지식인층 사이에서는 진정한 예술성은 유럽산 음악에서만 찾을 수 있다는 선입견이 여전히 지배적이었고, 오페라 역시 모차르트나 베르디, 바그너, 푸치니로 이어지는 유럽의 걸작들이 감상 포인트였다. 따라서 당대 미국 음악의 메카라고 할 뉴욕의 메트로폴리탄 오페라좌에서 미국 작곡가, 그것도 해방 노예의 아들이 쓴 오페라가 무대에 오를 가능성은 지극히 낮았다. 그렇다고 고급 음악의 주요 소비층에게 다가갈 수단이 막힌《트리모니샤》를 흑인들에게 공연하기도 쉬운 일은 아니었다. 왜냐하면 래그 음악이나 찬송가, 흑인 영가 등에 익숙한 당대 흑인 사회에 오페라는 생소하기 짝이 없는 예술 양식이었기 때문이다. 조플린은 뉴욕의 흑인 밀집 지역인 할렘의 한 극장에 작품을 올리려고도 시도했다. 아마도 당시 성장세를 보였던 흑인 중산층 관객을 겨냥했던 것이겠지만 그 역시 실패했다. 결국 1915년 오페라 전체가 아니라 일종의 발췌 형식으로 작은 콘서트가 열린 것을 마지막으로《트리모니샤》는 소리 소문도 없이 사라져 갔다.

조플린은《트리모니샤》곳곳에 싱코페이션을 비롯해 래그적 요소를 배치했지만, 오히려 주력 콘텐츠는 그 속에 등장하는 여러 아리아다. 다시 말해 조플린은 유럽 오페라에 당당히 맞설 수 있는 정통 미국 오페라를 쓰려고 시도했던 것이다. 비록 작품 자체가 엄청난 걸작은 아니었지만, 나름의 역사적, 미학적 의미가 깊은 작품인《트리모니샤》가 아직까지도 표준 오페라 레퍼토리에 정착하지 못한 것은 다소 유감스럽다.

야심작《트리모니샤》상연의 꿈을 이루지 못한 조플린은 실의에 빠졌다. 게다가 1917년부터 앓고 있던 매독균이 뇌까지 번져 반신불수가 된 끝에 뉴욕의 한 정신 병원에서 사망했다. 향년 49세였다. 오랫동안 잊혔던 조플린이 재조명을 받은 것은 그가 사망한 지 반세기도 더 지난 1970년이었다. 미국의 클래식 피아니스트 조슈아 리프킨(Joshua Rifkin)이 조플린의 래그 음악을 깔끔한 정통 클래식 피아노로 연주한 음반이 의외의 인기몰이를 했던 것이다. 리프킨에 이어 1973년, 조플린의 곡들을 배경 음악으로 채택한 영화 〈스팅〉이 대성공을 거두면서 조플린의 래그 음악은 전 세계적인 인기를 누렸다. 비록 불우하게 생을 마감한 비운의 작곡가였지만, 래그 음악이나 간단한 연주곡 작곡에 머물기를 거부하고 오페라까지 시도한 조플린의 음악 정신은 높이 평가하지 않을 수 없다.

 래그 음악은 비교적 단명한 양식이지만 그 후예라고 할 재즈는 20세기 미국의 음악 양식을 대표하는 장르로 자리 잡았다. 뉴올리언스에서 처음 시작된 재즈는 래그와 많은 공통점을 가진 동시에 특유의 독특한 음계와 다양한 리듬, 즉흥 연주 등을 특징으로 한다. 특히 서로 호흡이 맞는 연주자와 가수들의 다이내믹한 합주를 통해 그 효과가 극대화되는 재즈는 1920년대 미국을 대표하는 문화 현상이 되었다. 당시 미국인들은 경제가 빠르게 성장하고 증권 시장이 호황을 누리면서 전대미문의 풍요를 누렸다. 흔히 '광란의 20년대(Roaring 20s)'라고 불리는 이 시기를 역사가들은 '재즈의 시대(Age of Jazz)'라고도 부르는데, 이 말만 들어봐도 당대 재즈 음악의 위상이 어떠했는지 짐작이 간다. 20세기 초부터 지금까지 미국에서는 기라성 같은 재즈 아티스트들이 많이 출현했다. 그중에서도, 흑인 음악으로 시작된 재즈를 단지 대중의 여흥적 소비 대상에 머무르게 하지 않고 클래식 음악의 반열로까지 끌

래그, 재즈, 스윙, 블루스 음반들. 20세기 전반 등장한 미국 대중음악의 여러 양식은 클래식 음악가들에게도 큰 영향을 미쳤다.

어울린 사람은 아이러니하게도 흑인이 아닌 백인 작곡가 조지 거슈윈(George Gershwin, 1898~1937)이다. 앞서 재즈를 포함한 1920~1930년대 미국의 유행 음악을 자본주의적 타락의 양상으로 보았던 아도르노의 주장에 쉽게 동의할 수 없다고 말한 바 있는데, 재즈에 원류를 두고 있는 거슈윈의 음악이야말로 아도르노의 일반론을 반박할 수 있는 강력한 증거다.

거슈윈은 뉴욕의 유대계 러시아 이민 가정에서 태어났다. 그의 부모는 그가 12세 때 집에 피아노를 들여 놓았는데, 그 피아노가 거슈윈의 삶을 바꾸었다. 원래 피아노는 그의 형 아이라(Ira Gershwin)를 위해 구매했던 것인데, 알고 보니 거슈윈이 형보다도 음악적 재능과 열정이 뛰어났던 것이다. 나중에 형 아이라는 동생 거슈윈의 작품에 작사를 하는 예술적 파트너가 된다. 거슈윈은 피아니스트 찰스 햄비처(Charles Hambitzer)의 지도 아래 정통 클래식 음악 어법을 익혔다. 흑인 음악을 비롯해 당대 유행 음악의 흐름에도 민감했던 거슈윈은 16세 때 학교를 그만두고 전업 음악가로 나섰다. 이후 그야말로 공장에서 제품을 찍어내듯 수많은 노래를 작곡했는데, 그것들은 천편일률적인 자기 복제형 유사 제품들이 아니라 저마다 독특한 개성과 분위기를 머금은 뛰어난 작품들이었다.

거슈윈이 자신의 노래들을 전달할 도구로 먼저 선택한 장르는 뮤지컬이었다. 1920~1930년대 미국에서 큰 인기를 얻은 뮤지컬은 유럽의 오페라나 오페레타에 빚지고 있으면서도 동시에 새로운 땅, 새로운 시대를 반영하는 예술 양식이었다. 뮤지컬을 오페라와 구분 짓는 특징으로는 탄탄한 플롯과 서사를 전개하기 위한 노래와 대사의 적절한 조화, 출연자 대부분이 배우들로 이루어진 만큼 감정과 정서의 전달을 중요시하며 부르는 호소력 짙은 선율, 따라 부르기에 까다롭지 않은 점 등을 들 수 있는데, 거슈윈의 뮤지컬 노래는 지금까지도 미국인들에게 한결같은 사랑을 받는다. 재즈 리듬을 타고 흐르는 흥겨운 선율은 거슈윈의 트레이드마크지만, 1926년 작품 《상냥한 반려자를 Someone to Watch Over Me》과 1927년 작품 《그도 사랑하고 그녀도 사랑하고 He Loves and She Loves》 같은 잔잔한 발라드 또한 그 아름답고 독특한 선율과 서정성으로 오늘날까지 대중을 사로잡고 있다.

거슈윈이 재즈와 정통 클래식의 크로스오버 형식으로 쓴 작품으로는 《랩소디 인 블루 Rhapsody in Blue》와 《파리의 아메리카인 An American in Paris》을 꼽을 수 있다. 1923년 재즈 밴드 지휘자였던 폴 와잇맨(Paul Whiteman)에게 의뢰받아 쓴 《랩소디 인 블루》는 단악장의 피아노 협주곡이라고 할 수 있는데, 이는 3악장으로 이루어진 유럽 정통 클래식 피아노 협주곡에 대한 미국의 당당한 대답이다. 재즈 음악에서 가장 중요한 목관 악기 중 하나인 클라리넷의 익살스러움으로 시작되는 이 곡은 곧이어 관악기가 합세해 더욱 힘찬 화음을 연출하며 피아노가 그 유흥의 한가운데로 뛰어들 공간을 제공한다. 이어서 프란츠 리스트를 연상케 하는 강렬한 방식으로 피아노가 합주에 뛰어들면서 음악은 폭발적인 에너지를 표현한다. 그러면서도 결코 통제 불능으로까지 나아가지 않는 절제된 흥분을 연출한다.

《파리의 아메리카인》은 거슈윈이 1826년에 방문했던 파리에 대한 인상을 음악적으로 표현한 작품이다. 그중에서도 유명한 도입부는 파리의 번화

재즈 음악을 클래식 문법 속에 자연스럽게 융화한 작곡가 조지 거슈윈. 1937년 때 이른 죽음을 맞이하기 불과 수개월 전의 모습이다.

가를 오가던 택시들의 바쁜 움직임, 그리고 택시 운전사들이 울려 대던 경적 소리에서 영감을 받았다고 한다. 《파리의 아메리카인》은 단순히 선율과 리듬에 능한 재치 있는 작곡가로서뿐 아니라 관현악 기법의 대가로 올라선 거슈윈의 발전을 입증하는 걸작이기도 하다. 작품은 제목 그대로 유럽의 심장 파리의 한가운데 던져진 미국인, 더 정확히 말하면 재즈의 정신으로 무장한 미국인 음악가의 인상을 표현하고 있다. 거슈윈은 이를 위한 방편으로 전통 클래식 오케스트라를 재즈 스타일에 종속시키기보다 다시 한 번 재즈와 클래식이 만나는 가장 편안한 지점을 포착해 적절한 균형과 긴장을 추구했다. 《파리의 아메리카인》은 1928년 뉴욕 필하모닉이 연주한 초연에서 대성공을 거둔 이래 미국의 재즈 클래식 크로스오버를 대표하는 최고 걸작으로 자리 잡았다. 이 작품은 미국의 유명 영화배우 겸 댄서였던 진 켈리가 주연과 안무를 맡았던 1952년도 동명의 뮤지컬 영화로도 유명하다.

거슈윈은 1935년에 드디어 뮤지컬이 아닌 본격 오페라 《포기와 베스Porgy and Bess》를 무대에 올렸다. 뒤보스 헤이워드의 희곡 『포기』를 원작으로 하는 《포기와 베스》는 사우스캐롤라이나 찰스턴의 흑인 빈민 거주지를 배경으로 절름발이 중년 남자 포기와 '폭력 남편'의 손아귀에 잡혀 꼼짝 못하는 여성 베스의 애틋한 사랑

거슈윈의 걸작 오페라 《포기와 베스》의 오페라 자필 악보. 거슈윈은 오페라와 뮤지컬을 통해 주옥같은 노래들을 남겼다.

을 그린 내용이다. 《포기와 베스》는 그 줄거리부터 스콧 조플린의 《트리모니샤》와는 전혀 다른 리얼리즘을 깔고 있으며, 거슈윈이 혼신을 불어넣은 음악이 합세하면서 미국 공연 예술의 신기원을 장식했다. 작품 속 〈서머타임Summertime〉〈베스, 이제 당신은 내 여자야Bess, You Is My Woman Now〉 등의 아리아 역시 재즈와 클래식을 오가는, 아니 그러한 장르적 분류를 초월한 고전의 반열에 오른 지 오래다. 뮤지컬과 오페라의 성공에 만족하지 않고 거슈윈은 할리우드로 건너가 영화 음악을 작곡하기도 했는데, 1937년 갑자기 찾아온 뇌종양으로 겨우 38세를 일기로 세상을 떠나고 말았다.

모더니즘 음악을 미래에서 온 음악으로 본 아도르노와는 달리, 1960년대 미국의 비평가 헨리 플레젠츠는 먼 훗날 20세기를 대표한 클래식 음악 장르로 기억되는 것은 모더니즘 음악이 아니라 재즈라고 예측한 바 있다. 모든 재즈가 역사 속에 기억될 수는 없겠지만, 거슈윈의 음악이 그렇게 되리라는 데는 의문의 여지가 없다.

최선의 음악가, 번스타인

조플린과 거슈윈은 미국이 본격적으로 세계 강국으로 발돋움하던 19세기 말에서 20세기 초 미국 대중의 정서와 그 에센스를 음악 언어로 포착한 탁월한 음악가들이었다. 그런데 이들에 버금가는, 관점에 따라서는 이들을 능가하는 음악적 감각과 재능, 거기에 더해 청중을 사로잡는 화술과 카리스마까지 갖춘 음악가가 있었다. 그는 바로 피아노 연주부터 작곡, 지휘, 방송, 저술 등 전방위로 활동하며 클래식 음악의 예술성과 대중성을 성취해 낸 레너드 번스타인(Leonard Bernstein, 1918~1990)이다. 번스타인은 조플린이나 거슈윈처럼 못다 핀 꽃으로

작곡에 몰두하는 번스타인. 예술성과 대중성을 절묘하게 조화시킨 작곡가이자 세계적인 지휘자, 방송인, 음악 이론가 등 다방면에서 활약한 재주꾼이다.

스러지지 않고 72세까지 살며 인기와 존경을 한 몸에 누리며 미국을 넘어 전 세계 음악계의 원로가 되었다. 〈뉴욕 타임스〉는 어느 평론가의 말을 인용해 번스타인을 두고 "성공하도록 대책 없이 운명 지어진 (hopelessly fated for success)" 음악가라고 정의하기도 했다.

매사추세츠의 유대계 가정에서 사업가의 아들로 태어난 번스타인은 어렸을 때부터 피아노 개인 지도를 받았다. 번스타인은 하버드 대학에서 음악 이론을 전공했는데, 대학 시절 코플런드를 알게 되어 음악적으로 많은 영향을 받았으며, 그리스 고전을 비롯해 인문학 전반에도 깊은 관심을 가지게 되었다. 하버드 재학 중에 그리스 아테네의 희극 작가 아리스토파네스의 작품 『새』의 무대 음악을 작곡했고, 훗날 기악곡 《세레나데, 플라톤의 향연을 본받아 Serenade, after Plato's Symposium》 등 그리스 고전에서 영감을 얻은 작품들을 작곡했다.

대학 졸업 후 다시 커티스 음악원에 입학해 지휘와 피아노를 배운 번스타인은 1943년 그의 재능을 알아본 뉴욕 필하모닉 오케스트라 감독 아르투르 로진스키(Artur Rodzinski)에 의해 부지휘자로 고용되었다. 이후 1940~1950년대 국내외 유수 교향악단에서 객원 지휘자로 활약하면서 몸값을 높여 갔고, 1958년 41세에 뉴욕 필하모닉의 최연소 상임 지휘자에 올랐다.

　오래전 번스타인이 베토벤 교향곡 전곡을 직접 소개하고 지휘까지 하는 연작 TV 다큐멘터리를 본 적이 있다. 물론 그가 등장하는 영상물로 가장 유명한 것은 '젊은이들을 위한 음악회' 시리즈지만, 베토벤 교향곡을 다룬 다큐멘터리도 흥미롭기는 마찬가지였다. 그 영상물에서 번스타인이 지휘한 악단은 뉴욕 필하모닉이 아니라 빈 필하모닉이었는데, 미국인이 지휘하는 유럽 최고의 오케스트라라는 설정만으로도 흥미롭기 짝이 없었다. 번스타인의 지휘 스타일은 동시대 지휘자들과 비교해도 훨씬 다채롭다. 그는 단지 지휘봉을 휘젓는 것만이 아니라 표정부터 어깨와 다리까지, 말 그대로 온몸을 사용하며 연주자들에게 메시지를 전달한다. 번스타인은 지휘 중 악보를 보지 않는 것으로 유명하다. 이는 타고난 암기력 덕분이기도 하지만, 그만큼 무대에 오르기 전에 최대한 악보를 연구했다는 증거이기도 하다.

　번스타인의 다채로운 지휘 스타일 때문에 쇼맨십에 능하다는 비판도 있기는 하지만, 분명 그것만이 번스타인의 전모는 아닐 것이다. 앞의 다큐멘터리 영상에서 번스타인이 베토벤의 《합창》을 지휘할 때 희열에 사로잡힌 표정은 참으로 인상적이었다. 더욱이 4악장 환희의 합창

번스타인이 런던 교향악단과 함께 녹음한 구스타프 말러의 《교향곡 2번 '부활'》 음반 표지. 번스타인은 한동안 잊혔던 말러의 음악을 대중화시키는 데도 크게 기여했다.

미국의 클래식 12th Brunch Time

대목에서는 지휘자라기보다는 마치 음악에 따라 춤이라도 추는 듯했다. 그 모습은 번스타인이 음악 자체에 진짜로 도취한 듯 보인다. 번스타인의 뒤를 이어 뉴욕필의 상임 지휘자에 오른 주빈 메타(Zubin Mehta, 그의 재임기는 흔히 뉴욕 필의 '암흑기' 내지 '흑역사'로 불린다), 그리고 최근 젊은 지휘자들 가운데 가장 잘 나간다는 로스앤젤레스 필하모닉의 구스타보 두다멜(Gustavo Dudamel) 등에게서는 때로 연극적인 연출이 느껴지는데, 번스타인은 도무지 그렇지가 않다.

하지만 번스타인의 위대함은 그의 튀는 지휘나 화려한 말발에 있지 않다. 그는 기본적으로 탁월한 작곡가, 그것도 미국 음악의 역사 속에서 예술성과 대중성의 조화를 추구한 조플린과 거슈윈의 계보를 잇는 후계자이자 완성자였다. 번스타인은 교향곡과 실내악, 연극/영화 음악을 비롯해 여러 작품을 남겼는데, 그중 두 작품을 소개한다. 첫 작품은 오페레타 《캉디드Candide》다. 원작은 프랑스 철학자 볼테르가 18세기에 쓴 동명의 풍자 소설이다. 신랄한 입심으로 교회의 권위부터 당대 철학자들의 사상적 교조성까지 전방위 공격을 퍼부었던 볼테르의 저술이라니, 그 소재부터 인문학적 지성을 갖춘 음악가 번스타인다운 선택이다. 찰스 디킨스의 『올리버 트위스트』 속 올리버의 성인 버전이라 할 순진무구한 청년 캉디드가 그의 멘토 팡글로스 박사, 연인 퀴네공데와 겪는 모험을 다룬 스토리는 대체로 원작에 충실하지만 동시에 적지 않은 각색도 있다.

《캉디드》는 1956년 뉴욕 브로드웨이에서 초연되었지만, 번스타인의 명성과 비교적 우호적인 평에도 불구하고 흥행에서 실패했다. 대본의 초고를 맡았던 진보 성향의 극작가 릴리안 헤먼은 《캉디드》에 당시 미국 정치권을 중심으로 극성이던 문화계 용공 조작과 좌경 색출을 풍자하는 요소를 작품 곳곳에 깔았는데, 그 솜씨가 그리 섬세하지 못했고 이에 대한 관객들의 반응도 차가웠던 모양이다. 아무래도 동서 냉전이 한창인 시기에 사회주의 진영에 동조하는 듯한 콘텐츠를 부담 없이 즐길 만큼 당시 미국인들의 마음에 여유가 없었는지도 모른다. 또한 오페라라는 형식 속에 볼테르식의 날카로운 풍자를 담아 관객에게 전달한다는 것이 쉬운 일은 아니었을 것이다. 앞서 말했듯이 원래 오페라의 가장 대표적인 주제는 무슨 심오한 사상이 아니라 남녀상열지사다.

그렇게 오페레타 《캉디드》는 '저주받은 걸작' 신세가 되었지만(최근 들어 재조명받고 있기는 하다), 본편에 등장하는 여러 아리아의 주제를 솜씨 있게 엮은 서곡만큼은 번스타인의 대표작으로 자리 잡아 오늘날까지도 팬들의 사랑을 받고 있다. 이 서곡은 오페레타 《캉디드》뿐 아니라 볼테르의 원작 『캉디드』의 핵심을 가장 솜씨 있게 요약한 시놉시스로도 손색이 없다. 번스타인이 의도한 다양한 리듬과 선율의 진행은 볼테르의 트레이드마크인 촌철살인의 위트에 대한 오마주로 감상하기에 충분하다.

《캉디드》 초연 이후 1년 만인 1957년, 번스타인은 또 하나의 뮤지컬 한 편을 브로드웨이 무대에 올렸다. 바로 《웨스트사이드 스토리West Side Story》다. 번스타인이 인상적인 것은 바로 이런 점이다. 미국 국내파로서는 최고 수준의 클래식 음악 교육을 받은 번스타인은 클래식 음악의 테두리 안에 머물며 독야청청할 수 있는 위치였다. 하지만 그에게는 순수와 통속의 개념이 따로 없었다. 즉 그의 관점에서는 고도로 훈련받은 성악가들이 쩌렁쩌렁한 목소리로 부르는 아리아들로 이루어진 오페라나, 가수들이 대화도 하면서 누구나 쉽게 따라 부를 수 있는 뮤지컬이나, 똑같이 대중을 즐겁게 할 수 있는 엔터테인먼트 장르일 뿐이었다. 실제로 번스타인은 《캉디드》와 《웨스트사이드 스토리》의 작곡을 거의 동시에 진행했다고 한다.

《웨스트사이드 스토리》의 내용은 기본적으로 셰익스피어 희곡 『로미오와 줄리엣』의 리메이크판이다. 원작의 무대인 르네상스 시대 베로나는 20세기 중엽 뉴욕의 웨스트사이드로 옮겨지고, 원작에서 원수지간인 몬터규와 캐퓰렛 가문은 유색인종을 배척하는 이탈리아계 갱단 제트파와 푸에르토리코 이민자들로 조직된 갱단 샤크파의 세력 다툼으로 바뀐다. 로미오는 백인 소년 토니, 줄리엣은 푸에르토리코 소녀 마리아다. 토니와 마리아는 마을에서 열린 댄스파티에서 만나 사랑에 빠진다. 고전의 창조적 재현은 비단 배경의 각색에서 그치지 않는다. 원작의 그 유명한 "오, 로미오. 당신은 왜 로미오인가요." 하는 줄리엣의 유명한 독백은 토니가 마리아의 이름을 연거푸 불러대는 절창의 아리아 〈마리아Maria〉로 변한다. 《웨스트사이드 스토리》에는 〈마리아〉뿐 아니라 〈오늘밤Tonight〉 〈아메리카America〉 등 주옥같은 뮤지컬 넘버들로 가득하다.

마치 《캉디드》의 실패를 보상하듯 《웨스트사이드 스토리》는 2년 연

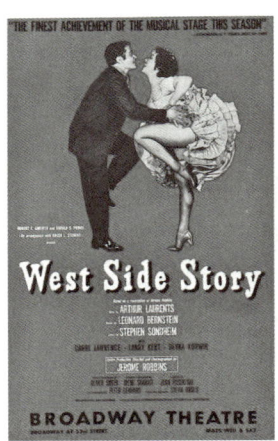 

번스타인이 작곡한 《웨스트사이드 스토리》의 1958년 공연 포스터(왼쪽)와 1981년 뉴욕 공연의 한 장면(오른쪽). 브로드웨이와 할리우드를 평정한 걸작 뮤지컬이다.

속 브로드웨이 공연에 이어 전미 순회공연이라는 장기 흥행 기록을 세웠다. 또 1961년에는 영화로 제작돼 아카데미 시상식에서 최우수 작품상을 비롯해 무려 11개 부문을 수상하는 기염을 토했다.

미국에서 뮤지컬은 1920년대 말 본격적으로 시작해서 1930~1950년대까지 엄청난 대중적 인기를 누린 예술 양식으로, 《웨스트사이드 스토리》를 통해 번스타인은 미국 뮤지컬의 전통을 충실히 계승하면서도 예술성과 대중성을 아무런 갈등 없이 공존하도록 하는 재능을 발휘했다. 여기서도 번스타인의 열린 자세와 위대함이 드러난다. 번스타인처럼 클래식 음악의 전통을 충실히 따르면서도 일반인들이 부담 없이 즐길 수 있는 음악을 만드는 작곡가를 찾기는 쉽지 않다. 20세기 미국에서 필립 글라스(Philip Glass, 1937~), 존 윌리엄스(John Williams, 1932~)처럼 장르를 초월해 활약한 뛰어난 음악가들이 없었던 것은 아니지만, 역시 번스타인의 다재다능과 스타 파워에는 미치지 못한다. 번스타인은 한 잡지에 기고한 글에서 다음과 같이 말한 바 있다.

나는 토스카니니처럼 50편의 똑같은 음악을 연구하고 다시 연구하며 인생을 보내고 싶지 않다. 그런 삶은 엄청나게 지루할 것이다. 나는 지휘를 하고, 피아노를 연주하고, 할리우드를 위해 작곡을 하고 싶다. 나는 교향곡 같은 음악을 작곡하고 싶다. 나는 음악가라는 그 멋진 어휘의 의미에 완벽하게 부합하기 위해 계속 노력하고 싶다. 또한 나는 가르치고 싶고, 책과 시를 쓰고 싶다. 나는 이 모두를 여전히 잘 해낼 수 있으리라 생각한다.

I don't want to spend my life, as Toscanini did, studying and restudying the same 50 pieces of music. It would bore me to death. I want to conduct. I want to play the piano. I want to write for Hollywood. I want to write symphonic music. I want to keep on trying to be, in the full sense of that wonderful word, a musician. I also want to teach. I want to write books and poetry. And I think I can still do justice to them all.

번스타인은 생전에 그의 소원을 대체로 이룬 것 같다. 원작 『캉디드』의 유명한 표현을 따르자면, 번스타인은 분명 음악가로서 '할 수 있는 한 최선의 삶(best of all possible lives)'을 산 인물이었다. 그리고 그가 일생 동안 추구했던 예술성과 대중성의 조화야말로 우리가 기대할 수 있는 '할 수 있는 한 최선의 음악(best of all possible music)'이 아니겠는가.

지휘하는 노년의 번스타인. 그의 음악에 대한 열정은 말년까지도 변함없이 불타올랐다.

Epilogue
마지막 단상:
그들은 다 어디로 갔을까

2016년 어느 봄날, 나는 오스트리아 빈의 교외에 있는 중앙 공동묘지를 찾았다. 유럽의 웬만한 도시급 면적에 해당하는 상당한 규모의 이 공동묘지는 그 자체로 볼거리일 뿐 아니라 여러 클래식 음악 거장의 무덤이 모여 있는 곳으로도 유명해서 한 번은 와 보려고 오랫동안 벼르던 장소였다.

그런데 정작 묘지 역내의 해당 구역에 도착한 나는 무척 놀랐다. 우선 모차르트, 베토벤, 슈베르트 3인의 무덤 배치가 예사롭지 않았다. 베토벤 곁에 묻히고 싶다던 슈베르트의 소망이 이루어졌다고 해서 나는 베토벤과 슈베르트의 무덤이 나란히 있을 것이라고 예상했다. 그런데 실제 베토벤과 슈베르트의 무덤은 약간 떨어져 있었고, 모차르트 무덤을 가운데 두고 양쪽에서 수행하는 듯한 형태로 배치되어 있었다. 그것은 마치 모차르트를 중심으로 좌청룡 우백호처럼 '좌'토벤, '우'베르트의 삼각형 모양을 하고 있었다. 비록 모차르트는 시신조차 행방이 묘연한 탓에 가묘에 불과했지만, 클래식 음악에서 모차르트의 위상이 어떠한지가 이 거장 3인의 무덤 배치에 반영된 듯했다.

거기서 몇 발짝 더 걸어가면 생전에 절친 관계였던 요한 슈트라우스

2세와 브람스의 무덤이 눈에 띈다. 또한 비운의 음악가 살리에리, 현대 음악의 악동 쇤베르크의 무덤도 있다. 이만하면 음악가들의 '네크로폴리스', 즉 죽은 음악가들의 도시라고 불러도 손색이 없을 정도다. 그런데 무덤 사이를 서성거리는 동안 문득 이런 생각이 들었다. 그 많던 클래식 음악가는 다 어디로 갔을까?

인류 역사를 보면 어느 분야에서든 천재는 출현하게 마련이지만, 클래식 음악은 모차르트는 고사하더라도 유난히 천재가 많았다. 그런데 여기서 주목할 사실은 이 뛰어난 음악가들이 특정 시기에 몰려 나타났다는 것이다. 서구 예술에서 클래식 음악의 시기는 길게는 1650년부터 1950년까지 300년으로 생각할 수 있지만, 그중에서도 가장 알찬 시기는 1700년부터 1900년까지의 200년이 아닐까 싶다. 클래식 음악 속의 내로라하는 기념비적 천재들은 사실상 모두 이 기간에 활약했다. 물론 그 이후에도 재능 있는 연주가, 위대한 지휘자들이 꾸준히 등장하기는 했지만, 18세기부터 2세기에 걸쳐 뜨겁게 타올랐던 작곡, 즉

빈 중앙 공동묘지의 진입로. 오손 웰즈 주연의 고전 영화 〈제3의 사나이〉 도입부와 마지막 장면의 배경으로 사용되어 유명한 장소이기도 하다.

창작의 불길은 더는 찾기 힘들게 되었다. 실제로 20세기 후반 이후의 음악 좌표를 살펴보면, 클래식 음악의 영광스러운 과거로부터 내려온 흔적 내지 그림자는 영화 음악 정도에서나 간간이 느낄 수 있는 정도다. 그 외에는 방향을 잃은(이 경우 음악가 본인은 새로운 방향을 찾았다고 믿기 쉽다) 몇몇 실험적 시도, 그리고 말초적인 자극이 주를 이루는 대중음악 등이 있을 뿐이다.

알고 보면 역사에서 이와 같은 현상은 아주 드문 일이 아니다. 어느 기간 모든 것이 압축적, 폭발적으로 만개하는 단계가 이따금 온다. 우선 인류사보다 앞선 지구의 역사에서 약 5억 4,200만 년 전에 있었던 '캄브리아기 대폭발(Cambrian Explosion)'을 생각해 보자. 다양한 종류의 동물 화석이 갑작스럽게 출현한 지질학적 사건을 일컫는 이 시기는 불과 2,000만 년 동안 다양한 다세포 생물 종이 대거 출현해 생태계에 엄청난 변화를 초래했다. 인류의 역사를 돌아보면 독일 철학자 칼 야스퍼스가 『역사의 기원과 목표』에서 처음 언급한 '축의 시대(Achsenzeit, 영어로는 Axial Age)'가 있다. 그는 기원전 800년부터 기원전 200년까지를 인류 문명의 '축의 시대'로 보고, 그리스, 인도, 중국 등지에서 백가쟁

모차르트의 가묘. 후방에서 베토벤과 슈베르트의 묘가 각기 좌우를 호위하고 있는 듯한 모습이 인상적이다.

명의 사상이 꽃피운 끝에 오늘날 상상할 수 있는 모든 사상적 사조가 그 시절 탄생한 것에 주목했다.

이 같은 현상은 더 압축적이고 조밀한 범위에서 벌어지기도 한다. 이를테면 미국 독립 혁명과 일본 메이지 유신 전후 시기가 그렇다. 두 사건은 불과 50년이 안 되는 기간에, 그리고 제한된 공간(미국 독립 혁명은 필라델피아 일대, 일본 메이지 유신은 규슈 지역 남부)에서 수많은 영웅호걸이 동시에 대거 배출한 경우다. 다빈치와 미켈란젤로를 필두로 수많은 위대한 예술가가 탄생한 르네상스 시대의 이탈리아가 그렇고, 문학에서는 특히 영미권을 중심으로 T. S. 엘리어트, 피츠제럴드, 헤밍웨이, 포크너 등 이른바 '잃어버린 세대' 작가군이 한꺼번에 등장했던 1920~1930년대가 그렇다.

다시 처음 질문으로 돌아가 보자. 그 많던 클래식 음악가는 다 어디로 갔을까? 왜 그들은 200여 년을 만발하다가 급작스레 사라진 것일까? 19세기 영국의 철학자 스튜어트 밀은 젊은 시절 이른바 '음악적 조합의 유한성(exhaustibility of musical combinations)', 즉 인간을 즐겁게 할 수 있는 아름다운 음의 조합이라는 한정된 자원에 대한 음악가들의 무분별한 개발(?)이 몰고 올 위기에 대해 고민한 적이 있었다. 다음은 그의 자서전 일부다.

옥타브란 오직 5개의 온음과 2개의 반음으로 구성되었기에 한정된 방식으로만 합쳐질 수 있는데, 그 가운데서도 오직 소수만이 아름다운 것이다. 내게는 그 가운데 대부분이 이미 발견되어, 모차르트에서 베버까지 이어지는 긴 전통이 이루어 낸 것만큼 전혀 새롭고 매우 풍요한 음악적 아름다움의 혈맥을 찾을 만한 여지가 없는 듯이 여겨졌다.

The octave consists only of five tones and two semi-tones, which can be put together in only a limited number of ways, of which but a small proportion are beautiful: most of these, it seemed to me, must have been already discovered, and there could not be room for a long succession of Mozarts and Webers, to strike out, as these had done, entirely new and surpassingly rich veins of musical beauty. This source of anxiety may, perhaps, be thought to resemble that of the philosophers of Laputa, who feared lest the sun should be burnt out.

마치 석유의 고갈을 걱정했던 20세기 후반의 에너지 전문가들처럼 밀은 이미 1827년경 '음악적 자원의 고갈'을 걱정했다. 그러나 모두 알다시피 베버 이후에도 클래식 음악은 100년 가까이 다양한 양질의 곡을 배출해 냈다. 하지만 현재로선 고갈의 기미가 전혀 보이지 않는 석유 역시 무한한 자원은 아니듯이, 누군가 밀이 걱정했던 음악적 조합의 고갈이 20세기 초중반에 벌써 도래했다고 주장하더라도 그리 놀랄 일은 아니지 싶다.

클래식 음악의 종말을 시대의 변화와 연관 지어 설명하려는 시도 또한 나름의 설득력을 가진다. 예를 들어 스위스 출신의 지휘자 에르네스트 앙세르메(Ernest Ansermet)에 따르면, 오늘날처럼 복잡하게 미분된 인간의 정서를 표현하기에는 전통적 클래식 음악의 양식과 어법이 어울리지 않는다는 것이다. 레너드 번스타인 또한 "교향곡은 20세기에 이미 역사적인 필요성을 상실했다."고 말한 바 있다. 마치 현대 소설이 전통적인 서사보다 문체와 심리 묘사에 더 집중하듯이 현대 음악 역시 전통적인 클래식 음악보다 훨씬 복잡하게 미분된 화성 체계, 극히 모호한 조성(혹은 조성에서의 해방)에 의지해 시대적 정서를 담으려 했다는 것이다. 하지만 그렇다 치더라도 쇤베르크를 필두로 슈토크하우젠, 존

케이, 윤이상 등을 망라하는 대표적인 현대 클래식 작곡가들의 작품을 듣는 감상자의 수가 일반인들 가운데 극소수라는 사실은 그들이 이룩해 낸 성과와 그 진정한 가치에 대한 의구심을 떨치지 못하게 한다.

2016년 노벨 문학상을 받은 미국의 싱어송라이터 밥 딜런(Bob Dylan)은 한 인터뷰에서 1960년대 말부터 수년간 수많은 명곡을 거침없이 써 내려갈 수 있었던 비결에 대해 질문을 받은 적이 있다. 그의 대답은 간단했다. "모르겠어요(I don't know)." 그는 이어서 당시 노래들이 "거의 마술적으로(almost magically)" 자신에게 떨어져 내렸다고 부연했다. 딜런이 자기 음악에 내린 진단을 클래식 음악에도 적용해야 할까? 창조력과 영감의 폭풍이 밥 딜런이라는 아티스트를 잠시 감쌌던 것처럼 인류에게도 클래식 음악의 뮤즈가 그저 잠시 다녀갔던 것뿐일까?

어쩌면 '그 많은 클래식 음악의 천재들이 다 어디로 갔을까?'라는 질문 자체가 잘못된 것일지도 모른다. 아마도 올바른, 더 근본적인 질문은 이런 것이 아닐까? 애초에 왜 그들은 이 땅에 온 것일까? 혹시 인류사적, 지구사적 관점에서 볼 때 클래식 음악의 출현(그리고 홀연한 퇴장)에는 어떤 대승적, 우주적 목적이 있었을지 모를 일이다.

미국의 진화 생물학자 루이스 토마스는 어느 글에서 수억, 수십 억 년까지를 바라보는 진화의 관점에 따르면 '고작' 100만 년, 즉 아직 걸음마 단계에 있다고 할 인류라는 종의 미래를 낙관할 수 있는 근거로 바흐의 음악을 예로 든 바 있다.

이토록 미숙한 발달 단계에 있는 종이라고 할지라도 (…) 요한 세바스찬 바흐 같은 음악을 배출할 능력이 있다면, 그렇게 나쁘다고는 할 수 없다. 우리는 우리의 미래에 대해서 더 안심해도 된다.

Any species capable of producing, at this earliest, juvenile stage of its development, (…) the music of Johann Sebastian Bach, cannot be all bad. We ought to be able to feel more secure for our future.

이 문단 속에서 바흐를 클래식 음악 전체로 확장해도 큰 무리는 없어 보인다. 즉 클래식 음악과 같은 성과를 이룩할 정도의 재능을 가진 종이라면 그 미래는 그리 어둡지만은 않다고 말이다.

미 항공우주국은 태양계와 그 너머 우주 공간을 탐색하려는 목적으로 1977년 '보이저 1, 2호'라는 이름의 무인 우주선 2대를 쏘아 올렸다. 두 우주선에는 지구와 인류에 관한 다양한 정보가 담긴 황금 디스크가 실렸는데, 이는 말할 필요도 없이 보이저가 항해 도중 외계 문명과 만나는 시나리오를 염두에 둔 결정이었다. 파도 소리, 바람 소리, 천둥, 여러 동물의 울음소리 등을 담은 디스크에는 바흐, 모차르트, 베토벤 등의 클래식 음악도 담겨 있었다. 물론 황금 디스크가 외계인의 손(그들도 인간과 마찬가지로 자유롭게 사용할 수 있는 손 내지 섬세한 촉수가 있어야 고도 문명을 이룩할 수 있을 것이다)에 들어갈 가능성은 극히 미미하다.

하지만 정말 그런 일이 이루어진다면 어떻게 될까? 황금 디스크를 수거한 외계인들이 그 속에 실린 클래식 음악을 그들의 감각 기관을

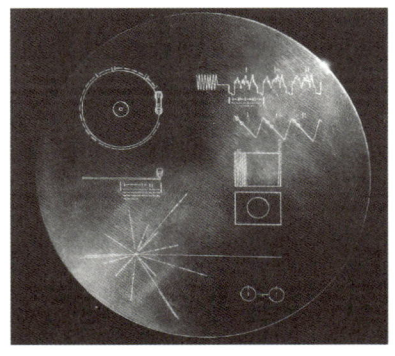

외계 생명체와의 조우를 염두에 두고 보이저호에 장착한 황금 디스크. 바흐, 모차르트, 베토벤 등의 선율이 실렸다. 과연 외계인들은 클래식 음악에 어떤 반응을 보일까?

악기들의 모음. 악기 정물화를 전문으로 했던 바로크 시대의 이탈리아 화가 에바리스토 바스케니스의 그림이다. 음악은 악기의 움직임과 공기의 마찰로 발생한 파동이 인간의 귀에 전달되어 발생하는 물리 현상인 동시에 인간의 가장 근원적인 정서를 즉자적으로 일깨우는 경이로운 기예이기도 하다.

통해 접수했다고 상상해 보자. 나는 외계인들의 반응 역시 인류가 클래식 음악을 듣고 느끼는 반응과 상당한 공통분모를 지니리라고 확신한다. 진화론, 그리고 일반 물리법칙 및 해부학적 원리가 비단 지구만이 아닌 전 우주적 보편성을 가진다고 믿는다면, 고도의 문명과 지능을 가진 외계인과 인류 사이에는 차이점보다는 공통점이 더 많을 수 있다. 그렇다면 외계인들 역시 황금 디스크에 담긴 조화로운 음향의 조합인 음악에 여타의 소음과는 다르게 반응할 것이라고 본다. 클래식 음악의 가능성을 종교와 이념을 초월해 인류를 연결하는 희망의 끈으로 인정한다면, 클래식 음악을 종과 종, 행성과 행성을 잇는 화합의 단서로 상상하는 것 역시 황당무계한 일은 아니지 않을까.

만약 인류의 미래에 대한 희망적인 견해와는 정반대인 최악의 시나리오, 즉 인류가 핵전쟁이나 바이오 전쟁 등으로 자멸한다고 상상해 보자. 그렇더라도 혹시 먼 미래에 지구를 찾을 외계의 방문객이 있다면 인류 문명의 폐허 속에서 어떻게든 클래식 음악의 흔적을 찾을 수 있기를 바란다. 그러한 예술이 존재했다는 사실 자체가 인류가 자기 파멸이라는 어리석음뿐 아니라 고귀함을 지녔던, 아니 적어도 고귀함에 대한 갈망을 지녔던 종이었다는 사실을 증언할 것이기 때문이다.

  이처럼 조금은 부담스러운 전 지구적, 우주적 성찰에서 깨어나 주변을 둘러보면, 오늘날 클래식 음악은 우리와 매우 가까운 곳에 있다. 클래식 음악 창조의 시대가 끝난 자리에 소비와 향유의 시대가 꽃을 피웠다고나 할까. 클래식 음악 감상은 자칫 별다른 내적 성찰이나 정서의 함양 없이 바쁘게 흘러가기 쉬운 우리의 일상 속에 여유와 격조를 제공할 수 있는 소중한 경험이다. 그리고 그 경험에 다가가는 데 특별한 문턱이 존재하거나 훈련이 필요한 것도 아니다. 단 클래식 음악에도 분명 상수와 변수는 있다. 상수는 바흐, 모차르트, 베토벤이다. 이들은 클래식 음악 감상에서 선택이 아닌 필수에 가까운 존재들이다. 반면 변수에 해당하는 여러 음악가의 선택은 개인의 취향에 맡긴다. 말이 필요 없는 주제에 대해 너무 많은 말을 하고 말았다. 이제 책을 덮고 다 같이 클래식 음악의 문을 조심스레, 아니 활짝 열어 보자.

원전
텍스트에
부쳐

　기존 브런치 시리즈에 따라 이 책에서도 인용문에 영어 텍스트를 병행 표기하는 원칙은 유지하기로 했다. 음악 작품에 병기한 원어 표기는 영미권에서 가장 보편적으로 통용되는 방식을 따랐으며, 작곡가, 연주자, 지휘자, 곡명을 제외한 기타 고유 명사들은 원어 병기를 생략했다. 오페라 아리아나 가곡의 가사를 소개할 때는 우리말 번역과 함께 원작의 언어(주로 이탈리아어, 독일어)를 그대로 실었다.
　엄밀히 말하면 음악의 원전은 악보라고 해야 할 것이다. 악보는 영어는 고사하고 역사상 그 어떤 언어보다도 더욱 보편적인 만국 공용어다. 서로 언어가 전혀 통하지 않는 음악가들이 언제라도 한자리에 모여 멋진 음악을 함께 연주할 수 있는 것은 악보를 읽는 방식이 전 세계를 통해 일정하기 때문이다(물론 각국 민속 음악은 예외다). 악보에 음악을 기록하는 방식을 기보법이라고 한다. 서구에서 이 기보법의 확립은 근대 음악의 발전에 결정적인 역할을 했다. 음악의 역사야 인류의 역사만큼이나 오래된 것이지만, 유감스럽게도 고대 그리스 로마 시대, 혹은 고대 중국의 음악 어떠했는지에 대해서는 아직 정확히 규명된 바가 없다. 문헌과 유물, 유적 등을 통해 고대에도 풍성한 음악 활동이 있었음을 짐작할 수 있지만, 당대 음악 자체에 대한 기록은 희귀하다. 유럽에서 음악이 비교적 정확하게 기록되기 시작한 것은 가톨릭 사제들이 교회에서 불리는 성가의 선율을 보존하기 위해 기보법을 고안해 낸 중세 말기부터였다. 이어서 16~17세기에 오선지 사용이 보편화하면서 클래식 음악의 찬란한 황금기가 시작되었다고 할 수 있다.

  물론 감상자의 입장에서는 악보를 읽을 줄 몰라도 클래식 음악을 즐기는 데는 전혀 문제가 없다. 다만 악보에 대한 이해가 있으면 음악을 다각적인 각도에서 감상할 수 있는 것은 사실이다. 본문 속에 유명 작곡가들의 친필 사본을 비롯해 몇몇 유명 악보의 이미지를 수록했으니 관심 있는 독자들은 참조하시기 바란다.

원전 인용 출처 및 참고 문헌

Joseph Kerman, Gary Tomlinson, *Listen; Sixth Edition*, Bedford/St. Martin's, 2008

Donald J. Grout, Claude V. Palisca, *A History of Western Music*, W W Norton & Co Inc, 2001

Matthew Boyden, *The Rough Guide to Opera*, Rough Guides, 1997

Ernest Ansermet, *Ecrits sur la musique*, La Baconnière, 1983

Hendrik Willem Van Loon, *The life and times of Johann Sebastian Bach*, G.G. Harrap & Co. Ltd, 1942

James R. Gaines, *Evening in the Palace of Reason: Bach Meets Frederick the Great in the Age of Enlightenment*, Harper Perennial, 2006

Albert Schweitzer (author), Ernest Newman (translator), J.S. Bach (Volume 1), *The Macmillan Company*, 1905 (https://www.archive.org)

Hans Mersmann (editor), M.M. Bozman (translator), *Letters of Mozart*, Dorset Press, 1986

Edvard Grieg, *Mozart, The Century, Volume 55*, Century Company, 1899 (https://books.google.com)

Giuseppe Verdi/William Weaver (translator), *Seven Verdi Librettos*, W.M.Norton & Company 1977

Terry Quinn, *Richard Wagner: The Lighter Side*, Amadeus Press, 2013

Friedrich Wilhelm Nietzsche (Translator: William A. Haussmann), *The Birth of Tragedy; or, Hellenism and Pessimism*, T.N. Foulis, 1910 (https://www.gutenberg.org)

Donald Henahanoct, *Leonard Bernstein, 72, Music's Monarch, Dies*, The New York Times, 10/15/1990 (https://www.nytimes.com)

John Stuart Mill, *Autobiography of John Stuart Mill* (http://www.gutenberg.org)

Lewis Thomas, *The Medusa and the Snail: More Notes of a Biology Watcher*, Penguin, 1995

도판 출처

Chapter 1 바로크 음악으로의 초대

17쪽　ⓒ Web Gallery of Art (www.wga.hu)

18쪽　ⓒ Bibliotheque Nationale de France (www.bnf.fr)

19쪽　ⓒ Web Gallery of Art (www.wga.hu)

20쪽　ⓒ Metropolitan Museum (www.metmuseum.org)

21쪽　ⓒ SYC Studio

22쪽　ⓒ SYC Studio

24쪽　ⓒ Museo Internazionale e Biblioteca della Musica di Bologna (www.museibologna.it)

25쪽　ⓒ Petrucci Music Library (www.imslp.org)

26쪽　ⓒ Web Gallery of Art (www.wga.hu)

29쪽　ⓒ Petrucci Music Library (www.imslp.org)

31쪽　ⓒ Bibliotheque Nationale de France (www.bnf.fr)

32쪽　ⓒ Library of Congress (www.loc.gov)

34쪽　ⓒ Metropolitan Museum (www.metmuseum.org)

36쪽　ⓒ Library of Congress (www.loc.gov)

37쪽　ⓒ www.bach.wursten.be

39쪽　ⓒ Bibliotheque Nationale de France (www.bnf.fr)

40쪽　ⓒ Library of Congress (www.loc.gov)

45쪽	ⓒ Petrucci Music Library (www.imslp.org)
47쪽	ⓒ Petrucci Music Library (www.imslp.org)
50쪽	ⓒ Petrucci Music Library (www.imslp.org)
52쪽	ⓒ Library of Congress (www.loc.gov)
55쪽	ⓒ Petrucci Music Library (www.imslp.org)
59쪽	ⓒ Petrucci Music Library (www.imslp.org)
62쪽	위 ⓒ Library of Congress (www.loc.gov)
62쪽	아래 ⓒ Web Gallery of Art (www.wga.hu)
64쪽	ⓒ Metropolitan Museum (www.metmuseum.org)
71쪽	ⓒ Petrucci Music Library (www.imslp.org)
74쪽	ⓒ Library of Congress (www.loc.gov)
75쪽	ⓒ Musik Heute (www.musik-heute.de)
78쪽	ⓒ National Portrait Gallery (www.npg.org)
79쪽	ⓒ Library of Congress (www.loc.gov)
80쪽	ⓒ Library of Congress (www.loc.gov)
81쪽	ⓒ Bibliotheque Nationale de France (www.bnf.fr)
82쪽	ⓒ SYC Studio
84쪽	ⓒ Petrucci Music Library (www.imslp.org)
85쪽	ⓒ Web Gallery of Art (www.wga.hu)
87쪽	ⓒ Petrucci Music Library (www.imslp.org)
89쪽	ⓒ National Portrait Gallery (www.npg.org)
91쪽	ⓒ British Library (www.bl.uk)
95쪽	ⓒ Petrucci Music Library (www.imslp.org)
96쪽	ⓒ SYC Studio
101쪽	ⓒ National Portrait Gallery (www.npg.org)

102쪽	ⓒ SYC Studio
103쪽	ⓒ British Library (www.bl.uk)
105쪽	ⓒ Web Gallery of Art (www.wga.hu)

Chapter 2 고전주의 조화, 균형, 품격의 음악

115쪽	ⓒ Web Gallery of Art (www.wga.hu)
117쪽	ⓒ Library of Congress (www.loc.gov)
118쪽	ⓒ Web Gallery of Art (www.wga.hu)
119쪽	위 ⓒ Web Gallery of Art (www.wga.hu)
119쪽	아래 ⓒ SYC Studio
121쪽	ⓒ Bibliotheque Nationale de France (www.bnf.fr)
122쪽	ⓒ SYC Studio
125쪽	ⓒ Web Gallery of Art (www.wga.hu)
130쪽	ⓒ Web Gallery of Art (www.wga.hu)
131쪽	ⓒ SYC Studio
132쪽	ⓒ SYC Studio
135쪽	ⓒ Library of Congress (www.loc.gov)
144쪽	ⓒ Metropolitan Museum (www.metmuseum.org)
146쪽	ⓒ SYC Studio
149쪽	ⓒ Web Gallery of Art (www.wga.hu)
150쪽	ⓒ Petrucci Music Library (www.imslp.org)
153쪽	ⓒ Petrucci Music Library (www.imslp.org)
154쪽	위 ⓒ Web Gallery of Art (www.wga.hu)
154쪽	아래 ⓒ Petrucci Music Library (www.imslp.org)
156쪽	ⓒ SYC Studio

158쪽	ⓒ SYC Studio
160쪽	ⓒ Petrucci Music Library (www.imslp.org)
162쪽	ⓒ Bibliotheque Nationale de France (www.bnf.fr)
163쪽	ⓒ SYC Studio
166쪽	ⓒ Library of Congress (www.loc.gov)
167쪽	ⓒ Esterhazy Palace website (www.Esterházy.at)
169쪽	ⓒ SYC Studio
171쪽	ⓒ SYC Studio
172쪽	ⓒ SYC Studio
174쪽	ⓒ Petrucci Music Library (www.imslp.org)
176쪽	ⓒ Petrucci Music Library (www.imslp.org)
180쪽	왼쪽 ⓒ Metropolitan Museum (www.metmuseum)
180쪽	오른쪽 ⓒ Library of Congress (www.loc.gov)
185쪽	왼쪽 ⓒ Bibliotheque Nationale de France (www.bnf.fr)
185쪽	오른쪽 ⓒ Library of Congress (www.loc.gov)
186쪽	왼쪽 ⓒ Web Gallery of Art (www.wga.hu)
186쪽	오른쪽 ⓒ SYC Studio
189쪽	ⓒ SYC Studio
192쪽	ⓒ Library of Congress (www.loc.gov)
193쪽	ⓒ SYC Studio
195쪽	ⓒ Library of Congress (www.loc.gov)
196쪽	ⓒ SYC Studio
197쪽	ⓒ Petrucci Music Library (www.imslp.org)
201쪽	ⓒ Art Renewal Center (www.artrenewal.org)
203쪽	ⓒ SYC Studio

211쪽	위 ⓒ Web Gallery of Art (www.wga.org)
211쪽	아래 ⓒ Petrucci Music Library (www.imslp.org)
212쪽	ⓒ Petrucci Music Library (www.imslp.org)
215쪽	ⓒ Beethoven Haus Bonn (www.beethoven.de)
217쪽	ⓒ SYC Studio
221쪽	ⓒ Library of Congress (www.loc.gov)
222쪽	ⓒ Pavel Losevsky

Chapter 8 낭만주의 음악

229쪽	ⓒ British Library (www.bl.uk)
230쪽	ⓒ Library of Congress (www.loc.gov)
232쪽	왼쪽 ⓒ Petrucci Music Library (www.imslp.org)
232쪽	오른쪽 ⓒ Library of Congress (www.loc.gov)
233쪽	ⓒ British Library (www.bl.uk)
235쪽	ⓒ SYC Studio
237쪽	ⓒ Petrucci Music Library (www.imslp.org)
240쪽	ⓒ Library of Congress (www.loc.gov)
242쪽	ⓒ Library of Congress (www.loc.gov)
245쪽	ⓒ Web Gallery of Art (www.wga.org)
248쪽	ⓒ Library of Congress (www.loc.gov)
249쪽	ⓒ Bibliotheque Nationale de France (www.bnf.fr)
252쪽	ⓒ Bibliotheque Nationale de France (www.bnf.fr)
256쪽	ⓒ Library of Congress (www.loc.gov)
257쪽	ⓒ SYC Studio
261쪽	ⓒ Library of Congress (www.loc.gov)

263쪽	ⓒ Library of Congress (www.loc.gov)
266쪽	ⓒ Library of Congress (www.loc.gov)
268쪽	ⓒ SYC Studio
270쪽	ⓒ Bibliotheque Nationale de France (www.bnf.fr)
271쪽	ⓒ Library of Congress (www.loc.gov)
275쪽	ⓒ Petrucci Music Library (www.imslp.org)
276쪽	ⓒ SYC Studio
278쪽	ⓒ Cal State Library (www.library.ca.gov)
280쪽	ⓒ Metropolitan Museum (www.metmuseum.org)
281쪽	ⓒ Metropolitan Museum (www.metmuseum.org)
284쪽	ⓒ Library of Congress (www.loc.gov)
289쪽	ⓒ Bibliotheque Nationale de France (www.bnf.fr) / Library of Congress
290쪽	ⓒ Web Gallery of Art (www.wga.hu)
295쪽	ⓒ Bibliotheque Nationale de France (www.bnf.fr)
296쪽	ⓒ Library of Congress (www.loc.gov)
299쪽	ⓒ Bibliotheque Nationale de France (www.bnf.fr)
302쪽	ⓒ Web Gallery of Art (www.wga.hu)
303쪽	ⓒ Bibliotheque Nationale de France (www.bnf.fr)
304쪽	ⓒ Bibliotheque Nationale de France (www.bnf.fr)
305쪽	ⓒ Bibliotheque Nationale de France (www.bnf.fr)
308쪽	ⓒ SYC Studio
309쪽	왼쪽 ⓒ Web Gallery of Art (www.wga.hu)
309쪽	오른쪽 ⓒ Petrucci Music Library (www.imslp.org)
310쪽	ⓒ National Portrait Gallery (www.npg.org)
312쪽	ⓒ Petrucci Music Library (www.imslp.org)

314쪽	© National Portrait Gallery (www.npg.org)
316쪽	© Art Renewal Center (www.artrenewal.org)
317쪽	© Web Gallery of Art (www.wga.hu) / Petrucci Music Library (www.imslp.org)
318쪽	© Bibliotheque Nationale de France (www.bnf.fr) / Library of Congress
319쪽	© Petrucci Music Library (www.imslp.org)
323쪽	© Bibliotheque Nationale de France (www.bnf.fr)
325쪽	© National Portrait Gallery (www.npg.org)
326쪽	왼쪽 © Bibliotheque Nationale de France (www.bnf.fr)
326쪽	오른쪽 © Library of Congress (www.loc.gov)
329쪽	© Bibliotheque Nationale de France (www.bnf.fr)
330쪽	© Bibliotheque Nationale de France (www.bnf.fr)
332쪽	© Bibliotheque Nationale de France (www.bnf.fr)
334쪽	© Art Renewal Center (www.artrenewal.org)
338쪽	© guvstav-mahler.eu
342쪽	왼쪽 © Web Gallery of Art (www.wga.hu)
342쪽	오른쪽 © Library of Congress (www.loc.gov)
343쪽	© Library of Congress (www.loc.org)
344쪽	© Library of Congress (www.loc.org)
346쪽	© Bibliotheque Nationale de France (www.bnf.fr)
349쪽	© Library of Congress (www.loc.org)

Chapter 4 전환기의 클래식, 또 그 너머

357쪽	위 © Library of Congress (www.loc.gov)
357쪽	아래 © Library of Congress (www.loc.gov)
358쪽	© Petrucci Music Library (www.imslp.org)

360쪽	ⓒ Library of Congress (www.loc.gov)
361쪽	ⓒ www.the-athenaeum.org
362쪽	ⓒ Petrucci Music Library (www.imslp.org)
364쪽	위 ⓒ Petrucci Music Library (www.imslp.org)
364쪽	아래 ⓒ Petrucci Music Library (www.imslp.org)
366쪽	ⓒ Library of Congress (www.loc.gov)
367쪽	ⓒ Library of Congress (www.loc.gov)
368쪽	ⓒ Library of Congress (www.loc.gov)
369쪽	ⓒ Library of Congress (www.loc.gov)
370쪽	ⓒ We Gallery of Art (www.wga.hu)
371쪽	ⓒ We Gallery of Art (www.wga.hu)
373쪽	ⓒ Library of Congress (www.loc.gov)
376쪽	ⓒ Art Renewal Center (www.artrenewal.org)
379쪽	ⓒ www.gustav.mahler.eu
380쪽	위 ⓒ Library of Congress (www.loc.gov)
380쪽	아래 ⓒ Library of Congress (www.loc.gov)
382쪽	ⓒ Library of Congress (www.loc.gov)
385쪽	왼쪽 위 ⓒ Bibliotheque Nationale de France (www.bnf.fr)
385쪽	오른쪽 위 ⓒ SYC Studio
385쪽	왼쪽 아래 ⓒ Library of Congress (www.loc.gov)
385쪽	오른쪽 아래 ⓒ Bibliotheque Nationale de France (www.bnf.fr)
386쪽	ⓒ Library of Congress (www.loc.gov)
389쪽	ⓒ Library of Congress (www.loc.gov)
390쪽	왼쪽 ⓒ Library of Congress (www.loc.gov)
390쪽	오른쪽 ⓒ Petrucci Music Library (www.imslp.org)

391쪽	ⓒ Petrucci Music Library (www.imslp.org)
393쪽	ⓒ Petrucci Music Library (www.imslp.org)
394쪽	ⓒ Petrucci Music Library (www.imslp.org)
396쪽	ⓒ Library of Congress (www.loc.gov)
397쪽	ⓒ Art Renewal Center (www.artrenewal.org)
399쪽	ⓒ Library of Congress (www.loc.gov)
400쪽	ⓒ Bibliotheque Nationale de France (www.bnf.fr)
405쪽	ⓒ Library of Congress (www.loc.gov)
407쪽	ⓒ SYC Studio
408쪽	ⓒ Library of Congress (www.loc.gov)
412쪽	ⓒ Library of Congress (www.loc.gov)
414쪽	ⓒ Library of Congress (www.loc.gov)
416쪽	ⓒ Library of Congress (www.loc.gov)
418쪽	ⓒ Bibliotheque Nationale de France (www.bnf.fr)
420쪽	ⓒ Library of Congress (www.loc.gov)
426쪽	ⓒ Library of Congress (www.loc.gov)
427쪽	ⓒ SYC Studio
428쪽	ⓒ Bibliotheque Nationale de France (www.bnf.fr)
430쪽	ⓒ Petrucci Music Library (www.imslp.org)
432쪽	ⓒ Bibliotheque Nationale de France (www.bnf.fr)
438쪽	ⓒ Library of Congress (www.loc.gov)
439쪽	ⓒ www.Lawrencevillehistoricalsociety.org
440쪽	왼쪽 ⓒ Library of Congress (www.loc.gov)
440쪽	오른쪽 ⓒ The US Marine Corps (www.marines.mil)
441쪽	ⓒ The US Marine Corps (www.marines.mil)

443쪽	ⓒ Library of Congress (www.loc.gov)
444쪽	ⓒ Library of Congress (www.loc.gov)
446쪽	ⓒ Library of Congress (www.loc.gov)
449쪽	왼쪽 ⓒ www.house.mo.gov
449쪽	오른쪽 ⓒ www.loc.gov
450쪽	ⓒ Library of Congress (www.loc.gov)
453쪽	ⓒ SYC Studio
455쪽	ⓒ Library of Congress (www.loc.gov)
456쪽	ⓒ Library of Congress (www.loc.gov)
458쪽	ⓒ Library of Congress (www.loc.gov)
459쪽	ⓒ SYC Studio
462쪽	ⓒ Library of Congress (www.loc.gov)
464쪽	ⓒ Library of Congress (www.loc.gov)

Epilogue 　마지막 단상: 그들은 다 어디로 갔을까

467쪽	ⓒ SYC Studio
468쪽	ⓒ SYC Studio
472쪽	ⓒ NASA (www.nasa.gov)
473쪽	ⓒ Web Gallery of Art (www.wga.hu)